POOLS

WOORDENSCHAT

THEMATISCHE WOORDENLIJST

NEDERLANDS POOLS

De meest bruikbare woorden
Om uw woordenschat uit te breiden en
uw taalvaardigheid aan te scherpen

9000 woorden

Thematische woordenschat Nederlands-Pools - 9000 woorden

Door Andrey Taranov

Woordenlijsten van T&P Books zijn bedoeld om u woorden van een vreemde taal te helpen leren, onthouden, en bestudering. Dit woordenboek is ingedeeld in thema's en behandelt alle belangrijk terreinen van het dagelijkse leven, bedrijven, wetenschap, cultuur, etc.

Het proces van het leren van woorden met behulp van de op thema's gebaseerde aanpak van T&P Books biedt u de volgende voordelen:

- Correct gegroepeerde informatie is bepalend voor succes bij opeenvolgende stadia van het leren van woorden
- De beschikbaarheid van woorden die van dezelfde stam zijn maakt het mogelijk om woordgroepen te onthouden (in plaats van losse woorden)
- Kleine groepen van woorden faciliteren het proces van het aanmaken van associatieve verbindingen, die nodig zijn bij het consolideren van de woordenschat
- Het niveau van talenkennis kan worden ingeschat door het aantal geleerde woorden

T&P Books Publishing
www.tpbooks.com

ISBN: 978-1-78492-282-5

Dit boek is ook beschikbaar in e-boek formaat.
Gelieve www.tpbooks.com te bezoeken of de belangrijkste online boekwinkels.

POOLSE WOORDENSCHAT
nieuwe woorden leren

T&P Books woordenlijsten zijn bedoeld om u te helpen vreemde woorden te leren, te onthouden, en te bestuderen. De woordenschat bevat meer dan 9000 veel gebruikte woorden die thematisch geordend zijn.

- De woordenlijst bevat de meest gebruikte woorden
- Aanbevolen als aanvulling bij welke taalcursus dan ook
- Voldoet aan de behoeften van de beginnende en gevorderde student in vreemde talen
- Geschikt voor dagelijks gebruik, bestudering en zelftestactiviteiten
- Maakt het mogelijk om uw woordenschat te evalueren

Bijzondere kenmerken van de woordenschat

- De woorden zijn gerangschikt naar hun betekenis, niet volgens alfabet
- De woorden worden weergegeven in drie kolommen om bestudering en zelftesten te vergemakkelijken
- Woorden in groepen worden verdeeld in kleine blokken om het leerproces te vergemakkelijken
- De woordenschat biedt een handige en eenvoudige beschrijving van elk buitenlands woord

De woordenschat bevat 256 onderwerpen zoals:

Basisconcepten, getallen, kleuren, maanden, seizoenen, meeteenheden, kleding en accessoires, eten & voeding, restaurant, familieleden, verwanten, karakter, gevoelens, emoties, ziekten, stad, dorp, bezienswaardigheden, winkelen, geld, huis, thuis, kantoor, werken op kantoor, import & export, marketing, werk zoeken, sport, onderwijs, computer, internet, gereedschap, natuur, landen, nationaliteiten en meer ...

INHOUDSOPGAVE

UITSPRAAKGIDS

Letter	Pools voorbeeld	T&P fonetisch alfabet	Nederlands voorbeeld

Klinkers

A a	fala	[a]	acht
Ą ą	są	[õ]	nasale [o]
E e	tekst	[ɛ]	elf, zwembad
Ę ę	pięć	[ɛ̃]	zwemmen, existeren
I i	niski	[i]	bidden, tint
O o	strona	[ɔ]	aankomst, bot
Ó ó	ołów	[u]	hoed, doe
U u	ulica	[u]	hoed, doe
Y y	stalowy	[ɪ]	iemand, die

Medeklinkers

B b	brew	[b]	hebben
C c	palec	[ʦ]	niets, plaats
Ć ć	haftować	[ʧ]	Tsjechië, cello
D d	modny	[d]	Dank u, honderd
F f	perfumy	[f]	feestdag, informeren
G g	zegarek	[g]	goal, tango
H h	handel	[h]	het, herhalen
J j	jajko	[j]	New York, januari
K k	krab	[k]	kennen, kleur
L l	mleko	[l]	delen, luchter
Ł ł	głodny	[w]	twee, willen
M m	guma	[m]	morgen, etmaal
N n	Indie	[n]	nemen, zonder
Ń ń	jesień	[ɲ]	cognac, nieuw
P p	poczta	[p]	parallel, koper
R r	portret	[r]	roepen, breken
S s	studnia	[s]	spreken, kosten
Ś ś	świat	[ɕ]	Chicago, jasje
T t	taniec	[t]	kaartje, turkoois
W w	wieczór	[v]	beloven, schrijven
Z z	zachód	[z]	zeven, zesde
Ź ź	żaba	[ʑ]	origineel, regime
Ż ż	żagiel	[ʒ]	journalist, rouge

Lettercombinaties

Letter	Pools voorbeeld	T&P fonetisch alfabet	Nederlands voorbeeld
ch	ich, zachód	[ɦ]	hitte, hypnose
ci	kwiecień	[ʧ]	cappuccino, Engels - 'cheese'
cz	czasami	[ʧ]	Tsjechië, cello
dz	dzbanek	[dz]	zeldzaam
dzi	dziecko	[dʑ]	jeans, bougie
dź	dźwig	[dʑ]	jeans, bougie
dż	dżinsy	[j]	New York, januari
ni	niedziela	[ɲ]	cognac, nieuw
rz	orzech	[ʒ]	journalist, rouge
si	osiem	[ɕ]	Chicago, jasje
sz	paszport	[ʃ]	shampoo, machine
zi	zima	[ʑ]	origineel, regime

Opmerkingen

- Letters QQ, Vv, Xx alleen gebruikt in buitenlandse leenwoorden

AFKORTINGEN gebruikt in de woordenschat

Nederlandse afkortingen

mann.	-	mannelijk
vrouw.	-	vrouwelijk
mv.	-	meervoud
on.ww.	-	onovergankelijk werkwoord
ov.ww.	-	overgankelijk werkwoord
bn	-	bijvoeglijk naamwoord
bw	-	bijwoord
abn	-	als bijvoeglijk naamwoord
bijv.	-	bijvoorbeeld
enz.	-	enzovoort
wisk.	-	wiskunde
enk.	-	enkelvoud
ov.	-	over
mil.	-	militair
vn	-	voornaamwoord
telb.	-	telbaar
form.	-	formele taal
ontelb.	-	ontelbaar
inform.	-	informele taal
vw	-	voegwoord
vz	-	voorzetsel
ww	-	werkwoord

Nederlandse artikelen

de	-	gemeenschappelijk geslacht
het	-	onzijdig
de/het	-	onzijdig, gemeenschappelijk geslacht

Poolse afkortingen

m	-	mannelijk zelfstandig naamwoord
ż	-	vrouwelijk zelfstandig naamwoord
n	-	onzijdig
l.mn.	-	meervoud
m, ż	-	mannelijk, vrouwelijk

m, l.mn.	-	mannelijk meervoud
ż, l.mn.	-	vrouwelijk meervoud

BASISBEGRIPPEN

Basisbegrippen Deel 1

1. Voornaamwoorden

ik	**ja**	[ja]
jij, je	**ty**	[tɨ]
hij	**on**	[ɔn]
zij, ze	**ona**	['ɔna]
het	**ono**	['ɔnɔ]
wij, we	**my**	[mɨ]
jullie	**wy**	[vɨ]
zij, ze	**one**	['ɔnɛ]

2. Begroetingen. Begroetingen. Afscheid

Hallo! Dag!	**Dzień dobry!**	[ʤeɲ 'dɔbrɨ]
Hallo!	**Dzień dobry!**	[ʤeɲ 'dɔbrɨ]
Goedemorgen!	**Dzień dobry!**	[ʤeɲ 'dɔbrɨ]
Goedemiddag!	**Dzień dobry!**	[ʤeɲ 'dɔbrɨ]
Goedenavond!	**Dobry wieczór!**	[dɔbrɨ 'vetʃur]
gedag zeggen (groeten)	**witać się**	['vitaʧ ɕɛ̃]
Hoi!	**Cześć!**	[tʃɛɕʧ]
groeten (het)	**pozdrowienia** (l.mn.)	[pɔzdrɔ'veɲa]
verwelkomen (ww)	**witać**	['vitaʧ]
Hoe gaat het?	**Jak się masz?**	[jak ɕɛ̃ maʃ]
Is er nog nieuws?	**Co nowego?**	[ʦɔ nɔ'vɛgɔ]
Dag! Tot ziens!	**Do widzenia!**	[dɔ vi'ʣɛɲa]
Tot snel! Tot ziens!	**Do zobaczenia!**	[dɔ zɔbat'ʃɛɲa]
Vaarwel! (inform.)	**Żegnaj!**	['ʒɛgnaj]
Vaarwel! (form.)	**Żegnam!**	['ʒɛgnam]
afscheid nemen (ww)	**żegnać się**	['ʒɛgnaʧ ɕɛ̃]
Tot kijk!	**Na razie!**	[na 'raʒe]
Dank u!	**Dziękuję!**	[ʤɛ̃'kue]
Dank u wel!	**Bardzo dziękuję!**	[barʣɔ ʤɛ̃'kuɛ̃]
Graag gedaan	**Proszę**	['prɔʃɛ̃]
Geen dank!	**To drobiazg**	[tɔ 'drɔbʲazk]
Geen moeite.	**Nie ma za co**	['ne ma 'za ʦɔ]
Excuseer me, ...	**Przepraszam!**	[pʃɛp'raʃam]
excuseren (verontschuldigen)	**wybaczać**	[vɨ'batʃaʧ]

zich verontschuldigen	**przepraszać**	[pʃɛp'raʃatʃ]
Mijn excuses.	**Przepraszam!**	[pʃɛp'raʃam]
Het spijt me!	**Przepraszam!**	[pʃɛp'raʃam]
vergeven (ww)	**wybaczać**	[vɨ'batʃatʃ]
alsjeblieft	**proszę**	['prɔʃɛ̃]
Vergeet het niet!	**Nie zapomnijcie!**	[ne zapɔm'nijtʃe]
Natuurlijk!	**Oczywiście!**	[ɔtʃɨ'viɕtʃe]
Natuurlijk niet!	**Oczywiście, że nie!**	[ɔtʃɨviɕtʃe ʒɛ 'ne]
Akkoord!	**Zgoda!**	['zgɔda]
Zo is het genoeg!	**Dosyć!**	['dɔsɨtʃ]

3. Hoe aan te spreken

meneer	**Proszę pana**	['prɔʃɛ̃ 'pana]
mevrouw	**Proszę pani**	['prɔʃɛ̃ 'pani]
juffrouw	**Proszę pani**	['prɔʃɛ̃ 'pani]
jongeman	**Proszę pana**	['prɔʃɛ̃ 'pana]
jongen	**Chłopczyku**	[hwɔpt'ʃɨku]
meisje	**Dziewczynko**	[dʒevt'ʃɨŋkɔ]

4. Kardinale getallen. Deel 1

nul	**zero**	['zɛrɔ]
een	**jeden**	['edɛn]
twee	**dwa**	[dva]
drie	**trzy**	[tʃɨ]
vier	**cztery**	['tʃtɛrɨ]
vijf	**pięć**	[pɛ̃tʃ]
zes	**sześć**	[ʃɛɕtʃ]
zeven	**siedom**	['ɕedɛm]
acht	**osiem**	['ɔɕem]
negen	**dziewięć**	['dʒevɛ̃tʃ]
tien	**dziesięć**	['dʒeɕɛ̃tʃ]
elf	**jedenaście**	[edɛ'naɕtʃe]
twaalf	**dwanaście**	[dva'naɕtʃe]
dertien	**trzynaście**	[tʃɨ'naɕtʃe]
veertien	**czternaście**	[tʃtɛr'naɕtʃe]
vijftien	**piętnaście**	[pɛ̃t'naɕtʃe]
zestien	**szesnaście**	[ʃɛs'naɕtʃe]
zeventien	**siedemnaście**	[ɕedɛm'naɕtʃe]
achttien	**osiemnaście**	[ɔɕem'naɕtʃe]
negentien	**dziewiętnaście**	[dʒevɛ̃t'naɕtʃe]
twintig	**dwadzieścia**	[dva'dʒeɕtʃa]
eenentwintig	**dwadzieścia jeden**	[dva'dʒeɕtʃa 'edɛn]
tweeëntwintig	**dwadzieścia dwa**	[dva'dʒeɕtʃa dva]
drieëntwintig	**dwadzieścia trzy**	[dva'dʒeɕtʃa tʃɨ]
dertig	**trzydzieści**	[tʃɨ'dʒeɕtʃi]

eenendertig	**trzydzieści jeden**	[tʃɨ'dʒeɕtʃi 'edɛn]
tweeëndertig	**trzydzieści dwa**	[tʃɨ'dʒeɕtʃi dva]
drieëndertig	**trzydzieści trzy**	[tʃɨ'dʒeɕtʃi tʃɨ]
veertig	**czterdzieści**	[tʃtɛr'dʒeɕtʃi]
eenenveertig	**czterdzieści jeden**	[tʃtɛr'dʒeɕtʃi 'edɛn]
tweeënveertig	**czterdzieści dwa**	[tʃtɛr'dʒeɕtʃi dva]
drieënveertig	**czterdzieści trzy**	[tʃtɛr'dʒeɕtʃi tʃɨ]
vijftig	**pięćdziesiąt**	[pɛ̃'dʒeɕɔ̃t]
eenenvijftig	**pięćdziesiąt jeden**	[pɛ̃'dʒeɕɔ̃t 'edɛn]
tweeënvijftig	**pięćdziesiąt dwa**	[pɛ̃'dʒeɕɔ̃t dva]
drieënvijftig	**pięćdziesiąt trzy**	[pɛ̃'dʒeɕɔ̃t tʃɨ]
zestig	**sześćdziesiąt**	[ʃɛɕ'dʒeɕɔ̃t]
eenenzestig	**sześćdziesiąt jeden**	[ʃɛɕ'dʒeɕɔ̃t 'edɛn]
tweeënzestig	**sześćdziesiąt dwa**	[ʃɛɕ'dʒeɕɔ̃t dva]
drieënzestig	**sześćdziesiąt trzy**	[ʃɛɕ'dʒeɕɔ̃t tʃɨ]
zeventig	**siedemdziesiąt**	[ɕedɛm'dʒeɕɔ̃t]
eenenzeventig	**siedemdziesiąt jeden**	[ɕedɛm'dʒeɕɔ̃t 'edɛn]
tweeënzeventig	**siedemdziesiąt dwa**	[ɕedɛm'dʒeɕɔ̃t dva]
drieënzeventig	**siedemdziesiąt trzy**	[ɕedɛm'dʒeɕɔ̃t tʃɨ]
tachtig	**osiemdziesiąt**	[ɔɕem'dʒeɕɔ̃t]
eenentachtig	**osiemdziesiąt jeden**	[ɔɕem'dʒeɕɔ̃t 'edɛn]
tweeëntachtig	**osiemdziesiąt dwa**	[ɔɕem'dʒeɕɔ̃t dva]
drieëntachtig	**osiemdziesiąt trzy**	[ɔɕem'dʒeɕɔ̃t tʃɨ]
negentig	**dziewięćdziesiąt**	[dʒevɛ̃'dʒeɕɔ̃t]
eenennegentig	**dziewięćdziesiąt jeden**	[dʒevɛ̃'dʒeɕɔ̃t edɛn]
tweeënnegentig	**dziewięćdziesiąt dwa**	[dʒevɛ̃'dʒeɕɔ̃t dva]
drieënnegentig	**dziewięćdziesiąt trzy**	[dʒevɛ̃'dʒeɕɔ̃t tʃɨ]

5. Kardinale getallen. Deel 2

honderd	**sto**	[stɔ]
tweehonderd	**dwieście**	['dveɕtʃe]
driehonderd	**trzysta**	['tʃɨsta]
vierhonderd	**czterysta**	['tʃtɛrɨsta]
vijfhonderd	**pięćset**	['pɛ̃tʃsɛt]
zeshonderd	**sześćset**	['ʃɛɕtʃsɛt]
zevenhonderd	**siedemset**	['ɕedɛmsɛt]
achthonderd	**osiemset**	[ɔ'ɕemsɛt]
negenhonderd	**dziewięćset**	['dʒevɛ̃tʃsɛt]
duizend	**tysiąc**	['tɨɕɔ̃ts]
tweeduizend	**dwa tysiące**	[dva tɨɕɔ̃tsɛ]
drieduizend	**trzy tysiące**	[tʃɨ tɨɕɔ̃tsɛ]
tienduizend	**dziesięć tysięcy**	['dʒeɕɛ̃tʃ tɨ'ɕentsɨ]
honderdduizend	**sto tysięcy**	[stɔ tɨ'ɕentsɨ]
miljoen (het)	**milion**	['miʎjɔn]
miljard (het)	**miliard**	['miʎjart]

6. Ordinale getallen

eerste (bn)	**pierwszy**	['perfʃɨ]
tweede (bn)	**drugi**	['drugi]
derde (bn)	**trzeci**	['tʃɛʧi]
vierde (bn)	**czwarty**	['tʃfartɨ]
vijfde (bn)	**piąty**	[pɔ̃tɨ]
zesde (bn)	**szósty**	['ʃustɨ]
zevende (bn)	**siódmy**	['ɕudmɨ]
achtste (bn)	**ósmy**	['usmɨ]
negende (bn)	**dziewiąty**	[ʤevɔ̃tɨ]
tiende (bn)	**dziesiąty**	[ʤeɕɔ̃tɨ]

7. Getallen. Breuken

breukgetal (het)	**ułamek** (m)	[u'wamɛk]
half	**jedna druga**	['edna 'druga]
een derde	**jedna trzecia**	['edna 'tʃɛʧʲa]
kwart	**jedna czwarta**	['edna 'tʃfarta]
een achtste	**jedna ósma**	['edna 'usma]
een tiende	**jedna dziesiąta**	['edna ʤeɕɔ̃ta]
twee derde	**dwie trzecie**	[dve 'tʃɛʧe]
driekwart	**trzy czwarte**	[tʃɨ 'tʃfarte]

8. Getallen. Eenvoudige berekeningen

aftrekking (de)	**odejmowanie** (n)	[ɔdɛjmɔ'vane]
aftrekken (ww)	**odejmować**	[ɔdɛj'mɔvaʧ]
deling (de)	**dzielenie** (n)	[ʤe'lene]
delen (ww)	**dzielić**	['ʤeliʧ]
optelling (de)	**dodawanie** (n)	[dɔda'vane]
erbij optellen (bij elkaar voegen)	**dodać**	['dɔdaʧ]
optellen (ww)	**dodawać**	[dɔ'davaʧ]
vermenigvuldiging (de)	**mnożenie** (n)	[mnɔ'ʒɛne]
vermenigvuldigen (ww)	**mnożyć**	['mnɔʒiʧ]

9. Getallen. Diversen

cijfer (het)	**cyfra** (ż)	['ʦɨfra]
nummer (het)	**liczba** (ż)	['litʃba]
telwoord (het)	**liczebnik** (m)	[lit'ʃɛbnik]
minteken (het)	**minus** (m)	['minus]
plusteken (het)	**plus** (m)	[plys]
formule (de)	**wzór** (m)	[vzur]
berekening (de)	**obliczenie** (n)	[ɔbli'ʧane]

tellen (ww)	**liczyć**	['litʃɨtʃ]
bijrekenen (ww)	**podliczać**	[pɔd'litʃatʃ]
vergelijken (ww)	**porównywać**	[pɔruv'nɨvatʃ]
Hoeveel?	**Ile?**	['ile]
som (de), totaal (het)	**suma** (ż)	['suma]
uitkomst (de)	**wynik** (m)	['vɨnik]
rest (de)	**reszta** (ż)	['rɛʃta]
enkele (bijv. ~ minuten)	**kilka**	['kiʎka]
weinig (bw)	**niedużo ...**	[ne'duʒɔ]
restant (het)	**reszta** (ż)	['rɛʃta]
anderhalf	**półtora**	[puw'tɔra]
dozijn (het)	**tuzin** (m)	['tuʒin]
middendoor (bw)	**na pół**	[na puw]
even (bw)	**po równo**	[pɔ 'ruvnɔ]
helft (de)	**połowa** (ż)	[pɔ'wɔva]
keer (de)	**raz** (m)	[raz]

10. De belangrijkste werkwoorden. Deel 1

aanbevelen (ww)	**polecać**	[pɔ'letsatʃ]
aandringen (ww)	**nalegać**	[na'legatʃ]
aankomen (per auto, enz.)	**przyjeżdżać**	[pʃɨ'eʒdʒatʃ]
aanraken (ww)	**dotykać**	[dɔ'tɨkatʃ]
adviseren (ww)	**radzić**	['radʒitʃ]
afdalen (on.ww.)	**schodzić**	['shɔdʒitʃ]
afslaan (naar rechts ~)	**skręcać**	['skrɛntsatʃ]
antwoorden (ww)	**odpowiadać**	[ɔtpɔ'vʲadatʃ]
bang zijn (ww)	**bać się**	[batʃ ɕẽ]
bedreigen (bijv. met een pistool)	**grozić**	['grɔʒitʃ]
bedriegen (ww)	**oszukiwać**	[ɔʃu'kivatʃ]
beëindigen (ww)	**kończyć**	['kɔɲtʃɨtʃ]
beginnen (ww)	**rozpoczynać**	[rɔspɔt'ʃɨnatʃ]
begrijpen (ww)	**rozumieć**	[rɔ'zumetʃ]
beheren (managen)	**kierować**	[ke'rɔvatʃ]
beledigen (met scheldwoorden)	**znieważać**	[zne'vaʒatʃ]
beloven (ww)	**obiecać**	[ɔ'betsatʃ]
bereiden (koken)	**gotować**	[gɔ'tɔvatʃ]
bespreken (spreken over)	**omawiać**	[ɔ'mavʲatʃ]
bestellen (eten ~)	**zamawiać**	[za'mavʲatʃ]
bestraffen (een stout kind ~)	**karać**	['karatʃ]
betalen (ww)	**płacić**	['pwatʃitʃ]
betekenen (beduiden)	**znaczyć**	['znatʃɨtʃ]
betreuren (ww)	**żałować**	[ʒa'wɔvatʃ]
bevallen (prettig vinden)	**podobać się**	[pɔ'dɔbatʃ ɕẽ]
bevelen (mil.)	**rozkazywać**	[rɔska'zɨvatʃ]

bevrijden (stad, enz.)	**wyzwalać**	[vɨz'vaʎatʃ]
bewaren (ww)	**zachowywać**	[zahɔ'vɨvatʃ]
bezitten (ww)	**posiadać**	[pɔ'ɕadatʃ]
bidden (praten met God)	**modlić się**	['mɔdlitʃ ɕɛ̃]
binnengaan (een kamer ~)	**wchodzić**	['fhɔdʒitʃ]
breken (ww)	**psuć**	[psutʃ]
controleren (ww)	**kontrolować**	[kɔntrɔ'lɜvatʃ]
creëren (ww)	**stworzyć**	['stfɔʒɨtʃ]
deelnemen (ww)	**uczestniczyć**	[utʃɛst'nitʃɨtʃ]
denken (ww)	**myśleć**	['mɨɕletʃ]
doden (ww)	**zabijać**	[za'bijatʃ]
doen (ww)	**robić**	['rɔbitʃ]
dorst hebben (ww)	**chcieć pić**	[htʃetʃ pitʃ]

11. De belangrijkste werkwoorden. Deel 2

een hint geven	**czynić aluzje**	['tʃɨnitʃ a'lyzʰe]
eisen (met klem vragen)	**zażądać**	[za'ʒɔ̃datʃ]
existeren (bestaan)	**istnieć**	['istnetʃ]
gaan (te voet)	**iść**	[iɕtʃ]
gaan zitten (ww)	**siadać**	['ɕadatʃ]
gaan zwemmen	**kąpać się**	['kɔ̃patʃ ɕɛ̃]
geven (ww)	**dawać**	['davatʃ]
glimlachen (ww)	**uśmiechać się**	[uɕ'mehatʃ ɕɛ̃]
goed raden (ww)	**odgadnąć**	[ɔd'gadnɔ̃tʃ]
grappen maken (ww)	**żartować**	[ʒar'tɔvatʃ]
graven (ww)	**kopać**	['kɔpatʃ]
hebben (ww)	**mieć**	[metʃ]
helpen (ww)	**pomagać**	[pɔ'magatʃ]
herhalen (opnieuw zeggen)	**powtarzać**	[pɔf'taʒatʃ]
honger hebben (ww)	**chcieć jeść**	[htʃetʃ eɕtʃ]
hopen (ww)	**mieć nadzieję**	[metʃ na'dʒeɛ̃]
horen (waarnemen met het oor)	**słyszeć**	['swɨʃɛtʃ]
huilen (wenen)	**płakać**	['pwakatʃ]
huren (huis, kamer)	**wynajmować**	[vɨnaj'mɔvatʃ]
informeren (informatie geven)	**informować**	[infɔr'mɔvatʃ]
instemmen (akkoord gaan)	**zgadzać się**	['zgadzatʃ ɕɛ̃]
jagen (ww)	**polować**	[pɔ'lɜvatʃ]
kennen (kennis hebben van iemand)	**znać**	[znatʃ]
kiezen (ww)	**wybierać**	[vɨ'beratʃ]
klagen (ww)	**skarżyć się**	['skarʒɨtʃ ɕɛ̃]
kosten (ww)	**kosztować**	[kɔʃ'tɔvatʃ]
kunnen (ww)	**móc**	[muts]
lachen (ww)	**śmiać się**	['ɕmʲatʃ ɕɛ̃]

laten vallen (ww)	**upuszczać**	[u'puʃtʃatʃ]
lezen (ww)	**czytać**	['tʃɨtatʃ]
liefhebben (ww)	**kochać**	['kɔhatʃ]
lunchen (ww)	**jeść obiad**	[eɕtʃ 'ɔbʲat]
nemen (ww)	**brać**	[bratʃ]
nodig zijn (ww)	**być potrzebnym**	[bɨtʃ pɔt'ʃɛbnɨm]

12. De belangrijkste werkwoorden. Deel 3

onderschatten (ww)	**nie doceniać**	[nedɔ'tsɛɲatʃ]
ondertekenen (ww)	**podpisywać**	[pɔtpi'sɨvatʃ]
ontbijten (ww)	**jeść śniadanie**	[eɕtʃ ɕɲa'dane]
openen (ww)	**otwierać**	[ɔt'feratʃ]
ophouden (ww)	**przestawać**	[pʃɛs'tavatʃ]
opmerken (zien)	**zauważać**	[zau'vaʒatʃ]
opscheppen (ww)	**chwalić się**	['hfalitʃ ɕɛ̃]
opschrijven (ww)	**zapisywać**	[zapi'sɨvatʃ]
plannen (ww)	**planować**	[pʎa'nɔvatʃ]
prefereren (verkiezen)	**woleć**	['vɔletʃ]
proberen (trachten)	**próbować**	[pru'bɔvatʃ]
redden (ww)	**ratować**	[ra'tɔvatʃ]
rekenen op ...	**liczyć na ...**	['litʃɨtʃ na]
rennen (ww)	**biec**	[bets]
reserveren (een hotelkamer ~)	**rezerwować**	[rɛzɛr'vɔvatʃ]
roepen (om hulp)	**wołać**	['vɔwatʃ]
schieten (ww)	**strzelać**	['stʃɛʎatʃ]
schreeuwen (ww)	**krzyczeć**	['kʃɨtʃɛtʃ]
schrijven (ww)	**pisać**	['pisatʃ]
souperen (ww)	**jeść kolację**	[eɕtʃ kɔ'ʎatsʰɛ̃]
spelen (kinderen)	**grać**	[gratʃ]
spreken (ww)	**rozmawiać**	[rɔz'mavʲatʃ]
stelen (ww)	**kraść**	[kraɕtʃ]
stoppen (pauzeren)	**zatrzymywać się**	[zatʃɨ'mɨvatʃ ɕɛ̃]
studeren (Nederlands ~)	**studiować**	[studʰʒvatʃ]
sturen (zenden)	**wysyłać**	[vɨ'sɨwatʃ]
tellen (optellen)	**liczyć**	['litʃɨtʃ]
toebehoren ...	**należeć**	[na'leʒɛtʃ]
toestaan (ww)	**zezwalać**	[zɛz'vaʎatʃ]
tonen (ww)	**pokazywać**	[pɔka'zɨvatʃ]
twijfelen (onzeker zijn)	**wątpić**	['vɔ̃tpitʃ]
uitgaan (ww)	**wychodzić**	[vɨ'hɔdʒitʃ]
uitnodigen (ww)	**zapraszać**	[zap'raʃatʃ]
uitspreken (ww)	**wymawiać**	[vɨ'mavʲatʃ]
uitvaren tegen (ww)	**besztać**	['bɛʃtatʃ]

13. De belangrijkste werkwoorden. Deel 4

vallen (ww)	**spadać**	['spadatʃ]
vangen (ww)	**łowić**	['wɔvitʃ]
veranderen (anders maken)	**zmienić**	['zmenitʃ]
verbaasd zijn (ww)	**dziwić się**	['dʒivitʃ ɕɛ̃]
verbergen (ww)	**chować**	['hɔvatʃ]
verdedigen (je land ~)	**bronić**	['brɔnitʃ]
verenigen (ww)	**łączyć**	['wɔ̃tʃitʃ]
vergelijken (ww)	**porównywać**	[pɔruv'nivatʃ]
vergeten (ww)	**zapominać**	[zapɔ'minatʃ]
vergeven (ww)	**przebaczać**	[pʃɛ'batʃatʃ]
verklaren (uitleggen)	**objaśniać**	[ɔbʰ'jaɕɲatʃ]
verkopen (per stuk ~)	**sprzedawać**	[spʃɛ'davatʃ]
vermelden (praten over)	**wspominać**	[fspɔ'minatʃ]
versieren (decoreren)	**ozdabiać**	[ɔz'dabʲatʃ]
vertalen (ww)	**tłumaczyć**	[twu'matʃitʃ]
vertrouwen (ww)	**ufać**	['ufatʃ]
vervolgen (ww)	**kontynuować**	[kɔntinu'ɔvatʃ]
verwarren (met elkaar ~)	**mylić**	['militʃ]
verzoeken (ww)	**prosić**	['prɔɕitʃ]
verzuimen (school, enz.)	**opuszczać**	[ɔ'puʃtʃatʃ]
vinden (ww)	**znajdować**	[znaj'dɔvatʃ]
vliegen (ww)	**lecieć**	['letʃetʃ]
volgen (ww)	**podążać**	[pɔ'dɔ̃ʒatʃ]
voorstellen (ww)	**proponować**	[prɔpɔ'nɔvatʃ]
voorzien (verwachten)	**przewidzieć**	[pʃɛ'vidʒetʃ]
vragen (ww)	**pytać**	['pitatʃ]
waarnemen (ww)	**obserwować**	[ɔbsɛr'vɔvatʃ]
waarschuwen (ww)	**ostrzegać**	[ɔst'ʃɛgatʃ]
wachten (ww)	**czekać**	['tʃɛkatʃ]
weerspreken (ww)	**sprzeciwiać się**	[spʃɛ'tʃivʲatʃ ɕɛ̃]
weigeren (ww)	**odmawiać**	[ɔd'mavʲatʃ]
werken (ww)	**pracować**	[pra'tsɔvatʃ]
weten (ww)	**wiedzieć**	['vedʒetʃ]
willen (verlangen)	**chcieć**	[htʃetʃ]
zeggen (ww)	**powiedzieć**	[pɔ'vedʒetʃ]
zich haasten (ww)	**śpieszyć się**	['ɕpeʃitʃ ɕɛ̃]
zich interesseren voor ...	**interesować się**	[intɛrɛ'sɔvatʃ ɕɛ̃]
zich vergissen (ww)	**mylić się**	['militʃ ɕɛ̃]
zich verontschuldigen	**przepraszać**	[pʃɛp'raʃatʃ]
zien (ww)	**widzieć**	['vidʒetʃ]
zijn (ww)	**być**	[bitʃ]
zoeken (ww)	**szukać**	['ʃukatʃ]
zwemmen (ww)	**pływać**	['pwivatʃ]
zwijgen (ww)	**milczeć**	['miʎtʃɛtʃ]

14. Kleuren

kleur (de)	**kolor** (m)	['kɔlɜr]
tint (de)	**odcień** (m)	['ɔʧeɲ]
kleurnuance (de)	**ton** (m)	[tɔn]
regenboog (de)	**tęcza** (ż)	['tɛntʃa]
wit (bn)	**biały**	['bʲawɨ]
zwart (bn)	**czarny**	['tʃarnɨ]
grijs (bn)	**szary**	['ʃarɨ]
groen (bn)	**zielony**	[ʒe'lɜnɨ]
geel (bn)	**żółty**	['ʒuwtɨ]
rood (bn)	**czerwony**	[tʃɛr'vɔnɨ]
blauw (bn)	**ciemny niebieski**	['ʧɛmnɨ ne'beski]
lichtblauw (bn)	**niebieski**	[ne'beski]
roze (bn)	**różowy**	[ru'ʒɔvɨ]
oranje (bn)	**pomarańczowy**	[pɔmaraɲt'ʃɔvɨ]
violet (bn)	**fioletowy**	[fʰɜle'tɔvɨ]
bruin (bn)	**brązowy**	[brɔ̃'zɔvɨ]
goud (bn)	**złoty**	['zwɔtɨ]
zilverkleurig (bn)	**srebrzysty**	[srɛb'ʒɨstɨ]
beige (bn)	**beżowy**	[bɛ'ʒɔvɨ]
roomkleurig (bn)	**kremowy**	[krɛ'mɔvɨ]
turkoois (bn)	**turkusowy**	[turku'sɔvɨ]
kersrood (bn)	**wiśniowy**	[viɕ'nɜvɨ]
lila (bn)	**liliowy**	[li'ʎjɔvɨ]
karmijnrood (bn)	**malinowy**	[mali'nɔvɨ]
licht (bn)	**jasny**	['jasnɨ]
donker (bn)	**ciemny**	['ʧemnɨ]
fel (bn)	**jasny**	['jasnɨ]
kleur-, kleurig (bn)	**kolorowy**	[kɔlɜ'rɔvɨ]
kleuren- (abn)	**kolorowy**	[kɔlɜ'rɔvɨ]
zwart-wit (bn)	**czarno-biały**	['tʃarnɔ 'bʲawɨ]
eenkleurig (bn)	**jednokolorowy**	['ednɔkɔlɜ'rɔvɨ]
veelkleurig (bn)	**różnokolorowy**	['ruʒnɔkɔlɜ'rɔvɨ]

15. Vragen

Wie?	**Kto?**	[ktɔ]
Wat?	**Co?**	[ʦɔ]
Waar?	**Gdzie?**	[gʤe]
Waarheen?	**Dokąd?**	['dɔkɔ̃t]
Waar ... vandaan?	**Skąd?**	[skɔ̃t]
Wanneer?	**Kiedy?**	['kedɨ]
Waarom?	**Dlaczego?**	[dʎat'ʃɛgɔ]
Waarom?	**Czemu?**	['ʧɛmu]
Waarvoor dan ook?	**Do czego?**	[dɔ 'ʧɛgɔ]

Hoe?	**Jak?**	[jak]
Wat voor …?	**Jaki?**	['jaki]
Welk?	**Który?**	['kturɨ]
Over wie?	**O kim?**	['ɔ kim]
Waarover?	**O czym?**	['ɔ tʃɨm]
Met wie?	**Z kim?**	[s kim]
Hoeveel?	**Ile?**	['ile]
Van wie? (mann.)	**Czyj?**	[tʃɨj]

16. Voorzetsels

met (bijv. ~ beleg)	**z**	[z]
zonder (~ accent)	**bez**	[bɛz]
naar (in de richting van)	**do**	[dɔ]
over (praten ~)	**o**	[ɔ]
voor (in tijd)	**przed**	[pʃɛt]
voor (aan de voorkant)	**przed**	[pʃɛt]
onder (lager dan)	**pod**	[pɔt]
boven (hoger dan)	**nad**	[nat]
op (bovenop)	**na**	[na]
van (uit, afkomstig van)	**z … , ze …**	[z], [zɛ]
van (gemaakt van)	**z … , ze …**	[z], [zɛ]
over (bijv. ~ een uur)	**za**	[za]
over (over de bovenkant)	**przez**	[pʃɛs]

17. Functiewoorden. Bijwoorden. Deel 1

Waar?	**Gdzie?**	[gʤe]
hier (bw)	**tu**	[tu]
daar (bw)	**tam**	[tam]
ergens (bw)	**gdzieś**	[gʤeɕ]
nergens (bw)	**nigdzie**	['nigʤe]
bij … (in de buurt)	**koło, przy**	['kɔwɔ], [pʃɨ]
bij het raam	**przy oknie**	[pʃɨ 'ɔkne]
Waarheen?	**Dokąd?**	['dɔkɔ̃t]
hierheen (bw)	**tutaj**	['tutaj]
daarheen (bw)	**tam**	[tam]
hiervandaan (bw)	**stąd**	[stɔ̃t]
daarvandaan (bw)	**stamtąd**	['stamtɔ̃t]
dichtbij (bw)	**blisko**	['bliskɔ]
ver (bw)	**daleko**	[da'lɛkɔ]
in de buurt (van …)	**koło**	['kɔwɔ]
vlakbij (bw)	**obok**	['ɔbɔk]

niet ver (bw)	**niedaleko**	[neda'lekɔ]
linker (bn)	**lewy**	['levɨ]
links (bw)	**z lewej**	[z 'levɛj]
linksaf, naar links (bw)	**w lewo**	[v 'levɔ]
rechter (bn)	**prawy**	['pravɨ]
rechts (bw)	**z prawej**	[s 'pravɛj]
rechtsaf, naar rechts (bw)	**w prawo**	[f 'pravɔ]
vooraan (bw)	**z przodu**	[s 'pʃɔdu]
voorste (bn)	**przedni**	['pʃɛdni]
vooruit (bw)	**naprzód**	['napʃut]
achter (bw)	**z tyłu**	[s 'tɨwu]
van achteren (bw)	**od tyłu**	[ɔt 'tɨwu]
achteruit (naar achteren)	**do tyłu**	[dɔ 'tɨwu]
midden (het)	**środek** (m)	['ɕrɔdɛk]
in het midden (bw)	**w środku**	[f 'ɕrɔdku]
opzij (bw)	**z boku**	[z 'bɔku]
overal (bw)	**wszędzie**	['fʃɛ̃dʒe]
omheen (bw)	**dookoła**	[dɔ:'kɔwa]
binnenuit (bw)	**z wewnątrz**	[z 'vɛvnɔ̃tʃ]
naar ergens (bw)	**dokądś**	['dɔkɔ̃tɕ]
rechtdoor (bw)	**na wprost**	['na fprɔst]
terug (bijv. ~ komen)	**z powrotem**	[s pɔv'rɔtɛm]
ergens vandaan (bw)	**skądkolwiek**	[skɔ̃t'kɔʎvek]
ergens vandaan (en dit geld moet ~ komen)	**skądś**	[skɔ̃tɕ]
ten eerste (bw)	**po pierwsze**	[pɔ 'perfʃɛ]
ten tweede (bw)	**po drugie**	[pɔ 'druge]
ten derde (bw)	**po trzecie**	[pɔ 'tʃɛtʃe]
plotseling (bw)	**nagle**	['nagle]
in het begin (bw)	**na początku**	[na pɔt'ʃɔ̃tku]
voor de eerste keer (bw)	**po raz pierwszy**	[pɔ ras 'perfʃɨ]
lang voor ... (bw)	**na długo przed ...**	[na 'dwugɔ pʃɛt]
opnieuw (bw)	**od nowa**	[ɔd 'nɔva]
voor eeuwig (bw)	**na zawsze**	[na 'zafʃɛ]
nooit (bw)	**nigdy**	['nigdɨ]
weer (bw)	**znowu**	['znɔvu]
nu (bw)	**teraz**	['tɛras]
vaak (bw)	**często**	['tʃɛnstɔ]
toen (bw)	**wtedy**	['ftɛdɨ]
urgent (bw)	**pilnie**	['piʎne]
meestal (bw)	**zwykle**	['zvɨkle]
trouwens, ... (tussen haakjes)	**a propos**	[a prɔ'pɔ]
mogelijk (bw)	**może, możliwe**	['mɔʒɛ], [mɔʒ'livɛ]
waarschijnlijk (bw)	**prawdopodobnie**	[pravdɔpɔ'dɔbne]

misschien (bw) **być może** [bɨʧ 'mɔʒɛ]
trouwens (bw) **poza tym** [pɔ'za tɨm]
daarom … **dlatego** [dʎa'tɛgɔ]
in weerwil van … **mimo że …** ['mimɔ ʒɛ]
dankzij … **dzięki** ['ʤɛ̃ki]

wat (vn) **co** [ʦɔ]
dat (vw) **że** [ʒɛ]
iets (vn) **coś** [ʦɔɕ]
iets **cokolwiek** [ʦɔ'kɔʎvek]
niets (vn) **nic** [niʦ]

wie (~ is daar?) **kto** [ktɔ]
iemand (een onbekende) **ktoś** [ktɔɕ]
iemand (een bepaald persoon) **ktokolwiek** [ktɔ'kɔʎvek]

niemand (vn) **nikt** [nikt]
nergens (bw) **nigdzie** ['nigʤe]
niemands (bn) **niczyj** ['niʧɨj]
iemands (bn) **czyjkolwiek** [ʧɨj'kɔʎvek]

zo (Ik ben ~ blij) **tak** [tak]
ook (evenals) **także** ['tagʒɛ]
alsook (eveneens) **też** [tɛʃ]

18. Functiewoorden. Bijwoorden. Deel 2

Waarom? **Dlaczego?** [dʎat'ʃɛgɔ]
om een bepaalde reden **z jakiegoś powodu** [z ja'kegɔɕ pɔ'vɔdu]
omdat … **dlatego, że …** [dla'tɛgɔ], [ʒɛ]
voor een bepaald doel **po coś** ['pɔ ʦɔɕ]

en (vw) **i** [i]
of (vw) **albo** ['aʎbɔ]
maar (vw) **ale** ['ale]
voor (vz) **dla** [dʎa]

te (~ veel mensen) **zbyt** [zbɨt]
alleen (bw) **tylko** ['tɨʎkɔ]
precies (bw) **dokładnie** [dɔk'wadne]
ongeveer (~ 10 kg) **około** [ɔ'kɔwɔ]

omstreeks (bw) **w przybliżeniu** [f pʃɨbli'ʒɛnɨ]
bij benadering (bn) **przybliżony** [pʃɨbli'ʒɔnɨ]
bijna (bw) **prawie** [prave]
rest (de) **reszta** (ż) ['rɛʃta]

elk (bn) **każdy** ['kaʒdɨ]
om het even welk **jakikolwiek** [jaki'kɔʎvjek]
veel (grote hoeveelheid) **dużo** ['duʒɔ]
veel mensen **wiele** ['vele]
iedereen (alle personen) **wszystkie** ['fʃɨstke]
in ruil voor … **w zamian za …** [v 'zamʲan za]

in ruil (bw)	**zamiast**	['zamʲast]
met de hand (bw)	**ręcznie**	['rɛntʃne]
onwaarschijnlijk (bw)	**ledwo, prawie**	['ledvɔ], ['pravje]
waarschijnlijk (bw)	**prawdopodobnie**	[pravdɔpɔ'dɔbne]
met opzet (bw)	**celowo**	[ʦɛ'lɔvɔ]
toevallig (bw)	**przypadkiem**	[pʃɨ'patkem]
zeer (bw)	**bardzo**	['barʣɔ]
bijvoorbeeld (bw)	**na przykład**	[na 'pʃɨkwat]
tussen (~ twee steden)	**między**	['menʣɨ]
tussen (te midden van)	**wśród**	[fɕrut]
zoveel (bw)	**aż tyle**	[aʒ 'tɨle]
vooral (bw)	**szczególnie**	[ʃtʃɛ'guʎne]

Basisbegrippen Deel 2

19. Dagen van de week

maandag (de)	**poniedziałek** (m)	[pɔne'ʤʲawɛk]
dinsdag (de)	**wtorek** (m)	['ftɔrɛk]
woensdag (de)	**środa** (ż)	['ɕrɔda]
donderdag (de)	**czwartek** (m)	['tʃfartɛk]
vrijdag (de)	**piątek** (m)	[pɔ̃tɛk]
zaterdag (de)	**sobota** (ż)	[sɔ'bɔta]
zondag (de)	**niedziela** (ż)	[ne'ʤeʎa]
vandaag (bw)	**dzisiaj**	['ʤiɕaj]
morgen (bw)	**jutro**	['jutrɔ]
overmorgen (bw)	**pojutrze**	[pɔ'jutʃɛ]
gisteren (bw)	**wczoraj**	['ftʃɔraj]
eergisteren (bw)	**przedwczoraj**	[pʃɛtft'ʃɔraj]
dag (de)	**dzień** (m)	[ʤeɲ]
werkdag (de)	**dzień** (m) **roboczy**	[ʤeɲ rɔ'bɔtʃɨ]
feestdag (de)	**dzień** (m) **świąteczny**	[ʤeɲ ɕfɔ̃'tɛtʃnɨ]
verlofdag (de)	**dzień** (m) **wolny**	[ʤeɲ 'vɔʎnɨ]
weekend (het)	**weekend** (m)	[u'ikɛnt]
de hele dag (bw)	**cały dzień**	['ʦawɨ ʤeɲ]
de volgende dag (bw)	**następnego dnia**	[nastɛ̃p'nɛgɔ dɲa]
twee dagen geleden	**dwa dni temu**	[dva dni 'tɛmu]
aan de vooravond (bw)	**w przeddzień**	[f 'pʃɛdʤeɲ]
dag-, dagelijks (bn)	**codzienny**	[ʦɔ'ʤeŋɨ]
elke dag (bw)	**codziennie**	[ʦɔ'ʤeŋe]
week (de)	**tydzień** (m)	['tɨʤeɲ]
vorige week (bw)	**w zeszłym tygodniu**	[v 'zɛʃwɨm tɨ'gɔdny]
volgende week (bw)	**w następnym tygodniu**	[v nas'tɛ̃pnim tɨ'gɔdny]
wekelijks (bn)	**tygodniowy**	[tɨgɔd'nɜvɨ]
elke week (bw)	**co tydzień**	[ʦɔ tɨ'ʤɛɲ]
twee keer per week	**dwa razy w tygodniu**	[dva 'razɨ v tɨ'gɔdny]
elke dinsdag	**co wtorek**	[ʦɔ 'ftɔrek]

20. Uren. Dag en nacht

morgen (de)	**ranek** (m)	['ranɛk]
's morgens (bw)	**rano**	['ranɔ]
middag (de)	**południe** (n)	[pɔ'wudne]
's middags (bw)	**po południu**	[pɔ pɔ'wudny]
avond (de)	**wieczór** (m)	['vetʃur]
's avonds (bw)	**wieczorem**	[vet'ʃɔrɛm]

nacht (de)	**noc** (ż)	[nɔʦ]
's nachts (bw)	**w nocy**	[v 'nɔʦɨ]
middernacht (de)	**północ** (ż)	['puwnɔʦ]
seconde (de)	**sekunda** (ż)	[sɛ'kunda]
minuut (de)	**minuta** (ż)	[mi'nuta]
uur (het)	**godzina** (ż)	[gɔ'ʤina]
halfuur (het)	**pół godziny**	[puw gɔ'ʤinɨ]
kwartier (het)	**kwadrans** (m)	['kfadrans]
vijftien minuten	**piętnaście minut**	[pɛ̃t'naɕʧe 'minut]
etmaal (het)	**doba** (ż)	['dɔba]
zonsopgang (de)	**wschód** (m) **słońca**	[fshut 'swɔɲʦa]
dageraad (de)	**świt** (m)	[ɕfit]
vroege morgen (de)	**wczesny ranek** (m)	['fʧɛsnɨ 'ranɛk]
zonsondergang (de)	**zachód** (m)	['zahut]
's morgens vroeg (bw)	**wcześnie rano**	['fʧɛɕne 'ranɔ]
vanmorgen (bw)	**dzisiaj rano**	['ʤiɕaj 'ranɔ]
morgenochtend (bw)	**jutro rano**	['jutrɔ 'ranɔ]
vanmiddag (bw)	**dzisiaj w dzień**	['ʤiɕaj v ʤeɲ]
's middags (bw)	**po południu**	[pɔ pɔ'wudny]
morgenmiddag (bw)	**jutro popołudniu**	[jutrɔ pɔpɔ'wudny]
vanavond (bw)	**dzisiaj wieczorem**	[ʤiɕaj vet'ʃɔrɛm]
morgenavond (bw)	**jutro wieczorem**	['jutrɔ vet'ʃɔrɛm]
klokslag drie uur	**równo o trzeciej**	['ruvnɔ ɔ 'tʃɛʧej]
ongeveer vier uur	**około czwartej**	[ɔ'kɔwɔ 'tʃfartɛj]
tegen twaalf uur	**na dwunastą**	[na dvu'nastɔ̃]
over twintig minuten	**za dwadzieścia minut**	[za dva'ʤeɕʧʲa 'minut]
over een uur	**za godzinę**	[za gɔ'ʤinɛ̃]
op tijd (bw)	**na czas**	[na tʃas]
kwart voor ...	**za kwadrans**	[za 'kfadrans]
binnen een uur	**w ciągu godziny**	[f ʧɔ̃gu gɔ'ʤinɨ]
elk kwartier	**co piętnaście minut**	[ʦɔ pɛ̃t'naɕʧe 'minut]
de klok rond	**całą dobę**	['ʦawɔ̃ 'dɔbɛ̃]

21. Maanden. Seizoenen

januari (de)	**styczeń** (m)	['stɨtʃɛɲ]
februari (de)	**luty** (m)	['lytɨ]
maart (de)	**marzec** (m)	['maʒɛʦ]
april (de)	**kwiecień** (m)	['kfeʧeɲ]
mei (de)	**maj** (m)	[maj]
juni (de)	**czerwiec** (m)	['tʃɛrveʦ]
juli (de)	**lipiec** (m)	['lipeʦ]
augustus (de)	**sierpień** (m)	['ɕerpeɲ]
september (de)	**wrzesień** (m)	['vʒɛɕeɲ]
oktober (de)	**październik** (m)	[paʑʲ'ʤernik]
november (de)	**listopad** (m)	[lis'tɔpat]
december (de)	**grudzień** (m)	['gruʤeɲ]

lente (de)	**wiosna** (ż)	['vɜsna]
in de lente (bw)	**wiosną**	['vɜsnɔ̃]
lente- (abn)	**wiosenny**	[vɜ'sɛŋɨ]
zomer (de)	**lato** (n)	['ʎatɔ]
in de zomer (bw)	**latem**	['ʎatɛm]
zomer-, zomers (bn)	**letni**	['letni]
herfst (de)	**jesień** (ż)	['eɕeɲ]
in de herfst (bw)	**jesienią**	[e'ɕenɔ̃]
herfst- (abn)	**jesienny**	[e'ɕeŋɨ]
winter (de)	**zima** (ż)	['ʒima]
in de winter (bw)	**zimą**	['ʒimɔ̃]
winter- (abn)	**zimowy**	[ʒi'mɔvɨ]
maand (de)	**miesiąc** (m)	['meɕɔ̃ʦ]
deze maand (bw)	**w tym miesiącu**	[f tɨm me'ɕɔ̃ʦu]
volgende maand (bw)	**w przyszłym miesiącu**	[v 'pʃɨsʃwɨm me'ɕɔ̃ʦu]
vorige maand (bw)	**w zeszłym miesiącu**	[v 'zɛʃwɨm me'ɕɔ̃ʦu]
een maand geleden (bw)	**miesiąc temu**	['meɕɔ̃ʦ 'tɛmu]
over een maand (bw)	**za miesiąc**	[za 'meɕɔ̃ʦ]
over twee maanden (bw)	**za dwa miesiące**	[za dva me'ɕɔ̃ʦe]
de hele maand (bw)	**przez cały miesiąc**	[pʃɛs 'ʦawɨ 'meɕɔ̃ʦ]
een volle maand (bw)	**cały miesiąc**	['ʦawɨ 'meɕɔ̃ʦ]
maand-, maandelijks (bn)	**comiesięczny**	[ʦɔme'ɕenʧnɨ]
maandelijks (bw)	**comiesięcznie**	[ʦɔme'ɕenʧne]
elke maand (bw)	**co miesiąc**	[ʦɔ 'meɕɔ̃ʦ]
twee keer per maand	**dwa razy w miesiącu**	[dva 'razɨ v meɕɔ̃ʦu]
jaar (het)	**rok** (m)	[rɔk]
dit jaar (bw)	**w tym roku**	[f tɨm 'rɔku]
volgend jaar (bw)	**w przyszłym roku**	[v 'pʃɨsʃwɨm 'rɔku]
vorig jaar (bw)	**w zeszłym roku**	[v 'zɛʃwɨm 'rɔku]
een jaar geleden (bw)	**rok temu**	[rɔk 'tɛmu]
over een jaar	**za rok**	[za rɔk]
over twee jaar	**za dwa lata**	[za dva 'ʎata]
het hele jaar	**cały rok**	['ʦawɨ rɔk]
een vol jaar	**cały rok**	['ʦawɨ rɔk]
elk jaar	**co roku**	[ʦɔ 'rɔku]
jaar-, jaarlijks (bn)	**coroczny**	[ʦɔ'rɔtʃnɨ]
jaarlijks (bw)	**corocznie**	[ʦɔ'rɔtʃne]
4 keer per jaar	**cztery razy w roku**	['tʃtɛrɨ 'razɨ v 'rɔku]
datum (de)	**data** (ż)	['data]
datum (de)	**data** (ż)	['data]
kalender (de)	**kalendarz** (m)	[ka'lendaʃ]
een half jaar	**pół roku**	[puw 'rɔku]
zes maanden	**półrocze** (n)	[puw'rɔtʃɛ]
seizoen (bijv. lente, zomer)	**sezon** (m)	['sɛzɔn]
eeuw (de)	**wiek** (m)	[vek]

22. Tijd. Diversen

tijd (de)	**czas** (m)	[tʃas]
ogenblik (het)	**chwilka** (ż)	['hfiʎka]
moment (het)	**chwila** (ż)	['hfiʎa]
ogenblikkelijk (bn)	**błyskawiczny**	[bwɨska'vitʃnɨ]
tijdsbestek (het)	**odcinek** (m)	[ɔ'ʧinɛk]
leven (het)	**życie** (n)	['ʒɨʧe]
eeuwigheid (de)	**wieczność** (ż)	['vetʃnɔɕʧ]
epoche (de), tijdperk (het)	**epoka** (ż)	[ɛ'pɔka]
era (de), tijdperk (het)	**era** (ż)	['ɛra]
cyclus (de)	**cykl** (m)	['ʦɨkʎ]
periode (de)	**okres** (m), **czas m**	['ɔkrɛs], [ʧas]
termijn (vastgestelde periode)	**termin** (m)	['tɛrmin]
toekomst (de)	**przyszłość** (ż)	['pʃɨʃwɔɕʧ]
toekomstig (bn)	**przyszły**	['pʃɨʃwɨ]
de volgende keer	**następnym razem**	[nas'tɛ̃pnɨm 'razɛm]
verleden (het)	**przeszłość** (ż)	['pʃɛʃwɔɕʧ]
vorig (bn)	**ubiegły**	[u'begwɨ]
de vorige keer	**ostatnim razem**	[ɔs'tatnim 'razɛm]
later (bw)	**później**	['puʑʲnej]
na (~ het diner)	**po**	[pɔ]
tegenwoordig (bw)	**obecnie**	[ɔ'bɛʦne]
nu (bw)	**teraz**	['tɛras]
onmiddellijk (bw)	**natychmiast**	[na'tɨhmʲast]
snel (bw)	**wkrótce**	['fkrutʦɛ]
bij voorbaat (bw)	**wcześniej**	['ftʃɛɕnej]
lang geleden (bw)	**dawno**	['davnɔ]
kort geleden (bw)	**niedawno**	[ne'davnɔ]
noodlot (het)	**los** (m)	['lɔs]
herinneringen (mv.)	**pamięć** (ż)	['pamɛ̃ʧ]
archief (het)	**archiwum** (n)	[ar'hivum]
tijdens … (ten tijde van)	**podczas …**	['pɔdtʃas]
lang (bw)	**długo**	['dwugɔ]
niet lang (bw)	**niedługo**	[ned'wugɔ]
vroeg (bijv. ~ in de ochtend)	**wcześnie**	['ftʃɛɕne]
laat (bw)	**późno**	['puʑʲnɔ]
voor altijd (bw)	**na zawsze**	[na 'zafʃɛ]
beginnen (ww)	**rozpoczynać**	[rɔspɔt'ʃɨnaʧ]
uitstellen (ww)	**przesunąć**	[pʃɛ'sunɔ̃ʧ]
tegelijkertijd (bw)	**jednocześnie**	[ednɔt'ʃɛɕne]
voortdurend (bw)	**stale**	['stale]
constant (bijv. ~ lawaai)	**ciągły**	[ʧɔ̃gwɨ]
tijdelijk (bn)	**tymczasowy**	[tɨmtʃa'sɔvɨ]
soms (bw)	**czasami**	[tʃa'sami]
zelden (bw)	**rzadko**	['ʒmatkɔ]
vaak (bw)	**często**	['tʃɛnstɔ]

23. Tegenovergestelden

rijk (bn)	**bogaty**	[bɔ'gatɨ]
arm (bn)	**biedny**	['bednɨ]
ziek (bn)	**chory**	['hɔrɨ]
gezond (bn)	**zdrowy**	['zdrɔvɨ]
groot (bn)	**duży**	['duʒɨ]
klein (bn)	**mały**	['mawɨ]
snel (bw)	**szybko**	['ʃɨpkɔ]
langzaam (bw)	**wolno**	['vɔʎnɔ]
snel (bn)	**szybki**	['ʃɨpki]
langzaam (bn)	**powolny**	[pɔ'vɔʎnɨ]
vrolijk (bn)	**wesoły**	[vɛ'sɔwɨ]
treurig (bn)	**smutny**	['smutnɨ]
samen (bw)	**razem**	['razɛm]
apart (bw)	**oddzielnie**	[ɔd'ʤeʎne]
hardop (~ lezen)	**na głos**	['na gwɔs]
stil (~ lezen)	**po cichu**	[pɔ 'ʧihu]
hoog (bn)	**wysoki**	[vɨ'sɔki]
laag (bn)	**niski**	['niski]
diep (bn)	**głęboki**	[gwɛ̃'bɔki]
ondiep (bn)	**płytki**	['pwɨtki]
ja	**tak**	[tak]
nee	**nie**	[ne]
ver (bn)	**daleki**	[da'lɛki]
dicht (bn)	**bliski**	['bliski]
ver (bw)	**daleko**	[da'lɛkɔ]
dichtbij (bw)	**obok**	['ɔbɔk]
lang (bn)	**długi**	['dwugi]
kort (bn)	**krótki**	['krutki]
vriendelijk (goedhartig)	**dobry**	['dɔbrɨ]
kwaad (bn)	**zły**	[zwɨ]
gehuwd (mann.)	**żonaty**	[ʒɔ'natɨ]
ongehuwd (mann.)	**nieżonaty**	[neʒɔ'natɨ]
verbieden (ww)	**zakazać**	[za'kazaʧ]
toestaan (ww)	**zezwolić**	[zɛz'vɔliʧ]
einde (het)	**koniec** (m)	['kɔnets]
begin (het)	**początek** (m)	[pɔt'ʃɔ̃tɛk]

linker (bn)	**lewy**	['levɨ]
rechter (bn)	**prawy**	['pravɨ]
eerste (bn)	**pierwszy**	['perfʃɨ]
laatste (bn)	**ostatni**	[ɔs'tatni]
misdaad (de)	**przestępstwo** (n)	[pʃɛs'tɛ̃pstfɔ]
bestraffing (de)	**kara** (ż)	['kara]
bevelen (ww)	**rozkazać**	[rɔs'kazatʃ]
gehoorzamen (ww)	**podporządkować się**	[pɔtpɔʒɔ̃d'kɔvatʃ ɕɛ̃]
recht (bn)	**prosty**	['prɔstɨ]
krom (bn)	**krzywy**	['kʃɨvɨ]
paradijs (het)	**raj** (m)	[raj]
hel (de)	**piekło** (n)	['pekwɔ]
geboren worden (ww)	**urodzić się**	[u'rɔdʒitʃ ɕɛ̃]
sterven (ww)	**umrzeć**	['umʒɛtʃ]
sterk (bn)	**silny**	['ɕiʎnɨ]
zwak (bn)	**słaby**	['swabɨ]
oud (bn)	**stary**	['starɨ]
jong (bn)	**młody**	['mwɔdɨ]
oud (bn)	**stary**	['starɨ]
nieuw (bn)	**nowy**	['nɔvɨ]
hard (bn)	**twardy**	['tfardɨ]
zacht (bn)	**miękki**	['meŋki]
warm (bn)	**ciepły**	['tʃepwɨ]
koud (bn)	**zimny**	['ʒimnɨ]
dik (bn)	**gruby**	['grubɨ]
dun (bn)	**szczupły**	['ʃtʃupwɨ]
smal (bn)	**wąski**	['vɔ̃ski]
breed (bn)	**szeroki**	[ʃɛ'rɔki]
goed (bn)	**dobry**	['dɔbrɨ]
slecht (bn)	**zły**	[zwɨ]
moedig (bn)	**mężny**	['mɛnʒnɨ]
laf (bn)	**tchórzliwy**	[thuʒ'livɨ]

24. Lijnen en vormen

vierkant (het)	**kwadrat** (m)	['kfadrat]
vierkant (bn)	**kwadratowy**	[kfadra'tɔvɨ]
cirkel (de)	**koło** (n)	['kɔwɔ]
rond (bn)	**okrągły**	[ɔk'rɔ̃gwɨ]

driehoek (de)	**trójkąt** (m)	['trujkɔ̃t]
driehoekig (bn)	**trójkątny**	[truj'kɔ̃tnɨ]
ovaal (het)	**owal** (m)	['ɔvaʎ]
ovaal (bn)	**owalny**	[ɔ'vaʎnɨ]
rechthoek (de)	**prostokąt** (m)	[prɔs'tɔkɔ̃t]
rechthoekig (bn)	**prostokątny**	[prɔstɔ'kɔ̃tnɨ]
piramide (de)	**piramida** (ż)	[pira'mida]
ruit (de)	**romb** (m)	[rɔmp]
trapezium (het)	**trapez** (m)	['trapɛs]
kubus (de)	**sześcian** (m)	['ʃɛɕʧʲan]
prisma (het)	**graniastosłup** (m)	[graɲas'tɔswup]
omtrek (de)	**okrąg** (m)	['ɔkrɔ̃k]
bol, sfeer (de)	**powierzchnia** (ż) **kuli**	[pɔ'veʃhɲa 'kuli]
bal (de)	**kula** (ż)	['kuʎa]
diameter (de)	**średnica** (ż)	[ɕrɛd'niʦa]
straal (de)	**promień** (m)	['prɔmeɲ]
omtrek (~ van een cirkel)	**obwód** (m)	['ɔbvut]
middelpunt (het)	**środek** (m)	['ɕrɔdɛk]
horizontaal (bn)	**poziomy**	[pɔ'ʒɔmɨ]
verticaal (bn)	**pionowy**	[pɜ'nɔvɨ]
parallel (de)	**równoległa** (ż)	[ruvnɔ'legwa]
parallel (bn)	**równoległy**	[ruvnɔ'legwɨ]
lijn (de)	**linia** (ż)	['liɲja]
streep (de)	**linia** (ż)	['liɲja]
rechte lijn (de)	**prosta** (ż)	['prɔsta]
kromme (de)	**krzywa** (ż)	['kʃɨva]
dun (bn)	**cienki**	['ʧeɲki]
omlijning (de)	**kontur** (m)	['kɔntur]
snijpunt (het)	**przecięcie** (n)	[pʃɛ'ʧɛ̃ʧe]
rechte hoek (de)	**kąt** (m) **prosty**	[kɔ̃t 'prɔstɨ]
segment (het)	**segment** (m)	['sɛgmɛnt]
sector (de)	**wycinek** (m)	[vɨ'ʧinɛk]
zijde (de)	**strona** (ż)	['strɔna]
hoek (de)	**kąt** (m)	[kɔ̃t]

25. Meeteenheden

gewicht (het)	**ciężar** (m)	['ʧenʒar]
lengte (de)	**długość** (ż)	['dwugɔɕʧ]
breedte (de)	**szerokość** (ż)	[ʃɛ'rɔkɔɕʧ]
hoogte (de)	**wysokość** (ż)	[vɨ'sɔkɔɕʧ]
diepte (de)	**głębokość** (ż)	[gwɛ̃'bɔkɔɕʧ]
volume (het)	**objętość** (ż)	[ɔbʰ'entɔɕʧ]
oppervlakte (de)	**powierzchnia** (ż)	[pɔ'veʃhɲa]
gram (het)	**gram** (m)	[gram]
milligram (het)	**miligram** (m)	[mi'ligram]

kilogram (het)	**kilogram** (m)	[ki'lɜgram]
ton (duizend kilo)	**tona** (ż)	['tɔna]
pond (het)	**funt** (m)	[funt]
ons (het)	**uncja** (ż)	['unʦʰja]
meter (de)	**metr** (m)	[mɛtr]
millimeter (de)	**milimetr** (m)	[mi'limɛtr]
centimeter (de)	**centymetr** (m)	[ʦɛn'tɨmɛtr]
kilometer (de)	**kilometr** (m)	[ki'lɜmɛtr]
mijl (de)	**mila** (ż)	['miʎa]
duim (de)	**cal** (m)	[ʦaʎ]
voet (de)	**stopa** (ż)	['stɔpa]
yard (de)	**jard** (m)	['jart]
vierkante meter (de)	**metr** (m) **kwadratowy**	[mɛtr kfadra'tɔvɨ]
hectare (de)	**hektar** (m)	['hɛktar]
liter (de)	**litr** (m)	[litr]
graad (de)	**stopień** (m)	['stɔpeɲ]
volt (de)	**wolt** (m)	[vɔʎt]
ampère (de)	**amper** (m)	[am'pɛr]
paardenkracht (de)	**koń** (m) **mechaniczny**	[kɔɲ mɛha'nitʃnɨ]
hoeveelheid (de)	**ilość** (ż)	['ilɜɕʧ]
een beetje ...	**niedużo ...**	[ne'duʒɔ]
helft (de)	**połowa** (ż)	[pɔ'wɔva]
dozijn (het)	**tuzin** (m)	['tuʒin]
stuk (het)	**sztuka** (ż)	['ʃtuka]
afmeting (de)	**rozmiar** (m)	['rɔzmʲar]
schaal (bijv. ~ van 1 op 50)	**skala** (ż)	['skaʎa]
minimaal (bn)	**minimalny**	[mini'maʎnɨ]
minste (bn)	**najmniejszy**	[najm'nejʃɨ]
medium (bn)	**średni**	['ɕrɛdni]
maximaal (bn)	**maksymalny**	[maksɨ'maʎnɨ]
grootste (bn)	**największy**	[naj'veŋkʃɨ]

26. Containers

glazen pot (de)	**słoik** (m)	['swɔik]
blik (conserven~)	**puszka** (ż)	['puʃka]
emmer (de)	**wiadro** (n)	['vʲadrɔ]
ton (bijv. regenton)	**beczka** (ż)	['bɛtʃka]
ronde waterbak (de)	**miednica** (ż)	[med'niʦa]
tank (bijv. watertank-70-ltr)	**zbiornik** (m)	['zbɜrnik]
heupfles (de)	**piersiówka** (ż)	[per'ɕyvka]
jerrycan (de)	**kanister** (m)	[ka'nistɛr]
tank (bijv. ketelwagen)	**cysterna** (ż)	[ʦɨs'tɛrna]
beker (de)	**kubek** (m)	['kubɛk]
kopje (het)	**filiżanka** (ż)	[fili'ʒaŋka]

schoteltje (het)	**spodek** (m)	['spɔdɛk]
glas (het)	**szklanka** (ż)	['ʃkʎaŋka]
wijnglas (het)	**kielich** (m)	['kelih]
steelpan (de)	**garnek** (m)	['garnɛk]
fles (de)	**butelka** (ż)	[bu'tɛʎka]
flessenhals (de)	**szyjka** (ż)	['ʃɨjka]
karaf (de)	**karafka** (ż)	[ka'rafka]
kruik (de)	**dzbanek** (m)	['ʤbanɛk]
vat (het)	**naczynie** (n)	[nat'ʃɨne]
pot (de)	**garnek** (m)	['garnɛk]
vaas (de)	**wazon** (m)	['vazɔn]
flacon (de)	**flakon** (m)	[fʎa'kɔn]
flesje (het)	**fiolka** (ż)	[fʰɜʎka]
tube (bijv. ~ tandpasta)	**tubka** (ż)	['tupka]
zak (bijv. ~ aardappelen)	**worek** (m)	['vɔrɛk]
tasje (het)	**torba** (ż)	['tɔrba]
pakje (~ sigaretten, enz.)	**paczka** (ż)	['patʃka]
doos (de)	**pudełko** (n)	[pu'dɛwkɔ]
kist (de)	**skrzynka** (ż)	['skʃɨŋka]
mand (de)	**koszyk** (m)	['kɔʃɨk]

27. Materialen

materiaal (het)	**materiał** (m)	[ma'tɛrʰjaw]
hout (het)	**drewno** (n)	['drɛvnɔ]
houten (bn)	**drewniany**	[drɛv'ɲanɨ]
glas (het)	**szkło** (n)	[ʃkwɔ]
glazen (bn)	**szklany**	['ʃkʎanɨ]
steen (de)	**kamień** (m)	['kameɲ]
stenen (bn)	**kamienny**	[ka'meŋɨ]
plastic (het)	**plastik** (m)	['pʎastik]
plastic (bn)	**plastikowy**	[pʎastɨ'kɔvɨ]
rubber (het)	**guma** (ż)	['guma]
rubber-, rubberen (bn)	**gumowy**	[gu'mɔvɨ]
stof (de)	**tkanina** (ż)	[tka'nina]
van stof (bn)	**z materiału**	[z matɛrʰ'jawu]
papier (het)	**papier** (m)	['paper]
papieren (bn)	**papierowy**	[pape'rɔvɨ]
karton (het)	**karton** (m)	['kartɔn]
kartonnen (bn)	**kartonowy**	[kartɔ'nɔvɨ]
polyethyleen (het)	**polietylen** (m)	[pɔliɛ'tilen]
cellofaan (het)	**celofan** (m)	[ʦɛ'lɜfan]

multiplex (het)	**sklejka** (ż)	['sklejka]
porselein (het)	**porcelana** (ż)	[pɔrtsɛ'ʎana]
porseleinen (bn)	**porcelanowy**	[pɔrtseʎa'nɔvɨ]
klei (de)	**glina** (ż)	['glina]
klei-, van klei (bn)	**gliniany**	[gli'ɲanɨ]
keramiek (de)	**ceramika** (ż)	[tsɛ'ramika]
keramieken (bn)	**ceramiczny**	[tsɛra'mitʃnɨ]

28. Metalen

metaal (het)	**metal** (m)	['mɛtaʎ]
metalen (bn)	**metalowy**	[mɛta'lɜvɨ]
legering (de)	**stop** (m)	[stɔp]
goud (het)	**złoto** (n)	['zwɔtɔ]
gouden (bn)	**złoty**	['zwɔtɨ]
zilver (het)	**srebro** (n)	['srɛbrɔ]
zilveren (bn)	**srebrny**	['srɛbrnɨ]
IJzer (het)	**żelazo** (n)	[ʒɛ'ʎazɔ]
IJzeren (bn)	**żelazny**	[ʒe'ʎaznɨ]
staal (het)	**stal** (ż)	[staʎ]
stalen (bn)	**stalowy**	[sta'lɜvɨ]
koper (het)	**miedź** (ż)	[metʃ]
koperen (bn)	**miedziany**	[me'dʒʲanɨ]
aluminium (het)	**aluminium** (n)	[aly'miɲjym]
aluminium (bn)	**aluminiowy**	[alymi'ɲjɔvɨ]
brons (het)	**brąz** (m)	[brɔ̃z]
bronzen (bn)	**brązowy**	[brɔ̃'zɔvɨ]
messing (het)	**mosiądz** (m)	['mɔɕɔ̃ts]
nikkel (het)	**nikiel** (m)	['nikeʎ]
platina (het)	**platyna** (ż)	['pʎatɨna]
kwik (het)	**rtęć** (ż)	[rtɛ̃tʃ]
tin (het)	**cyna** (ż)	['tsɨna]
lood (het)	**ołów** (m)	['ɔwuf]
zink (het)	**cynk** (m)	[tsɨŋk]

MENS

Mens. Het lichaam

29. Mensen. Basisbegrippen

mens (de)	**człowiek** (m)	['ʧwɔvek]
man (de)	**mężczyzna** (m)	[mɛ̃ʃt'ʃɨzna]
vrouw (de)	**kobieta** (ż)	[kɔ'beta]
kind (het)	**dziecko** (n)	['ʤeʦkɔ]
meisje (het)	**dziewczynka** (ż)	[ʤeft'ʃɨŋka]
jongen (de)	**chłopiec** (m)	['hwɔpeʦ]
tiener, adolescent (de)	**nastolatek** (m)	[nastɔ'ʎatɛk]
oude man (de)	**staruszek** (m)	[sta'ruʃɛk]
oude vrouw (de)	**staruszka** (ż)	[sta'ruʃka]

30. Menselijke anatomie

organisme (het)	**organizm** (m)	[ɔr'ganizm]
hart (het)	**serce** (n)	['sɛrʦɛ]
bloed (het)	**krew** (ż)	[krɛf]
slagader (de)	**tętnica** (ż)	[tɛ̃t'niʦa]
ader (de)	**żyła** (ż)	['ʒɨwa]
hersenen (mv.)	**mózg** (m)	[musk]
zenuw (de)	**nerw** (m)	[nɛrf]
zenuwen (mv.)	**nerwy** (l.mn.)	['nɛrvɨ]
wervel (de)	**kręg** (m)	[krɛ̃k]
ruggengraat (de)	**kręgosłup** (m)	[krɛ̃'gɔswup]
maag (de)	**żołądek** (m)	[ʒɔ'wɔ̃dɛk]
darmen (mv.)	**jelita** (l.mn.)	[e'lita]
darm (de)	**jelito** (n)	[e'litɔ]
lever (de)	**wątroba** (ż)	[vɔ̃t'rɔba]
nier (de)	**nerka** (ż)	['nɛrka]
been (deel van het skelet)	**kość** (ż)	[kɔɕʧ]
skelet (het)	**szkielet** (m)	['ʃkelet]
rib (de)	**żebro** (n)	['ʒɛbrɔ]
schedel (de)	**czaszka** (ż)	['ʧaʃka]
spier (de)	**mięsień** (m)	['meɲɕɛ̃]
biceps (de)	**biceps** (m)	['biʦeps]
pees (de)	**ścięgno** (n)	['ɕʧeŋɔ]
gewricht (het)	**staw** (m)	[staf]

longen (mv.)	**płuca** (l.mn.)	['pwutsa]
geslachtsorganen (mv.)	**narządy** (l.mn.) **płciowe**	[na'ʒɔ̃dɨ 'pwtʃɔve]
huid (de)	**skóra** (ż)	['skura]

31. Hoofd

hoofd (het)	**głowa** (ż)	['gwɔva]
gezicht (het)	**twarz** (ż)	[tfaʃ]
neus (de)	**nos** (m)	[nɔs]
mond (de)	**usta** (l.mn.)	['usta]
oog (het)	**oko** (n)	['ɔkɔ]
ogen (mv.)	**oczy** (l.mn.)	['ɔtʃɨ]
pupil (de)	**źrenica** (ż)	[ʑʲre'nitsa]
wenkbrauw (de)	**brew** (ż)	[brɛf]
wimper (de)	**rzęsy** (l.mn.)	['ʒɛnsɨ]
ooglid (het)	**powieka** (ż)	[pɔ'veka]
tong (de)	**język** (m)	['enzɨk]
tand (de)	**ząb** (m)	[zɔ̃mp]
lippen (mv.)	**wargi** (l.mn.)	['vargi]
jukbeenderen (mv.)	**kości** (l.mn.) **policzkowe**	['kɔɕtʃi pɔlitʃ'kɔvɛ]
tandvlees (het)	**dziąsło** (n)	[dʒɔ̃swɔ]
gehemelte (het)	**podniebienie** (n)	[pɔdne'bene]
neusgaten (mv.)	**nozdrza** (l.mn.)	['nɔzdʒa]
kin (de)	**podbródek** (m)	[pɔdb'rudek]
kaak (de)	**szczęka** (ż)	['ʃtʃɛŋka]
wang (de)	**policzek** (m)	[pɔ'litʃɛk]
voorhoofd (het)	**czoło** (n)	['tʃɔwɔ]
slaap (de)	**skroń** (ż)	[skrɔɲ]
oor (het)	**ucho** (n)	['uhɔ]
achterhoofd (het)	**potylica** (ż)	[pɔtɨ'litsa]
hals (de)	**szyja** (ż)	['ʃɨja]
keel (de)	**gardło** (n)	['gardwɔ]
haren (mv.)	**włosy** (l.mn.)	['vwɔsɨ]
kapsel (het)	**fryzura** (ż)	[frɨ'zura]
haarsnit (de)	**uczesanie** (n)	[utʃɛ'sane]
pruik (de)	**peruka** (ż)	[pɛ'ruka]
snor (de)	**wąsy** (l.mn.)	['vɔ̃sɨ]
baard (de)	**broda** (ż)	['brɔda]
dragen (een baard, enz.)	**nosić**	['nɔɕitʃ]
vlecht (de)	**warkocz** (m)	['varkɔtʃ]
bakkebaarden (mv.)	**baczki** (l.mn.)	['batʃki]
ros (roodachtig, rossig)	**rudy**	['rudɨ]
grijs (~ haar)	**siwy**	['ɕivɨ]
kaal (bn)	**łysy**	['wɨsɨ]
kale plek (de)	**łysina** (ż)	[wɨ'ɕina]
paardenstaart (de)	**koński ogon** (m)	['kɔɲski 'ɔgɔn]
pony (de)	**grzywka** (ż)	['gʒɨfka]

32. Menselijk lichaam

hand (de)	**dłoń** (ż)	[dwɔɲ]
arm (de)	**ręka** (ż)	['rɛŋka]
vinger (de)	**palec** (m)	['palets]
duim (de)	**kciuk** (m)	['ktʃuk]
pink (de)	**mały palec** (m)	['mawɨ 'palets]
nagel (de)	**paznokieć** (m)	[paz'nɔketʃ]
vuist (de)	**pięść** (ż)	[pɛ̃ɕtʃ]
handpalm (de)	**dłoń** (ż)	[dwɔɲ]
pols (de)	**nadgarstek** (m)	[nad'garstɛk]
voorarm (de)	**przedramię** (n)	[pʃɛd'ramɛ̃]
elleboog (de)	**łokieć** (n)	['wɔketʃ]
schouder (de)	**ramię** (n)	['ramɛ̃]
been (rechter ~)	**noga** (ż)	['nɔga]
voet (de)	**stopa** (ż)	['stɔpa]
knie (de)	**kolano** (n)	[kɔ'ʎanɔ]
kuit (de)	**łydka** (ż)	['wɨtka]
heup (de)	**biodro** (n)	['bɜdrɔ]
hiel (de)	**pięta** (ż)	['penta]
lichaam (het)	**ciało** (n)	['tʃʲawɔ]
buik (de)	**brzuch** (m)	[bʒuh]
borst (de)	**pierś** (ż)	[perɕ]
borst (de)	**piersi** (l.mn.)	['perɕi]
zijde (de)	**bok** (m)	[bɔk]
rug (de)	**plecy** (l.mn.)	['pletsɨ]
lage rug (de)	**krzyż** (m)	[kʃɨʃ]
taille (de)	**talia** (ż)	['taʎja]
navel (de)	**pępek** (m)	['pɛ̃pɛk]
billen (mv.)	**pośladki** (l.mn.)	[pɔɕ'ʎatki]
achterwerk (het)	**tyłek** (m)	['tɨwɛk]
huidvlek (de)	**pieprzyk** (m)	['pepʃɨk]
moedervlek (de)	**znamię** (n)	['znamɛ̃]
tatoeage (de)	**tatuaż** (m)	[ta'tuaʃ]
litteken (het)	**blizna** (ż)	['blizna]

Kleding en accessoires

33. Bovenkleding. Jassen

kleren (mv.), kleding (de)	**odzież** (ż)	['ɔdʒeʃ]
bovenkleding (de)	**wierzchnie okrycie** (n)	['veʃhne ɔk'rɨʧe]
winterkleding (de)	**odzież** (ż) **zimowa**	['ɔdʒeʒ ʒi'mɔva]
jas (de)	**palto** (n)	['paʎtɔ]
bontjas (de)	**futro** (n)	['futrɔ]
bontjasje (het)	**futro** (n) **krótkie**	['futrɔ 'krɔtkɛ]
donzen jas (de)	**kurtka** (ż) **puchowa**	['kurtka pu'hɔva]
jasje (bijv. een leren ~)	**kurtka** (ż)	['kurtka]
regenjas (de)	**płaszcz** (m)	[pwaʃtʃ]
waterdicht (bn)	**nieprzemakalny**	[nepʃɛma'kaʎnɨ]

34. Heren & dames kleding

overhemd (het)	**koszula** (ż)	[kɔ'ʃuʎa]
broek (de)	**spodnie** (l.mn.)	['spɔdne]
jeans (de)	**dżinsy** (l.mn.)	['dʒinsɨ]
colbert (de)	**marynarka** (ż)	[marɨ'narka]
kostuum (het)	**garnitur** (m)	[gar'nitur]
jurk (de)	**sukienka** (ż)	[su'keŋka]
rok (de)	**spódnica** (ż)	[spud'nitsa]
blouse (de)	**bluzka** (ż)	['blyska]
wollen vest (de)	**sweterek** (m)	[sfɛ'tɛrɛk]
blazer (kort jasje)	**żakiet** (m)	['ʒaket]
T-shirt (het)	**koszulka** (ż)	[kɔ'ʃuʎka]
shorts (mv.)	**spodenki** (l.mn.)	[spɔ'dɛŋki]
trainingspak (het)	**dres** (m)	[drɛs]
badjas (de)	**szlafrok** (m)	['ʃʎafrɔk]
pyjama (de)	**pidżama** (ż)	[pi'dʒama]
sweater (de)	**sweter** (m)	['sfɛtɛr]
pullover (de)	**pulower** (m)	[pu'lɜvɛr]
gilet (het)	**kamizelka** (ż)	[kami'zɛʎka]
rokkostuum (het)	**frak** (m)	[frak]
smoking (de)	**smoking** (m)	['smɔkiŋk]
uniform (het)	**uniform** (m)	[u'nifɔrm]
werkkleding (de)	**ubranie** (n) **robocze**	[ub'rane rɔ'bɔʧɛ]
overall (de)	**kombinezon** (m)	[kɔmbi'nɛzɔn]
doktersjas (de)	**kitel** (m)	['kitɛʎ]

35. Kleding. Ondergoed

ondergoed (het)	**bielizna** (ż)	[be'lizna]
onderhemd (het)	**podkoszulek** (m)	[pɔtkɔ'ʃulek]
sokken (mv.)	**skarpety** (l.mn.)	[skar'pɛtɨ]
nachthemd (het)	**koszula** (ż) **nocna**	[kɔ'ʃuʎa 'nɔtsna]
beha (de)	**biustonosz** (m)	[bys'tɔnɔʃ]
kniekousen (mv.)	**podkolanówki** (l.mn.)	[pɔdkɔʎa'nufki]
panty (de)	**rajstopy** (l.mn.)	[rajs'tɔpɨ]
nylonkousen (mv.)	**pończochy** (l.mn.)	[pɔɲt'ʃɔhɨ]
badpak (het)	**kostium** (m) **kąpielowy**	['kɔstʰjum kɔ̃pelɔvɨ]

36. Hoofddeksels

hoed (de)	**czapka** (ż)	['tʃapka]
deukhoed (de)	**kapelusz** (m) **fedora**	[ka'pɛlyʃ fɛ'dɔra]
honkbalpet (de)	**bejsbolówka** (ż)	[bɛjsbɔ'lyfka]
kleppet (de)	**kaszkiet** (m)	['kaʃket]
baret (de)	**beret** (m)	['bɛrɛt]
kap (de)	**kaptur** (m)	['kaptur]
panamahoed (de)	**panama** (ż)	[pa'nama]
hoofddoek (de)	**chustka** (ż)	['hustka]
dameshoed (de)	**kapelusik** (m)	[kapɛ'lyɕik]
veiligheidshelm (de)	**kask** (m)	[kask]
veldmuts (de)	**furażerka** (ż)	[fura'ʒɛrka]
helm, valhelm (de)	**hełm** (m)	[hɛwm]
bolhoed (de)	**melonik** (m)	[mɛ'lɔnik]
hoge hoed (de)	**cylinder** (m)	[tsɨ'lindɛr]

37. Schoeisel

schoeisel (het)	**obuwie** (n)	[ɔ'buve]
schoenen (mv.)	**buty** (l.mn.)	['butɨ]
vrouwenschoenen (mv.)	**pantofle** (l.mn.)	[pan'tɔfle]
laarzen (mv.)	**kozaki** (l.mn.)	[kɔ'zaki]
pantoffels (mv.)	**kapcie** (l.mn.)	['kaptʃe]
sportschoenen (mv.)	**adidasy** (l.mn.)	[adi'dasɨ]
sneakers (mv.)	**tenisówki** (l.mn.)	[tɛni'sufki]
sandalen (mv.)	**sandały** (l.mn.)	[san'dawɨ]
schoenlapper (de)	**szewc** (m)	[ʃɛfts]
hiel (de)	**obcas** (m)	['ɔbtsas]
paar (een ~ schoenen)	**para** (ż)	['para]
veter (de)	**sznurowadło** (n)	[ʃnurɔ'vadwɔ]
rijgen (schoenen ~)	**sznurować**	[ʃnu'rɔvatʃ]

schoenlepel (de)	**łyżka** (ż) **do butów**	['wɨʒka dɔ 'butuf]
schoensmeer (de/het)	**pasta** (ż) **do butów**	['pasta dɔ 'butuf]

38. Textiel. Weefsel

katoen (de/het)	**bawełna** (ż)	[ba'vɛwna]
katoenen (bn)	**z bawełny**	[z ba'vɛwnɨ]
vlas (het)	**len** (m)	[len]
vlas-, van vlas (bn)	**z lnu**	[z ʎnu]
zijde (de)	**jedwab** (m)	['edvap]
zijden (bn)	**jedwabny**	[ed'vabnɨ]
wol (de)	**wełna** (ż)	['vɛwna]
wollen (bn)	**wełniany**	[vɛw'ɲanɨ]
fluweel (het)	**aksamit** (m)	[ak'samit]
suède (de)	**zamsz** (m)	[zamʃ]
ribfluweel (het)	**sztruks** (m)	[ʃtruks]
nylon (de/het)	**nylon** (m)	['nɨlɔn]
nylon-, van nylon (bn)	**z nylonu**	[z nɨ'lɔnu]
polyester (het)	**poliester** (m)	[pɔli'ɛstɛr]
polyester- (abn)	**poliestrowy**	[pɔliɛst'rɔvɨ]
leer (het)	**skóra** (ż)	['skura]
leren (van leer gemaak)	**ze skóry**	[zɛ 'skurɨ]
bont (het)	**futro** (n)	['futrɔ]
bont- (abn)	**futrzany**	[fut'ʃanɨ]

39. Persoonlijke accessoires

handschoenen (mv.)	**rękawiczki** (l.mn.)	[rɛ̃ka'vitʃki]
wanten (mv.)	**rękawiczki** (l.mn.)	[rɛ̃ka'vitʃki]
sjaal (fleece ~)	**szalik** (m)	['ʃalik]
bril (de)	**okulary** (l.mn.)	[ɔku'ʎarɨ]
brilmontuur (het)	**oprawka** (ż)	[ɔp'rafka]
paraplu (de)	**parasol** (m)	[pa'rasɔʎ]
wandelstok (de)	**laska** (ż)	['ʎaska]
haarborstel (de)	**szczotka** (ż) **do włosów**	['ʃtʃɔtka dɔ 'vwɔsuv]
waaier (de)	**wachlarz** (m)	['vahʎaʃ]
das (de)	**krawat** (m)	['kravat]
strikje (het)	**muszka** (ż)	['muʃka]
bretels (mv.)	**szelki** (l.mn.)	['ʃɛʎki]
zakdoek (de)	**chusteczka** (ż) **do nosa**	[hus'tɛtʃka dɔ 'nɔsa]
kam (de)	**grzebień** (m)	['gʒɛbeɲ]
haarspeldje (het)	**spinka** (ż)	['spiŋka]
schuifspeldje (het)	**szpilka** (ż)	['ʃpiʎka]
gesp (de)	**sprzączka** (ż)	['spʃɔ̃tʃka]
broekriem (de)	**pasek** (m)	['pasɛk]

draagriem (de)	**pasek** (m)	['pasɛk]
handtas (de)	**torba** (ż)	['tɔrba]
damestas (de)	**torebka** (ż)	[tɔ'rɛpka]
rugzak (de)	**plecak** (m)	['plet͡sak]

40. Kleding. Diversen

mode (de)	**moda** (ż)	['mɔda]
de mode (bn)	**modny**	['mɔdnɨ]
kledingstilist (de)	**projektant** (m) **mody**	[prɔ'ektant 'mɔdɨ]
kraag (de)	**kołnierz** (m)	['kɔwneʃ]
zak (de)	**kieszeń** (ż)	['keʃɛɲ]
zak- (abn)	**kieszonkowy**	[keʃɔ'ŋkɔvɨ]
mouw (de)	**rękaw** (m)	['rɛŋkaf]
lusje (het)	**wieszak** (m)	['veʃak]
gulp (de)	**rozporek** (m)	[rɔs'pɔrɛk]
rits (de)	**zamek** (m) **błyskawiczny**	['zamɛk bwɨska'vit͡ʃnɨ]
sluiting (de)	**zapięcie** (m)	[za'pɛ̃t͡ʃe]
knoop (de)	**guzik** (m)	['guʒik]
knoopsgat (het)	**dziurką** (ż) **na guzik**	['d͡ʒyrka na gu'ʒik]
losraken (bijv. knopen)	**urwać się**	['urvat͡ʃ ɕɛ̃]
naaien (kleren, enz.)	**szyć**	[ʃɨt͡ʃ]
borduren (ww)	**haftować**	[haf'tɔvat͡ʃ]
borduursel (het)	**haft** (m)	[haft]
naald (de)	**igła** (ż)	['igwa]
draad (de)	**nitka** (ż)	['nitka]
naad (de)	**szew** (m)	[ʃɛf]
vies worden (ww)	**wybrudzić się**	[vɨb'rud͡ʒit͡ʃ ɕɛ̃]
vlek (de)	**plama** (ż)	['pʎama]
gekreukt raken (ov. kleren)	**zmiąć się**	[zmɔ̃ʲt͡ʃ ɕɛ̃]
scheuren (ov.ww.)	**rozerwać**	[rɔ'zɛrvat͡ʃ]
mot (de)	**mól** (m)	[muʎ]

41. Persoonlijke verzorging. Schoonheidsmiddelen

tandpasta (de)	**pasta** (ż) **do zębów**	['pasta dɔ 'zɛ̃buf]
tandenborstel (de)	**szczoteczka** (ż) **do zębów**	[ʃt͡ʃɔ'tɛt͡ʃka dɔ 'zɛ̃buf]
tanden poetsen (ww)	**myć zęby**	[mit͡ʃ 'zɛ̃bɨ]
scheermes (het)	**maszynka** (ż) **do golenia**	[ma'ʃɨŋka dɔ gɔ'leɲa]
scheerschuim (het)	**krem** (m) **do golenia**	[krɛm dɔ gɔ'leɲa]
zich scheren (ww)	**golić się**	['gɔlit͡ʃ ɕɛ̃]
zeep (de)	**mydło** (n)	['mɨdwɔ]
shampoo (de)	**szampon** (m)	['ʃampɔn]
schaar (de)	**nożyczki** (l.mn.)	[nɔ'ʒɨt͡ʃki]
nagelvijl (de)	**pilnik** (m) **do paznokci**	['piʎnik dɔ paz'nɔkt͡ʃi]

nagelknipper (de)	**cążki** (l.mn.) **do paznokci**	['tsɔ̃ʃki dɔ paz'nɔktʃi]
pincet (het)	**pinceta** (ż)	[pin'tsɛta]
cosmetica (de)	**kosmetyki** (l.mn.)	[kɔs'mɛtɨki]
masker (het)	**maseczka** (ż)	[ma'sɛtʃka]
manicure (de)	**manikiur** (m)	[ma'nikyr]
manicure doen	**robić manikiur**	['rɔbitʃ ma'nikyr]
pedicure (de)	**pedikiur** (m)	[pɛ'dikyr]
cosmetica tasje (het)	**kosmetyczka** (ż)	[kɔsmɛ'tɨtʃka]
poeder (de/het)	**puder** (m)	['pudɛr]
poederdoos (de)	**puderniczka** (ż)	[pudɛr'nitʃka]
rouge (de)	**róż** (m)	[ruʃ]
parfum (de/het)	**perfumy** (l.mn.)	[pɛr'fumɨ]
eau de toilet (de)	**woda** (ż) **toaletowa**	['vɔda tɔale'tɔva]
lotion (de)	**płyn** (m) **kosmetyczny**	[pwɨn kɔsmɛ'tɨtʃnɨ]
eau de cologne (de)	**woda** (ż) **kolońska**	['vɔda kɔ'lɔɲska]
oogschaduw (de)	**cienie** (l.mn.) **do powiek**	['tʃene dɔ 'pɔvek]
oogpotlood (het)	**kredka** (ż) **do oczu**	['krɛtka dɔ 'ɔtʃu]
mascara (de)	**tusz** (m) **do rzęs**	[tuʃ dɔ ʒɛ̃s]
lippenstift (de)	**szminka** (ż)	['ʃmiŋka]
nagellak (de)	**lakier** (m) **do paznokci**	['ʎaker dɔ paz'nɔktʃi]
haarlak (de)	**lakier** (m) **do włosów**	['ʎaker dɔ 'vwɔsuv]
deodorant (de)	**dezodorant** (m)	[dɛzɔ'dɔrant]
crème (de)	**krem** (m)	[krɛm]
gezichtscrème (de)	**krem** (m) **do twarzy**	[krɛm dɔ 'tfaʒɨ]
handcrème (de)	**krem** (m) **do rąk**	[krɛm dɔ rɔ̃k]
dag- (abn)	**na dzień**	['na dʒeɲ]
nacht- (abn)	**nocny**	['nɔtsnɨ]
tampon (de)	**tampon** (m)	['tampɔn]
toiletpapier (het)	**papier** (m) **toaletowy**	['paper tɔale'tɔvɨ]
föhn (de)	**suszarka** (ż) **do włosów**	[su'ʃarka dɔ 'vwɔsuv]

42. Juwelen

sieraden (mv.)	**kosztowności** (l.mn.)	[kɔʃtɔv'nɔɕtʃi]
edel (bijv. ~ stenen)	**kosztowny**	[kɔʃ'tɔvnɨ]
keurmerk (het)	**próba** (ż)	['pruba]
ring (de)	**pierścionek** (m)	[perɕ'tʃɔnɛk]
trouwring (de)	**obrączka** (ż)	[ɔb'rɔ̃tʃka]
armband (de)	**bransoleta** (ż)	[bransɔ'leta]
oorringen (mv.)	**kolczyki** (l.mn.)	[kɔʎt'ʃɨki]
halssnoer (het)	**naszyjnik** (m)	[na'ʃɨjnik]
kroon (de)	**korona** (ż)	[kɔ'rɔna]
kralen snoer (het)	**korale** (l.mn.)	[kɔ'rale]
diamant (de)	**brylant** (m)	['brɨʎant]
smaragd (de)	**szmaragd** (m)	['ʃmaragd]

robijn (de)	**rubin** (m)	['rubin]
saffier (de)	**szafir** (m)	['ʃafir]
parel (de)	**perły** (l.mn.)	['pɛrwɨ]
barnsteen (de)	**bursztyn** (m)	['burʃtɨn]

43. Horloges. Klokken

polshorloge (het)	**zegarek** (m)	[zɛ'garɛk]
wijzerplaat (de)	**tarcza** (ż) **zegarowa**	['tartʃa zɛga'rɔva]
wijzer (de)	**wskazówka** (ż)	[fska'zɔfka]
metalen horlogeband (de)	**bransoleta** (ż)	[bransɔ'leta]
horlogebandje (het)	**pasek** (m)	['pasɛk]
batterij (de)	**bateria** (ż)	[ba'tɛrʰja]
leeg zijn (ww)	**wyczerpać się**	[vɨt'ʃɛrpatʃ ɕɛ̃]
batterij vervangen	**wymienić baterię**	[vɨ'menitʃ ba'tɛrʰɛ̃]
voorlopen (ww)	**śpieszyć się**	['ɕpeʃɨtʃ ɕɛ̃]
achterlopen (ww)	**spóźnić się**	['spuʑʲnitʃ ɕɛ̃]
wandklok (de)	**zegar** (m) **ścienny**	['zɛgar 'ɕtʃeŋɨ]
zandloper (de)	**klepsydra** (ż)	[klɛp'sɨdra]
zonnewijzer (de)	**zegar** (m) **słoneczny**	['zɛgar swɔ'nɛtʃnɨ]
wekker (de)	**budzik** (m)	['budʒik]
horlogemaker (de)	**zegarmistrz** (m)	[zɛ'garmistʃ]
repareren (ww)	**naprawiać**	[nap'ravʲatʃ]

Voedsel. Voeding

44. Voedsel

vlees (het)	**mięso** (n)	['mensɔ]
kip (de)	**kurczak** (m)	['kurtʃak]
kuiken (het)	**kurczak** (m)	['kurtʃak]
eend (de)	**kaczka** (ż)	['katʃka]
gans (de)	**gęś** (ż)	[gɛ̃ɕ]
wild (het)	**dziczyzna** (ż)	[dʒit'ʃɨzna]
kalkoen (de)	**indyk** (m)	['indɨk]
varkensvlees (het)	**wieprzowina** (ż)	[vepʃɔ'vina]
kalfsvlees (het)	**cielęcina** (ż)	[tʃelɛ̃'tʃina]
schapenvlees (het)	**baranina** (ż)	[bara'nina]
rundvlees (het)	**wołowina** (ż)	[vɔwɔ'vina]
konijnenvlees (het)	**królik** (m)	['krulik]
worst (de)	**kiełbasa** (ż)	[kew'basa]
saucijs (de)	**parówka** (ż)	[pa'rufka]
spek (het)	**boczek** (m)	['bɔtʃɛk]
ham (de)	**szynka** (ż)	['ʃɨŋka]
gerookte achterham (de)	**szynka** (ż)	['ʃɨŋka]
paté, pastei (de)	**pasztet** (m)	['paʃtɛt]
lever (de)	**wątróbka** (ż)	[vɔ̃t'rupka]
varkensvet (het)	**smalec** (m)	['smalets]
gehakt (het)	**farsz** (m)	[farʃ]
tong (de)	**ozór** (m)	['ɔzur]
ei (het)	**jajko** (n)	['jajkɔ]
eieren (mv.)	**jajka** (l.mn.)	['jajka]
eiwit (het)	**białko** (n)	['bʲawkɔ]
eigeel (het)	**żółtko** (n)	['ʒuwtkɔ]
vis (de)	**ryba** (ż)	['rɨba]
zeevruchten (mv.)	**owoce** (l.mn.) **morza**	[ɔ'vɔtsɛ 'mɔʒa]
kaviaar (de)	**kawior** (m)	['kavɜr]
krab (de)	**krab** (m)	[krap]
garnaal (de)	**krewetka** (ż)	[krɛ'vɛtka]
oester (de)	**ostryga** (ż)	[ɔst'rɨga]
langoest (de)	**langusta** (ż)	[ʎa'ŋusta]
octopus (de)	**ośmiornica** (ż)	[ɔɕmɜr'nitsa]
inktvis (de)	**kałamarnica** (ż)	[kawamar'nitsa]
steur (de)	**mięso** (n) **jesiotra**	['mensɔ e'ɕɜtra]
zalm (de)	**łosoś** (m)	['wɔsɔɕ]
heilbot (de)	**halibut** (m)	[ha'libut]
kabeljauw (de)	**dorsz** (m)	[dɔrʃ]

makreel (de)	**makrela** (ż)	[mak'rɛla]
tonijn (de)	**tuńczyk** (m)	['tuɲtʃɨk]
paling (de)	**węgorz** (m)	['vɛŋɔʃ]
forel (de)	**pstrąg** (m)	[pstrɔ̃k]
sardine (de)	**sardynka** (ż)	[sar'dɨŋka]
snoek (de)	**szczupak** (m)	['ʃtʃupak]
haring (de)	**śledź** (m)	[ɕletʃ]
brood (het)	**chleb** (m)	[hlep]
kaas (de)	**ser** (m)	[sɛr]
suiker (de)	**cukier** (m)	['tsuker]
zout (het)	**sól** (ż)	[suʎ]
rijst (de)	**ryż** (m)	[rɨʃ]
pasta (de)	**makaron** (m)	[ma'karɔn]
noedels (mv.)	**makaron** (m)	[ma'karɔn]
boter (de)	**masło** (n) **śmietankowe**	['maswɔ ɕmeta'ŋkɔvɛ]
plantaardige olie (de)	**olej** (m) **roślinny**	['ɔlej rɔɕliŋɨ]
zonnebloemolie (de)	**olej** (m) **słonecznikowy**	['ɔlej swɔnɛtʃnikɔvɨ]
margarine (de)	**margaryna** (ż)	[marga'rɨna]
olijven (mv.)	**oliwki** (ż, l.mn.)	[ɔ'lifki]
olijfolie (de)	**olej** (m) **oliwkowy**	['ɔlej ɔlif'kɔvɨ]
melk (de)	**mleko** (n)	['mlekɔ]
gecondenseerde melk (de)	**mleko** (n) **skondensowane**	['mlekɔ skɔndɛnsɔ'vanɛ]
yoghurt (de)	**jogurt** (m)	[ʒgurt]
zure room (de)	**śmietana** (ż)	[ɕme'tana]
room (de)	**śmietanka** (ż)	[ɕme'taŋka]
mayonaise (de)	**majonez** (m)	[maʒnɛs]
crème (de)	**krem** (m)	[krɛm]
graan (het)	**kasza** (ż)	['kaʃa]
meel (het), bloem (de)	**mąka** (ż)	['mɔ̃ka]
conserven (mv.)	**konserwy** (l.mn.)	[kɔn'sɛrvɨ]
maïsvlokken (mv.)	**płatki** (l.mn.) **kukurydziane**	['pwatki kukurɨ'dʒʲanɛ]
honing (de)	**miód** (m)	[myt]
jam (de)	**dżem** (m)	[dʒɛm]
kauwgom (de)	**guma** (ż) **do żucia**	['guma dɔ 'ʒutʃʲa]

45. Drankjes

water (het)	**woda** (ż)	['vɔda]
drinkwater (het)	**woda** (ż) **pitna**	['vɔda 'pitna]
mineraalwater (het)	**woda** (ż) **mineralna**	['vɔda minɛ'raʎna]
zonder gas	**niegazowana**	[nega'zɔvana]
koolzuurhoudend (bn)	**gazowana**	[ga'zɔvana]
bruisend (bn)	**gazowana**	[ga'zɔvana]
IJs (het)	**lód** (m)	[lyt]

met ijs	**z lodem**	[z 'lɜdɛm]
alcohol vrij (bn)	**bezalkoholowy**	[bɛzaʎkɔhɔ'lɜvɨ]
alcohol vrije drank (de)	**napój** (m) **bezalkoholowy**	['napuj bɛzalkɔhɔ'lɜvɨ]
frisdrank (de)	**napój** (m) **orzeźwiający**	['napuj ɔʒɛʑʲvjaɔ̃tsɨ]
limonade (de)	**lemoniada** (ż)	[lemɔ'ɲjada]
alcoholische dranken (mv.)	**napoje** (l.mn.) **alkoholowe**	[na'pɔe aʎkɔhɔ'lɜvɛ]
wijn (de)	**wino** (n)	['vinɔ]
witte wijn (de)	**białe wino** (n)	['bʲawɛ 'vinɔ]
rode wijn (de)	**czerwone wino** (n)	[tʃɛr'vɔnɛ 'vinɔ]
likeur (de)	**likier** (m)	['liker]
champagne (de)	**szampan** (m)	['ʃampan]
vermout (de)	**wermut** (m)	['vɛrmut]
whisky (de)	**whisky** (ż)	[u'iski]
wodka (de)	**wódka** (ż)	['vutka]
gin (de)	**dżin** (m), **gin** (m)	[ʤin]
cognac (de)	**koniak** (m)	['kɔɲjak]
rum (de)	**rum** (m)	[rum]
koffie (de)	**kawa** (ż)	['kava]
zwarte koffie (de)	**czarna kawa** (ż)	['tʃarna 'kava]
koffie (de) met melk	**kawa** (ż) **z mlekiem**	['kava z 'mlekem]
cappuccino (de)	**cappuccino** (n)	[kapu'ʧinɔ]
oploskoffie (de)	**kawa** (ż) **rozpuszczalna**	['kava rɔspuʃt'ʃaʎna]
melk (de)	**mleko** (n)	['mlekɔ]
cocktail (de)	**koktajl** (m)	['kɔktajʎ]
milkshake (de)	**koktajl** (m) **mleczny**	['kɔktajʎ 'mletʃnɨ]
sap (het)	**sok** (m)	[sɔk]
tomatensap (het)	**sok** (m) **pomidorowy**	[sɔk pɔmidɔ'rɔvɨ]
sinaasappelsap (het)	**sok** (m) **pomarańczowy**	[sɔk pɔmaraɲt'ʃɔvɨ]
vers geperst sap (het)	**sok** (m) **ze świeżych owoców**	[sɔk zɛ 'ɕfeʒɨh ɔ'vɔtsuf]
bier (het)	**piwo** (n)	['pivɔ]
licht bier (het)	**piwo** (n) **jasne**	[pivɔ 'jasnɛ]
donker bier (het)	**piwo** (n) **ciemne**	[pivɔ 'ʧemnɛ]
thee (de)	**herbata** (ż)	[hɛr'bata]
zwarte thee (de)	**czarna herbata** (ż)	['tʃarna hɛr'bata]
groene thee (de)	**zielona herbata** (ż)	[ʒe'lɜna hɛr'bata]

46. Groenten

groenten (mv.)	**warzywa** (l.mn.)	[va'ʒɨva]
verse kruiden (mv.)	**włoszczyzna** (ż)	[vwɔʃt'ʃɨzna]
tomaat (de)	**pomidor** (m)	[pɔ'midɔr]
augurk (de)	**ogórek** (m)	[ɔ'gurɛk]
wortel (de)	**marchew** (ż)	['marhɛf]
aardappel (de)	**ziemniak** (m)	[ʒem'ɲak]

ui (de)	**cebula** (ż)	[ʦɛ'buʎa]
knoflook (de)	**czosnek** (m)	['ʧɔsnɛk]
kool (de)	**kapusta** (ż)	[ka'pusta]
bloemkool (de)	**kalafior** (m)	[ka'ʎafɜr]
spruitkool (de)	**brukselka** (ż)	[bruk'sɛʎka]
broccoli (de)	**brokuły** (l.mn.)	[brɔ'kuwɨ]
rode biet (de)	**burak** (m)	['burak]
aubergine (de)	**bakłażan** (m)	[bak'waʒan]
courgette (de)	**kabaczek** (m)	[ka'baʧɛk]
pompoen (de)	**dynia** (ż)	['dɨɲa]
raap (de)	**rzepa** (ż)	['ʒɛpa]
peterselie (de)	**pietruszka** (ż)	[pet'ruʃka]
dille (de)	**koperek** (m)	[kɔ'pɛrɛk]
sla (de)	**sałata** (ż)	[sa'wata]
selderij (de)	**seler** (m)	['sɛler]
asperge (de)	**szparagi** (l.mn.)	[ʃpa'ragi]
spinazie (de)	**szpinak** (m)	['ʃpinak]
erwt (de)	**groch** (m)	[grɔh]
bonen (mv.)	**bób** (m)	[bup]
maïs (de)	**kukurydza** (ż)	[kuku'rɨʣa]
boon (de)	**fasola** (ż)	[fa'sɔʎa]
peper (de)	**słodka papryka** (ż)	['swɔdka pap'rɨka]
radijs (de)	**rzodkiewka** (ż)	[ʒɔt'kefka]
artisjok (de)	**karczoch** (m)	['karʧɔh]

47. Vruchten. Noten

vrucht (de)	**owoc** (m)	['ɔvɔʦ]
appel (de)	**jabłko** (n)	['jabkɔ]
peer (de)	**gruszka** (ż)	['gruʃka]
citroen (de)	**cytryna** (ż)	[ʦɨt'rɨna]
sinaasappel (de)	**pomarańcza** (ż)	[pɔma'raɲʧa]
aardbei (de)	**truskawka** (ż)	[trus'kafka]
mandarijn (de)	**mandarynka** (ż)	[manda'rɨŋka]
pruim (de)	**śliwka** (ż)	['ɕlifka]
perzik (de)	**brzoskwinia** (ż)	[bʒɔsk'fiɲa]
abrikoos (de)	**morela** (ż)	[mɔ'rɛʎa]
framboos (de)	**malina** (ż)	[ma'lina]
ananas (de)	**ananas** (m)	[a'nanas]
banaan (de)	**banan** (m)	['banan]
watermeloen (de)	**arbuz** (m)	['arbus]
druif (de)	**winogrona** (l.mn.)	[vinɔg'rɔna]
zure kers (de)	**wiśnia** (ż)	['viɕɲa]
zoete kers (de)	**czereśnia** (ż)	[ʧɛ'rɛɕɲa]
meloen (de)	**melon** (m)	['mɛlɜn]
grapefruit (de)	**grejpfrut** (m)	['grɛjpfrut]
avocado (de)	**awokado** (n)	[avɔ'kadɔ]

papaja (de)	**papaja** (ż)	[pa'paja]
mango (de)	**mango** (n)	['maŋɔ]
granaatappel (de)	**granat** (m)	['granat]
rode bes (de)	**czerwona porzeczka** (ż)	[tʃɛr'vɔna pɔ'ʒɛtʃka]
zwarte bes (de)	**czarna porzeczka** (ż)	['tʃarna pɔ'ʒɛtʃka]
kruisbes (de)	**agrest** (m)	['agrɛst]
bosbes (de)	**borówka** (ż) **czarna**	[bɔ'rɔfka 'ʧarna]
braambes (de)	**jeżyna** (ż)	[e'ʒɨna]
rozijn (de)	**rodzynek** (m)	[rɔ'ʣɨnɛk]
vijg (de)	**figa** (ż)	['figa]
dadel (de)	**daktyl** (m)	['daktɨl]
pinda (de)	**orzeszek** (l.mn.) **ziemny**	[ɔ'ʒɛʃɛk 'ʒemnɛ]
amandel (de)	**migdał** (m)	['migdaw]
walnoot (de)	**orzech** (m) **włoski**	['ɔʒɛh 'vwɔski]
hazelnoot (de)	**orzech** (m) **laskowy**	['ɔʒɛh ʎas'kɔvɨ]
kokosnoot (de)	**orzech** (m) **kokosowy**	['ɔʒɛh kɔkɔ'sɔvɨ]
pistaches (mv.)	**fistaszki** (l.mn.)	[fis'taʃki]

48. Brood. Snoep

suikerbakkerij (de)	**wyroby** (l.mn.) **cukiernicze**	[vɨ'rɔbɨ ʦuker'nitʃɛ]
brood (het)	**chleb** (m)	[hlep]
koekje (het)	**herbatniki** (l.mn.)	[hɛrbat'niki]
chocolade (de)	**czekolada** (ż)	[tʃɛkɔ'ʎada]
chocolade- (abn)	**czekoladowy**	[tʃɛkɔʎa'dɔvɨ]
snoepje (het)	**cukierek** (m)	[ʦu'kerɛk]
cakeje (het)	**ciastko** (n)	['ʧastkɔ]
taart (bijv. verjaardags~)	**tort** (m)	[tɔrt]
pastei (de)	**ciasto** (n)	['ʧastɔ]
vulling (de)	**nadzienie** (n)	[na'ʤene]
confituur (de)	**konfitura** (ż)	[kɔnfi'tura]
marmelade (de)	**marmolada** (ż)	[marmɔ'ʎada]
wafel (de)	**wafle** (l.mn.)	['vafle]
IJsje (het)	**lody** (l.mn.)	['lɜdɨ]

49. Bereide gerechten

gerecht (het)	**danie** (n)	['dane]
keuken (bijv. Franse ~)	**kuchnia** (ż)	['kuhɲa]
recept (het)	**przepis** (m)	['pʃɛpis]
portie (de)	**porcja** (ż)	['pɔrʦʰja]
salade (de)	**sałatka** (ż)	[sa'watka]
soep (de)	**zupa** (ż)	['zupa]
bouillon (de)	**rosół** (m)	['rɔsuw]
boterham (de)	**kanapka** (ż)	[ka'napka]

spiegelei (het)	**jajecznica** (ż)	[jaetʃ'nitsa]
hamburger (de)	**kotlet** (m)	['kɔtlɛt]
hamburger (de)	**hamburger** (m)	[ham'burgɛr]
biefstuk (de)	**befsztyk** (m)	['bɛfʃtik]
hutspot (de)	**pieczeń** (ż)	['petʃɛɲ]
garnering (de)	**dodatki** (l.mn.)	[dɔ'datki]
spaghetti (de)	**spaghetti** (n)	[spa'gɛtti]
pizza (de)	**pizza** (ż)	['pitsa]
pap (de)	**kasza** (ż)	['kaʃa]
omelet (de)	**omlet** (m)	['ɔmlɛt]
gekookt (in water)	**gotowany**	[gɔtɔ'vanɨ]
gerookt (bn)	**wędzony**	[vɛ̃'dzɔnɨ]
gebakken (bn)	**smażony**	[sma'ʒɔnɨ]
gedroogd (bn)	**suszony**	[su'ʃɔnɨ]
diepvries (bn)	**mrożony**	[mrɔ'ʒɔnɨ]
gemarineerd (bn)	**marynowany**	[marɨnɔ'vanɨ]
zoet (bn)	**słodki**	['swɔtki]
gezouten (bn)	**słony**	['swɔnɨ]
koud (bn)	**zimny**	['ʒimnɨ]
heet (bn)	**gorący**	[gɔ'rɔ̃tsɨ]
bitter (bn)	**gorzki**	['gɔʃki]
lekker (bn)	**smaczny**	['smatʃnɨ]
koken (in kokend water)	**gotować**	[gɔ'tɔvatʃ]
bereiden (avondmaaltijd ~)	**gotować**	[gɔ'tɔvatʃ]
bakken (ww)	**smażyć**	['smaʒitʃ]
opwarmen (ww)	**odgrzewać**	[ɔdg'ʒɛvatʃ]
zouten (ww)	**solić**	['sɔlitʃ]
peperen (ww)	**pieprzyć**	['pepʃitʃ]
raspen (ww)	**trzeć**	[tʃɛtʃ]
schil (de)	**skórka** (ż)	['skurka]
schillen (ww)	**obierać**	[ɔ'beratʃ]

50. Kruiden

zout (het)	**sól** (ż)	[suʎ]
gezouten (bn)	**słony**	['swɔnɨ]
zouten (ww)	**solić**	['sɔlitʃ]
zwarte peper (de)	**pieprz** (m) **czarny**	[pepʃ 'tʃarnɨ]
rode peper (de)	**papryka** (ż)	[pap'rika]
mosterd (de)	**musztarda** (ż)	[muʃ'tarda]
mierikswortel (de)	**chrzan** (m)	[hʃan]
condiment (het)	**przyprawa** (ż)	[pʃɨp'rava]
specerij , kruiderij (de)	**przyprawa** (ż)	[pʃɨp'rava]
saus (de)	**sos** (m)	[sɔs]
azijn (de)	**ocet** (m)	['ɔtset]
anijs (de)	**anyż** (m)	['anɨʃ]
basilicum (de)	**bazylia** (ż)	[ba'ziʎja]

kruidnagel (de)	**goździki** (l.mn.)	['gɔʑʲdʑiki]
gember (de)	**imbir** (m)	['imbir]
koriander (de)	**kolendra** (ż)	[kɔ'lendra]
kaneel (de/het)	**cynamon** (m)	[ʦɨ'namɔn]
sesamzaad (het)	**sezam** (m)	['sɛzam]
laurierblad (het)	**liść** (m) **laurowy**	[liɕʧ ʎau'rɔvɨ]
paprika (de)	**papryka** (ż)	[pap'rɨka]
komijn (de)	**kminek** (m)	['kminɛk]
saffraan (de)	**szafran** (m)	['ʃafran]

51. Maaltijden

eten (het)	**jedzenie** (n)	[e'ʣɛne]
eten (ww)	**jeść**	[eɕʧ]
ontbijt (het)	**śniadanie** (n)	[ɕɲa'dane]
ontbijten (ww)	**jeść śniadanie**	[eɕʧ ɕɲa'dane]
lunch (de)	**obiad** (m)	['ɔbʲat]
lunchen (ww)	**jeść obiad**	[eɕʧ 'ɔbʲat]
avondeten (het)	**kolacja** (ż)	[kɔ'ʎaʦʰja]
souperen (ww)	**jeść kolację**	[eɕʧ kɔ'ʎaʦʰɛ̃]
eetlust (de)	**apetyt** (m)	[a'pɛtɨt]
Eet smakelijk!	**Smacznego!**	[smaʧ'nɛgɔ]
openen (een fles ~)	**otwierać**	[ɔt'feraʧ]
morsen (koffie, enz.)	**rozlać**	['rɔzʎaʧ]
zijn gemorst	**rozlać się**	['rɔzʎaʧ ɕɛ̃]
koken (water kookt bij 100°C)	**gotować się**	[gɔ'tɔvaʧ ɕɛ̃]
koken (Hoe om water te ~)	**gotować**	[gɔ'tɔvaʧ]
gekookt (~ water)	**gotowany**	[gɔtɔ'vanɨ]
afkoelen (koeler maken)	**ostudzić**	[ɔs'tuʤiʧ]
afkoelen (koeler worden)	**stygnąć**	['stɨgnɔ̃ʧ]
smaak (de)	**smak** (m)	[smak]
nasmaak (de)	**posmak** (m)	['pɔsmak]
volgen een dieet	**odchudzać się**	[ɔd'huʣaʧ ɕɛ̃]
dieet (het)	**dieta** (ż)	['dʰeta]
vitamine (de)	**witamina** (ż)	[vita'mina]
calorie (de)	**kaloria** (ż)	[ka'lɜrja]
vegetariër (de)	**wegetarianin** (m)	[vɛgɛtarʰ'janin]
vegetarisch (bn)	**wegetariański**	[vɛgɛtarʰ'jaɲski]
vetten (mv.)	**tłuszcze** (l.mn.)	['twuʃʧɛ]
eiwitten (mv.)	**białka** (l.mn.)	['bʲawka]
koolhydraten (mv.)	**węglowodany** (l.mn.)	[vɛnɛ̃ɜvɔ'danɨ]
snede (de)	**plasterek** (m)	[pʎas'tɛrɛk]
stuk (bijv. een ~ taart)	**kawałek** (m)	[ka'vawɛk]
kruimel (de)	**okruchek** (m)	[ɔk'ruhɛk]

52. Tafelschikking

lepel (de)	**łyżka** (ż)	['wɨʃka]
mes (het)	**nóż** (m)	[nuʃ]
vork (de)	**widelec** (m)	[vi'dɛleʦ]
kopje (het)	**filiżanka** (ż)	[fili'ʒaŋka]
bord (het)	**talerz** (m)	['taleʃ]
schoteltje (het)	**spodek** (m)	['spɔdɛk]
servet (het)	**serwetka** (ż)	[sɛr'vɛtka]
tandenstoker (de)	**wykałaczka** (ż)	[vɨka'watʃka]

53. Restaurant

restaurant (het)	**restauracja** (ż)	[rɛstau'raʦʰja]
koffiehuis (het)	**kawiarnia** (ż)	[ka'vʲarɲa]
bar (de)	**bar** (m)	[bar]
tearoom (de)	**herbaciarnia** (ż)	[hɛrba'ʧʲarɲa]
kelner, ober (de)	**kelner** (m)	['kɛʎnɛr]
serveerster (de)	**kelnerka** (ż)	[kɛʎ'nɛrka]
barman (de)	**barman** (m)	['barman]
menu (het)	**menu** (n)	['menu]
wijnkaart (de)	**karta** (ż) **win**	['karta vin]
een tafel reserveren	**zarezerwować stolik**	[zarɛzɛrvɔvaʧ 'stɔlik]
gerecht (het)	**danie** (n)	['dane]
bestellen (eten ~)	**zamówić**	[za'muviʧ]
een bestelling maken	**zamówić**	[za'muviʧ]
aperitief (de/het)	**aperitif** (m)	[apɛri'tif]
voorgerecht (het)	**przystawka** (ż)	[pʃɨs'tafka]
dessert (het)	**deser** (m)	['dɛsɛr]
rekening (de)	**rachunek** (m)	[ra'hunɛk]
de rekening betalen	**zapłacić rachunek**	[zap'waʧiʧ ra'hunɛk]
wisselgeld teruggeven	**wydać resztę**	['vɨdaʧ 'rɛʃtɛ̃]
fooi (de)	**napiwek** (m)	[na'pivɛk]

Familie, verwanten en vrienden

54. Persoonlijke informatie. Formulieren

naam (de)	**imię** (n)	['imɛ̃]
achternaam (de)	**nazwisko** (n)	[naz'viskɔ]
geboortedatum (de)	**data** (ż) **urodzenia**	['data urɔ'ʤɛɲa]
geboorteplaats (de)	**miejsce** (n) **urodzenia**	['mejstsɛ urɔ'ʤɛɲa]
nationaliteit (de)	**narodowość** (ż)	[narɔ'dɔvɔɕʧ]
woonplaats (de)	**miejsce** (n) **zamieszkania**	['mejstse zameʃ'kaɲa]
land (het)	**kraj** (m)	[kraj]
beroep (het)	**zawód** (m)	['zavut]
geslacht (ov. het vrouwelijk ~)	**płeć** (ż)	['pwɛʧ]
lengte (de)	**wzrost** (m)	[vzrɔst]
gewicht (het)	**waga** (ż)	['vaga]

55. Familieleden. Verwanten

moeder (de)	**matka** (ż)	['matka]
vader (de)	**ojciec** (m)	['ɔjʧets]
zoon (de)	**syn** (m)	[sɨn]
dochter (de)	**córka** (ż)	['tsurka]
jongste dochter (de)	**młodsza córka** (ż)	['mwɔtʃa 'tsurka]
jongste zoon (de)	**młodszy syn** (m)	['mwɔtʃɨ sɨn]
oudste dochter (de)	**starsza córka** (ż)	['starʃa 'tsurka]
oudste zoon (de)	**starszy syn** (m)	['starʃɨ sɨn]
broer (de)	**brat** (m)	[brat]
zuster (de)	**siostra** (ż)	['ɕɜstra]
neef (zoon van oom/tante)	**kuzyn** (m)	['kuzɨn]
nicht (dochter van oom/tante)	**kuzynka** (ż)	[ku'zɨŋka]
mama (de)	**mama** (ż)	['mama]
papa (de)	**tata** (m)	['tata]
ouders (mv.)	**rodzice** (l.mn.)	[rɔ'ʤitsɛ]
kind (het)	**dziecko** (n)	['ʤetskɔ]
kinderen (mv.)	**dzieci** (l.mn.)	['ʤeʧi]
oma (de)	**babcia** (ż)	['babʧʲa]
opa (de)	**dziadek** (m)	['ʤʲadɛk]
kleinzoon (de)	**wnuk** (m)	[vnuk]
kleindochter (de)	**wnuczka** (ż)	['vnuʧka]
kleinkinderen (mv.)	**wnuki** (l.mn.)	['vnuki]
oom (de)	**wujek** (m)	['vuek]

tante (de)	**ciocia** (ż)	['tʃɔtʃʲa]
neef (zoon van broer/zus)	**bratanek** (m), **siostrzeniec** (m)	[bra'tanɛk], [sɜst'ʃɛnets]
nicht (dochter van broer/zus)	**bratanica** (ż), **siostrzenica** (ż)	[brata'nitsa], [sɜst'ʃɛnitsa]
schoonmoeder (de)	**teściowa** (ż)	[tɛɕ'tʃɔva]
schoonvader (de)	**teść** (m)	[tɛɕtʃ]
schoonzoon (de)	**zięć** (m)	[ʒɛ̃tʃ]
stiefmoeder (de)	**macocha** (ż)	[ma'tsɔha]
stiefvader (de)	**ojczym** (m)	['ɔjtʃɨm]
zuigeling (de)	**niemowlę** (n)	[ne'mɔvlɛ̃]
wiegenkind (het)	**niemowlę** (n)	[ne'mɔvlɛ̃]
kleuter (de)	**maluch** (m)	['malyh]
vrouw (de)	**żona** (ż)	['ʒɔna]
man (de)	**mąż** (m)	[mɔ̃ʃ]
echtgenoot (de)	**małżonek** (m)	[maw'ʒɔnɛk]
echtgenote (de)	**małżonka** (ż)	[maw'ʒɔŋka]
gehuwd (mann.)	**żonaty**	[ʒɔ'natɨ]
gehuwd (vrouw.)	**zamężna**	[za'mɛnʒna]
ongehuwd (mann.)	**nieżonaty**	[neʒɔ'natɨ]
vrijgezel (de)	**kawaler** (m)	[ka'valer]
gescheiden (bn)	**rozwiedziony**	[rɔzve'dʒɜnɨ]
weduwe (de)	**wdowa** (ż)	['vdɔva]
weduwnaar (de)	**wdowiec** (m)	['vdɔvets]
familielid (het)	**krewny** (m)	['krɛvnɨ]
dichte familielid (het)	**bliski krewny** (m)	['bliski 'krɛvnɨ]
verre familielid (het)	**daleki krewny** (m)	[da'leki 'krɛvnɨ]
familieleden (mv.)	**rodzina** (ż)	[rɔ'dʒina]
wees (de), weeskind (het)	**sierota** (ż)	[ɕe'rɔta]
voogd (de)	**opiekun** (m)	[ɔ'pekun]
adopteren (een jongen te ~)	**zaadoptować**	[za:dɔp'tɔvatʃ]
adopteren (een meisje te ~)	**zaadoptować**	[za:dɔp'tɔvatʃ]

56. Vrienden. Collega's

vriend (de)	**przyjaciel** (m)	[pʃɨ'jatʃeʎ]
vriendin (de)	**przyjaciółka** (ż)	[pʃɨja'tʃuwka]
vriendschap (de)	**przyjaźń** (ż)	['pʃɨjaʑʲɲ]
bevriend zijn (ww)	**przyjaźnić się**	[pʃɨ'jaʑʲnitʃ ɕɛ̃]
makker (de)	**kumpel** (m)	['kumpɛʎ]
vriendin (de)	**kumpela** (ż)	[kum'pɛʎa]
partner (de)	**partner** (m)	['partnɛr]
chef (de)	**szef** (m)	[ʃɛf]
baas (de)	**kierownik** (m)	[ke'rɔvnik]
ondergeschikte (de)	**podwładny** (m)	[pɔdv'wadnɨ]
collega (de)	**koleżanka** (ż)	[kɔle'ʒaŋka]
kennis (de)	**znajomy** (m)	[zna3mɨ]
medereiziger (de)	**towarzysz** (m) **podróży**	[tɔ'vaʒɨʃ pɔd'ruʒɨ]

klasgenoot (de)	**kolega** (m) **z klasy**	[kɔ'lega s 'kʎasɨ]
buurman (de)	**sąsiad** (m)	['sɔ̃ɕat]
buurvrouw (de)	**sąsiadka** (ż)	[sɔ̃'ɕatka]
buren (mv.)	**sąsiedzi** (l.mn.)	[sɔ̃'ɕedʒi]

57. Man. Vrouw

vrouw (de)	**kobieta** (ż)	[kɔ'beta]
meisje (het)	**dziewczyna** (ż)	[dʒeft'ʃɨna]
bruid (de)	**narzeczona** (ż)	[naʒɛt'ʃɔna]
mooi(e) (vrouw, meisje)	**piękna**	['peŋkna]
groot, grote (vrouw, meisje)	**wysoka**	[vɨ'sɔka]
slank(e) (vrouw, meisje)	**zgrabna**	['zgrabna]
korte, kleine (vrouw, meisje)	**niedużego wzrostu**	[nedu'ʒɛgɔ 'vzrɔstu]
blondine (de)	**blondynka** (ż)	[blɜn'dɨŋka]
brunette (de)	**brunetka** (ż)	[bru'nɛtka]
dames- (abn)	**damski**	['damski]
maagd (de)	**dziewica** (ż)	['dʒevitsa]
zwanger (bn)	**ciężarna** (ż)	[tʃɛ̃'ʒarna]
man (de)	**mężczyzna** (m)	[mɛ̃ʃt'ʃɨzna]
blonde man (de)	**blondyn** (m)	['blɜndɨn]
bruinharige man (de)	**brunet** (m)	['brunɛt]
groot (bn)	**wysoki**	[vɨ'sɔki]
klein (bn)	**niedużego wzrostu**	[nedu'ʒɛgɔ 'vzrɔstu]
onbeleefd (bn)	**grubiański**	[gru'bʲaɲski]
gedrongen (bn)	**krępy**	['krɛ̃pɨ]
robuust (bn)	**mocny**	['mɔtsnɨ]
sterk (bn)	**silny**	['ɕiʎnɨ]
sterkte (de)	**siła** (ż)	['ɕiwa]
mollig (bn)	**tęgi**	['tɛŋi]
getaand (bn)	**śniady**	['ɕɲadɨ]
slank (bn)	**zgrabny**	['zgrabnɨ]
elegant (bn)	**elegancki**	[ɛle'gantski]

58. Leeftijd

leeftijd (de)	**wiek** (m)	[vek]
jeugd (de)	**wczesna młodość** (ż)	['ftʃɛsna 'mwɔdɔɕtʃ]
jong (bn)	**młody**	['mwɔdɨ]
jonger (bn)	**młodszy**	['mwɔtʃɨ]
ouder (bn)	**starszy**	['starʃɨ]
jongen (de)	**młodzieniec** (m)	[mwɔ'dʒenets]
tiener, adolescent (de)	**nastolatek** (m)	[nastɔ'ʎatɛk]
kerel (de)	**chłopak** (m)	['hwɔpak]

oude man (de)	**staruszek** (m)	[sta'ruʃɛk]
oude vrouw (de)	**staruszka** (ż)	[sta'ruʃka]
volwassen (bn)	**dorosły** (m)	[dɔ'rɔswɨ]
van middelbare leeftijd (bn)	**w średnim wieku**	[f 'ɕrɛdnim 'veku]
bejaard (bn)	**w podeszłym wieku**	[f pɔ'dɛʃwɨm 'veku]
oud (bn)	**stary**	['starɨ]
pensioen (het)	**emerytura** (ż)	[ɛmɛrɨ'tura]
met pensioen gaan	**przejść na emeryturę**	['pʃɛjɕʧ na ɛmɛrɨ'turɛ̃]
gepensioneerde (de)	**emeryt** (m)	[ɛ'mɛrɨt]

59. Kinderen

kind (het)	**dziecko** (n)	['ʤeʦkɔ]
kinderen (mv.)	**dzieci** (l.mn.)	['ʤeʧi]
tweeling (de)	**bliźniaki** (l.mn.)	[bliʑ'ɲaki]
wieg (de)	**kołyska** (ż)	[kɔ'wɨska]
rammelaar (de)	**grzechotka** (ż)	[gʒɛ'hɔtka]
luier (de)	**pieluszka** (ż)	[pʲɛ'lyʃka]
speen (de)	**smoczek** (m)	['smɔʧɛk]
kinderwagen (de)	**wózek** (m)	['vuzɛk]
kleuterschool (de)	**przedszkole** (n)	[pʃɛʧ'kɔle]
babysitter (de)	**opiekunka** (ż) **do dziecka**	[ɔpe'kuŋka dɔ 'ʤeʦka]
kindertijd (de)	**dzieciństwo** (n)	[ʤe'ʧiɲstfɔ]
pop (de)	**lalka** (ż)	['ʎaʎka]
speelgoed (het)	**zabawka** (ż)	[za'bafka]
bouwspeelgoed (het)	**zestaw** (m) **konstruktor**	['zɛstaf kɔnst'ruktɔr]
welopgevoed (bn)	**dobrze wychowany**	['dɔbʒɛ vɨhɔ'vanɨ]
onopgevoed (bn)	**źle wychowany**	[ʑle vɨhɔ'vanɨ]
verwend (bn)	**rozpieszczony**	[rɔspeʃt'ʃɔnɨ]
stout zijn (ww)	**psosić**	['psɔʃiʧ]
stout (bn)	**psotny**	['psɔtnɨ]
stoutheid (de)	**psota** (ż)	['psɔta]
stouterd (de)	**psotnik** (m)	['psɔtnik]
gehoorzaam (bn)	**posłuszny**	[pɔs'wuʃnɨ]
ongehoorzaam (bn)	**nieposłuszny**	[nepɔs'wuʃnɨ]
braaf (bn)	**rozumny**	[rɔ'zumnɨ]
slim (verstandig)	**sprytny**	['sprɨtnɨ]
wonderkind (het)	**cudowne dziecko** (n)	[ʦu'dɔvnɛ 'ʤeʦkɔ]

60. Gehuwde paren. Gezinsleven

kussen (een kus geven)	**całować**	[ʦa'wɔvaʧ]
elkaar kussen (ww)	**całować się**	[ʦa'wɔvaʧ ɕɛ̃]

gezin (het)	**rodzina** (ż)	[rɔ'dʒina]
gezins- (abn)	**rodzinny**	[rɔ'dʒiŋɨ]
paar (het)	**para** (ż)	['para]
huwelijk (het)	**małżeństwo** (n)	[maw'ʒɛɲstfɔ]
thuis (het)	**ognisko domowe** (n)	[ɔg'niskɔ dɔ'mɔvɛ]
dynastie (de)	**dynastia** (ż)	[dɨ'nastʰja]
date (de)	**randka** (ż)	['rantka]
zoen (de)	**pocałunek** (m)	[pɔtsa'wunɛk]
liefde (de)	**miłość** (ż)	['miwɔɕtʃ]
liefhebben (ww)	**kochać**	['kɔhatʃ]
geliefde (bn)	**ukochany**	[ukɔ'hanɨ]
tederheid (de)	**czułość** (ż)	['tʃuwɔɕtʃ]
teder (bn)	**czuły**	['tʃuwɨ]
trouw (de)	**wierność** (ż)	['vernɔɕtʃ]
trouw (bn)	**wierny**	['vjernɨ]
zorg (bijv. bejaarden~)	**troska** (ż)	['trɔska]
zorgzaam (bn)	**troskliwy**	[trɔsk'livɨ]
jonggehuwden (mv.)	**nowożeńcy** (m, l.mn.)	[nɔvɔ'ʒɛɲtsɨ]
wittebroodsweken (mv.)	**miesiąc** (m) **miodowy**	['meɕɔ̃ts mɜ'dɔvɨ]
trouwen (vrouw)	**wyjść za mąż**	[vɨjɕtʃ 'za mɔ̃ʃ]
trouwen (man)	**żenić się**	['ʒɛnitʃ ɕɛ̃]
bruiloft (de)	**wesele** (n)	[vɛ'sɛle]
gouden bruiloft (de)	**złota rocznica** (ż) **ślubu**	['zwɔtɛ rɔtʃ'nitsa 'slubu]
verjaardag (de)	**rocznica** (ż)	[rɔtʃ'nitsa]
minnaar (de)	**kochanek** (m)	[kɔ'hanɛk]
minnares (de)	**kochanka** (ż)	[kɔ'haŋka]
overspel (het)	**zdrada** (ż)	['zdrada]
overspel plegen (ww)	**zdradzić**	['zdradʒitʃ]
jaloers (bn)	**zazdrosny**	[zazd'rɔsnɨ]
jaloers zijn (echtgenoot, enz.)	**być zazdrosnym**	[bɨtʃ zazd'rɔsnɨm]
echtscheiding (de)	**rozwód** (m)	['rɔzvud]
scheiden (ww)	**rozwieść się**	['rɔzveɕtʃ ɕɛ̃]
ruzie hebben (ww)	**kłócić się**	['kwutʃitʃ ɕɛ̃]
vrede sluiten (ww)	**godzić się**	['gɔdʒitʃ ɕɛ̃]
samen (bw)	**razem**	['razɛm]
seks (de)	**seks** (m)	[sɛks]
geluk (het)	**szczęście** (n)	['ʃtʃɛ̃ɕtʃe]
gelukkig (bn)	**szczęśliwy**	[ʃtʃɛ̃ɕ'livɨ]
ongeluk (het)	**nieszczęście** (n)	[neʃt'ʃɛ̃ɕtʃe]
ongelukkig (bn)	**nieszczęśliwy**	[neʃtʃɛ̃ɕ'livɨ]

Karakter. Gevoelens. Emoties

61. Gevoelens. Emoties

gevoel (het)	**uczucie** (m)	[ut'ʃutʃe]
gevoelens (mv.)	**uczucia** (l.mn.)	[ut'ʃutʃʲa]
honger (de)	**głód** (m)	[gwut]
honger hebben (ww)	**chcieć jeść**	[htʃetʃ eɕtʃ]
dorst (de)	**pragnienie** (n)	[prag'nene]
dorst hebben	**chcieć pić**	[htʃetʃ pitʃ]
slaperigheid (de)	**senność** (ż)	['sɛŋɔɕtʃ]
willen slapen	**chcieć spać**	[htʃetʃ spatʃ]
moeheid (de)	**zmęczenie** (n)	[zmɛ̃t'ʃɛne]
moe (bn)	**zmęczony**	[zmɛ̃t'ʃɔnɨ]
vermoeid raken (ww)	**zmęczyć się**	['zmɛntʃɨtʃ ɕɛ̃]
stemming (de)	**nastrój** (m)	['nastruj]
verveling (de)	**nuda** (ż), **znudzenie** (n)	['nuda], [znu'dzɛnie]
zich vervelen (ww)	**nudzić się**	['nudzitʃ ɕɛ̃]
afzondering (de)	**odosobnienie** (n)	[ɔdɔsɔb'nenie]
zich afzonderen (ww)	**odseparować się**	[ɔtsɛpa'rɔvatʃ ɕɛ̃]
bezorgd maken (ww)	**niepokoić**	[nepɔ'kɔitʃ]
zich bezorgd maken	**martwić się**	['martfitʃ ɕɛ̃]
zorg (bijv. geld~en)	**niepokój** (m)	[ne'pɔkuj]
ongerustheid (de)	**trwoga** (ż)	['trfɔga]
ongerust (bn)	**zatroskany**	[zatrɔs'kanɨ]
zenuwachtig zijn (ww)	**denerwować się**	[dɛnɛr'vɔvatʃ ɕɛ̃]
in paniek raken	**panikować**	[pani'kɔvatʃ]
hoop (de)	**nadzieja** (ż)	[na'dʒeja]
hopen (ww)	**mieć nadzieję**	[metʃ na'dʒeɛ̃]
zekerheid (de)	**pewność** (ż)	['pɛvnɔɕtʃ]
zeker (bn)	**pewny**	['pɛvnɨ]
onzekerheid (de)	**niepewność** (ż)	[ne'pɛvnɔɕtʃ]
onzeker (bn)	**niepewny**	[ne'pɛvnɨ]
dronken (bn)	**pijany**	[pi'janɨ]
nuchter (bn)	**trzeźwy**	['tʃɛʑʲvɨ]
zwak (bn)	**słaby**	['swabɨ]
gelukkig (bn)	**szczęśliwy**	[ʃtʃɛ̃ɕ'livɨ]
doen schrikken (ww)	**przestraszyć**	[pʃɛst'raʃɨtʃ]
toorn (de)	**wściekłość** (ż)	['fɕtʃekwɔɕtʃ]
woede (de)	**furia** (ż)	['furʰja]
depressie (de)	**depresja** (ż)	[dɛp'rɛsʰja]
ongemak (het)	**dyskomfort** (m)	[dɨs'kɔmfɔrt]

gemak, comfort (het)	**komfort** (m)	['kɔmfɔrt]
spijt hebben (ww)	**żałować**	[ʒa'wɔvatʃ]
spijt (de)	**żal** (m)	[ʒaʎ]
pech (de)	**pech** (m)	[pɛh]
bedroefdheid (de)	**smutek** (m), **smętek** (m)	['smutɛk], ['smɛ̃tɛk]
schaamte (de)	**wstyd** (m)	[fstɨt]
pret (de), plezier (het)	**uciecha** (ż)	[u'tʃeha]
enthousiasme (het)	**entuzjazm** (m)	[ɛn'tuzʰjazm]
enthousiasteling (de)	**entuzjasta** (m)	[ɛntuzʰ'jasta]
enthousiasme vertonen	**przejawić entuzjazm**	[pʃɛ'javitʃ ɛn'tuzʰjazm]

62. Karakter. Persoonlijkheid

karakter (het)	**charakter** (m)	[ha'raktɛr]
karakterfout (de)	**wada** (ż)	['vada]
verstand (het)	**umysł** (m)	['umɨsw]
rede (de)	**rozum** (m)	['rɔzum]
geweten (het)	**sumienie** (n)	[su'mene]
gewoonte (de)	**nawyk** (m)	['navɨk]
bekwaamheid (de)	**zdolność** (ż)	['zdɔʎnɔɕtʃ]
kunnen (bijv., ~ zwemmen)	**umieć**	['umetʃ]
geduldig (bn)	**cierpliwy**	[tʃerp'livɨ]
ongeduldig (bn)	**niecierpliwy**	[netʃerp'livɨ]
nieuwsgierig (bn)	**ciekawy**	[tʃe'kavɨ]
nieuwsgierigheid (de)	**ciekawość** (ż)	[tʃe'kavɔɕtʃ]
bescheidenheid (de)	**skromność** (ż)	['skrɔmnɔɕtʃ]
bescheiden (bn)	**skromny**	['skrɔmnɨ]
onbescheiden (bn)	**nieskromny**	[nesk'rɔmnɨ]
luiheid (de)	**lenistwo** (n)	[le'nistvɔ]
lui (bn)	**leniwy**	[le'nivɨ]
luiwammes (de)	**leń** (m)	[leɲ]
sluwheid (de)	**przebiegłość** (ż)	[pʃɛ'begwɔɕtʃ]
sluw (bn)	**przebiegły**	[pʃɛ'begwɨ]
wantrouwen (het)	**nieufność** (ż)	[ne'ufnɔɕtʃ]
wantrouwig (bn)	**nieufny**	[ne'ufnɨ]
gulheid (de)	**hojność** (ż)	['hɔjnɔɕtʃ]
gul (bn)	**hojny**	['hɔjnɨ]
talentrijk (bn)	**utalentowany**	[utalentɔ'vanɨ]
talent (het)	**talent** (m)	['talent]
moedig (bn)	**śmiały**	['ɕmʲawɨ]
moed (de)	**śmiałość** (ż)	['ɕmʲawɔɕtʃ]
eerlijk (bn)	**uczciwy**	[utʃ'tʃivɨ]
eerlijkheid (de)	**uczciwość** (ż)	[utʃ'tʃivɔɕtʃ]
voorzichtig (bn)	**ostrożny**	[ɔst'rɔʒnɨ]
manhaftig (bn)	**odważny**	[ɔd'vaʒnɨ]

ernstig (bn)	**poważny**	[pɔ'vaʒnɨ]
streng (bn)	**surowy**	[su'rɔvɨ]
resoluut (bn)	**zdecydowany**	[zdɛʦɨdɔ'vanɨ]
onzeker, irresoluut (bn)	**niezdecydowany**	[nezdɛʦɨdɔ'vanɨ]
schuchter (bn)	**nieśmiały**	[neɕ'mʲawɨ]
schuchterheid (de)	**nieśmiałość** (ż)	[neɕ'mʲawɔɕʧ]
vertrouwen (het)	**zaufanie** (n)	[zau'fane]
vertrouwen (ww)	**wierzyć**	['veʒɨʧ]
goedgelovig (bn)	**ufny**	['ufnɨ]
oprecht (bw)	**szczerze**	['ʃʧɛʒɛ]
oprecht (bn)	**szczery**	['ʃʧɛrɨ]
oprechtheid (de)	**szczerość** (ż)	['ʃʧɛrɔɕʧ]
open (bn)	**otwarty**	[ɔt'fartɨ]
rustig (bn)	**spokojny**	[spɔ'kɔjnɨ]
openhartig (bn)	**szczery**	['ʃʧɛrɨ]
naïef (bn)	**naiwny**	[na'ivnɨ]
verstrooid (bn)	**roztargniony**	[rɔstarg'nɔnɨ]
leuk, grappig (bn)	**zabawny**	[za'bavnɨ]
gierigheid (de)	**chciwość** (ż)	['hʧivɔɕʧ]
gierig (bn)	**chciwy**	['hʧivɨ]
inhalig (bn)	**skąpy**	['skɔ̃pɨ]
kwaad (bn)	**zły**	[zwɨ]
koppig (bn)	**uparty**	[u'partɨ]
onaangenaam (bn)	**nieprzyjemny**	[nepʃɨ'emnɨ]
egoïst (de)	**egoista** (m)	[ɛgɔ'ista]
egoïstisch (bn)	**egoistyczny**	[ɛgɔis'tɨʧnɨ]
lafaard (de)	**tchórz** (m)	[thuʃ]
laf (bn)	**tchórzliwy**	[thuʒ'livɨ]

63. Slaap. Dromen

slapen (ww)	**spać**	[spaʧ]
slaap (in ~ vallen)	**sen** (m)	[sɛn]
droom (de)	**sen** (m)	[sɛn]
dromen (in de slaap)	**śnić**	[ɕniʧ]
slaperig (bn)	**senny**	['sɛŋɨ]
bed (het)	**łóżko** (n)	['wuʃkɔ]
matras (de)	**materac** (m)	[ma'tɛraʦ]
deken (de)	**kołdra** (ż)	['kɔwdra]
kussen (het)	**poduszka** (ż)	[pɔ'duʃka]
laken (het)	**prześcieradło** (n)	[pʃɛɕʧe'radwɔ]
slapeloosheid (de)	**bezsenność** (ż)	[bɛs'sɛŋɔɕʧ]
slapeloos (bn)	**bezsenny**	[bɛs'sɛŋɨ]
slaapmiddel (het)	**tabletka** (ż) **nasenna**	[tab'lɛtka na'sɛŋa]
slaapmiddel innemen	**zażyć środek nasenny**	['zaʒɨʧ 'ɕrɔdɛk na'sɛŋɨ]
willen slapen	**chcieć spać**	[hʧeʧ spaʧ]

geeuwen (ww)	**ziewać**	['ʒevatʃ]
gaan slapen	**iść spać**	[iɕtʃ spatʃ]
het bed opmaken	**ścielić łóżko**	['ɕtʃelitʃ 'wuʃkɔ]
inslapen (ww)	**zasnąć**	['zasnɔ̃tʃ]
nachtmerrie (de)	**koszmar** (m)	['kɔʃmar]
gesnurk (het)	**chrapanie** (n)	[hra'pane]
snurken (ww)	**chrapać**	['hrapatʃ]
wekker (de)	**budzik** (m)	['budʒik]
wekken (ww)	**obudzić**	[ɔ'budʒitʃ]
wakker worden (ww)	**budzić się**	['budʒitʃ ɕɛ̃]
opstaan (ww)	**wstawać**	['fstavatʃ]
zich wassen (ww)	**myć się**	['mɨtʃ ɕɛ̃]

64. Humor. Gelach. Blijdschap

humor (de)	**humor** (m)	['humɔr]
gevoel (het) voor humor	**poczucie** (n)	[pɔt'ʃutʃe]
plezier hebben (ww)	**bawić się**	['bavitʃ ɕɛ̃]
vrolijk (bn)	**wesoły**	[vɛ'sɔwɨ]
pret (de), plezier (het)	**wesołość** (ż)	[ve'sɔwɔʃtʃ]
glimlach (de)	**uśmiech** (m)	['uɕmeh]
glimlachen (ww)	**uśmiechać się**	[uɕ'mehatʃ ɕɛ̃]
beginnen te lachen (ww)	**zaśmiać się**	['zaɕmʲatʃ ɕɛ̃]
lachen (ww)	**śmiać się**	['ɕmʲatʃ ɕɛ̃]
lach (de)	**śmiech** (m)	[ɕmeh]
mop (de)	**anegdota** (ż)	[anɛg'dɔta]
grappig (een ~ verhaal)	**śmieszny**	['ɕmeʃnɨ]
grappig (~e clown)	**zabawny**	[za'bavnɨ]
grappen maken (ww)	**żartować**	[ʒar'tɔvatʃ]
grap (de)	**żart** (m)	[ʒart]
blijheid (de)	**radość** (ż)	['radɔɕtʃ]
blij zijn (ww)	**cieszyć się**	['tʃeʃɨtʃ ɕɛ̃]
blij (bn)	**radosny**	[ra'dɔsnɨ]

65. Discussie, conversatie. Deel 1

communicatie (de)	**komunikacja** (ż)	[kɔmuni'katsʰja]
communiceren (ww)	**komunikować się**	[kɔmuni'kɔvatʃ ɕɛ̃]
conversatie (de)	**rozmowa** (ż)	[rɔz'mɔva]
dialoog (de)	**dialog** (m)	['dʰjalɔg]
discussie (de)	**dyskusja** (ż)	[dɨs'kusʰja]
debat (het)	**spór** (m)	[spur]
debatteren, twisten (ww)	**spierać się**	['speratʃ ɕɛ̃]
gesprekspartner (de)	**rozmówca** (m)	[rɔz'muftsa]
thema (het)	**temat** (m)	['tɛmat]

standpunt (het)	**punkt** (m) **widzenia**	[puŋkt vi'dzɛɲa]
mening (de)	**zdanie** (n)	['zdane]
toespraak (de)	**przemówienie** (n)	[pʃɛmu'vene]
bespreking (de)	**dyskusja** (ż)	[dɨs'kusʰja]
bespreken (spreken over)	**omawiać**	[ɔ'mavʲatʃ]
gesprek (het)	**rozmowa** (ż)	[rɔz'mɔva]
spreken (converseren)	**rozmawiać**	[rɔz'mavʲatʃ]
ontmoeting (de)	**spotkanie** (n)	[spɔt'kane]
ontmoeten (ww)	**spotkać się**	['spɔtkatʃ ɕɛ̃]
spreekwoord (het)	**przysłowie** (n)	[pʃɨs'wɔve]
gezegde (het)	**powiedzenie** (n)	[pɔvje'dzɛnie]
raadsel (het)	**zagadka** (ż)	[za'gatka]
een raadsel opgeven	**zadawać zagadkę**	[za'davatʃ za'gadkɛ̃]
wachtwoord (het)	**hasło** (n)	['haswɔ]
geheim (het)	**sekret** (m)	['sɛkrɛt]
eed (de)	**przysięga** (ż)	[pʃɨ'ɕeŋa]
zweren (een eed doen)	**przysięgać**	[pʃɨ'ɕeŋatʃ]
belofte (de)	**obietnica** (ż)	[ɔbetnitsa]
beloven (ww)	**obiecać**	[ɔ'betsatʃ]
advies (het)	**rada** (ż)	['rada]
adviseren (ww)	**radzić**	['radʒitʃ]
luisteren (gehoorzamen)	**słuchać**	['swuhatʃ]
nieuws (het)	**nowina** (ż)	[nɔ'vina]
sensatie (de)	**sensacja** (ż)	[sɛn'satsʰja]
informatie (de)	**wiadomości** (l.mn.)	[vʲadɔ'mɔɕtʃi]
conclusie (de)	**wniosek** (m)	['vnɜsɛk]
stem (de)	**głos** (m)	[gwɔs]
compliment (het)	**komplement** (m)	[kɔmp'lemɛnt]
vriendelijk (bn)	**uprzejmy**	[up'ʃɛjmɨ]
woord (het)	**słowo** (n)	['swɔvɔ]
zin (de), zinsdeel (het)	**fraza** (ż)	['fraza]
antwoord (het)	**odpowiedź** (ż)	[ɔtpɔ'vetʃ]
waarheid (de)	**prawda** (ż)	['pravda]
leugen (de)	**kłamstwo** (n)	['kwamstfɔ]
gedachte (de)	**myśl** (ż)	[mɨɕʎ]
idee (de/het)	**pomysł** (m)	['pɔmɨsw]
fantasie (de)	**fantazja** (ż)	[fan'tazʲa]

66. Discussie, conversatie. Deel 2

gerespecteerd (bn)	**szanowny**	[ʃa'nɔvnɨ]
respecteren (ww)	**szanować**	[ʃa'nɔvatʃ]
respect (het)	**szacunek** (m)	[ʃa'tsunɛk]
Geachte ... (brief)	**Drogi ...**	['drɔgi]
voorstellen (Mag ik jullie ~)	**poznać**	['pɔznatʃ]
intentie (de)	**zamiar** (m)	['zamʲar]

Nederlands	Pools	Uitspraak
intentie hebben (ww)	**zamierzać**	[za'meʒatʃ]
wens (de)	**życzenie** (n)	[ʒɨt'ʃɛne]
wensen (ww)	**życzyć**	['ʒɨtʃɨtʃ]
verbazing (de)	**zdziwienie** (n)	[zdʒi'vene]
verbazen (verwonderen)	**dziwić**	['dʒivitʃ]
verbaasd zijn (ww)	**dziwić się**	['dʒivitʃ ɕẽ]
geven (ww)	**dać**	[datʃ]
nemen (ww)	**wziąć**	[vʒɔ̃ʲtʃ]
teruggeven (ww)	**zwrócić**	['zvrutʃitʃ]
retourneren (ww)	**zwrócić**	['zvrutʃitʃ]
zich verontschuldigen	**przepraszać**	[pʃɛp'raʃatʃ]
verontschuldiging (de)	**przeprosiny** (l.mn.)	[pʃɛprɔ'ɕinɨ]
vergeven (ww)	**przebaczać**	[pʃɛ'batʃatʃ]
spreken (ww)	**rozmawiać**	[rɔz'mavʲatʃ]
luisteren (ww)	**słuchać**	['swuhatʃ]
aanhoren (ww)	**wysłuchać**	[vɨs'wuhatʃ]
begrijpen (ww)	**zrozumieć**	[zrɔ'zumetʃ]
tonen (ww)	**pokazać**	[pɔ'kazatʃ]
kijken naar ...	**patrzeć**	['patʃɛtʃ]
roepen (vragen te komen)	**zawołać**	[za'vɔwatʃ]
storen (lastigvallen)	**przeszkadzać**	[pʃɛʃ'kadzatʃ]
doorgeven (ww)	**wręczyć**	['vrɛntʃɨtʃ]
verzoek (het)	**prośba** (ż)	['prɔʑʲba]
verzoeken (ww)	**prosić**	['prɔɕitʃ]
eis (de)	**żądanie** (n)	[ʒɔ̃'dane]
eisen (met klem vragen)	**żądać**	['ʒɔ̃datʃ]
beledigen (beledigende namen geven)	**przezywać**	[pʃɛ'zɨvatʃ]
uitlachen (ww)	**kpić**	[kpitʃ]
spot (de)	**kpina** (ż)	['kpina]
bijnaam (de)	**przezwisko** (n)	[pʃɛz'viskɔ]
zinspeling (de)	**aluzja** (ż)	[a'lyzʰja]
zinspelen (ww)	**czynić aluzję**	['tʃɨnitʃ a'lyzʰɛ̃]
impliceren (duiden op)	**mieć na myśli**	[metʃ na 'mɨɕli]
beschrijving (de)	**opis** (m)	['ɔpis]
beschrijven (ww)	**opisać**	[ɔ'pisatʃ]
lof (de)	**pochwała** (ż)	[pɔh'fawa]
loven (ww)	**pochwalić**	[pɔh'falitʃ]
teleurstelling (de)	**rozczarowanie** (n)	[rɔstʃarɔ'vane]
teleurstellen (ww)	**rozczarować**	[rɔstʃa'rɔvatʃ]
teleurgesteld zijn (ww)	**rozczarować się**	[rɔstʃa'rɔvatʃ ɕẽ]
veronderstelling (de)	**założenie** (n)	[zawɔ'ʒɛne]
veronderstellen (ww)	**przypuszczać**	[pʃɨ'puʃtʃatʃ]
waarschuwing (de)	**ostrzeżenie** (n)	[ɔstʃɛ'ʒɛne]
waarschuwen (ww)	**ostrzec**	['ɔstʃɛts]

67. Discussie, conversatie. Deel 3

aanpraten (ww)	**namówić**	[na'muviʧ]
kalmeren (kalm maken)	**uspokajać**	[uspɔ'kajaʧ]
stilte (de)	**milczenie** (n)	[miʎt'ʃɛne]
zwijgen (ww)	**milczeć**	['miʎtʃɛʧ]
fluisteren (ww)	**szepnąć**	['ʃɛpnɔ̃ʧ]
gefluister (het)	**szept** (m)	[ʃɛpt]
open, eerlijk (bw)	**szczerze**	['ʃtʃɛʒɛ]
volgens mij ...	**moim zdaniem**	['mɔim 'zdanem]
detail (het)	**szczegół** (m)	['ʃtʃɛguw]
gedetailleerd (bn)	**szczegółowy**	[ʃtʃɛgu'wɔvɨ]
gedetailleerd (bw)	**szczegółowo**	[ʃtʃɛgu'wɔvɔ]
hint (de)	**wskazówka** (ż)	[fska'zɔfka]
een hint geven	**dać wskazówkę**	[daʧ fska'zɔfkɛ̃]
blik (de)	**spojrzenie** (n)	[spɔj'ʒɛne]
een kijkje nemen	**spojrzeć**	['spɔjʒɛʧ]
strak (een ~ke blik)	**nieruchomy**	[neru'hɔmɨ]
knipperen (ww)	**mrugać**	['mrugaʧ]
knipogen (ww)	**mrugnąć**	['mrugnɔ̃ʧ]
knikken (ww)	**przytaknąć**	[pʃɨ'taknɔ̃ʧ]
zucht (de)	**westchnienie** (n)	[vɛsth'nene]
zuchten (ww)	**westchnąć**	['vɛsthnɔ̃ʧ]
huiveren (ww)	**wzdrygać się**	['vzdrɨgaʧ ɕɛ̃]
gebaar (het)	**gest** (m)	[gɛst]
aanraken (ww)	**dotknąć**	['dɔtknɔ̃ʧ]
grijpen (ww)	**chwytać**	['hfɨtaʧ]
een schouderklopje geven	**klepać**	['klepaʧ]
Kijk uit!	**Uwaga!**	[u'vaga]
Echt?	**Czyżby?**	['ʧɨʒbɨ]
Bent je er zeker van?	**Jesteś pewien?**	['estɛɕ 'pɛven]
Succes!	**Powodzenia!**	[pɔvɔ'ʣɛɲa]
Juist, ja!	**Jasne!**	['jasnɛ]
Wat jammer!	**Szkoda!**	['ʃkɔda]

68. Overeenstemming. Weigering

instemming (het)	**zgoda** (ż)	['zgɔda]
instemmen (akkoord gaan)	**zgadzać się**	['zgaʣaʧ ɕɛ̃]
goedkeuring (de)	**aprobata** (ż)	[aprɔ'bata]
goedkeuren (ww)	**zaaprobować**	[za:prɔ'bɔvaʧ]
weigering (de)	**odmowa** (ż)	[ɔd'mɔva]
weigeren (ww)	**odmawiać**	[ɔd'mavʲaʧ]
Geweldig!	**Świetnie!**	['ɕfetne]
Goed!	**Dobrze!**	['dɔbʒɛ]

Akkoord!	**Dobra!**	['dɔbra]
verboden (bn)	**zakazany**	[zaka'zanɨ]
het is verboden	**nie wolno**	[ne 'vɔʎnɔ]
het is onmogelijk	**niemożliwe**	[nemɔʒ'livɛ]
onjuist (bn)	**błędny**	['bwɛ̃dnɨ]
afwijzen (ww)	**odrzucić**	[ɔ'dʒutʃitʃ]
steunen (een goed doel, enz.)	**poprzeć**	['pɔpʃɛtʃ]
aanvaarden (excuses ~)	**przyjąć**	['pʃiɔ̃tʃ]
bevestigen (ww)	**potwierdzić**	[pɔt'ferdʒitʃ]
bevestiging (de)	**potwierdzenie** (n)	[pɔtfer'dzɛne]
toestemming (de)	**pozwolenie** (n)	[pɔzvɔ'lene]
toestaan (ww)	**zezwolić**	[zɛz'vɔlitʃ]
beslissing (de)	**decyzja** (ż)	[dɛ'tsizʰja]
z'n mond houden (ww)	**nic nie mówić**	[nits nɛ 'mɔvitʃ]
voorwaarde (de)	**warunek** (m)	[va'runɛk]
smoes (de)	**wymówka** (ż)	[vɨ'mufka]
lof (de)	**pochwała** (ż)	[pɔh'fawa]
loven (ww)	**chwalić**	['hfalitʃ]

69. Succes. Veel geluk. Mislukking

succes (het)	**sukces** (m)	['suktsɛs]
succesvol (bw)	**z powodzeniem**	[s pɔvɔ'dzɛnem]
succesvol (bn)	**skuteczny**	[sku'tɛtʃnɨ]
geluk (het)	**powodzenie** (n)	[pɔvɔ'dzɛnie]
Succes!	**Powodzenia!**	[pɔvɔ'dzɛɲa]
geluks- (bn)	**szczęśliwy**	[ʃtʃɛ̃ɕ'livɨ]
gelukkig (fortuinlijk)	**fortunny**	[fɔr'tuŋɨ]
mislukking (de)	**porażka** (ż)	[pɔ'raʃka]
tegenslag (de)	**niepowodzenie** (n)	[nepɔvɔ'dzɛne]
pech (de)	**pech** (m)	[pɛh]
zonder succes (bn)	**nieudany**	[neu'danɨ]
catastrofe (de)	**katastrofa** (ż)	[katast'rɔfa]
fierheid (de)	**duma** (ż)	['duma]
fier (bn)	**dumny**	['dumnɨ]
fier zijn (ww)	**być dumnym**	[bɨtʃ 'dumnɨm]
winnaar (de)	**zwycięzca** (m)	[zvɨ'tʃenstsa]
winnen (ww)	**zwyciężyć**	[zvɨ'tʃenʒɨtʃ]
verliezen (ww)	**przegrać**	['pʃɛgratʃ]
poging (de)	**próba** (ż)	['pruba]
pogen, proberen (ww)	**próbować**	[pru'bɔvatʃ]
kans (de)	**szansa** (ż)	['ʃansa]

70. Ruzies. Negatieve emoties

schreeuw (de)	**krzyk** (m)	[kʃɨk]
schreeuwen (ww)	**krzyczeć**	['kʃɨtʃɛtʃ]
beginnen te schreeuwen	**krzyknąć**	['kʃɨknɔ̃tʃ]
ruzie (de)	**kłótnia** (ż)	['kwutɲa]
ruzie hebben (ww)	**kłócić się**	['kwutʃitʃ ɕɛ̃]
schandaal (het)	**głośna kłótnia** (ż)	['gwɔʃna 'kwɔtɲa]
schandaal maken (ww)	**kłócić się głośno**	['kwɔtʃitʃ ɕɛ̃ 'gwɔʃnɔ]
conflict (het)	**konflikt** (m)	['kɔnflikt]
misverstand (het)	**nieporozumienie** (n)	[nepɔrɔzu'mene]
belediging (de)	**zniewaga** (ż)	[zni'evaga]
beledigen (met scheldwoorden)	**znieważać**	[zne'vaʒatʃ]
beledigd (bn)	**obrażony**	[ɔbra'ʒɔnɨ]
krenking (de)	**obraza** (ż)	[ɔb'raza]
krenken (beledigen)	**obrazić**	[ɔb'raʒitʃ]
gekwetst worden (ww)	**obrazić się**	[ɔb'raʒitʃ ɕɛ̃]
verontwaardiging (de)	**oburzenie** (n)	[ɔbu'ʒɛne]
verontwaardigd zijn (ww)	**oburzać się**	[ɔ'buʒatʃ ɕɛ̃]
klacht (de)	**skarga** (ż)	['skarga]
klagen (ww)	**skarżyć się**	['skarʒɨtʃ ɕɛ̃]
verontschuldiging (de)	**przeprosiny** (l.mn.)	[pʃɛprɔ'ɕinɨ]
zich verontschuldigen	**przepraszać**	[pʃɛp'raʃatʃ]
excuus vragen	**przepraszać**	[pʃɛp'raʃatʃ]
kritiek (de)	**krytyka** (ż)	['krɨtɨka]
bekritiseren (ww)	**krytykować**	[krɨtɨ'kɔvatʃ]
beschuldiging (de)	**oskarżenie** (n)	[ɔskar'ʒɛne]
beschuldigen (ww)	**obwiniać**	[ɔb'viɲatʃ]
wraak (de)	**zemsta** (ż)	['zɛmsta]
wreken (ww)	**mścić się**	[mɕtʃitʃ ɕɛ̃]
wraak nemen (ww)	**odpłacić**	[ɔdp'watʃitʃ]
minachting (de)	**pogarda** (ż)	[pɔ'garda]
minachten (ww)	**pogardzać**	[pɔ'gardzatʃ]
haat (de)	**nienawiść** (ż)	[ne'naviɕtʃ]
haten (ww)	**nienawidzieć**	[nena'vidʒetʃ]
zenuwachtig (bn)	**nerwowy**	[nɛr'vɔvɨ]
zenuwachtig zijn (ww)	**denerwować się**	[dɛnɛr'vɔvatʃ ɕɛ̃]
boos (bn)	**zły**	[zwɨ]
boos maken (ww)	**rozzłościć**	[rɔzz'wɔɕtʃitʃ]
vernedering (de)	**poniżenie** (n)	[pɔni'ʒɛne]
vernederen (ww)	**poniżać**	[pɔ'niʒatʃ]
zich vernederen (ww)	**poniżać się**	[pɔ'niʒatʃ ɕɛ̃]
schok (de)	**szok** (m)	[ʃɔk]
schokken (ww)	**szokować**	[ʃɔ'kɔvatʃ]

onaangenaamheid (de)	**przykrość** (ż)	['pʃɨkrɔɕʧ]
onaangenaam (bn)	**nieprzyjemny**	[nepʃɨ'emnɨ]
vrees (de)	**strach** (m)	[strah]
vreselijk (bijv. ~ onweer)	**okropny**	[ɔk'rɔpnɨ]
eng (bn)	**straszny**	['straʃnɨ]
gruwel (de)	**przerażenie** (n)	[pʃɛra'ʒɛne]
vreselijk (~ nieuws)	**okropny**	[ɔk'rɔpnɨ]
huilen (wenen)	**płakać**	['pwakaʧ]
beginnen te huilen (wenen)	**zapłakać**	[zap'wakaʧ]
traan (de)	**łza** (ż)	[wza]
schuld (~ geven aan)	**wina** (ż)	['vina]
schuldgevoel (het)	**wina** (ż)	['vina]
schande (de)	**hańba** (ż)	['haɲba]
protest (het)	**protest** (m)	['prɔtɛst]
stress (de)	**stres** (m)	[strɛs]
storen (lastigvallen)	**przeszkadzać**	[pʃɛʃ'kaʣaʧ]
kwaad zijn (ww)	**złościć się**	['zwɔɕʧiʧ ɕɛ̃]
kwaad (bn)	**zły**	[zwɨ]
beëindigen (een relatie ~)	**zakończyć**	[za'kɔnʧɨʧ]
vloeken (ww)	**kłócić się**	['kwuʧiʧ ɕɛ̃]
schrikken (schrik krijgen)	**bać się**	[baʧ ɕɛ̃]
slaan (iemand ~)	**uderzyć**	[u'dɛʒɨʧ]
vechten (ww)	**bić się**	[biʧ ɕɛ̃]
regelen (conflict)	**załatwić**	[za'watviʧ]
ontevreden (bn)	**niezadowolony**	[nezadɔvɔ'lɜnɨ]
woedend (bn)	**wściekły**	['fɕʧekwɨ]
Dat is niet goed!	**Nie jest dobrze!**	[ni estʲ 'dɔbʒɛ]
Dat is slecht!	**To źle!**	[tɔ ʑʲle]

Geneeskunde

71. Ziekten

ziekte (de)	**choroba** (ż)	[hɔ'rɔba]
ziek zijn (ww)	**chorować**	[hɔ'rɔvatʃ]
gezondheid (de)	**zdrowie** (n)	['zdrɔve]
snotneus (de)	**katar** (m)	['katar]
angina (de)	**angina** (ż)	[aɲina]
verkoudheid (de)	**przeziębienie** (n)	[pʃɛʒɛ̃'bene]
verkouden raken (ww)	**przeziębić się**	[pʃɛ'ʒembitʃ ɕɛ̃]
bronchitis (de)	**zapalenie** (n) **oskrzeli**	[zapa'lɛne ɔsk'ʃɛli]
longontsteking (de)	**zapalenie** (n) **płuc**	[zapa'lɛne pwuts]
griep (de)	**grypa** (ż)	['grɨpa]
bijziend (bn)	**krótkowzroczny**	[krutkɔvz'rɔtʃnɨ]
verziend (bn)	**dalekowzroczny**	[dalekɔvz'rɔtʃnɨ]
scheelheid (de)	**zez** (m)	[zɛs]
scheel (bn)	**zezowaty**	[zɛzɔ'vatɨ]
grauwe staar (de)	**katarakta** (ż)	[kata'rakta]
glaucoom (het)	**jaskra** (ż)	['jaskra]
beroerte (de)	**wylew** (m)	['vɨlef]
hartinfarct (het)	**zawał** (m)	['zavaw]
myocardiaal infarct (het)	**zawał** (m) **mięśnia sercowego**	['zavaw 'mɛ̃ɕɲa sɛrtsɔ'vɛgɔ]
verlamming (de)	**paraliż** (m)	[pa'raliʃ]
verlammen (ww)	**sparaliżować**	[sparali'ʒɔvatʃ]
allergie (de)	**alergia** (ż)	[a'lergʰja]
astma (de/het)	**astma** (ż)	['astma]
diabetes (de)	**cukrzyca** (ż)	[tsuk'ʃɨtsa]
tandpijn (de)	**ból** (m) **zęba**	[buʎ 'zɛ̃ba]
tandbederf (het)	**próchnica** (ż)	[pruh'nitsa]
diarree (de)	**rozwolnienie** (n)	[rɔzvɔʎ'nene]
constipatie (de)	**zaparcie** (n)	[za'partʃe]
maagstoornis (de)	**rozstrój** (m) **żołądka**	['rɔsstruj ʒɔ'wɔ̃tka]
voedselvergiftiging (de)	**zatrucie** (n) **pokarmowe**	[zat'rutʃe pɔkar'mɔvɛ]
voedselvergiftiging oplopen	**zatruć się**	['zatrutʃ ɕɛ̃]
artritis (de)	**artretyzm** (m)	[art'rɛtɨzm]
rachitis (de)	**krzywica** (ż)	[kʃɨ'vitsa]
reuma (het)	**reumatyzm** (m)	[rɛu'matɨzm]
arteriosclerose (de)	**miażdżyca** (ż)	[mʲaʒ'dʒɨtsa]
gastritis (de)	**nieżyt** (m) **żołądka**	['neʒɨt ʒɔ'wɔ̃tka]
blindedarmontsteking (de)	**zapalenie** (n) **wyrostka robaczkowego**	[zapa'lene vɨ'rɔstka rɔbatʃkɔ'vɛgɔ]

zweer (de)	**wrzód** (m)	[vʒut]
mazelen (mv.)	**odra** (ż)	['ɔdra]
rodehond (de)	**różyczka** (ż)	[ru'ʒɨtʃka]
geelzucht (de)	**żółtaczka** (ż)	[ʒuw'tatʃka]
leverontsteking (de)	**zapalenie** (n) **wątroby**	[zapa'lene vɔ̃t'rɔbɨ]
schizofrenie (de)	**schizofrenia** (ż)	[shizɔf'rɛn^{h}ja]
dolheid (de)	**wścieklizna** (ż)	[vɕtʃek'lizna]
neurose (de)	**nerwica** (ż)	[nɛr'vitsa]
hersenschudding (de)	**wstrząs** (m) **mózgu**	[fstʃɔ̃s 'muzgu]
kanker (de)	**rak** (m)	[rak]
sclerose (de)	**stwardnienie** (n)	[stvard'nenie]
multiple sclerose (de)	**stwardnienie** (n) **rozsiane**	[stfard'nene rɔz'ɕanɛ]
alcoholisme (het)	**alkoholizm** (m)	[aʎkɔ'hɔlizm]
alcoholicus (de)	**alkoholik** (m)	[aʎkɔ'hɔlik]
syfilis (de)	**syfilis** (m)	[sɨ'filis]
AIDS (de)	**AIDS** (m)	[ɛjts]
tumor (de)	**nowotwór** (m)	[nɔ'vɔtfur]
kwaadaardig (bn)	**złośliwa**	[zwɔɕ'liva]
goedaardig (bn)	**niezłośliwa**	[nezwɔɕ'liva]
koorts (de)	**febra** (ż)	['fɛbra]
malaria (de)	**malaria** (ż)	[ma'ʎar^{h}ja]
gangreen (het)	**gangrena** (ż)	[gaŋ'rɛna]
zeeziekte (de)	**choroba** (ż) **morska**	[hɔ'rɔba 'mɔrska]
epilepsie (de)	**padaczka** (ż)	[pa'datʃka]
epidemie (de)	**epidemia** (ż)	[ɛpi'dɛm^{h}ja]
tyfus (de)	**tyfus** (m)	['tɨfus]
tuberculose (de)	**gruźlica** (ż)	[gruʑ^{j}'litsa]
cholera (de)	**cholera** (ż)	[hɔ'lera]
pest (de)	**dżuma** (ż)	['dʒuma]

72. Symptomen. Behandelingen. Deel 1

symptoom (het)	**objaw** (m)	['ɔb^{h}jaf]
temperatuur (de)	**temperatura** (ż)	[tɛmpɛra'tura]
verhoogde temperatuur (de)	**gorączka** (ż)	[gɔ'rɔ̃tʃka]
polsslag (de)	**puls** (m)	[puʎs]
duizeling (de)	**zawrót** (m) **głowy**	['zavrut 'gwɔvɨ]
heet (erg warm)	**gorący**	[gɔ'rɔ̃tsɨ]
koude rillingen (mv.)	**dreszcz** (m)	['drɛʃtʃ]
bleek (bn)	**blady**	['bʎadɨ]
hoest (de)	**kaszel** (m)	['kaʃɛʎ]
hoesten (ww)	**kaszleć**	['kaʃletʃ]
niezen (ww)	**kichać**	['kihatʃ]
flauwte (de)	**omdlenie** (n)	[ɔmd'lene]
flauwvallen (ww)	**zemdleć**	['zɛmdletʃ]
blauwe plek (de)	**siniak** (m)	['ɕiɲak]

buil (de)	**guz** (m)	[gus]
zich stoten (ww)	**uderzyć się**	[u'dɛʒɨtʃ ɕɛ̃]
kneuzing (de)	**stłuczenie** (n)	[stwut'ʃɛne]
kneuzen (gekneusd zijn)	**potłuc się**	['pɔtwuts ɕɛ̃]
hinken (ww)	**kuleć**	['kuletʃ]
verstuiking (de)	**zwichnięcie** (n)	[zvih'nɛ̃tʃe]
verstuiken (enkel, enz.)	**zwichnąć**	['zvihnɔ̃tʃ]
breuk (de)	**złamanie** (n)	[zwa'mane]
een breuk oplopen	**otrzymać złamanie**	[ɔt'ʃɨmatʃ zwa'mane]
snijwond (de)	**skaleczenie** (n)	[skalet'ʃɛne]
zich snijden (ww)	**skaleczyć się**	[ska'letʃɨtʃ ɕɛ̃]
bloeding (de)	**krwotok** (m)	['krfɔtɔk]
brandwond (de)	**oparzenie** (n)	[ɔpa'ʒɛne]
zich branden (ww)	**poparzyć się**	[pɔ'paʒɨtʃ ɕɛ̃]
prikken (ww)	**ukłuć**	['ukwutʃ]
zich prikken (ww)	**ukłuć się**	['ukwutʃ ɕɛ̃]
blesseren (ww)	**uszkodzić**	[uʃ'kɔdʒitʃ]
blessure (letsel)	**uszkodzenie** (n)	[uʃkɔ'dzɛne]
wond (de)	**rana** (ż)	['rana]
trauma (het)	**uraz** (m)	['uras]
IJlen (ww)	**bredzić**	['brɛdʒitʃ]
stotteren (ww)	**jąkać się**	[ɔ̃katʃ ɕɛ̃]
zonnesteek (de)	**udar** (m) **słoneczny**	['udar swɔ'nɛtʃnɨ]

73. Symptomen. Behandelingen. Deel 2

pijn (de)	**ból** (m)	[buʎ]
splinter (de)	**drzazga** (ż)	['dʒazga]
zweet (het)	**pot** (m)	[pɔt]
zweten (ww)	**pocić się**	['pɔtʃitʃ ɕɛ̃]
braking (de)	**wymiotowanie** (n)	[vɨmɜtɔ'vane]
stuiptrekkingen (mv.)	**drgawki** (l.mn.)	['drgavki]
zwanger (bn)	**ciężarna** (ż)	[tʃɛ̃'ʒarna]
geboren worden (ww)	**urodzić się**	[u'rɔdʒitʃ ɕɛ̃]
geboorte (de)	**poród** (m)	['pɔrut]
baren (ww)	**rodzić**	['rɔdʒitʃ]
abortus (de)	**aborcja** (ż)	[a'bɔrtsʰja]
ademhaling (de)	**oddech** (m)	['ɔddɛh]
inademing (de)	**wdech** (m)	[vdɛh]
uitademing (de)	**wydech** (m)	['vɨdɛh]
uitademen (ww)	**zrobić wydech**	['zrɔbitʃ 'vɨdɛh]
inademen (ww)	**zrobić wdech**	['zrɔbitʃ vdɛh]
invalide (de)	**niepełnosprawny** (m)	[nepɛwnɔsp'ravnɨ]
gehandicapte (de)	**kaleka** (m, ż)	[ka'leka]
drugsverslaafde (de)	**narkoman** (m)	[nar'kɔman]

doof (bn)	**niesłyszący, głuchy**	[neswɨ'ʃɔ̃tsɨ], ['gwuhɨ]
stom (bn)	**niemy**	['nemɨ]
doofstom (bn)	**głuchoniemy**	[gwuhɔ'nemɨ]
krankzinnig (bn)	**zwariowany**	[zvarʰɜ'vanɨ]
krankzinnige (man)	**wariat** (m)	['varʰjat]
krankzinnige (vrouw)	**wariatka** (ż)	[varʰ'jatka]
krankzinnig worden	**stracić rozum**	['stratʃitʃ rɔzum]
gen (het)	**gen** (m)	[gɛn]
immuniteit (de)	**odporność** (ż)	[ɔt'pɔrnɔɕtʃ]
erfelijk (bn)	**dziedziczny**	[dʒe'dʒitʃnɨ]
aangeboren (bn)	**wrodzony**	[vrɔ'dzɔnɨ]
virus (het)	**wirus** (m)	['virus]
microbe (de)	**mikrob** (m)	['mikrɔb]
bacterie (de)	**bakteria** (ż)	[bak'tɛrʰja]
infectie (de)	**infekcja** (ż)	[in'fɛktsʰja]

74. Symptomen. Behandelingen. Deel 3

ziekenhuis (het)	**szpital** (m)	['ʃpitaʎ]
patiënt (de)	**pacjent** (m)	['patsʰent]
diagnose (de)	**diagnoza** (ż)	[dʰjag'nɔza]
genezing (de)	**leczenie** (n)	[let'ʃɛne]
medische behandeling (de)	**leczenie** (n)	[let'ʃɛne]
onder behandeling zijn	**leczyć się**	['letʃitʃ ɕɛ̃]
behandelen (ww)	**leczyć**	['letʃitʃ]
zorgen (zieken ~)	**opiekować się**	[ɔpe'kɔvatʃ ɕɛ̃]
ziekenzorg (de)	**opieka** (ż)	[ɔ'peka]
operatie (de)	**operacja** (ż)	[ɔpɛ'ratsʰja]
verbinden (een arm ~)	**opatrzyć**	[ɔ'patʃitʃ]
verband (het)	**opatrunek** (m)	[ɔpat'runɛk]
vaccin (het)	**szczepionka** (m)	[ʃtʃɛ'pɜŋka]
inenten (vaccineren)	**szczepić**	['ʃtʃɛpitʃ]
injectie (de)	**zastrzyk** (m)	['zastʃik]
een injectie geven	**robić zastrzyk**	['rɔbitʃ 'zastʃik]
amputatie (de)	**amputacja** (ż)	[ampu'tatsʰja]
amputeren (ww)	**amputować**	[ampu'tɔvatʃ]
coma (het)	**śpiączka** (ż)	[ɕpɔ̃tʃka]
in coma liggen	**być w śpiączce**	[bɨtʃ f ɕpɔ̃tʃtse]
intensieve zorg, ICU (de)	**reanimacja** (ż)	[rɛani'matsʰja]
zich herstellen (ww)	**wracać do zdrowia**	['vratsatʃ dɔ 'zdrɔvʲa]
toestand (de)	**stan** (m)	[stan]
bewustzijn (het)	**przytomność** (ż)	[pʃɨ'tɔmnɔɕtʃ]
geheugen (het)	**pamięć** (ż)	['pamɛ̃tʃ]
trekken (een kies ~)	**usuwać**	[u'suvatʃ]
vulling (de)	**plomba** (ż)	['plɜmba]

vullen (ww)	**plombować**	[plɔm'bɔvaʧ]
hypnose (de)	**hipnoza** (ż)	[hip'nɔza]
hypnotiseren (ww)	**hipnotyzować**	[hipnɔtɨ'zɔvaʧ]

75. Artsen

dokter, arts (de)	**lekarz** (m)	['lekaʃ]
ziekenzuster (de)	**pielęgniarka** (ż)	[pelɛ̃g'ɲarka]
lijfarts (de)	**lekarz** (m) **prywatny**	[lekaʒ prɨ'vatnɨ]
tandarts (de)	**dentysta** (m)	[dɛn'tɨsta]
oogarts (de)	**okulista** (m)	[ɔku'lista]
therapeut (de)	**internista** (m)	[intɛr'nista]
chirurg (de)	**chirurg** (m)	['hirurk]
psychiater (de)	**psychiatra** (m)	[psɨhʰ'atra]
pediater (de)	**pediatra** (m)	[pɛdʰ'atra]
psycholoog (de)	**psycholog** (m)	[psɨ'hɔlɔg]
gynaecoloog (de)	**ginekolog** (m)	[ginɛ'kɔlɔk]
cardioloog (de)	**kardiolog** (m)	[kardʰɔ'lɔk]

76. Geneeskunde. Medicijnen. Accessoires

geneesmiddel (het)	**lekarstwo** (n)	[le'karstfɔ]
middel (het)	**środek** (m)	['ɕrɔdɛk]
voorschrijven (ww)	**zapisać**	[za'pisaʧ]
recept (het)	**recepta** (ż)	[rɛ'ʦɛpta]
tablet (de/het)	**tabletka** (ż)	[tab'letka]
zalf (de)	**maść** (ż)	[maɕʧ]
ampul (de)	**ampułka** (ż)	[am'puwka]
drank (de)	**mikstura** (ż)	[miks'tura]
siroop (de)	**syrop** (m)	['sɨrɔp]
pil (de)	**pigułka** (ż)	[pi'guwka]
poeder (de/het)	**proszek** (m)	['prɔʃɛk]
verband (het)	**bandaż** (m)	['bandaʃ]
watten (mv.)	**wata** (ż)	['vata]
jodium (het)	**jodyna** (ż)	[ɔ'dɨna]
pleister (de)	**plaster** (m)	['pʎaster]
pipet (de)	**zakraplacz** (m)	[zak'rapʎaʧ]
thermometer (de)	**termometr** (m)	[tɛr'mɔmɛtr]
spuit (de)	**strzykawka** (ż)	[stʃɨ'kafka]
rolstoel (de)	**wózek** (m) **inwalidzki**	['vɔzɛk inva'liʣki]
krukken (mv.)	**kule** (l.mn.)	['kule]
pijnstiller (de)	**środek** (m) **przeciwbólowy**	['ɕrɔdɛk pʃɛʧifbɔ'lɔvɨ]
laxeermiddel (het)	**środek** (m) **przeczyszczający**	['ɕrɔdɛk pʃɛʧɨʃʧaɔ̃ʦɨ]
spiritus (de)	**spirytus** (m)	[spi'rɨtus]
medicinale kruiden (mv.)	**zioła** (l.mn.) **lecznicze**	[ʒi'ɔla lɛʧ'niʧɛ]
kruiden- (abn)	**ziołowy**	[ʒɔ'wɔvɨ]

77. Roken. Tabaksproducten

tabak (de)	**tytoń** (m)	['tɨtɔɲ]
sigaret (de)	**papieros** (m)	[pa'perɔs]
sigaar (de)	**cygaro** (n)	[ʦɨ'garɔ]
pijp (de)	**fajka** (ż)	['fajka]
pakje (~ sigaretten)	**paczka** (ż)	['patʃka]
lucifers (mv.)	**zapałki** (l.mn.)	[za'pawki]
luciferdoosje (het)	**pudełko** (n) **zapałek**	[pu'dɛwkɔ za'pawɛk]
aansteker (de)	**zapalniczka** (ż)	[zapaʎ'nitʃka]
asbak (de)	**popielniczka** (ż)	[pɔpeʎ'nitʃka]
sigarettendoosje (het)	**papierośnica** (ż)	[paperɔɕ'niʦa]
sigarettenpijpje (het)	**ustnik** (m)	['ustnik]
filter (de/het)	**filtr** (m)	[fiʎtr]
roken (ww)	**palić**	['palitʃ]
een sigaret opsteken	**zapalić**	[za'palitʃ]
roken (het)	**palenie** (n)	[pa'lene]
roker (de)	**palacz** (m)	['paʎatʃ]
peuk (de)	**niedopałek** (m)	[nedɔ'pawɛk]
rook (de)	**dym** (m)	[dɨm]
as (de)	**popiół** (m)	['pɔpyw]

HET MENSELIJKE LEEFGEBIED

Stad

78. Stad. Het leven in de stad

stad (de)	**miasto** (n)	['mʲastɔ]
hoofdstad (de)	**stolica** (ż)	[stɔ'liʦa]
dorp (het)	**wieś** (ż)	[veɕ]
plattegrond (de)	**plan** (m) **miasta**	[pʎan 'mʲasta]
centrum (ov. een stad)	**centrum** (n) **miasta**	['ʦɛntrum 'mʲasta]
voorstad (de)	**dzielnica** (ż) **podmiejska**	[ʤɛʎ'niʦa pɔd'mejska]
voorstads- (abn)	**podmiejski**	[pɔd'mejski]
randgemeente (de)	**peryferie** (l.mn.)	[pɛrɨ'fɛrʰe]
omgeving (de)	**okolice** (l.mn.)	[ɔkɔ'liʦɛ]
blok (huizenblok)	**osiedle** (n)	[ɔ'ɕedle]
woonwijk (de)	**osiedle** (n) **mieszkaniowe**	[ɔ'ɕedle meʃka'nɜvɛ]
verkeer (het)	**ruch** (m) **uliczny**	[ruh u'litʃnɨ]
verkeerslicht (het)	**światła** (l.mn.)	['ɕfʲatwa]
openbaar vervoer (het)	**komunikacja** (ż) **publiczna**	[kɔmuni'kaʦʰja pub'litʃna]
kruispunt (het)	**skrzyżowanie** (n)	[skʃɨʒɔ'vane]
zebrapad (oversteekplaats)	**przejście** (n)	['pʃɛjɕʧe]
onderdoorgang (de)	**przejście** (n) **podziemne**	['pʃɛjɕʧe pɔ'ʤemnɛ]
oversteken (de straat ~)	**przechodzić**	[pʃɛ'hɔʤiʧ]
voetganger (de)	**pieszy** (m)	['peʃɨ]
trottoir (het)	**chodnik** (m)	['hɔdnik]
brug (de)	**most** (m)	[mɔst]
dijk (de)	**nadbrzeże** (n)	[nadb'ʒɛʒɛ]
fontein (de)	**fontanna** (ż)	[fɔn'taŋa]
allee (de)	**aleja** (ż)	[a'leja]
park (het)	**park** (m)	[park]
boulevard (de)	**bulwar** (m)	['buʎvar]
plein (het)	**plac** (m)	[pʎaʦ]
laan (de)	**aleja** (ż)	[a'leja]
straat (de)	**ulica** (ż)	[u'liʦa]
zijstraat (de)	**zaułek** (m)	[za'uwɛk]
doodlopende straat (de)	**ślepa uliczka** (ż)	['ɕlepa u'litʃka]
huis (het)	**dom** (m)	[dɔm]
gebouw (het)	**budynek** (m)	[bu'dɨnɛk]
wolkenkrabber (de)	**wieżowiec** (m)	[ve'ʒɔveʦ]
gevel (de)	**fasada** (ż)	[fa'sada]
dak (het)	**dach** (m)	[dah]

venster (het)	**okno** (n)	['ɔknɔ]
boog (de)	**łuk** (m)	[wuk]
pilaar (de)	**kolumna** (ż)	[kɔ'lymna]
hoek (ov. een gebouw)	**róg** (m)	[ruk]
vitrine (de)	**witryna** (ż)	[vit'rɨna]
gevelreclame (de)	**szyld** (m)	[ʃɨʎt]
affiche (de/het)	**afisz** (m)	['afiʃ]
reclameposter (de)	**plakat** (m) **reklamowy**	['pʎakat rɛkʎa'mɔvɨ]
aanplakbord (het)	**billboard** (m)	['biʎbɔrt]
vuilnis (de/het)	**śmiecie** (l.mn.)	['ɕmetʃe]
vuilnisbak (de)	**kosz** (m) **na śmieci**	[kɔʃ na 'ɕmetʃi]
afval weggooien (ww)	**śmiecić**	['ɕmetʃitʃ]
stortplaats (de)	**wysypisko** (n) **śmieci**	[vɨsɨpiskɔ 'ɕmetʃi]
telefooncel (de)	**budka** (ż) **telefoniczna**	['butka tɛlefɔ'nitʃna]
straatlicht (het)	**słup** (m) **oświetleniowy**	[swup ɔɕvetle'nɜvɨ]
bank (de)	**ławka** (ż)	['wafka]
politieagent (de)	**policjant** (m)	[pɔ'lits^hjant]
politie (de)	**policja** (ż)	[pɔ'lits^hja]
zwerver (de)	**żebrak** (m)	['ʒɛbrak]
dakloze (de)	**bezdomny** (m)	[bɛz'dɔmnɨ]

79. Stedelijke instellingen

winkel (de)	**sklep** (m)	[sklep]
apotheek (de)	**apteka** (ż)	[ap'tɛka]
optiek (de)	**optyk** (m)	['ɔptɨk]
winkelcentrum (het)	**centrum** (n) **handlowe**	['tsɛntrum hand'lɜvɛ]
supermarkt (de)	**supermarket** (m)	[supɛr'markɛt]
bakkerij (de)	**sklep** (m) **z pieczywem**	[sklep s pet'ʃɨvɛm]
bakker (de)	**piekarz** (m)	['pekaʃ]
banketbakkerij (de)	**cukiernia** (ż)	[tsu'kerɲa]
kruidenier (de)	**sklep** (m) **spożywczy**	[sklep spɔ'ʒɨvtʃɨ]
slagerij (de)	**sklep** (m) **mięsny**	[sklep 'mensnɨ]
groentewinkel (de)	**warzywniak** (m)	[va'ʒɨvɲak]
markt (de)	**targ** (m)	[tark]
koffiehuis (het)	**kawiarnia** (ż)	[ka'vʲarɲa]
restaurant (het)	**restauracja** (ż)	[rɛstau'rats^hja]
bar (de)	**piwiarnia** (ż)	[pi'vʲarɲa]
pizzeria (de)	**pizzeria** (ż)	[pi'tser^hja]
kapperssalon (de/het)	**salon** (m) **fryzjerski**	['salɔn frɨz^h'erski]
postkantoor (het)	**poczta** (ż)	['pɔtʃta]
stomerij (de)	**pralnia** (ż) **chemiczna**	['praʎɲa hɛ'mitʃna]
fotostudio (de)	**zakład** (m) **fotograficzny**	['zakwat fɔtɔgra'fitʃnɨ]
schoenwinkel (de)	**sklep** (m) **obuwniczy**	[sklep ɔbuv'nitʃɨ]
boekhandel (de)	**księgarnia** (ż)	[kɕɛ̃'garɲa]

sportwinkel (de)	**sklep** (m) **sportowy**	[sklep spɔr'tɔvɨ]
kledingreparatie (de)	**reperacja** (ż) **odzieży**	[rɛpɛ'ratsʰja ɔ'dʒeʒɨ]
kledingverhuur (de)	**wypożyczanie** (n) **strojów okazjonalnych**	[vɨpɔʒɨ'tʃane strɔ'juv ɔkazʲɔ'naʎnɨh]
videotheek (de)	**wypożyczalnia** (ż) **filmów**	[vipɔʒit'ʃaʎɲa 'fiʎmuf]
circus (de/het)	**cyrk** (m)	[tsɨrk]
dierentuin (de)	**zoo** (n)	['zɔ:]
bioscoop (de)	**kino** (n)	['kinɔ]
museum (het)	**muzeum** (n)	[mu'zɛum]
bibliotheek (de)	**biblioteka** (ż)	[biblɜ'tɛka]
theater (het)	**teatr** (m)	['tɛatr]
opera (de)	**opera** (ż)	['ɔpɛra]
nachtclub (de)	**klub nocny** (m)	[klyp 'nɔtsnɨ]
casino (het)	**kasyno** (n)	[ka'sɨnɔ]
moskee (de)	**meczet** (m)	['mɛtʃɛt]
synagoge (de)	**synagoga** (ż)	[sɨna'gɔga]
kathedraal (de)	**katedra** (ż)	[ka'tɛdra]
tempel (de)	**świątynia** (ż)	[ɕfɔ̃'tɨɲa]
kerk (de)	**kościół** (m)	['kɔʃtʃɔw]
instituut (het)	**instytut** (m)	[ins'tɨtut]
universiteit (de)	**uniwersytet** (m)	[uni'vɛrsɨtɛt]
school (de)	**szkoła** (ż)	['ʃkɔwa]
gemeentehuis (het)	**urząd** (m) **dzielnicowy**	['uʒɔ̃d dʒeʎnitsɔvɨ]
stadhuis (het)	**urząd** (m) **miasta**	['uʒɔ̃t 'mʲasta]
hotel (het)	**hotel** (m)	['hɔtɛʎ]
bank (de)	**bank** (m)	[baŋk]
ambassade (de)	**ambasada** (ż)	[amba'sada]
reisbureau (het)	**agencja** (ż) **turystyczna**	[a'gɛntsʰja turis'tɨtʃna]
informatieloket (het)	**informacja** (ż)	[infɔr'matsʰja]
wisselkantoor (het)	**kantor** (m)	['kantɔr]
metro (de)	**metro** (n)	['mɛtrɔ]
ziekenhuis (het)	**szpital** (m)	['ʃpitaʎ]
benzinestation (het)	**stacja** (ż) **benzynowa**	['statsʰja bɛnzɨ'nɔva]
parking (de)	**parking** (m)	['parkiŋk]

80. Borden

gevelreclame (de)	**szyld** (m)	[ʃiʎt]
opschrift (het)	**napis** (m)	['napis]
poster (de)	**plakat** (m)	['pʎakat]
wegwijzer (de)	**drogowskaz** (m)	[drɔ'gɔfskas]
pijl (de)	**strzałka** (ż)	['stʃawka]
waarschuwing (verwittiging)	**ostrzeżenie** (n)	[ɔstʃɛ'ʒɛne]
waarschuwingsbord (het)	**przestroga** (ż)	[pʃɛst'rɔga]
waarschuwen (ww)	**ostrzegać**	[ɔst'ʃɛgatʃ]

vrije dag (de)	**dzień** (m) **wolny**	[dʒeɲ 'vɔʎnɨ]
dienstregeling (de)	**rozkład** (m) **jazdy**	['rɔskwad 'jazdɨ]
openingsuren (mv.)	**godziny** (l.mn.) **pracy**	[gɔ'dʒinɨ 'pratsɨ]
WELKOM!	**WITAMY!**	[vi'tamɨ]
INGANG	**WEJŚCIE**	['vɛjɕtʃe]
UITGANG	**WYJŚCIE**	['vɨjɕtʃe]
DUWEN	**PCHAĆ**	[phatʃ]
TREKKEN	**CIĄGNĄĆ**	[tʃɔ̃gnɔɲtʃ]
OPEN	**OTWARTE**	[ɔt'fartɛ]
GESLOTEN	**ZAMKNIĘTE**	[zamk'nentɛ]
DAMES	**DLA PAŃ**	[dʎa paɲ]
HEREN	**DLA MĘŻCZYZN**	[dʎa 'mɛ̃ʒtʃɨzn]
KORTING	**ZNIŻKI**	['zniʃki]
UITVERKOOP	**WYPRZEDAŻ**	[vɨp'ʃɛdaʃ]
NIEUW!	**NOWOŚĆ!**	['nɔvɔɕtʃ]
GRATIS	**GRATIS**	['gratis]
PAS OP!	**UWAGA!**	[u'vaga]
VOLGEBOEKT	**BRAK MIEJSC**	[brak mejsts]
GERESERVEERD	**REZERWACJA**	[rɛzɛr'vatsʰja]
ADMINISTRATIE	**ADMINISTRACJA**	[administ'ratsʰja]
ALLEEN VOOR PERSONEEL	**WEJŚCIE SŁUŻBOWE**	['vɛjɕtʃe swuʒ'bɔvɛ]
GEVAARLIJKE HOND	**UWAGA! ZŁY PIES**	[u'vaga zwɨ pes]
VERBODEN TE ROKEN!	**ZAKAZ PALENIA!**	['zakas pa'leɲa]
NIET AANRAKEN!	**NIE DOTYKAĆ!**	[ne dɔ'tɨkatʃ]
GEVAARLIJK	**NIEBEZPIECZNY**	[nebɛs'petʃnɨ]
GEVAAR	**NIEBEZPIECZEŃSTWO**	[nebɛspetʃɛɲstfɔ]
HOOGSPANNING	**WYSOKIE NAPIĘCIE**	[vɨsɔke napɛ̃tʃe]
VERBODEN TE ZWEMMEN	**KĄPIEL WZBRONIONA**	[kɔmpeʎ vzbrɔnɔ̃a]
BUITEN GEBRUIK	**NIECZYNNE**	[netʃiŋɛ]
ONTVLAMBAAR	**ŁATWOPALNE**	[vatvɔ'paʎnɛ]
VERBODEN	**ZAKAZ**	['zakas]
DOORGANG VERBODEN	**ZAKAZ PRZEJŚCIA**	['zakas 'pʃɛjɕtʃa]
OPGELET PAS GEVERFD	**ŚWIEŻO MALOWANE**	['ɕfeʒɔ malɜ'vanɛ]

81. Stedelijk vervoer

bus, autobus (de)	**autobus** (m)	[au'tɔbus]
tram (de)	**tramwaj** (m)	['tramvaj]
trolleybus (de)	**trolejbus** (m)	[trɔ'lejbus]
route (de)	**trasa** (ż)	['trasa]
nummer (busnummer, enz.)	**numer** (m)	['numɛr]
rijden met ...	**jechać w ...**	['ehatʃ v]
stappen (in de bus ~)	**wsiąść**	[fɕɔ̃ɕtʃ]

afstappen (ww)	**zsiąść z ...**	[zɕɔ̃ɕtʃ z]
halte (de)	**przystanek** (m)	[pʃɨs'tanɛk]
volgende halte (de)	**następny przystanek** (m)	[nas'tɛ̃pnɨ pʃɨs'tanɛk]
eindpunt (het)	**stacja** (ż) **końcowa**	['staʦʰja kɔɲ'ʦɔva]
dienstregeling (de)	**rozkład** (m) **jazdy**	['rɔskwad 'jazdɨ]
wachten (ww)	**czekać**	['tʃɛkatʃ]
kaartje (het)	**bilet** (m)	['bilet]
reiskosten (de)	**cena** (ż) **biletu**	['ʦɛna bi'letu]
kassier (de)	**kasjer** (m), **kasjerka** (ż)	['kasʰer], [kasʰ'erka]
kaartcontrole (de)	**kontrola** (ż) **biletów**	[kɔnt'rɔʎa bi'letɔf]
controleur (de)	**kontroler** (m) **biletów**	[kɔnt'rɔler bi'letɔf]
te laat zijn (ww)	**spóźniać się**	['spuʑʲɲatʃ ɕɛ̃]
missen (de bus ~)	**spóźnić się**	['spuʑʲnitʃ ɕɛ̃]
zich haasten (ww)	**śpieszyć się**	['ɕpeʃɨtʃ ɕɛ̃]
taxi (de)	**taksówka** (ż)	[tak'sufka]
taxichauffeur (de)	**taksówkarz** (m)	[tak'sufkaʃ]
met de taxi (bw)	**taksówką**	[tak'sufkɔ̃]
taxistandplaats (de)	**postój** (m) **taksówek**	['pɔstuj tak'suvɛk]
een taxi bestellen	**wezwać taksówkę**	['vɛzvatʃ tak'sufkɛ̃]
een taxi nemen	**wziąć taksówkę**	[vʒɔ̃ʲtʃ tak'sufkɛ̃]
verkeer (het)	**ruch** (m) **uliczny**	[ruh u'litʃnɨ]
file (de)	**korek** (m)	['kɔrɛk]
spitsuur (het)	**godziny** (l.mn.) **szczytu**	[gɔ'dʒinɨ 'ʃtʃɨtu]
parkeren (on.ww.)	**parkować**	[par'kɔvatʃ]
parkeren (ov.ww.)	**parkować**	[par'kɔvatʃ]
parking (de)	**parking** (m)	['parkiŋk]
metro (de)	**metro** (n)	['mɛtrɔ]
halte (bijv. kleine treinhalte)	**stacja** (ż)	['staʦʰja]
de metro nemen	**jechać metrem**	['ehatʃ 'mɛtrɛm]
trein (de)	**pociąg** (m)	['pɔtʃɔ̃k]
station (treinstation)	**dworzec** (m)	['dvɔʒɛʦ]

82. Bezienswaardigheden

monument (het)	**pomnik** (m)	['pɔmnik]
vesting (de)	**twierdza** (ż)	['tferdza]
paleis (het)	**pałac** (m)	['pawaʦ]
kasteel (het)	**zamek** (m)	['zamɛk]
toren (de)	**wieża** (ż)	['veʒa]
mausoleum (het)	**mauzoleum** (n)	[mauzɔ'leum]
architectuur (de)	**architektura** (ż)	[arhitɛk'tura]
middeleeuws (bn)	**średniowieczny**	[ɕrɛdnɜ'vetʃnɨ]
oud (bn)	**zabytkowy**	[zabɨt'kɔvɨ]
nationaal (bn)	**narodowy**	[narɔ'dɔvɨ]
bekend (bn)	**znany**	['znanɨ]
toerist (de)	**turysta** (m)	[tu'rɨsta]
gids (de)	**przewodnik** (m)	[pʃɛ'vɔdnik]

rondleiding (de)	**wycieczka** (ż)	[vɨ'ʧetʃka]
tonen (ww)	**pokazywać**	[pɔka'zɨvaʧ]
vertellen (ww)	**opowiadać**	[ɔpɔ'vʲadaʧ]
vinden (ww)	**znaleźć**	['znaleɕʧ]
verdwalen (de weg kwijt zijn)	**zgubić się**	['zgubiʧ ɕɛ̃]
plattegrond (~ van de metro)	**plan** (m)	[pʎan]
plattegrond (~ van de stad)	**plan** (m)	[pʎan]
souvenir (het)	**pamiątka** (ż)	[pamɔ̃tka]
souvenirwinkel (de)	**sklep** (m) **z upominkami**	[sklep s upɔmi'ŋkami]
een foto maken (ww)	**robić zdjęcia**	['rɔbiʧ 'zdʰɛ̃ʧa]
zich laten fotograferen	**fotografować się**	[fɔtɔgra'fɔvaʧ ɕɛ̃]

83. Winkelen

kopen (ww)	**kupować**	[ku'pɔvaʧ]
aankoop (de)	**zakup** (m)	['zakup]
winkelen (ww)	**robić zakupy**	['rɔbiʧ za'kupɨ]
winkelen (het)	**zakupy** (l.mn.)	[za'kupɨ]
open zijn (ov. een winkel, enz.)	**być czynnym**	[bɨʧ 'ʧɨŋɨm]
gesloten zijn (ww)	**być nieczynnym**	[bɨʧ net'ʃɨŋɨm]
schoeisel (het)	**obuwie** (n)	[ɔ'buve]
kleren (mv.)	**odzież** (ż)	['ɔʤeʃ]
cosmetica (de)	**kosmetyki** (l.mn.)	[kɔs'mɛtɨki]
voedingswaren (mv.)	**artykuły** (l.mn.) **spożywcze**	[artɨ'kuwɨ spɔ'ʒɨftʃɛ]
geschenk (het)	**prezent** (m)	['prɛzɛnt]
verkoper (de)	**ekspedient** (m)	[ɛks'pɛdʰent]
verkoopster (de)	**ekspedientka** (ż)	[ɛkspedʰ'entka]
kassa (de)	**kasa** (ż)	['kasa]
spiegel (de)	**lustro** (n)	['lystrɔ]
toonbank (de)	**lada** (ż)	['ʎada]
paskamer (de)	**przymierzalnia** (ż)	[pʃɨme'ʒaʎɲa]
aanpassen (ww)	**przymierzyć**	[pʃɨ'meʒɨʧ]
passen (ov. kleren)	**pasować**	[pa'sɔvaʧ]
bevallen (prettig vinden)	**podobać się**	[pɔ'dɔbaʧ ɕɛ̃]
prijs (de)	**cena** (ż)	['ʦɛna]
prijskaartje (het)	**metka** (ż)	['mɛtka]
kosten (ww)	**kosztować**	[kɔʃ'tɔvaʧ]
Hoeveel?	**Ile kosztuje?**	['ile kɔʃ'tue]
korting (de)	**zniżka** (ż)	['zniʃka]
niet duur (bn)	**niedrogi**	[ned'rɔgi]
goedkoop (bn)	**tani**	['tani]
duur (bn)	**drogi**	['drɔgi]
Dat is duur.	**To dużo kosztuje**	[tɔ 'duʒɔ kɔʃ'tue]
verhuur (de)	**wypożyczalnia** (ż)	[vɨpɔʒɨt'ʃaʎɲa]

huren (smoking, enz.) **wypożyczyć** [vɨpɔ'ʒɨtʃɨtʃ]
krediet (het) **kredyt** (m) ['krɛdɨt]
op krediet (bw) **na kredyt** [na 'krɛdɨt]

84. Geld

geld (het) **pieniądze** (l.mn.) [penɔ̃dzɛ]
ruil (de) **wymiana** (ż) [vɨ'mʲana]
koers (de) **kurs** (m) [kurs]
geldautomaat (de) **bankomat** (m) [ba'ŋkɔmat]
muntstuk (de) **moneta** (ż) [mɔ'nɛta]

dollar (de) **dolar** (m) ['dɔʎar]
euro (de) **euro** (m) ['ɛurɔ]

lire (de) **lir** (m) [lir]
Duitse mark (de) **marka** (ż) ['marka]
frank (de) **frank** (m) [fraŋk]
pond sterling (het) **funt szterling** (m) [funt 'ʃtɛrliŋk]
yen (de) **jen** (m) [en]

schuld (geldbedrag) **dług** (m) [dwuk]
schuldenaar (de) **dłużnik** (m) ['dwuʒnik]
uitlenen (ww) **pożyczyć** [pɔ'ʒɨtʃɨtʃ]
lenen (geld ~) **pożyczyć od ...** [pɔ'ʒɨtʃɨtʃ ɔt]

bank (de) **bank** (m) [baŋk]
bankrekening (de) **konto** (n) ['kɔntɔ]
op rekening storten **wpłacić na konto** ['vpwatʃitʃ na 'kɔntɔ]
opnemen (ww) **podjąć z konta** ['pɔdʰɔ̃tʃ s 'kɔnta]

kredietkaart (de) **karta** (ż) **kredytowa** ['karta krɛdɨ'tɔva]
baar geld (het) **gotówka** (ż) [gɔ'tufka]
cheque (de) **czek** (m) [tʃɛk]
een cheque uitschrijven **wystawić czek** [vɨs'tavitʃ tʃɛk]
chequeboekje (het) **książeczka** (ż) **czekowa** [kɕɔ̃'ʒɛtʃka tʃɛ'kɔva]

portefeuille (de) **portfel** (m) ['pɔrtfɛʎ]
geldbeugel (de) **portmonetka** (ż) [pɔrtmɔ'nɛtka]
portemonnee (de) **portmonetka** (ż) [pɔrtmɔ'nɛtka]
safe (de) **sejf** (m) [sɛjf]

erfgenaam (de) **spadkobierca** (m) [spatkɔ'bertsa]
erfenis (de) **spadek** (m) ['spadɛk]
fortuin (het) **majątek** (m) [maɔ̃tɛk]

huur (de) **dzierżawa** (ż) [dʒer'ʒava]
huurprijs (de) **czynsz** (m) [tʃɨnʃ]
huren (huis, kamer) **wynajmować** [vɨnaj'mɔvatʃ]

prijs (de) **cena** (ż) ['tsɛna]
kostprijs (de) **wartość** (ż) ['vartɔɕtʃ]
som (de) **suma** (ż) ['suma]
uitgeven (geld besteden) **wydawać** [vɨ'davatʃ]

kosten (mv.)	**wydatki** (l.mn.)	[vɨ'datki]
bezuinigen (ww)	**oszczędzać**	[ɔʃt'ʃɛnʣaʧ]
zuinig (bn)	**ekonomiczny**	[ɛkɔnɔ'mitʃnɨ]
betalen (ww)	**płacić**	['pwaʧiʧ]
betaling (de)	**opłata** (ż)	[ɔp'wata]
wisselgeld (het)	**reszta** (ż)	['rɛʃta]
belasting (de)	**podatek** (m)	[pɔ'datɛk]
boete (de)	**kara** (ż)	['kara]
beboeten (bekeuren)	**karać grzywną**	['karaʧ 'gʒɨvnɔ̃]

85. Post. Postkantoor

postkantoor (het)	**poczta** (ż)	['pɔtʃta]
post (de)	**poczta** (ż)	['pɔtʃta]
postbode (de)	**listonosz** (m)	[lis'tɔnɔʃ]
openingsuren (mv.)	**godziny** (l.mn.) **pracy**	[gɔ'ʤinɨ 'praʦɨ]
brief (de)	**list** (m)	[list]
aangetekende brief (de)	**list** (m) **polecony**	[list pɔle'ʦɔnɨ]
briefkaart (de)	**pocztówka** (ż)	[pɔtʃ'tufka]
telegram (het)	**telegram** (m)	[tɛ'legram]
postpakket (het)	**paczka** (ż)	['patʃka]
overschrijving (de)	**przekaz** (m) **pieniężny**	['pʃɛkas pe'nenʒnɨ]
ontvangen (ww)	**odebrać**	[ɔ'dɛbraʧ]
sturen (zenden)	**wysłać**	['vɨswaʧ]
verzending (de)	**wysłanie** (n)	[vɨs'wane]
adres (het)	**adres** (m)	['adrɛs]
postcode (de)	**kod** (m) **pocztowy**	[kɔt pɔtʃ'tɔvɨ]
verzender (de)	**nadawca** (m)	[na'dafʦa]
ontvanger (de)	**odbiorca** (m)	[ɔd'bɜrʦa]
naam (de)	**imię** (n)	['imɛ̃]
achternaam (de)	**nazwisko** (n)	[naz'viskɔ]
tarief (het)	**taryfa** (ż)	[ta'rɨfa]
standaard (bn)	**zwykła**	['zvɨkwa]
zuinig (bn)	**oszczędna**	[ɔʃt'ʃɛndna]
gewicht (het)	**ciężar** (m)	['ʧenʒar]
afwegen (op de weegschaal)	**ważyć**	['vaʒɨʧ]
envelop (de)	**koperta** (ż)	[kɔ'pɛrta]
postzegel (de)	**znaczek** (m)	['znatʃɛk]
een postzegel plakken op	**naklejać znaczek**	[nak'lejaʧ 'znatʃɛk]

Woning. Huis. Thuis

86. Huis. Woning

huis (het)	**dom** (m)	[dɔm]
thuis (bw)	**w domu**	[v 'dɔmu]
cour (de)	**podwórko** (n)	[pɔd'vurkɔ]
omheining (de)	**ogrodzenie** (n)	[ɔgrɔ'ʣɛne]
baksteen (de)	**cegła** (ż)	['ʦɛgwa]
van bakstenen	**z cegły**	[s 'ʦegwɨ]
steen (de)	**kamień** (m)	['kameɲ]
stenen (bn)	**kamienny**	[ka'meŋɨ]
beton (het)	**beton** (m)	['bɛtɔn]
van beton	**betonowy**	[bɛtɔ'nɔvɨ]
nieuw (bn)	**nowy**	['nɔvɨ]
oud (bn)	**stary**	['starɨ]
vervallen (bn)	**rozwalający się**	[rɔzvala'jɔ̃ʦɨ ɕɛ̃]
modern (bn)	**nowoczesny**	[nɔvɔt'ʃɛsnɨ]
met veel verdiepingen	**wielopiętrowy**	[velɜpɛ̃t'rɔvɨ]
hoog (bn)	**wysoki**	[vɨ'sɔki]
verdieping (de)	**piętro** (n)	['pentrɔ]
met een verdieping	**parterowy**	[partɛ'rɔvɨ]
laagste verdieping (de)	**dolne piętro** (n)	['dɔʎnɛ 'pentrɔ]
bovenverdieping (de)	**górne piętro** (n)	['gurnɛ 'pentrɔ]
dak (het)	**dach** (m)	[dah]
schoorsteen (de)	**komin** (m)	['kɔmin]
dakpan (de)	**dachówka** (ż)	[da'hufka]
pannen- (abn)	**z dachówki**	[z da'hufki]
zolder (de)	**strych** (m)	[strɨh]
venster (het)	**okno** (n)	['ɔknɔ]
glas (het)	**szkło** (n)	[ʃkwɔ]
vensterbank (de)	**parapet** (m)	[pa'rapɛt]
luiken (mv.)	**okiennice** (l.mn.)	[ɔke'ŋiʦe]
muur (de)	**ściana** (ż)	['ɕʧana]
balkon (het)	**balkon** (m)	['baʎkɔn]
regenpijp (de)	**rynna** (m)	['rɨŋa]
boven (bw)	**na górze**	[na 'guʒɛ]
naar boven gaan (ww)	**wchodzić**	['fhɔʤiʧ]
afdalen (on.ww.)	**schodzić**	['shɔʤiʧ]
verhuizen (ww)	**przeprowadzać się**	[pʃɛprɔ'vaʣaʧ ɕɛ̃]

87. Huis. Ingang. Lift

ingang (de)	**wejście** (n)	['vɛjɕʧe]
trap (de)	**schody** (l.mn.)	['shɔdɨ]
treden (mv.)	**stopnie** (l.mn.)	['stɔpne]
trapleuning (de)	**poręcz** (ż)	['pɔrɛ̃tʃ]
hal (de)	**hol** (m)	[hɔʎ]
postbus (de)	**skrzynka** (ż) **pocztowa**	['skʃɨŋka pɔtʃ'tɔva]
vuilnisbak (de)	**pojemnik** (m) **na śmieci**	[pɔ'emnik na 'ɕmeʧi]
vuilniskoker (de)	**zsyp** (m) **na śmieci**	[ssɨp na 'ɕmeʧi]
lift (de)	**winda** (ż)	['vinda]
goederenlift (de)	**winda** (ż) **towarowa**	['vinda tɔva'rɔva]
liftcabine (de)	**kabina** (ż)	[ka'bina]
de lift nemen	**jechać windą**	['ehaʧ 'vindɔ̃]
appartement (het)	**mieszkanie** (n)	[meʃ'kane]
bewoners (mv.)	**mieszkańcy** (l.mn.)	[meʃ'kaɲtsɨ]
buurman (de)	**sąsiad** (m)	['sɔ̃ɕat]
buurvrouw (de)	**sąsiadka** (ż)	[sɔ̃'ɕatka]
buren (mv.)	**sąsiedzi** (l.mn.)	[sɔ̃'ɕedʒi]

88. Huis. Elektriciteit

elektriciteit (de)	**elektryczność** (ż)	[ɛlekt'rɨtʃnɔɕʧ]
lamp (de)	**żarówka** (ż)	[ʒa'rufka]
schakelaar (de)	**wyłącznik** (m)	[vɨ'wɔ̃tʃnik]
zekering (de)	**korki** (l.mn.)	['kɔrki]
draad (de)	**przewód** (m)	['pʃɛvut]
bedrading (de)	**instalacja** (ż) **elektryczna**	[insta'ʎatsʰja ɛlekt'rɨtʃna]
elektriciteitsmeter (de)	**licznik** (m) **prądu**	['liʧnik 'prɔ̃du]
gegevens (mv.)	**odczyt** (m)	['ɔdʃʧɨt]

89. Huis. Deuren. Sloten

deur (de)	**drzwi** (ż)	[ʤvi]
toegangspoort (de)	**brama** (ż)	['brama]
deurkruk (de)	**klamka** (ż)	['kʎamka]
ontsluiten (ontgrendelen)	**otworzyć**	[ɔt'fɔʒɨʧ]
openen (ww)	**otwierać**	[ɔt'feraʧ]
sluiten (ww)	**zamykać**	[za'mɨkaʧ]
sleutel (de)	**klucz** (m)	[klɨtʃ]
sleutelbos (de)	**pęk** (m)	[pɛ̃k]
knarsen (bijv. scharnier)	**skrzypieć**	['skʃɨpeʧ]
knarsgeluid (het)	**skrzypnięcie** (n)	[skʃɨp'nɛ̃ʧe]
scharnier (het)	**zawias** (m)	['zavʲas]
deurmat (de)	**wycieraczka** (ż)	[vɨʧe'ratʃka]
slot (het)	**zamek** (m)	['zamɛk]

sleutelgat (het)	**dziurka** (ż) **od klucza**	['dʒyrka ɔt 'klytʃa]
grendel (de)	**rygiel** (m)	['rɨgeʎ]
schuif (de)	**zasuwka** (ż)	[za'sufka]
hangslot (het)	**kłódka** (ż)	['kwutka]
aanbellen (ww)	**dzwonić**	['dzvɔniʧ]
bel (geluid)	**dzwonek** (m)	['dzvɔnɛk]
deurbel (de)	**dzwonek** (m)	['dzvɔnɛk]
belknop (de)	**guzik** (m)	['guʒik]
geklop (het)	**pukanie** (n)	[pu'kane]
kloppen (ww)	**pukać**	['pukaʧ]
code (de)	**szyfr** (m)	[ʃɨfr]
cijferslot (het)	**zamek** (m) **szyfrowy**	['zamɛk ʃɨf'rɔvɨ]
parlofoon (de)	**domofon** (m)	[dɔ'mɔfɔn]
nummer (het)	**numer** (m)	['numɛr]
naambordje (het)	**tabliczka** (ż)	[tab'litʃka]
deurspion (de)	**wizjer** (m)	['vizʰer]

90. Huis op het platteland

dorp (het)	**wieś** (ż)	[veɕ]
moestuin (de)	**ogród** (m)	['ɔgrut]
hek (het)	**płot** (m)	[pwɔt]
houten hekwerk (het)	**ogrodzenie** (n)	[ɔgrɔ'dzɛne]
tuinpoortje (het)	**furtka** (ż)	['furtka]
graanschuur (de)	**spichlerz** (m)	['spihleʃ]
wortelkelder (de)	**piwnica** (ż)	[piv'nitsa]
schuur (de)	**szopa** (ż)	['ʃɔpa]
waterput (de)	**studnia** (ż)	['studɲa]
kachel (de)	**piec** (ż)	[pets]
de kachel stoken	**palić w piecu**	['paliʧ f 'petsu]
brandhout (het)	**drewno** (n)	['drɛvnɔ]
houtblok (het)	**polano** (n)	[pɔ'ʎanɔ]
veranda (de)	**weranda** (ż)	[vɛ'randa]
terras (het)	**taras** (m)	['taras]
bordes (het)	**ganek** (m)	['ganɛk]
schommel (de)	**huśtawka** (ż)	[huɕ'tafka]

91. Villa. Herenhuis

landhuisje (het)	**dom** (m) **za miastem**	[dɔm za 'mʲastɛm]
villa (de)	**willa** (ż)	['viʎa]
vleugel (de)	**skrzydło** (n)	['skʃɨdwɔ]
tuin (de)	**ogród** (m)	['ɔgrut]
park (het)	**park** (m)	[park]
oranjerie (de)	**szklarnia** (ż)	['ʃkʎarɲa]
onderhouden (tuin, enz.)	**pielęgnować**	[pelɛ̃g'nɔvaʧ]

zwembad (het)	**basen** (m)	['basɛn]
gym (het)	**sala** (ż) **gimnastyczna**	['saʎa gimnas'tɨtʃna]
tennisveld (het)	**kort** (m) **tenisowy**	[kɔrt tɛni'sɔvɨ]
bioscoopkamer (de)	**pokój TV** (m)	['pɔkɔj tɛ 'fau]
garage (de)	**garaż** (m)	['garaʃ]
privé-eigendom (het)	**własność** (ż) **prywatna**	['vwasnɔɕtʃ prɨ'vatna]
eigen terrein (het)	**posesja** (ż) **prywatna**	[pɔ'sɛsʰja prɨ'vatna]
waarschuwing (de)	**ostrzeżenie** (n)	[ɔstʃɛ'ʒɛne]
waarschuwingsbord (het)	**tabliczka** (ż) **ostrzegawcza**	[tab'litʃka ɔstʃɛ'gaftʃa]
bewaking (de)	**ochrona** (ż)	[ɔh'rɔna]
bewaker (de)	**ochroniarz** (m)	[ɔh'rɔɲaʃ]
inbraakalarm (het)	**alarm** (m)	['aʎarm]

92. Kasteel. Paleis

kasteel (het)	**zamek** (m)	['zamɛk]
paleis (het)	**pałac** (m)	['pawats]
vesting (de)	**twierdza** (ż)	['tferdza]
ringmuur (de)	**mur** (m)	[mur]
toren (de)	**wieża** (ż)	['veʒa]
donjon (de)	**główna wieża** (ż)	['gwuvna 'veʒa]
valhek (het)	**brona** (ż)	['brɔna]
onderaardse gang (de)	**tunel** (m) **podziemny**	['tunɛʎ pɔ'dʒemnɛ]
slotgracht (de)	**fosa** (ż)	['fɔsa]
ketting (de)	**łańcuch** (m)	['waɲtsuh]
schietgat (het)	**otwór** (m) **strzelniczy**	['ɔtfɔr stʃɛʎ'nitsɨ]
prachtig (bn)	**wspaniały**	[fspa'ɲawɨ]
majestueus (bn)	**majestatyczny**	[maesta'tɨtʃnɨ]
onneembaar (bn)	**nie do zdobycia**	[ne dɔ zdɔbɨtʃa]
middeleeuws (bn)	**średniowieczny**	[ɕrɛdnɜ'vetʃnɨ]

93. Appartement

appartement (het)	**mieszkanie** (n)	[meʃ'kane]
kamer (de)	**pokój** (m)	['pɔkuj]
slaapkamer (de)	**sypialnia** (ż)	[sɨ'pʲaʎɲa]
eetkamer (de)	**jadalnia** (ż)	[ja'daʎɲa]
salon (de)	**salon** (m)	['salɜn]
studeerkamer (de)	**gabinet** (m)	[ga'binɛt]
gang (de)	**przedpokój** (m)	[pʃɛt'pɔkuj]
badkamer (de)	**łazienka** (ż)	[wa'ʒeŋka]
toilet (het)	**toaleta** (ż)	[tɔa'leta]
plafond (het)	**sufit** (m)	['sufit]
vloer (de)	**podłoga** (ż)	[pɔd'wɔga]
hoek (de)	**kąt** (m)	[kɔ̃t]

94. Appartement. Schoonmaken

schoonmaken (ww)	**sprzątać**	['spʃɔ̃taʧ]
opbergen (in de kast, enz.)	**wynosić**	[vɨ'nɔɕiʧ]
stof (het)	**kurz** (m)	[kuʃ]
stoffig (bn)	**zakurzony**	[zaku'ʒɔnɨ]
stoffen (ww)	**ścierać kurz**	['ɕʧeraʧ kuʃ]
stofzuiger (de)	**odkurzacz** (m)	[ɔt'kuʒaʧ]
stofzuigen (ww)	**odkurzać**	[ɔt'kuʒaʧ]
vegen (de vloer ~)	**zamiatać**	[za'mʲataʧ]
veegsel (het)	**śmiecie** (l.mn.)	['ɕmeʧe]
orde (de)	**porządek** (m)	[pɔ'ʒɔ̃dɛk]
wanorde (de)	**nieporządek** (m)	[nepɔ'ʒɔ̃dɛk]
zwabber (de)	**szczotka** (ż) **podłogowa**	['ʃʧɔtka pɔdwɔ'gɔva]
poetsdoek (de)	**ścierka** (ż)	['ɕʧerka]
veger (de)	**miotła** (ż)	['mɜtwa]
stofblik (het)	**szufelka** (ż)	[ʃu'fɛʎka]

95. Meubels. Interieur

meubels (mv.)	**meble** (l.mn.)	['mɛble]
tafel (de)	**stół** (m)	[stɔw]
stoel (de)	**krzesło** (n)	['kʃɛswɔ]
bed (het)	**łóżko** (n)	['wuʃkɔ]
bankstel (het)	**kanapa** (ż)	[ka'napa]
fauteuil (de)	**fotel** (m)	['fɔtɛʎ]
boekenkast (de)	**biblioteczka** (ż)	[bibʎjɔ'tɛtʃka]
boekenrek (het)	**półka** (ż)	['puwka]
stellingkast (de)	**etażerka** (ż)	[ɛta'ʒɛrka]
kledingkast (de)	**szafa** (ż) **ubraniowa**	['ʃafa ubra'nɜva]
kapstok (de)	**wieszak** (m)	['veʃak]
staande kapstok (de)	**wieszak** (m)	['veʃak]
commode (de)	**komoda** (ż)	[kɔ'mɔda]
salontafeltje (het)	**stolik** (m) **kawowy**	['stɔlik ka'vɔvɨ]
spiegel (de)	**lustro** (n)	['lystrɔ]
tapijt (het)	**dywan** (m)	['dɨvan]
tapijtje (het)	**dywanik** (m)	[dɨ'vanik]
haard (de)	**kominek** (m)	[kɔ'minɛk]
kaars (de)	**świeca** (ż)	['ɕfetsa]
kandelaar (de)	**świecznik** (m)	['ɕfetʃnik]
gordijnen (mv.)	**zasłony** (l.mn.)	[zas'wɔnɨ]
behang (het)	**tapety** (l.mn.)	[ta'pɛtɨ]
jaloezie (de)	**żaluzje** (l.mn.)	[ʒa'lyzʰe]
bureaulamp (de)	**lampka** (ż) **na stół**	['ʎampka na stɔw]
wandlamp (de)	**lampka** (ż)	['ʎampka]

staande lamp (de)	**lampa** (ż) **stojąca**	['ʎampa stɔ̃ːtsa]
luchter (de)	**żyrandol** (m)	[ʒɨ'randɔʎ]
poot (ov. een tafel, enz.)	**noga** (ż)	['nɔga]
armleuning (de)	**poręcz** (ż)	['pɔrɛ̃tʃ]
rugleuning (de)	**oparcie** (n)	[ɔ'partʃe]
la (de)	**szuflada** (ż)	[ʃuf'ʎada]

96. Beddengoed

beddengoed (het)	**pościel** (ż)	['pɔɕtʃeʎ]
kussen (het)	**poduszka** (ż)	[pɔ'duʃka]
kussenovertrek (de)	**poszewka** (ż)	[pɔ'ʃɛfka]
deken (de)	**kołdra** (ż)	['kɔwdra]
laken (het)	**prześcieradło** (n)	[pʃɛɕtʃe'radwɔ]
sprei (de)	**narzuta** (ż)	[na'ʒuta]

97. Keuken

keuken (de)	**kuchnia** (ż)	['kuhɲa]
gas (het)	**gaz** (m)	[gas]
gasfornuis (het)	**kuchenka** (ż) **gazowa**	[ku'hɛŋka ga'zɔva]
elektrisch fornuis (het)	**kuchenka** (ż) **elektryczna**	[ku'hɛŋka ɛlekt'rɨtʃna]
oven (de)	**piekarnik** (m)	[pe'karnik]
magnetronoven (de)	**mikrofalówka** (ż)	[mikrɔfa'lyfka]
koelkast (de)	**lodówka** (ż)	[lɜ'dufka]
diepvriezer (de)	**zamrażarka** (ż)	[zamra'ʒarka]
vaatwasmachine (de)	**zmywarka** (ż) **do naczyń**	[zmɨ'varka dɔ 'natʃɨɲ]
vleesmolen (de)	**maszynka** (ż) **do mięsa**	[ma'ʃɨŋka dɔ 'mensa]
vruchtenpers (de)	**sokowirówka** (ż)	[sɔkɔvi'rufka]
toaster (de)	**toster** (m)	['tɔstɛr]
mixer (de)	**mikser** (m)	['miksɛr]
koffiemachine (de)	**ekspres** (m) **do kawy**	['ɛksprɛs dɔ 'kavɨ]
koffiepot (de)	**dzbanek** (m) **do kawy**	['dzbanɛk dɔ 'kavɨ]
koffiemolen (de)	**młynek** (m) **do kawy**	['mwɨnɛk dɔ 'kavɨ]
fluitketel (de)	**czajnik** (m)	['tʃajnik]
theepot (de)	**czajniczek** (m)	[tʃaj'nitʃɛk]
deksel (de/het)	**pokrywka** (ż)	[pɔk'rɨfka]
theezeefje (het)	**sitko** (n)	['ɕitkɔ]
lepel (de)	**łyżka** (ż)	['wɨʃka]
theelepeltje (het)	**łyżeczka** (ż)	[wɨ'ʒɛtʃka]
eetlepel (de)	**łyżka** (ż) **stołowa**	['wɨʃka stɔ'wɔva]
vork (de)	**widelec** (m)	[vi'dɛlets]
mes (het)	**nóż** (m)	[nuʃ]
vaatwerk (het)	**naczynia** (l.mn.)	[nat'ʃɨɲa]
bord (het)	**talerz** (m)	['taleʃ]

schoteltje (het)	**spodek** (m)	['spɔdɛk]
likeurglas (het)	**kieliszek** (m)	[ke'liʃɛk]
glas (het)	**szklanka** (ż)	['ʃkʎaŋka]
kopje (het)	**filiżanka** (ż)	[fili'ʒaŋka]
suikerpot (de)	**cukiernica** (ż)	[ʦuker'niʦa]
zoutvat (het)	**solniczka** (ż)	[sɔʎ'nitʃka]
pepervat (het)	**pieprzniczka** (ż)	[pepʃ'nitʃka]
boterschaaltje (het)	**maselniczka** (ż)	[masɛʎ'nitʃka]
steelpan (de)	**garnek** (m)	['garnɛk]
bakpan (de)	**patelnia** (ż)	[pa'tɛʎɲa]
pollepel (de)	**łyżka** (ż) **wazowa**	['wɨʃka va'zɔva]
vergiet (de/het)	**durszlak** (m)	['durʃʎak]
dienblad (het)	**taca** (ż)	['taʦa]
fles (de)	**butelka** (ż)	[bu'tɛʎka]
glazen pot (de)	**słoik** (m)	['swɔik]
blik (conserven~)	**puszka** (ż)	['puʃka]
flesopener (de)	**otwieracz** (m) **do butelek**	[ɔt'feratʃ dɛ bu'tɛlek]
blikopener (de)	**otwieracz** (m) **do puszek**	[ɔt'feratʃ dɛ 'puʃɛk]
kurkentrekker (de)	**korkociąg** (m)	[kɔr'kɔʧɔ̃k]
filter (de/het)	**filtr** (m)	[fiʎtr]
filteren (ww)	**filtrować**	[fiʎt'rɔvaʧ]
huisvuil (het)	**odpadki** (l.mn.)	[ɔt'patki]
vuilnisemmer (de)	**kosz** (m) **na śmieci**	[kɔʃ na 'ɕmeʧi]

98. Badkamer

badkamer (de)	**łazienka** (ż)	[wa'ʒeŋka]
water (het)	**woda** (ż)	['vɔda]
kraan (de)	**kran** (m)	[kran]
warm water (het)	**gorąca woda** (ż)	[gɔ'rɔ̃ʦa 'vɔda]
koud water (het)	**zimna woda** (ż)	['ʒimna 'vɔda]
tandpasta (de)	**pasta** (ż) **do zębów**	['pasta dɔ 'zɛ̃buf]
tanden poetsen (ww)	**myć zęby**	[mɨʧ 'zɛ̃bɨ]
zich scheren (ww)	**golić się**	['gɔliʧ ɕɛ̃]
scheercrème (de)	**pianka** (ż) **do golenia**	['pʲaŋka dɔ gɔ'leɲa]
scheermes (het)	**maszynka** (ż) **do golenia**	[ma'ʃɨŋka dɔ gɔ'leɲa]
wassen (ww)	**myć**	[mɨʧ]
een bad nemen	**myć się**	['miʧ ɕɛ̃]
douche (de)	**prysznic** (m)	['prɨʃniʦ]
een douche nemen	**brać prysznic**	[braʧ 'prɨʃniʦ]
bad (het)	**wanna** (ż)	['vaŋa]
toiletpot (de)	**sedes** (m)	['sɛdɛs]
wastafel (de)	**zlew** (m)	[zlef]
zeep (de)	**mydło** (n)	['mɨdwɔ]
zeepbakje (het)	**mydelniczka** (ż)	[mɨdɛʎ'nitʃka]

spons (de)	**gąbka** (ż)	['gɔ̃pka]
shampoo (de)	**szampon** (m)	['ʃampɔn]
handdoek (de)	**ręcznik** (m)	['rɛntʃnik]
badjas (de)	**szlafrok** (m)	['ʃʎafrɔk]
was (bijv. handwas)	**pranie** (n)	['prane]
wasmachine (de)	**pralka** (ż)	['praʎka]
de was doen	**prać**	[pratʃ]
waspoeder (de)	**proszek** (m) **do prania**	['prɔʃɛk dɔ 'praɲa]

99. Huishoudelijke apparaten

televisie (de)	**telewizor** (m)	[tɛle'vizɔr]
cassettespeler (de)	**magnetofon** (m)	[magnɛ'tɔfɔn]
videorecorder (de)	**magnetowid** (m)	[magnɛ'tɔvid]
radio (de)	**odbiornik** (m)	[ɔd'bɜrnik]
speler (de)	**odtwarzacz** (m)	[ɔtt'vaʒatʃ]
videoprojector (de)	**projektor** (m) **wideo**	[prɔ'ektɔr vi'dɛɔ]
home theater systeem (het)	**kino** (n) **domowe**	['kinɔ dɔ'mɔvɛ]
DVD-speler (de)	**odtwarzacz DVD** (m)	[ɔtt'vaʒatʃ di vi di]
versterker (de)	**wzmacniacz** (m)	['vzmatsɲatʃ]
spelconsole (de)	**konsola** (ż) **do gier**	[kɔn'sɔʎa dɔ ger]
videocamera (de)	**kamera** (ż) **wideo**	[ka'mɛra vi'dɛɔ]
fotocamera (de)	**aparat** (m) **fotograficzny**	[a'parat fɔtɔgra'fitʃnɨ]
digitale camera (de)	**aparat** (m) **cyfrowy**	[a'parat tsɨf'rɔvɨ]
stofzuiger (de)	**odkurzacz** (m)	[ɔt'kuʒatʃ]
strijkijzer (het)	**żelazko** (n)	[ʒɛ'ʎaskɔ]
strijkplank (de)	**deska** (ż) **do prasowania**	['dɛska dɔ prasɔ'vaɲa]
telefoon (de)	**telefon** (m)	[tɛ'lefɔn]
mobieltje (het)	**telefon** (m) **komórkowy**	[tɛ'lefɔn kɔmur'kɔvɨ]
schrijfmachine (de)	**maszyna** (ż) **do pisania**	[ma'ʃɨna dɔ pi'saɲa]
naaimachine (de)	**maszyna** (ż) **do szycia**	[ma'ʃɨna dɔ 'ʃɨtʃa]
microfoon (de)	**mikrofon** (m)	[mik'rɔfɔn]
koptelefoon (de)	**słuchawki** (l.mn.)	[swu'hafki]
afstandsbediening (de)	**pilot** (m)	['pilɜt]
CD (de)	**płyta CD** (ż)	['pwɨta si'di]
cassette (de)	**kaseta** (ż)	[ka'sɛta]
vinylplaat (de)	**płyta** (ż)	['pwɨta]

100. Reparaties. Renovatie

renovatie (de)	**remont** (m)	['rɛmɔnt]
renoveren (ww)	**robić remont**	['rɔbitʃ 'rɛmɔnt]
repareren (ww)	**remontować**	[rɛmɔn'tɔvatʃ]
op orde brengen	**doprowadzać do porządku**	[dɔprɔ'vadzatʃ dɔ pɔ'ʒɔ̃tku]
overdoen (ww)	**przerabiać**	[pʃɛ'rab'atʃ]

verf (de)	**farba** (ż)	['farba]
verven (muur ~)	**malować**	[ma'lɜvatʃ]
schilder (de)	**malarz** (m)	['maʎaʃ]
kwast (de)	**pędzel** (m)	['pɛndzɛʎ]
kalk (de)	**wapno** (n)	['vapnɔ]
kalken (ww)	**bielić**	['belitʃ]
behang (het)	**tapety** (l.mn.)	[ta'pɛtɨ]
behangen (ww)	**wytapetować**	[vɨtapɛ'tɔvatʃ]
lak (de/het)	**lakier** (m)	['ʎaker]
lakken (ww)	**lakierować**	[ʎake'rɔvatʃ]

101. Loodgieterswerk

water (het)	**woda** (ż)	['vɔda]
warm water (het)	**gorąca woda** (ż)	[gɔ'rɔ̃tsa 'vɔda]
koud water (het)	**zimna woda** (ż)	['ʒimna 'vɔda]
kraan (de)	**kran** (m)	[kran]
druppel (de)	**kropla** (ż)	['krɔpʎa]
druppelen (ww)	**kapać**	['kapatʃ]
lekken (een lek hebben)	**cieknąć**	['tʃeknɔ̃tʃ]
lekkage (de)	**przeciek** (m)	['pʃɛtʃek]
plasje (het)	**kałuża** (ż)	[ka'wuʒa]
buis, leiding (de)	**rura** (ż)	['rura]
stopkraan (de)	**zawór** (m)	['zavur]
verstopt raken (ww)	**zapchać się**	['zaphatʃ ɕɛ̃]
gereedschap (het)	**narzędzia** (l.mn.)	[na'ʒɛ̃dʒʲa]
Engelse sleutel (de)	**klucz** (m) **nastawny**	[klytʃ nas'tavnɨ]
losschroeven (ww)	**odkręcić**	[ɔtk'rɛ̃tʃitʃ]
aanschroeven (ww)	**zakręcić**	[zak'rɛ̃tʃitʃ]
ontstoppen (riool, enz.)	**przeczyszczać**	[pʃɛt'ʃɨʃtʃatʃ]
loodgieter (de)	**hydraulik** (m)	[hɨd'raulik]
kelder (de)	**piwnica** (ż)	[piv'nitsa]
riolering (de)	**kanalizacja** (ż)	[kanali'zatsʰja]

102. Brand. Vuurzee

vuur (het)	**ogień** (m)	['ɔgeɲ]
vlam (de)	**płomień** (m)	['pwɔmeɲ]
vonk (de)	**iskra** (ż)	['iskra]
rook (de)	**dym** (m)	[dɨm]
fakkel (de)	**pochodnia** (ż)	[pɔ'hɔdɲa]
kampvuur (het)	**ognisko** (n)	[ɔg'niskɔ]
benzine (de)	**benzyna** (ż)	[bɛn'zɨna]
kerosine (de)	**nafta** (ż)	['nafta]
brandbaar (bn)	**łatwopalny**	[watfɔ'paʎnɨ]

ontplofbaar (bn)	**wybuchowy**	[vɨbu'hɔvɨ]
VERBODEN TE ROKEN!	**ZAKAZ PALENIA!**	['zakas pa'leɲa]
veiligheid (de)	**bezpieczeństwo** (n)	[bɛspet'ʃɛɲstfɔ]
gevaar (het)	**niebezpieczeństwo** (n)	[nebɛspet'ʃɛɲstfɔ]
gevaarlijk (bn)	**niebezpieczny**	[nebɛs'petʃnɨ]
in brand vliegen (ww)	**zapalić się**	[za'palitʃ ɕɛ̃]
explosie (de)	**wybuch** (m)	['vɨbuh]
in brand steken (ww)	**podpalić**	[pɔt'palitʃ]
brandstichter (de)	**podpalacza** (m)	[pɔt'palatʃa]
brandstichting (de)	**podpalenie** (n)	[pɔtpa'lene]
vlammen (ww)	**płonąć**	['pwɔ̃ɔɲtʃ]
branden (ww)	**palić się**	['palitʃ ɕɛ̃]
afbranden (ww)	**spłonąć**	['spwɔ̃ɔɲtʃ]
brandweerman (de)	**strażak** (m)	['straʒak]
brandweerwagen (de)	**wóz** (m) **strażacki**	[vus stra'ʒatski]
brandweer (de)	**jednostka** (ż) **straży pożarnej**	[ed'nɔstka 'straʒɨ pɔ'ʒarnɛj]
uitschuifbare ladder (de)	**drabina** (ż) **wozu strażackiego**	[dra'bina 'vɔzu stra'ʒatskegɔ]
brandslang (de)	**wąż** (m)	[vɔ̃ʃ]
brandblusser (de)	**gaśnica** (ż)	[gaɕ'nitsa]
helm (de)	**kask** (m)	[kask]
sirene (de)	**syrena** (ż)	[sɨ'rɛna]
roepen (ww)	**krzyczeć**	['kʃɨtʃɛtʃ]
hulp roepen	**wzywać pomocy**	['vzɨvatʃ pɔ'mɔtsɨ]
redder (de)	**ratownik** (m)	[ra'tɔvnik]
redden (ww)	**ratować**	[ra'tɔvatʃ]
aankomen (per auto, enz.)	**przyjechać**	[pʃɨ'ehatʃ]
blussen (ww)	**gasić**	['gaɕitʃ]
water (het)	**woda** (ż)	['vɔda]
zand (het)	**piasek** (m)	['pʲasɛk]
ruïnes (mv.)	**zgliszcza** (l.mn.)	['zgliʃtʃa]
instorten (gebouw, enz.)	**runąć**	['runɔ̃tʃ]
ineenstorten (ww)	**zawalić się**	[za'valitʃ ɕɛ̃]
inzakken (ww)	**runąć**	['runɔ̃tʃ]
brokstuk (het)	**odłamek** (m)	[ɔd'wamɛk]
as (de)	**popiół** (m)	['pɔpyw]
verstikken (ww)	**udusić się**	[u'duɕitʃ ɕɛ̃]
omkomen (ww)	**zginąć**	['zginɔ̃tʃ]

MENSELIJKE ACTIVITEITEN

Baan. Business. Deel 1

103. Kantoor. Op kantoor werken

kantoor (het)	**biuro** (n)	['byrɔ]
kamer (de)	**biuro** (n)	['byrɔ]
secretaris (de)	**sekretarka** (ż)	[sɛkrɛ'tarka]
directeur (de)	**dyrektor** (m)	[dɨ'rɛktɔr]
manager (de)	**menedżer** (m)	[mɛ'nɛdʒɛr]
boekhouder (de)	**księgowy** (m)	[kɕɛ̃'gɔvɨ]
werknemer (de)	**pracownik** (ż)	[pra'tsɔvnik]
meubilair (het)	**meble** (l.mn.)	['mɛble]
tafel (de)	**biurko** (n)	['byrkɔ]
bureaustoel (de)	**fotel** (m)	['fɔtɛʎ]
ladeblok (het)	**kontener** (m)	[kɔn'tɛnɛr]
kapstok (de)	**wieszak** (m)	['veʃak]
computer (de)	**komputer** (m)	[kɔm'putɛr]
printer (de)	**drukarka** (ż)	[dru'karka]
fax (de)	**faks** (m)	[faks]
kopieerapparaat (het)	**kserokopiarka** (ż)	[ksɛrɔkɔ'pʲarka]
papier (het)	**papier** (m)	['paper]
kantoorartikelen (mv.)	**materiały** (l.mn.) **biurowe**	[matɛrʰ'jawɨ by'rɔvɛ]
muismat (de)	**podkładka** (ż) **pod myszkę**	[pɔtk'watka pɔd 'mɨʃkɛ]
blad (het)	**kartka** (ż)	['kartka]
ordner (de)	**teczka** (ż)	['tɛtʃka]
catalogus (de)	**katalog** (m)	[ka'talɔk]
telefoongids (de)	**informator** (m)	[infɔr'matɔr]
documentatie (de)	**dokumentacja** (ż)	[dɔkumɛn'tatsʰja]
brochure (de)	**broszura** (ż)	[brɔ'ʃura]
flyer (de)	**ulotka** (ż)	[u'lɔtka]
monster (het), staal (de)	**próbka** (ż)	['prɔbka]
training (de)	**szkolenie** (n)	[ʃkɔ'lene]
vergadering (de)	**narada** (ż)	[na'rada]
lunchpauze (de)	**przerwa** (ż) **obiadowa**	['pʃɛrva ɔbʲa'dɔva]
een kopie maken	**kopiować**	[kɔ'pʲɔvatʃ]
de kopieën maken	**skopiować**	[skɔ'pʲɔvatʃ]
een fax ontvangen	**dostawać faks**	[dɔs'tavatʃ 'faks]
een fax versturen	**wysyłać faks**	[vɨ'siwatʃ faks]
opbellen (ww)	**zadzwonić**	[zadz'vɔnitʃ]
antwoorden (ww)	**odpowiedzieć**	[ɔtpɔ'vedʒetʃ]

doorverbinden (ww)	**połączyć**	[pɔ'wɔ̃tʃɨtʃ]
afspreken (ww)	**umówić**	[u'muvitʃ]
demonstreren (ww)	**przedstawiać**	[pʃɛʦ'tavʲatʃ]
absent zijn (ww)	**być nieobecnym**	[bɨtʃ neɔ'bɛʦnɨm]
afwezigheid (de)	**nieobecność** (ż)	[neɔ'bɛʦnɔɕtʃ]

104. Bedrijfsprocessen. Deel 1

zaak (de), beroep (het)	**zajęcie** (n)	[za'ɛ̃tʃɛ]
firma (de)	**firma** (ż)	['firma]
bedrijf (maatschap)	**spółka** (ż)	['spuwka]
corporatie (de)	**korporacja** (ż)	[kɔrpɔ'raʦʰja]
onderneming (de)	**przedsiębiorstwo** (n)	[pʃɛtɕɛ̃'bɜrstfɔ]
agentschap (het)	**agencja** (ż)	[a'gɛnʦʰja]
overeenkomst (de)	**umowa** (ż)	[u'mɔva]
contract (het)	**kontrakt** (m)	['kɔntrakt]
transactie (de)	**umowa** (ż)	[u'mɔva]
bestelling (de)	**zamówienie** (n)	[zamu'vene]
voorwaarde (de)	**warunek** (m)	[va'runɛk]
in het groot (bw)	**hurtem**	['hurtɛm]
groothandels- (abn)	**hurtowy**	[hur'tɔvɨ]
groothandel (de)	**sprzedaż** (ż) **hurtowa**	['spʃɛdaʃ hur'tɔva]
kleinhandels- (abn)	**detaliczny**	[dɛta'litʃnɨ]
kleinhandel (de)	**sprzedaż** (ż) **detaliczna**	['spʃɛdaʃ dɛta'litʃna]
concurrent (de)	**konkurent** (m)	[kɔ'ŋkurɛnt]
concurrentie (de)	**konkurencja** (ż)	[kɔŋku'rɛnʦʰja]
concurreren (ww)	**konkurować**	[kɔŋku'rɔvatʃ]
partner (de)	**wspólnik** (m)	['fspɔʎnik]
partnerschap (het)	**partnerstwo** (n)	[part'nɛrstfɔ]
crisis (de)	**kryzys** (m)	['krɨzɨs]
bankroet (het)	**bankructwo** (n)	[baŋk'ruʦtfɔ]
bankroet gaan (ww)	**zbankrutować**	[zbaŋkru'tɔvatʃ]
moeilijkheid (de)	**trudności** (l.mn.)	[trud'nɔɕtʃi]
probleem (het)	**problem** (m)	['prɔblem]
catastrofe (de)	**katastrofa** (ż)	[katast'rɔfa]
economie (de)	**gospodarka** (ż)	[gɔspɔ'darka]
economisch (bn)	**gospodarczy**	[gɔspɔ'dartʃɨ]
economische recessie (de)	**recesja** (ż)	[rɛ'ʦɛsʰja]
doel (het)	**cel** (m)	[ʦɛʎ]
taak (de)	**zadanie** (n)	[za'dane]
handelen (handel drijven)	**handlować**	[hand'lɜvatʃ]
netwerk (het)	**sieć** (ż)	[ɕetʃ]
voorraad (de)	**skład** (m)	[skwat]
assortiment (het)	**asortyment** (m)	[asɔr'tɨmɛnt]
leider (de)	**lider** (m)	['lidɛr]
groot (bn)	**duży**	['duʒɨ]

monopolie (het)	**monopol** (m)	[mɔ'nɔpɔʎ]
theorie (de)	**teoria** (ż)	[tɛ'ɔrʰja]
praktijk (de)	**praktyka** (ż)	['praktɨka]
ervaring (de)	**doświadczenie** (n)	[dɔɕvʲatt'ʃɛne]
tendentie (de)	**tendencja** (ż)	[tɛn'dɛntsʰja]
ontwikkeling (de)	**rozwój** (m)	['rɔzvuj]

105. Bedrijfsprocessen. Deel 2

voordeel (het)	**korzyści** (l.mn.)	[kɔ'ʒɨɕʧi]
voordelig (bn)	**korzystny**	[kɔ'ʒɨstnɨ]
delegatie (de)	**delegacja** (ż)	[dɛle'gatsʰja]
salaris (het)	**pensja** (ż)	['pɛnsʰja]
corrigeren (fouten ~)	**naprawiać**	[nap'ravʲaʧ]
zakenreis (de)	**wyjazd** (m) **służbowy**	['vɨjast swuʒ'bɔvɨ]
commissie (de)	**komisja** (ż)	[kɔ'misʰja]
controleren (ww)	**kontrolować**	[kɔntrɔ'lɜvaʧ]
conferentie (de)	**konferencja** (ż)	[kɔnfɛ'rɛntsʰja]
licentie (de)	**licencja** (ż)	[li'tsɛntsʰja]
betrouwbaar (partner, enz.)	**pewny**	['pɛvnɨ]
aanzet (de)	**przedsięwzięcie** (n)	[pʃɛdɕenv'ʒenʧe]
norm (bijv. ~ stellen)	**norma** (ż)	['nɔrma]
omstandigheid (de)	**okoliczność** (ż)	[ɔkɔ'litʃnɔɕʧ]
taak, plicht (de)	**obowiązek** (m)	[ɔbɔvɔ̃zɛk]
organisatie (bedrijf, zaak)	**organizacja** (m)	[ɔrgani'zatsja]
organisatie (proces)	**organizacja** (m)	[ɔrgani'zatsja]
georganiseerd (bn)	**zorganizowany**	[zɔrganizɔ'vanɨ]
afzegging (de)	**odwołanie** (n)	[ɔdvɔ'wane]
afzeggen (ww)	**odwołać**	[ɔd'vɔwaʧ]
verslag (het)	**sprawozdanie** (n)	[spravɔz'dane]
patent (het)	**patent** (m)	['patɛnt]
patenteren (ww)	**opatentować**	[ɔpatɛn'tɔvaʧ]
plannen (ww)	**planować**	[pʎa'nɔvaʧ]
premie (de)	**premia** (ż)	['prɛmʰja]
professioneel (bn)	**profesjonalny**	[prɔfɛsʰɜ'naʎnɨ]
procedure (de)	**procedura** (ż)	[prɔtsɛ'dura]
onderzoeken (contract, enz.)	**rozpatrzyć**	[rɔs'patʃɨʧ]
berekening (de)	**wyliczenie** (n)	[vɨli'ʧɛnie]
reputatie (de)	**reputacja** (ż)	[rɛpu'tatsʰja]
risico (het)	**ryzyko** (n)	['rɨzɨkɔ]
beheren (managen)	**kierować**	[ke'rɔvaʧ]
informatie (de)	**wiadomości** (l.mn.)	[vʲadɔ'mɔɕʧi]
eigendom (bezit)	**własność** (ż)	['vwasnɔɕʧ]
unie (de)	**związek** (m)	[zvɔ̃zɛk]
levensverzekering (de)	**ubezpieczenie** (n) **na życie**	[ubɛspet'ʃɛne na 'ʒɨʧe]
verzekeren (ww)	**ubezpieczać**	[ubɛs'petʃaʧ]

verzekering (de)	**ubezpieczenie** (n)	[ubɛspet'ʃɛne]
veiling (de)	**przetarg** (m)	['pʃɛtark]
verwittigen (ww)	**powiadomić**	[pɔvʲa'dɔmitʃ]
beheer (het)	**zarządzanie** (n)	[zaʒɔ̃'dzane]
dienst (de)	**usługa** (ż)	[us'wuga]
forum (het)	**forum** (n)	['fɔrum]
functioneren (ww)	**funkcjonować**	[fuŋktsʰɜ'nɔvatʃ]
stap, etappe (de)	**etap** (m)	['ɛtap]
juridisch (bn)	**prawny**	['pravnɨ]
jurist (de)	**prawnik** (m)	['pravnik]

106. Productie. Werken

industriële installatie (fabriek)	**zakład** (m)	['zakwat]
fabriek (de)	**fabryka** (ż)	['fabrɨka]
werkplaatsruimte (de)	**cech** (m)	[tsɛh]
productielocatie (de)	**zakład** (m)	['zakwat]
industrie (de)	**przemysł** (m)	['pʃɛmɨsw]
industrieel (bn)	**przemysłowy**	[pʃɛmɨs'wɔvɨ]
zware industrie (de)	**przemysł** (m) **ciężki**	['pʃɛmɨsw 'tʃenʃki]
lichte industrie (de)	**przemysł** (m) **lekki**	['pʃɛmɨsw 'lekki]
productie (de)	**produkcja** (ż)	[prɔ'duktsʰja]
produceren (ww)	**produkować**	[prɔdu'kɔvatʃ]
grondstof (de)	**surowiec** (m)	[su'rɔvets]
voorman, ploegbaas (de)	**brygadzista** (m)	[brɨga'dʒista]
ploeg (de)	**brygada** (m)	[brɨ'gada]
arbeider (de)	**robotnik** (m)	[rɔ'bɔtnik]
werkdag (de)	**dzień** (m) **roboczy**	[dʒeɲ rɔ'bɔtʃɨ]
pauze (de)	**przerwa** (ż)	['pʃɛrva]
samenkomst (de)	**zebranie** (n)	[zɛb'rane]
bespreken (spreken over)	**omawiać**	[ɔ'mavʲatʃ]
plan (het)	**plan** (m)	[pʎan]
het plan uitvoeren	**wykonywać plan**	[vɨkɔ'nɨvatʃ pʎan]
productienorm (de)	**norma** (ż)	['nɔrma]
kwaliteit (de)	**jakość** (ż)	['jakɔɕtʃ]
controle (de)	**kontrola** (ż)	[kɔnt'rɔʎa]
kwaliteitscontrole (de)	**kontrola** (ż) **jakości**	[kɔnt'rɔʎa ja'kɔɕtʃi]
arbeidsveiligheid (de)	**bezpieczeństwo** (n) **pracy**	[bɛspet'ʃɛɲstfɔ 'pratsɨ]
discipline (de)	**dyscyplina** (ż)	[dɨstsɨp'lina]
overtreding (de)	**naruszenie** (n)	[naru'ʃɛne]
overtreden (ww)	**naruszać**	[na'ruʃatʃ]
staking (de)	**strajk** (m)	[strajk]
staker (de)	**strajkujący** (m)	[strajkuɔ̃tsɨ]
staken (ww)	**strajkować**	[straj'kɔvatʃ]
vakbond (de)	**związek** (m) **zawodowy**	[zvɔ̃zɛk zavɔ'dɔvɨ]
uitvinden (machine, enz.)	**wynalazać**	[vɨna'ʎazatʃ]

uitvinding (de)	**wynalazek** (m)	[vɨna'ʎazɛk]
onderzoek (het)	**badanie** (ż)	[ba'dane]
verbeteren (beter maken)	**udoskonalać**	[udɔskɔ'naʎatʃ]
technologie (de)	**technologia** (ż)	[tɛhnɔ'lɜgʰja]
technische tekening (de)	**rysunek** (m) **techniczny**	[rɨ'sunɛk tɛh'nitʃnɛ]
vracht (de)	**ładunek** (m)	[wa'dunɛk]
lader (de)	**ładowacz** (m)	[wa'dɔvatʃ]
laden (vrachtwagen)	**ładować**	[wa'dɔvatʃ]
laden (het)	**załadunek** (m)	[zawa'dunɛk]
lossen (ww)	**rozładowywać**	[rɔzwadɔ'vɨvatʃ]
lossen (het)	**rozładunek** (m)	[rɔzwa'dunɛk]
transport (het)	**transport** (m)	['transpɔrt]
transportbedrijf (de)	**firma** (ż) **transportowa**	['firma transpɔr'tɔva]
transporteren (ww)	**przewozić**	[pʃɛ'vɔʒitʃ]
goederenwagon (de)	**wagon** (m) **towarowy**	['vagɔn tɔva'rɔvɨ]
tank (bijv. ketelwagen)	**cysterna** (ż)	[tsɨs'tɛrna]
vrachtwagen (de)	**ciężarówka** (ż)	[tʃɛ̃ʒa'rufka]
machine (de)	**obrabiarka** (ż)	[ɔbra'bʲarka]
mechanisme (het)	**mechanizm** (m)	[mɛ'hanizm]
industrieel afval (het)	**odpady** (l.mn.)	[ɔt'padɨ]
verpakking (de)	**pakowanie** (n)	[pakɔ'vane]
verpakken (ww)	**zapakować**	[zapa'kɔvatʃ]

107. Contract. Overeenstemming.

contract (het)	**kontrakt** (m)	['kɔntrakt]
overeenkomst (de)	**umowa** (ż)	[u'mɔva]
bijlage (de)	**załącznik** (m)	[za'wɔ̃tʃnik]
een contract sluiten	**zawrzeć kontrakt**	['zavʒɛtʃ 'kɔntrakt]
handtekening (de)	**podpis** (m)	['pɔdpis]
ondertekenen (ww)	**podpisać**	[pɔd'pisatʃ]
stempel (de)	**pieczęć** (ż)	[pet'ʃɛ̃tʃ]
voorwerp (het) van de overeenkomst	**przedmiot** (m) **umowy**	['pʃɛdmɜt u'mɔvɨ]
clausule (de)	**punkt** (m)	[puŋkt]
partijen (mv.)	**strony** (l.mn.)	['strɔnɨ]
vestigingsadres (het)	**adres** (m) **prawny**	['adrɛs 'pravnɨ]
het contract verbreken (overtreden)	**naruszyć kontrakt**	[na'ruʃɨtʃ 'kɔntrakt]
verplichting (de)	**zobowiązanie** (n)	[zɔbɔvɔ̃'zane]
verantwoordelijkheid (de)	**odpowiedzialność** (ż)	[ɔtpɔve'dʒʲaʎnɔɕtʃ]
overmacht (de)	**siła** (ż) **wyższa**	['ɕiwa 'vɨʃa]
geschil (het)	**spór** (m)	[spur]
sancties (mv.)	**sankcje** (l.mn.) **karne**	['saŋktsʰe 'karnɛ]

108. Import & Export

import (de)	**import** (m)	['impɔrt]
importeur (de)	**importer** (m)	[im'pɔrtɛr]
importeren (ww)	**importować**	[impɔr'tɔvatʃ]
import- (abn)	**importowany**	[impɔrtɔ'vanɨ]
exporteur (de)	**eksporter** (m)	[ɛks'pɔrtɛr]
exporteren (ww)	**eksportować**	[ɛkspɔr'tɔvatʃ]
goederen (mv.)	**towar** (m)	['tɔvar]
partij (de)	**partia** (ż) **towaru**	['partʰja tɔ'varu]
gewicht (het)	**waga** (ż)	['vaga]
volume (het)	**objętość** (ż)	[ɔbʰ'entɔɕtʃ]
kubieke meter (de)	**metr** (m) **sześcienny**	[mɛtr ʃɛɕ'tʃeŋɨ]
producent (de)	**producent** (m)	[prɔ'dutsɛnt]
transportbedrijf (de)	**firma** (ż) **transportowa**	['firma transpɔr'tɔva]
container (de)	**kontener** (m)	[kɔn'tɛnɛr]
grens (de)	**granica** (ż)	[gra'nitsa]
douane (de)	**urząd** (m) **celny**	['uʒɔ̃t 'tsɛʎnɨ]
douanerecht (het)	**cło** (n)	[tswɔ]
douanier (de)	**celnik** (m)	['tsɛʎnik]
smokkelen (het)	**przemyt** (m)	['pʃɛmɨt]
smokkelwaar (de)	**kontrabanda** (ż)	[kɔntra'banda]

109. Financiën

aandeel (het)	**akcja** (ż)	['aktsʰja]
obligatie (de)	**obligacja** (ż)	[ɔbli'gatsʰja]
wissel (de)	**weksel** (m)	['vɛksɛʎ]
beurs (de)	**giełda** (ż) **finansowa**	['gewda finan'sɔva]
aandelenkoers (de)	**notowania** (l.mn.) **akcji**	[nɔtɔ'vaɲa 'aktsʰi]
dalen (ww)	**stanieć**	['stanetʃ]
stijgen (ww)	**zdrożeć**	['zdrɔʒɛtʃ]
deel (het)	**udział** (m)	['udʒʲaw]
meerderheidsbelang (het)	**pakiet** (m) **kontrolny**	['paket kɔnt'rɔʎnɨ]
investeringen (mv.)	**inwestycje** (l.mn.)	[invɛs'tɨtsʰe]
investeren (ww)	**inwestować**	[invɛs'tɔvatʃ]
procent (het)	**procent** (m)	['prɔtsɛnt]
rente (de)	**procenty** (l.mn.)	[prɔ'tsɛntɨ]
winst (de)	**zysk** (m)	[zɨsk]
winstgevend (bn)	**dochodowy**	[dɔhɔ'dɔvɨ]
belasting (de)	**podatek** (m)	[pɔ'datɛk]
valuta (vreemde ~)	**waluta** (ż)	[va'lyta]
nationaal (bn)	**narodowy**	[narɔ'dɔvɨ]

ruil (de)	**wymiana** (ż)	[vɨ'mʲana]
boekhouder (de)	**księgowy** (m)	[kɕɛ̃'gɔvɨ]
boekhouding (de)	**księgowość** (ż)	[kɕɛ̃'gɔvɔɕʧ]
bankroet (het)	**bankructwo** (n)	[baŋk'rutstfɔ]
ondergang (de)	**krach** (m)	[krah]
faillissement (het)	**upadłość** (ż)	[u'padwɔɕʧ]
geruïneerd zijn (ww)	**rujnować się**	[rui'nɔvaʧ ɕɛ̃]
inflatie (de)	**inflacja** (ż)	[inf'ʎatsʰja]
devaluatie (de)	**dewaluacja** (ż)	[dɛvaly'atsʰja]
kapitaal (het)	**kapitał** (m)	[ka'pitaw]
inkomen (het)	**dochód** (m)	['dɔhut]
omzet (de)	**obrót** (m)	['ɔbrut]
middelen (mv.)	**zasoby** (l.mn.)	[za'sɔbɨ]
financiële middelen (mv.)	**środki** (l.mn.) **pieniężne**	['ɕrɔtki pe'nenʒnɛ]
reduceren (kosten ~)	**obniżyć**	[ɔb'niʒɨʧ]

110. Marketing

marketing (de)	**marketing** (m)	[mar'kɛtiŋk]
markt (de)	**rynek** (m)	['rɨnɛk]
marktsegment (het)	**segment** (m) **rynku**	['sɛgmɛnt 'rɨŋku]
product (het)	**produkt** (m)	['prɔdukt]
goederen (mv.)	**towar** (m)	['tɔvar]
handelsmerk (het)	**marka** (ż) **handlowa**	['marka hand'lɜva]
beeldmerk (het)	**znak** (m) **firmowy**	[znak fir'mɔvɨ]
logo (het)	**logo** (n)	['lɜgɔ]
vraag (de)	**popyt** (m)	['pɔpɨt]
aanbod (het)	**podaż** (ż)	['pɔdaʃ]
behoefte (de)	**potrzeba** (ż)	[pɔt'ʃɛba]
consument (de)	**konsument** (m)	[kɔn'sumɛnt]
analyse (de)	**analiza** (ż)	[ana'liza]
analyseren (ww)	**analizować**	[anali'zɔvaʧ]
positionering (de)	**pozycjonowanie** (n)	[pɔzɨtsʰʒnɔ'vane]
positioneren (ww)	**pozycjonować**	[pɔzɨtsʰʒ'nɔvaʧ]
prijs (de)	**cena** (ż)	['tsɛna]
prijspolitiek (de)	**polityka** (ż) **cenowa**	[pɔ'litɨka tsɛ'nɔva]
prijsvorming (de)	**kształtowanie** (n) **cen**	[kʃtawtɔ'vane tsɛn]

111. Reclame

reclame (de)	**reklama** (ż)	[rɛk'ʎama]
adverteren (ww)	**reklamować**	[rɛkʎa'mɔvaʧ]
budget (het)	**budżet** (m)	['budʒɛt]
advertentie, reclame (de)	**reklama** (ż)	[rɛk'ʎama]
TV-reclame (de)	**reklama** (ż) **telewizyjna**	[rɛk'ʎama tɛlevi'zɨjna]

radioreclame (de)	**reklama** (ż) **radiowa**	[rɛk'ʎama radʰɔva]
buitenreclame (de)	**reklama** (ż) **zewnętrzna**	[rɛk'ʎama zɛv'nɛntʃna]
massamedia (de)	**środki** (l.mn.) **masowego przekazu**	['ɕrɔtki masɔ'vɛgɔ pʃɛ'kazu]
periodiek (de)	**periodyk** (m)	[pɛrʰɜdɨk]
imago (het)	**wizerunek** (m)	[vizɛ'runɛk]
slagzin (de)	**slogan** (m)	['slɜgan]
motto (het)	**hasło** (n)	['haswɔ]
campagne (de)	**kampania** (ż)	[kam'paɲja]
reclamecampagne (de)	**kampania** (ż) **reklamowa**	[kam'paɲja rɛkʎa'mɔva]
doelpubliek (het)	**odbiorca** (m) **docelowy**	[ɔd'bɜrtsa dɔtsɛ'lɜvɨ]
visitekaartje (het)	**wizytówka** (ż)	[vizɨ'tufka]
flyer (de)	**ulotka** (ż)	[u'lɜtka]
brochure (de)	**broszura** (ż)	[brɔ'ʃura]
folder (de)	**folder** (m)	['fɔʎdɛr]
nieuwsbrief (de)	**biuletyn** (m)	[by'letɨn]
gevelreclame (de)	**szyld** (m)	[ʃɨʎt]
poster (de)	**plakat** (m)	['pʎakat]
aanplakbord (het)	**billboard** (m)	['biʎbɔrt]

112. Bankieren

bank (de)	**bank** (m)	[baŋk]
bankfiliaal (het)	**filia** (ż)	['fiʎja]
bankbediende (de)	**konsultant** (m)	[kɔn'suʎtant]
manager (de)	**kierownik** (m)	[ke'rɔvnik]
bankrekening (de)	**konto** (n)	['kɔntɔ]
rekeningnummer (het)	**numer** (m) **konta**	['numɛr 'kɔnta]
lopende rekening (de)	**rachunek** (m) **bieżący**	[ra'hunɛk be'ʒɔ̃tsɨ]
spaarrekening (de)	**rachunek** (m) **oszczędnościowy**	[ra'hunɛk ɔʃtʃɛ̃dnɔɕ'tʃɔvɨ]
een rekening openen	**założyć konto**	[za'wɔʒɨtʃ 'kɔntɔ]
de rekening sluiten	**zamknąć konto**	['zamknɔɲtʃ 'kɔ̃tɔ]
op rekening storten	**wpłacić na konto**	['vpwatʃitʃ na 'kɔntɔ]
opnemen (ww)	**podjąć z konta**	['pɔdʰɔ̃tʃ s 'kɔnta]
storting (de)	**wkład** (m)	[fkwat]
een storting maken	**dokonać wpłaty**	[dɔ'kɔnatʃ 'fpwatɨ]
overschrijving (de)	**przelew** (m)	['pʃɛlev]
een overschrijving maken	**dokonać przelewu**	[dɔ'kɔnatʃ pʃɛ'levu]
som (de)	**suma** (ż)	['suma]
Hoeveel?	**Ile?**	['ile]
handtekening (de)	**podpis** (m)	['pɔdpis]
ondertekenen (ww)	**podpisać**	[pɔd'pisatʃ]

kredietkaart (de)	**karta** (ż) **kredytowa**	['karta krɛdɨ'tɔva]
code (de)	**kod** (m)	[kɔd]
kredietkaartnummer (het)	**numer** (m) **karty kredytowej**	['numɛr 'kartɨ krɛdɨ'tɔvɛj]
geldautomaat (de)	**bankomat** (m)	[ba'ŋkɔmat]
cheque (de)	**czek** (m)	[ʧɛk]
een cheque uitschrijven	**wystawić czek**	[vɨs'taviʧ ʧɛk]
chequeboekje (het)	**książeczka** (ż) **czekowa**	[kɕɔ̃'ʒɛʧka ʧɛ'kɔva]
lening, krediet (de)	**kredyt** (m)	['krɛdɨt]
een lening aanvragen	**wystąpić o kredyt**	[vɨs'tɔ̃piʧ ɔ 'krɛdɨt]
een lening nemen	**brać kredyt**	[braʧ 'krɛdɨt]
een lening verlenen	**udzielać kredytu**	[u'ʤeʎaʧ krɛ'dɨtu]
garantie (de)	**gwarancja** (ż)	[gva'ranʦʰja]

113. Telefoon. Telefoongesprek

telefoon (de)	**telefon** (m)	[tɛ'lefɔn]
mobieltje (het)	**telefon** (m) **komórkowy**	[tɛ'lefɔn kɔmur'kɔvɨ]
antwoordapparaat (het)	**sekretarka** (ż)	[sɛkrɛ'tarka]
bellen (ww)	**dzwonić**	['ʣvɔniʧ]
belletje (telefoontje)	**telefon** (m)	[tɛ'lefɔn]
een nummer draaien	**wybrać numer**	['vɨbraʧ 'numɛr]
Hallo!	**Halo!**	['halɔ]
vragen (ww)	**zapytać**	[za'pɨtaʧ]
antwoorden (ww)	**odpowiedzieć**	[ɔtpɔ'veʤeʧ]
horen (ww)	**słyszeć**	['swɨʃɛʧ]
goed (bw)	**dobrze**	['dɔbʒɛ]
slecht (bw)	**źle**	[ʑle]
storingen (mv.)	**zakłócenia** (l.mn.)	[zakwu'ʦɛɲa]
hoorn (de)	**słuchawka** (ż)	[swu'hafka]
opnemen (ww)	**podnieść słuchawkę**	['pɔdneɕʧ swu'hafkɛ̃]
ophangen (ww)	**odłożyć słuchawkę**	[ɔd'wɔʒɨʧ swu'hafkɛ̃]
bezet (bn)	**zajęty**	[za'entɨ]
overgaan (ww)	**dzwonić**	['ʣvɔniʧ]
telefoonboek (het)	**książka** (ż) **telefoniczna**	[kɕɔ̃ʃka tɛlefɔ'niʧna]
lokaal (bn)	**miejscowy**	[mejs'ʦɔvɨ]
interlokaal (bn)	**międzymiastowy**	[mɛ̃ʥɨmʲas'tɔvɨ]
buitenlands (bn)	**międzynarodowy**	[mɛ̃ʥɨnarɔ'dɔvɨ]

114. Mobiele telefoon

mobieltje (het)	**telefon** (m) **komórkowy**	[tɛ'lefɔn kɔmur'kɔvɨ]
scherm (het)	**wyświetlacz** (m)	[vɨɕ'fetʎaʧ]
toets, knop (de)	**klawisz** (m)	['kʎaviʃ]
simkaart (de)	**karta** (ż) **SIM**	['karta sim]

batterij (de)	**bateria** (ż)	[ba'tɛrʰja]
leeg zijn (ww)	**rozładować się**	[rɔzwa'dɔvatʃ ɕɛ̃]
acculader (de)	**ładowarka** (ż)	[wadɔ'varka]
menu (het)	**menu** (n)	['menu]
instellingen (mv.)	**ustawienia** (l.mn.)	[usta'veɲa]
melodie (beltoon)	**melodia** (ż)	[mɛ'lɜdʰja]
selecteren (ww)	**wybrać**	['vɨbratʃ]
rekenmachine (de)	**kalkulator** (m)	[kaʎku'ʎatɔr]
voicemail (de)	**sekretarka** (ż)	[sɛkrɛ'tarka]
wekker (de)	**budzik** (m)	['budʒik]
contacten (mv.)	**kontakty** (l.mn.)	[kɔn'taktɨ]
SMS-bericht (het)	**SMS** (m)	[ɛs ɛm ɛs]
abonnee (de)	**abonent** (m)	[a'bɔnɛnt]

115. Schrijfbehoeften

balpen (de)	**długopis** (m)	[dwu'gɔpis]
vulpen (de)	**pióro** (n)	['pyrɔ]
potlood (het)	**ołówek** (m)	[ɔ'wuvɛk]
marker (de)	**marker** (m)	['markɛr]
viltstift (de)	**flamaster** (m)	[fʎa'mastɛr]
notitieboekje (het)	**notes** (m)	['nɔtɛs]
agenda (boekje)	**kalendarz** (m)	[ka'lendaʃ]
liniaal (de/het)	**linijka** (ż)	[li'nijka]
rekenmachine (de)	**kalkulator** (m)	[kaʎku'ʎatɔr]
gom (de)	**gumka** (ż)	['gumka]
punaise (de)	**pinezka** (ż)	[pi'nɛska]
paperclip (de)	**spinacz** (m)	['spinatʃ]
lijm (de)	**klej** (m)	[klej]
nietmachine (de)	**zszywacz** (m)	['sʃɨvatʃ]
perforator (de)	**dziurkacz** (m)	['dʒyrkatʃ]
potloodslijper (de)	**temperówka** (ż)	[tɛmpɛ'rufka]

116. Verschillende soorten documenten

verslag (het)	**sprawozdanie** (n)	[spravɔz'dane]
overeenkomst (de)	**umowa** (ż)	[u'mɔva]
aanvraagformulier (het)	**zgłoszenie** (n)	[zgwɔ'ʃɛne]
origineel, authentiek (bn)	**oryginalny**	[ɔrigi'naʎnɨ]
badge, kaart (de)	**plakietka** (ż)	[pʎa'ketka]
visitekaartje (het)	**wizytówka** (ż)	[vizɨ'tufka]
certificaat (het)	**certyfikat** (m)	[ʦɛrtɨ'fikat]
cheque (de)	**czek** (m)	[tʃɛk]
rekening (in restaurant)	**rachunek** (m)	[ra'hunɛk]

grondwet (de)	**konstytucja** (ż)	[kɔnsti'tuts'ʰja]
contract (het)	**umowa** (ż)	[u'mɔva]
kopie (de)	**kopia** (ż)	['kɔpʰja]
exemplaar (het)	**egzemplarz** (m)	[ɛg'zɛmpʎaʃ]
douaneaangifte (de)	**deklaracja** (ż)	[dɛkʎa'ratsʰja]
document (het)	**dokument** (m)	[dɔ'kumɛnt]
rijbewijs (het)	**prawo** (n) **jazdy**	['pravɔ 'jazdɨ]
bijlage (de)	**załącznik** (m)	[za'wɔ̃tʃnik]
formulier (het)	**ankieta** (ż)	[a'ŋketa]
identiteitskaart (de)	**dowód** (m) **osobisty**	['dɔvɔt ɔsɔ'bistɨ]
aanvraag (de)	**zapytanie** (n)	[zapɨ'tane]
uitnodigingskaart (de)	**zaproszenie** (n)	[zaprɔ'ʃɛne]
factuur (de)	**rachunek** (m)	[ra'hunɛk]
wet (de)	**ustawa** (ż)	[us'tava]
brief (de)	**list** (m)	[list]
briefhoofd (het)	**formularz** (m)	[fɔr'muʎaʃ]
lijst (de)	**lista** (ż)	['lista]
manuscript (het)	**rękopis** (m)	[rɛ̃'kɔpis]
nieuwsbrief (de)	**biuletyn** (m)	[by'letɨn]
briefje (het)	**notatka** (ż)	[nɔ'tatka]
pasje (voor personeel, enz.)	**przepustka** (ż)	[pʃɛ'pustka]
paspoort (het)	**paszport** (m)	['paʃpɔrt]
vergunning (de)	**zezwolenie** (n)	[zɛzvɔ'lene]
CV, curriculum vitae (het)	**CV** (n), **życiorys** (m)	[tsɛ 'fau], [ʒɨ'tʃɔrɨs]
schuldbekentenis (de)	**weksel** (m)	['vɛksɛʎ]
kwitantie (de)	**pokwitowanie** (n)	[pɔkfitɔ'vane]
bon (kassabon)	**paragon** (m)	[pa'ragɔn]
rapport (het)	**raport** (m)	['rapɔrt]
tonen (paspoort, enz.)	**okazywać**	[ɔka'zɨvatʃ]
ondertekenen (ww)	**podpisać**	[pɔd'pisatʃ]
handtekening (de)	**podpis** (m)	['pɔdpis]
stempel (de)	**pieczęć** (ż)	[pot'ʃɛ̃tʃ]
tekst (de)	**tekst** (m)	[tɛkst]
biljet (het)	**bilet** (m)	['bilet]
doorhalen (doorstrepen)	**skreślić**	['skrɛɕlitʃ]
invullen (een formulier ~)	**wypełnić**	[vɨ'pɛwnitʃ]
vrachtbrief (de)	**list** (m) **przewozowy**	[list pʃɛvɔ'zɔvɨ]
testament (het)	**testament** (m)	[tɛs'tamɛnt]

117. Soorten bedrijven

uitzendbureau (het)	**firma** (ż) **rekrutacyjna**	['firma rɛkruta'tsɨjna]
bewakingsfirma (de)	**agencja** (ż) **ochrony**	[a'gɛntsʰja ɔh'rɔnɨ]
persbureau (het)	**agencja** (ż) **prasowa**	[a'gɛntsʰja pra'sɔva]
reclamebureau (het)	**agencja** (ż) **reklamowa**	[a'gɛntsʰja rɛkʎamɔva]
antiek (het)	**antykwariat** (m)	[antɨk'varʰjat]
verzekering (de)	**ubezpieczenie** (n)	[ubɛspet'ʃɛne]

naaiatelier (het) **atelier** (n) [atɛ'ʎje]
banken (mv.) **bankowość** (ż) [ba'ŋkɔvɔɕtʃ]
bar (de) **bar** (m) [bar]
bouwbedrijven (mv.) **budownictwo** (n) [budɔv'nitstvɔ]
juwelen (mv.) **wyroby** (l.mn.) **jubilerskie** [vɨ'rɔbɨ jubi'lerske]
juwelier (de) **jubiler** (m) [ju'biler]

wasserette (de) **pralnia** (ż) ['praʎɲa]
alcoholische dranken (mv.) **napoje** (l.mn.) **alkoholowe** [na'pɔe aʎkɔhɔ'lɜvɛ]
nachtclub (de) **klub** (m) **nocny** [klyp 'nɔtsnɨ]
handelsbeurs (de) **giełda** (ż) **finansowa** ['gewda finan'sɔva]
bierbrouwerij (de) **browar** (m) ['brɔvar]
uitvaartcentrum (het) **zakład** (m) **pogrzebowy** ['zakwat pɔgʒɛ'bɔvɨ]

casino (het) **kasyno** (n) [ka'sɨnɔ]
zakencentrum (het) **centrum** (n) **biznesowe** ['tsɛntrum biznɛ'sɔvɛ]
bioscoop (de) **kino** (n) ['kinɔ]
airconditioning (de) **klimatyzatory** (l.mn.) [klimatɨza'tɔrɨ]

handel (de) **handel** (m) ['handɛʎ]
luchtvaartmaatschappij (de) **linie** (l.mn.) **lotnicze** ['liɲje lɜt'nitʃɛ]
adviesbureau (het) **konsultacje** (ż) [kɔnsuʎ'tatsɨe]
koerierdienst (de) **usługi** (l.mn.) **kurierskie** [us'wugi kurʰ'erske]

tandheelkunde (de) **stomatologia** (ż) [stɔmatɔ'lɜgʰja]
design (het) **wzornictwo** (n) [vzɔr'nitstfɔ]
business school (de) **szkoła** (ż) **biznesu** ['ʃkɔwa biz'nɛsu]
magazijn (het) **magazyn** (m) [ma'gazɨn]
kunstgalerie (de) **galeria** (ż) **sztuki** [ga'lɛrʰja 'ʃtuki]
IJsje (het) **lody** (l.mn.) ['lɜdɨ]
hotel (het) **hotel** (m) ['hɔtɛʎ]

vastgoed (het) **nieruchomość** (ż) [neru'hɔmɔɕtʃ]
drukkerij (de) **poligrafia** (ż) [pɔlig'rafʰja]
industrie (de) **przemysł** (m) ['pʃɛmɨsw]
Internet (het) **Internet** (m) [in'tɛrnɛt]
investeringen (mv.) **inwestycje** (l.mn.) [invɛs'tɨtsʰe]

krant (de) **gazeta** (ż) [ga'zɛta]
boekhandel (de) **księgarnia** (ż) [kɕɛ̃'garɲa]
lichte industrie (de) **przemysł** (m) **lekki** ['pʃɛmɨsw 'lekki]

winkel (de) **sklep** (m) [sklep]
uitgeverij (de) **wydawnictwo** (n) [vɨdav'nitstfɔ]
medicijnen (mv.) **medycyna** (ż) [mɛdɨ'tsɨna]
meubilair (het) **meble** (l.mn.) ['mɛble]
museum (het) **muzeum** (n) [mu'zɛum]

olie (aardolie) **ropa** (ż) **naftowa** ['rɔpa naf'tɔva]
apotheek (de) **apteka** (ż) [ap'tɛka]
geneesmiddelen (mv.) **farmacja** (ż) [far'matsʰja]
zwembad (het) **basen** (m) ['basɛn]
stomerij (de) **pralnia** (ż) **chemiczna** ['praʎɲa hɛ'mitʃna]
voedingswaren (mv.) **artykuły** (l.mn.) **żywnościowe** [artɨ'kuwɨ ʒɨvnɔɕ'tʃɔvɛ]
reclame (de) **reklama** (ż) [rɛk'ʎama]
radio (de) **radio** (n) ['radʰɜ]

afvalinzameling (de)	**wywóz** (m) **śmieci**	['vivus 'ɕmetʃi]
restaurant (het)	**restauracja** (ż)	[rɛstau'ratsʰja]
tijdschrift (het)	**czasopismo** (n)	[tʃasɔ'pismɔ]
schoonheidssalon (de/het)	**salon** (m) **piękności**	[sa'lɔn pʲɛ̃k'nɔʃtʃi]
financiële diensten (mv.)	**usługi** (l.mn.) **finansowe**	[us'wugi finan'sɔvɛ]
juridische diensten (mv.)	**usługi** (l.mn.) **prawne**	[us'wugi 'pravnɛ]
boekhouddiensten (mv.)	**usługi** (l.mn.) **księgowe**	[us'wugi kɕɛ̃'gɔvɛ]
audit diensten (mv.)	**usługi** (l.mn.) **audytorskie**	[us'wugi audɨ'tɔrskie]
sport (de)	**sport** (m)	[spɔrt]
supermarkt (de)	**supermarket** (m)	[supɛr'markɛt]
televisie (de)	**telewizja** (ż)	[tɛle'vizʰja]
theater (het)	**teatr** (m)	['tɛatr]
toerisme (het)	**podróż** (ż)	['pɔdruʃ]
transport (het)	**przewozy** (l.mn.)	[pʃɛ'vɔzɨ]
postorderbedrijven (mv.)	**sprzedaż** (ż) **wysyłkowa**	['spʃɛdaʃ vɨsɨw'kɔva]
kleding (de)	**odzież** (ż)	['ɔdʒeʃ]
dierenarts (de)	**weterynarz** (m)	[vɛtɛ'rɨnaʃ]

Baan. Business. Deel 2

118. Show. Tentoonstelling

beurs (de)	**wystawa** (ż)	[vɨs'tava]
vakbeurs, handelsbeurs (de)	**wystawa** (ż) **handlowa**	[vɨs'tava hand'lɜva]
deelneming (de)	**udział** (m)	['udʒʲaw]
deelnemen (ww)	**uczestniczyć**	[utʃɛst'nitʃɨtʃ]
deelnemer (de)	**uczestnik** (m)	[ut'ʃɛstnik]
directeur (de)	**dyrektor** (m)	[dɨ'rɛktɔr]
organisatiecomité (het)	**dyrekcja** (ż)	[dɨ'rɛktsʰja]
organisator (de)	**organizator** (m)	[ɔrgani'zatɔr]
organiseren (ww)	**organizować**	[ɔrgani'zɔvatʃ]
deelnemingsaanvraag (de)	**zgłoszenie** (n) **udziału**	[zgwɔ'ʃɛne u'dʒʲawu]
invullen (een formulier ~)	**wypełnić**	[vɨ'pɛwnitʃ]
details (mv.)	**detale** (l.mn.)	[dɛ'tale]
informatie (de)	**informacja** (ż)	[infɔr'matsʰja]
prijs (de)	**cena** (ż)	['tsɛna]
inclusief (bijv. ~ BTW)	**inkluzja**	[iŋk'lyzija]
inbegrepen (alles ~)	**wliczać**	['vlitʃatʃ]
betalen (ww)	**płacić**	['pwatʃitʃ]
registratietarief (het)	**wpisowe** (n)	[fpi'sɔvɛ]
ingang (de)	**wejście** (n)	['vɛjɕtʃe]
paviljoen (het), hal (de)	**pawilon** (m)	[pa'vilɜn]
registreren (ww)	**rejestrować**	[rɛest'rɔvatʃ]
badge, kaart (de)	**plakietka** (ż)	[pʎa'ketka]
beursstand (de)	**stoisko** (n)	[stɔ'iskɔ]
reserveren (een stand ~)	**rezerwować**	[rɛzɛr'vɔvatʃ]
vitrine (de)	**witryna** (ż)	[vit'rɨna]
licht (het)	**lampka** (ż)	['ʎampka]
design (het)	**wzornictwo** (n)	[vzɔr'nitstfɔ]
plaatsen (ww)	**umieszczać**	[u'meʃtʃatʃ]
distributeur (de)	**dystrybutor** (m)	[dɨstrɨ'butɔr]
leverancier (de)	**dostawca** (m)	[dɔs'tafsa]
land (het)	**kraj** (m)	[kraj]
buitenlands (bn)	**zagraniczny**	[zagra'nitʃnɨ]
product (het)	**produkt** (m)	['prɔdukt]
associatie (de)	**stowarzyszenie** (n)	[stɔvaʒɨ'ʃɛne]
conferentiezaal (de)	**sala** (ż) **konferencyjna**	['saʎa kɔnfɛrɛn'tsɨjna]
congres (het)	**kongres** (m)	['kɔŋrɛs]

wedstrijd (de)	**konkurs** (m)	['kɔŋkurs]
bezoeker (de)	**zwiedzający** (m)	[zvedzaɔ̃tsɨ]
bezoeken (ww)	**zwiedzać**	['zvedzatʃ]
afnemer (de)	**zamawiający** (m)	[zamavjaɔ̃tsɨ]

119. Massamedia

krant (de)	**gazeta** (ż)	[ga'zɛta]
tijdschrift (het)	**czasopismo** (n)	[tʃasɔ'pismɔ]
pers (gedrukte media)	**prasa** (ż)	['prasa]
radio (de)	**radio** (n)	['rad^{h}ɔ]
radiostation (het)	**stacja** (ż) **radiowa**	['stats^{h}ja rad^{h}ɔva]
televisie (de)	**telewizja** (ż)	[tɛle'viz^{h}ja]
presentator (de)	**prezenter** (m)	[prɛ'zɛntɛr]
nieuwslezer (de)	**spiker** (m)	['spikɛr]
commentator (de)	**komentator** (m)	[kɔmɛn'tatɔr]
journalist (de)	**dziennikarz** (m)	[dʒe'ɲikaʃ]
correspondent (de)	**korespondent** (m)	[kɔrɛs'pɔndɛnt]
fotocorrespondent (de)	**fotoreporter** (m)	[fɔtɔrɛ'pɔrtɛr]
reporter (de)	**reporter** (m)	[rɛ'pɔrtɛr]
redacteur (de)	**redaktor** (m)	[rɛ'daktɔr]
chef-redacteur (de)	**redaktor** (m) **naczelny**	[rɛ'daktɔr nat'ʃɛʎnɨ]
zich abonneren op	**zaprenumerować**	[zaprɛnumɛ'rɔvatʃ]
abonnement (het)	**prenumerata** (ż)	[prɛnumɛ'rata]
abonnee (de)	**prenumerator** (m)	[prɛnumɛ'ratɔr]
lezen (ww)	**czytać**	['tʃɨtatʃ]
lezer (de)	**czytelnik** (m)	[tʃɨ'tɛʎnik]
oplage (de)	**nakład** (m)	['nakwat]
maand-, maandelijks (bn)	**comiesięczny**	[tsɔme'ɕentʃnɨ]
wekelijks (bn)	**cotygodniowy**	[tsɔtɨgɔd'nɜvɨ]
nummer (het)	**numer** (m)	['numɛr]
vers (~ van de pers)	**najnowszy**	[naj'nɔfʃɨ]
kop (de)	**nagłówek** (m)	[nag'wuvɛk]
korte artikel (het)	**notatka** (ż) **prasowa**	[nɔ'tatka pra'sɔva]
rubriek (de)	**rubryka** (ż)	['rubrɨka]
artikel (het)	**artykuł** (m)	[ar'tɨkuw]
pagina (de)	**strona** (ż)	['strɔna]
reportage (de)	**reportaż** (m)	[rɛ'pɔrtaʃ]
gebeurtenis (de)	**wydarzenie** (n)	[vɨda'ʒɛne]
sensatie (de)	**sensacja** (ż)	[sɛn'sats^{h}ja]
schandaal (het)	**skandal** (m)	['skandaʎ]
schandalig (bn)	**skandaliczny**	[skanda'litʃnɨ]
groot (~ schandaal, enz.)	**głośny**	['gwɔɕnɨ]
programma (het)	**program** (m) **telewizyjny**	['prɔgram tɛlevi'zɨjnɨ]
interview (het)	**wywiad** (m)	['vɨvʲat]
live uitzending (de)	**bezpośrednia transmisja** (ż)	[bɛspɔɕ'rɛdɲa trans'mis^{h}ja]
kanaal (het)	**kanał** (m) **telewizyjny**	['kanaw tɛlevi'zɨjnɨ]

120. Landbouw

landbouw (de)	**rolnictwo** (n)	[rɔʎ'nitstfɔ]
boer (de)	**rolnik** (m)	['rɔʎnik]
boerin (de)	**rolniczka** (ż)	[rɔʎ'nitʃka]
landbouwer (de)	**farmer** (m)	['farmɛr]
tractor (de)	**traktor** (m)	['traktɔr]
maaidorser (de)	**kombajn** (m)	['kɔmbajn]
ploeg (de)	**pług** (m)	[pwuk]
ploegen (ww)	**orać**	['ɔratʃ]
akkerland (het)	**rola** (ż)	['rɔʎa]
voor (de)	**bruzda** (ż)	['bruzda]
zaaien (ww)	**siać**	[ɕatʃ]
zaaimachine (de)	**siewnik** (m)	['ɕevnik]
zaaien (het)	**zasiew** (m)	['zaɕef]
zeis (de)	**kosa** (ż)	['kɔsa]
maaien (ww)	**kosić**	['kɔɕitʃ]
schop (de)	**łopata** (ż)	[wɔ'pata]
spitten (ww)	**kopać**	['kɔpatʃ]
schoffel (de)	**motyka** (ż)	[mɔ'tɨka]
wieden (ww)	**plewić**	['plevitʃ]
onkruid (het)	**chwast** (m)	[hfast]
gieter (de)	**konewka** (ż)	[kɔ'nɛfka]
begieten (water geven)	**podlewać**	[pɔd'levatʃ]
bewatering (de)	**podlewanie** (n)	[pɔdle'vane]
riek, hooivork (de)	**widły** (l.mn.)	['vidwɨ]
hark (de)	**grabie** (l.mn.)	['grabe]
meststof (de)	**nawóz** (m)	['navus]
bemesten (ww)	**nawozić**	[na'vɔʒitʃ]
mest (de)	**obornik** (m)	[ɔ'bɔrnik]
veld (het)	**pole** (n)	['pɔle]
wei (de)	**łąka** (ż)	['wɔ̃ka]
moestuin (de)	**ogród** (m)	['ɔgrut]
boomgaard (de)	**sad** (m)	[sat]
weiden (ww)	**paść**	[paɕtʃ]
herder (de)	**pastuch** (m)	['pastuh]
weiland (de)	**pastwisko** (n)	[past'fiskɔ]
veehouderij (de)	**hodowla** (ż) **zwierząt**	[hɔ'dɔvʎa 'zveʒɔ̃t]
schapenteelt (de)	**hodowla** (ż) **owiec**	[hɔ'dɔvʎa 'ɔvets]
plantage (de)	**plantacja** (ż)	[pʎan'tatsʰja]
rijtje (het)	**grządka** (ż)	['gʒɔ̃tka]
broeikas (de)	**inspekt** (m)	['inspɛkt]

droogte (de)	**susza** (ż)	['suʃa]
droog (bn)	**suchy**	['suhɨ]
graangewassen (mv.)	**rośliny** (l.mn.) **zbożowe**	[rɔɕ'linɨ zbɔ'ʒɔvɛ]
oogsten (ww)	**zbierać plony**	['zberaʧ 'plɜnɨ]
molenaar (de)	**młynarz** (m)	['mwɨnaʃ]
molen (de)	**młyn** (m)	[mwɨn]
malen (graan ~)	**mleć zboże**	[mleʧ 'zbɔʒɛ]
bloem (bijv. tarwebloem)	**mąka** (ż)	['mɔ̃ka]
stro (het)	**słoma** (ż)	['swɔma]

121. Gebouw. Bouwproces

bouwplaats (de)	**budowa** (ż)	[bu'dɔva]
bouwen (ww)	**budować**	[bu'dɔvaʧ]
bouwvakker (de)	**budowniczy** (m)	[budɔv'niʧɨ]
project (het)	**projekt** (m)	['prɔekt]
architect (de)	**architekt** (m)	[ar'hitɛkt]
arbeider (de)	**robotnik** (m)	[rɔ'bɔtnik]
fundering (de)	**fundament** (m)	[fun'damɛnt]
dak (het)	**dach** (m)	[dah]
heipaal (de)	**pal** (m)	[paʎ]
muur (de)	**ściana** (ż)	['ɕʧʲana]
betonstaal (het)	**zbrojenie** (n)	[zbrɔ'ene]
steigers (mv.)	**rusztowanie** (n)	[ruʃtɔ'vane]
beton (het)	**beton** (m)	['bɛtɔn]
graniet (het)	**granit** (m)	['granit]
steen (de)	**kamień** (m)	['kameɲ]
baksteen (de)	**cegła** (ż)	['ʦɛgwa]
zand (het)	**piasek** (m)	['pʲasɛk]
cement (de/het)	**cement** (m)	['ʦɛmɛnt]
pleister (het)	**tynk** (m)	[tɨŋk]
pleisteren (ww)	**tynkować**	[tɨ'ŋkɔvaʧ]
verf (de)	**farba** (ż)	['farba]
verven (muur ~)	**malować**	[ma'lɜvaʧ]
ton (de)	**beczka** (ż)	['bɛʧka]
kraan (de)	**dźwig** (m)	[ʤʲvik]
heffen, hijsen (ww)	**podnosić**	[pɔd'nɔɕiʧ]
neerlaten (ww)	**opuszczać**	[ɔ'puʃʧaʧ]
bulldozer (de)	**spychacz** (m)	['spɨhaʧ]
graafmachine (de)	**koparka** (ż)	[kɔ'parka]
graafbak (de)	**łyżka** (ż)	['wɨʃka]
graven (tunnel, enz.)	**kopać**	['kɔpaʧ]
helm (de)	**kask** (m)	[kask]

122. Wetenschap. Onderzoek. Wetenschappers

wetenschap (de)	**nauka** (ż)	[na'uka]
wetenschappelijk (bn)	**naukowy**	[nau'kɔvɨ]
wetenschapper (de)	**naukowiec** (m)	[nau'kɔvets]
theorie (de)	**teoria** (ż)	[tɛ'ɔrʰja]
axioma (het)	**aksjomat** (m)	[aks'jɔmat]
analyse (de)	**analiza** (ż)	[ana'liza]
analyseren (ww)	**analizować**	[anali'zɔvatʃ]
argument (het)	**argument** (m)	[ar'gumɛnt]
substantie (de)	**substancja** (ż)	[sups'tantsʰja]
hypothese (de)	**hipoteza** (ż)	[hipɔ'tɛza]
dilemma (het)	**dylemat** (m)	[dɨ'lemat]
dissertatie (de)	**rozprawa** (ż)	[rɔsp'rava]
dogma (het)	**dogmat** (m)	['dɔgmat]
doctrine (de)	**doktryna** (ż)	[dɔkt'rɨna]
onderzoek (het)	**badanie** (ż)	[ba'dane]
onderzoeken (ww)	**badać**	['badatʃ]
toetsing (de)	**testowanie** (n)	[tɛstɔ'vane]
laboratorium (het)	**laboratorium** (n)	[ʎabɔra'tɔrʰjum]
methode (de)	**metoda** (ż)	[mɛ'tɔda]
molecule (de/het)	**molekuła** (ż)	[mɔle'kuwa]
monitoring (de)	**monitorowanie** (n)	[mɔnitɔrɔ'vane]
ontdekking (de)	**odkrycie** (n)	[ɔtk'rɨtʃe]
postulaat (het)	**postulat** (m)	[pɔs'tuʎat]
principe (het)	**zasada** (ż)	[za'sada]
voorspelling (de)	**prognoza** (ż)	[prɔg'nɔza]
een prognose maken	**prognozować**	[prɔgnɔ'zɔvatʃ]
synthese (de)	**synteza** (ż)	[sɨn'tɛza]
tendentie (de)	**tendencja** (ż)	[tɛn'dɛntsʰja]
theorema (het)	**teoremat** (m)	[tɛɔ'rɛmat]
leerstellingen (mv.)	**nauczanie** (n)	[naut'ʃane]
feit (het)	**fakt** (m)	[fakt]
expeditie (de)	**ekspedycja** (ż)	[ɛkspɛ'dɨtsʰja]
experiment (het)	**eksperyment** (m)	[ɛkspɛ'rɨmɛnt]
academicus (de)	**akademik** (m)	[aka'dɛmik]
bachelor (bijv. BA, LLB)	**bakałarz** (m)	[ba'kawaʃ]
doctor (de)	**doktor** (m)	['dɔktɔr]
universitair docent (de)	**docent** (m)	['dɔtsɛnt]
master, magister (de)	**magister** (m)	[ma'gistɛr]
professor (de)	**profesor** (m)	[prɔ'fɛsɔr]

Beroepen en ambachten

123. Zoeken naar werk. Ontslag

baan (de)	**praca** (ż)	['praʦa]
personeel (het)	**etat** (m)	['ɛtat]
carrière (de)	**kariera** (ż)	[kar^{h}'era]
vooruitzichten (mv.)	**perspektywa** (ż)	[pɛrspɛk'tɨva]
meesterschap (het)	**profesjonalizm** (m)	[prɔfɛs^{h}ɜ'nalizm]
keuze (de)	**wybór** (m)	['vɨbur]
uitzendbureau (het)	**agencja** (ż) **rekrutacyjna**	[a'gɛnʦ^{h}ja rɛkruta'ʦɨjna]
CV, curriculum vitae (het)	**CV** (n), **życiorys** (m)	[ʦɛ 'fau], [ʒi'ʧɔrɨs]
sollicitatiegesprek (het)	**rozmowa** (ż) **kwalifikacyjna**	[rɔz'mɔva kfalifika'ʦɨjna]
vacature (de)	**wakat** (m)	['vakat]
salaris (het)	**pensja** (ż)	['pɛns^{h}ja]
vaste salaris (het)	**stałe wynagrodzenie** (n)	['stawɛ vɨnagrɔ'ʣɛne]
loon (het)	**opłata** (ż)	[ɔp'wata]
betrekking (de)	**stanowisko** (n)	[stanɔ'viskɔ]
taak, plicht (de)	**obowiązek** (m)	[ɔbɔvɔ̃zɛk]
takenpakket (het)	**zakres** (m) **obowiazkow**	['zakrɛs ɔbɔ'vʲazkɔf]
bezig (~ zijn)	**zajęty**	[za'entɨ]
ontslagen (ww)	**zwolnić**	['zvɔʎniʧ]
ontslag (het)	**zwolnienie** (n)	[zvɔʎ'nene]
werkloosheid (de)	**bezrobocie** (n)	[bɛzrɔ'bɔʧe]
werkloze (de)	**bezrobotny** (m)	[bɛzrɔ'bɔtnɨ]
pensioen (het)	**emerytura** (ż)	[ɛmɛrɨ'tura]
met pensioen gaan	**przejść na emeryturę**	['pʃɛjɕʧ na ɛmɛrɨ'turɛ̃]

124. Zakenmensen

directeur (de)	**dyrektor** (m)	[dɨ'rɛktɔr]
beheerder (de)	**kierownik** (m)	[ke'rɔvnik]
hoofd (het)	**szef** (m)	[ʃɛf]
baas (de)	**kierownik** (m)	[ke'rɔvnik]
superieuren (mv.)	**kierownictwo** (n)	[kerɔv'niʦtfɔ]
president (de)	**prezes** (m)	['prɛzɛs]
voorzitter (de)	**przewodniczący** (m)	[pʃɛvɔdnit'ʃɔ̃ʦɨ]
adjunct (de)	**zastępca** (m)	[zas'tɛ̃pʦa]
assistent (de)	**pomocnik** (m)	[pɔ'mɔʦnik]
secretaris (de)	**sekretarka** (ż)	[sɛkrɛ'tarka]

persoonlijke assistent (de)	**sekretarz** (m) **osobisty**	[sɛk'rɛtaʃ ɔsɔ'bistɨ]
zakenman (de)	**biznesmen** (m)	['biznɛsmɛn]
ondernemer (de)	**przedsiębiorca** (m)	[pʃɛdɕɛ̃'bɜrtsa]
oprichter (de)	**założyciel** (m)	[zawɔ'ʒɨtʃeʎ]
oprichten (een nieuw bedrijf ~)	**założyć**	[za'wɔʒɨtʃ]
stichter (de)	**wspólnik** (m)	['fspɔʎnik]
partner (de)	**partner** (m)	['partnɛr]
aandeelhouder (de)	**akcjonariusz** (m)	[akts^hɜ'nar^hjuʃ]
miljonair (de)	**milioner** (m)	[mi'ʎjɔnɛr]
miljardair (de)	**miliarder** (m)	[mi'ʎjardɛr]
eigenaar (de)	**właściciel** (m)	[vwaɕ'tʃitʃeʎ]
landeigenaar (de)	**właściciel** (m) **ziemski**	[vwaɕ'tʃitʃeʎ 'ʒemski]
klant (de)	**klient** (m)	['klient]
vaste klant (de)	**stały klient** (m)	['stawɨ 'klient]
koper (de)	**kupujący** (m)	[kupuɔ̃tsɨ]
bezoeker (de)	**zwiedzający** (m)	[zvedzaɔ̃tsɨ]
professioneel (de)	**profesjonalista** (m)	[prɔfɛs^hɜna'lista]
expert (de)	**ekspert** (m)	['ɛkspɛrt]
specialist (de)	**specjalista** (m)	[spɛts^hja'lista]
bankier (de)	**bankier** (m)	['baŋker]
makelaar (de)	**broker** (m)	['brɔkɛr]
kassier (de)	**kasjer** (m), **kasjerka** (ż)	['kas^her], [kas^h'erka]
boekhouder (de)	**księgowy** (m)	[kɕɛ̃'gɔvɨ]
bewaker (de)	**ochroniarz** (m)	[ɔh'rɔɲaʃ]
investeerder (de)	**inwestor** (m)	[in'vɛstɔr]
schuldenaar (de)	**dłużnik** (m)	['dwuʒnik]
crediteur (de)	**kredytodawca** (m)	[krɛdɨtɔ'daftsa]
lener (de)	**pożyczkobiorca** (m)	[pɔʒɨtʃkɔ'bɜrtsa]
importeur (de)	**importer** (m)	[im'pɔrtɛr]
exporteur (de)	**eksporter** (m)	[ɛks'pɔrtɛr]
producent (de)	**producent** (m)	[prɔ'dutsɛnt]
distributeur (de)	**dystrybutor** (m)	[dɨstrɨ'butɔr]
bemiddelaar (de)	**pośrednik** (m)	[pɔɕ'rɛdnik]
adviseur, consulent (de)	**konsultant** (m)	[kɔn'suʎtant]
vertegenwoordiger (de)	**przedstawiciel** (m)	[pʃɛtsta'vitʃeʎ]
agent (de)	**agent** (m)	['agɛnt]
verzekeringsagent (de)	**agent** (m) **ubezpieczeniowy**	['agent ubɛspetʃɛ'nɜvɨ]

125. Dienstverlenende beroepen

kok (de)	**kucharz** (m)	['kuhaʃ]
chef-kok (de)	**szef** (m) **kuchni**	[ʃɛf 'kuhni]
bakker (de)	**piekarz** (m)	['pekaʃ]

barman (de)	**barman** (m)	['barman]
kelner, ober (de)	**kelner** (m)	['kɛʎnɛr]
serveerster (de)	**kelnerka** (ż)	[kɛʎ'nɛrka]
advocaat (de)	**adwokat** (m)	[ad'vɔkat]
jurist (de)	**prawnik** (m)	['pravnik]
notaris (de)	**notariusz** (m)	[nɔ'tarʰjuʃ]
elektricien (de)	**elektryk** (m)	[ɛ'lektrɨk]
loodgieter (de)	**hydraulik** (m)	[hɨd'raulik]
timmerman (de)	**cieśla** (m)	['ʧeɕʎa]
masseur (de)	**masażysta** (m)	[masa'ʒɨsta]
masseuse (de)	**masażystka** (ż)	[masa'ʒɨstka]
dokter, arts (de)	**lekarz** (m)	['lekaʃ]
taxichauffeur (de)	**taksówkarz** (m)	[tak'sufkaʃ]
chauffeur (de)	**kierowca** (m)	[ke'rɔfʦa]
koerier (de)	**kurier** (m)	['kurʰer]
kamermeisje (het)	**pokojówka** (ż)	[pɔkɔ'jufka]
bewaker (de)	**ochroniarz** (m)	[ɔh'rɔɲaʃ]
stewardess (de)	**stewardessa** (ż)	[stʰjuar'dɛsa]
meester (de)	**nauczyciel** (m)	[naut'ʃɨʧeʎ]
bibliothecaris (de)	**bibliotekarz** (m)	[bibʎʲɔ'tɛkaʃ]
vertaler (de)	**tłumacz** (m)	['twumatʃ]
tolk (de)	**tłumacz** (m)	['twumatʃ]
gids (de)	**przewodnik** (m)	[pʃɛ'vɔdnik]
kapper (de)	**fryzjer** (m)	['frɨzʰer]
postbode (de)	**listonosz** (m)	[lis'tɔnɔʃ]
verkoper (de)	**sprzedawca** (m)	[spʃɛ'dafʦa]
tuinman (de)	**ogrodnik** (m)	[ɔg'rɔdnik]
huisbediende (de)	**służący** (m)	[swu'ʒɔ̃ʦɨ]
dienstmeisje (het)	**służąca** (ż)	[swu'ʒɔ̃ʦa]
schoonmaakster (de)	**sprzątaczka** (ż)	[spʃɔ̃'tatʃka]

126. Militaire beroepen en rangen

soldaat (rang)	**szeregowy** (m)	[ʃɛrɛ'gɔvɨ]
sergeant (de)	**sierżant** (m)	['ɕerʒant]
luitenant (de)	**podporucznik** (m)	[pɔtpɔ'rutʃnik]
kapitein (de)	**kapitan** (m)	[ka'pitan]
majoor (de)	**major** (m)	['majɔr]
kolonel (de)	**pułkownik** (m)	[puw'kɔvnik]
generaal (de)	**generał** (m)	[gɛ'nɛraw]
maarschalk (de)	**marszałek** (m)	[mar'ʃawɛk]
admiraal (de)	**admirał** (m)	[ad'miraw]
militair (de)	**wojskowy** (m)	[vɔjs'kɔvɨ]
soldaat (de)	**żołnierz** (m)	['ʒɔwneʃ]

officier (de)	**oficer** (m)	[ɔ'fitsɛr]
commandant (de)	**dowódca** (m)	[dɔ'vuttsa]
grenswachter (de)	**pogranicznik** (m)	[pɔgra'nitʃnik]
marconist (de)	**radiooperator** (m)	[radʰɜ:pɛ'ratɔr]
verkenner (de)	**zwiadowca** (m)	[zvʲa'dɔftsa]
sappeur (de)	**saper** (m)	['sapɛr]
schutter (de)	**strzelec** (m)	['stʃɛlets]
stuurman (de)	**nawigator** (m)	[navi'gatɔr]

127. Ambtenaren. Priesters

koning (de)	**król** (m)	[kruʎ]
koningin (de)	**królowa** (ż)	[kru'lɜva]
prins (de)	**książę** (m)	[kɕɔ̃ʒɛ̃]
prinses (de)	**księżniczka** (ż)	[kɕɛ̃ʒ'nitʃka]
tsaar (de)	**car** (m)	[tsar]
tsarina (de)	**caryca** (ż)	[tsa'ritsa]
president (de)	**prezydent** (m)	[prɛ'zɨdɛnt]
minister (de)	**minister** (m)	[mi'nistɛr]
eerste minister (de)	**premier** (m)	['prɛmʰer]
senator (de)	**senator** (m)	[sɛ'natɔr]
diplomaat (de)	**dyplomata** (m)	[dɨplɜ'mata]
consul (de)	**konsul** (m)	['kɔnsuʎ]
ambassadeur (de)	**ambasador** (m)	[amba'sadɔr]
adviseur (de)	**doradca** (m)	[dɔ'rattsa]
ambtenaar (de)	**pracownik** (m)	[pra'tsɔvnik]
prefect (de)	**burmistrz** (m) **dzielnicy**	['burmistʃ dʒeʎ'nitsɨ]
burgemeester (de)	**mer** (m)	[mɛr]
rechter (de)	**sędzia** (m)	['sɛ̃dʒʲa]
aanklager (de)	**prokurator** (m)	[prɔku'ratɔr]
missionaris (de)	**misjonarz** (m)	[misʰɜnaʃ]
monnik (de)	**zakonnik** (m)	[za'kɔŋik]
abt (de)	**opat** (m)	['ɔpat]
rabbi, rabbijn (de)	**rabin** (m)	['rabin]
vizier (de)	**wezyr** (m)	['vɛzɨr]
sjah (de)	**szach** (m)	[ʃah]
sjeik (de)	**szejk** (m)	[ʃɛjk]

128. Agrarische beroepen

imker (de)	**pszczelarz** (m)	['pʃtʃɛʎaʃ]
herder (de)	**pastuch** (m)	['pastuh]
landbouwkundige (de)	**agronom** (m)	[ag'rɔnɔm]

veehouder (de)	**hodowca** (m) **zwierząt**	[hɔ'dɔfsa 'zveʒɔ̃t]
dierenarts (de)	**weterynarz** (m)	[vɛtɛ'rɨnaʃ]
landbouwer (de)	**farmer** (m)	['farmɛr]
wijnmaker (de)	**winiarz** (m)	['viɲaʃ]
zoöloog (de)	**zoolog** (m)	[zɔ'ɔlɜk]
cowboy (de)	**kowboj** (m)	['kɔvbɔj]

129. Kunst beroepen

acteur (de)	**aktor** (m)	['aktɔr]
actrice (de)	**aktorka** (ż)	[ak'tɔrka]
zanger (de)	**śpiewak** (m)	['ɕpevak]
zangeres (de)	**śpiewaczka** (ż)	[ɕpe'vatʃka]
danser (de)	**tancerz** (m)	['tantsɛʃ]
danseres (de)	**tancerka** (ż)	[tan'tsɛrka]
artiest (mann.)	**artysta** (m)	[ar'tɨsta]
artiest (vrouw.)	**artystka** (ż)	[ar'tɨstka]
muzikant (de)	**muzyk** (m)	['muzɨk]
pianist (de)	**pianista** (m)	[pʰja'nista]
gitarist (de)	**gitarzysta** (m)	[gita'ʒɨsta]
orkestdirigent (de)	**dyrygent** (m)	[dɨ'rɨgɛnt]
componist (de)	**kompozytor** (m)	[kɔmpɔ'zɨtɔr]
impresario (de)	**impresario** (m)	[imprɛ'sarʰɔ]
filmregisseur (de)	**reżyser** (m)	[rɛ'ʒɨsɛr]
filmproducent (de)	**producent** (m)	[prɔ'dutsɛnt]
scenarioschrijver (de)	**scenarzysta** (m)	[stsɛna'ʒɨsta]
criticus (de)	**krytyk** (m)	['krɨtɨk]
schrijver (de)	**pisarz** (m)	['pisaʃ]
dichter (de)	**poeta** (m)	[pɔ'ɛta]
beeldhouwer (de)	**rzeźbiarz** (m)	['ʒɛʑʲbʲaʃ]
kunstenaar (de)	**malarz** (m)	['maʎaʃ]
jongleur (de)	**żongler** (m)	['ʒɔŋler]
clown (de)	**klown** (m)	['kʎaun]
acrobaat (de)	**akrobata** (m)	[akrɔ'bata]
goochelaar (de)	**sztukmistrz** (m)	['ʃtukmistʃ]

130. Verschillende beroepen

dokter, arts (de)	**lekarz** (m)	['lekaʃ]
ziekenzuster (de)	**pielęgniarka** (ż)	[pelɛ̃g'ɲarka]
psychiater (de)	**psychiatra** (m)	[psɨhʰ'atra]
tandarts (de)	**dentysta** (m)	[dɛn'tɨsta]
chirurg (de)	**chirurg** (m)	['hirurk]

astronaut (de) **astronauta** (m) [astrɔ'nauta]
astronoom (de) **astronom** (m) [ast'rɔnɔm]

chauffeur (de) **kierowca** (m) [ke'rɔftsa]
machinist (de) **maszynista** (m) [maʃɨ'nista]
mecanicien (de) **mechanik** (m) [mɛ'hanik]

mijnwerker (de) **górnik** (m) ['gurnik]
arbeider (de) **robotnik** (m) [rɔ'bɔtnik]
bankwerker (de) **ślusarz** (m) ['ɕlysaʃ]
houtbewerker (de) **stolarz** (m) ['stɔʎaʃ]
draaier (de) **tokarz** (m) ['tɔkaʃ]
bouwvakker (de) **budowniczy** (m) [budɔv'nitʃɨ]
lasser (de) **spawacz** (m) ['spavatʃ]

professor (de) **profesor** (m) [prɔ'fɛsɔr]
architect (de) **architekt** (m) [ar'hitɛkt]
historicus (de) **historyk** (m) [his'tɔrɨk]
wetenschapper (de) **naukowiec** (m) [nau'kɔvets]
fysicus (de) **fizyk** (m) ['fizɨk]
scheikundige (de) **chemik** (m) ['hɛmik]

archeoloog (de) **archeolog** (m) [arhɛ'ɔlɜk]
geoloog (de) **geolog** (m) [gɛ'ɔlɜk]
onderzoeker (de) **badacz** (m) ['badatʃ]

babysitter (de) **opiekunka** (ż) **do dziecka** [ɔpe'kuŋka dɔ 'ʤetska]
leraar, pedagoog (de) **pedagog** (m) [pɛ'dagɔk]

redacteur (de) **redaktor** (m) [rɛ'daktɔr]
chef-redacteur (de) **redaktor** (m) **naczelny** [rɛ'daktɔr nat'ʃɛʎnɨ]
correspondent (de) **korespondent** (m) [kɔrɛs'pɔndɛnt]
typiste (de) **maszynistka** (ż) [maʃɨ'nistka]

designer (de) **projektant** (m) [prɔ'ektant]
computerexpert (de) **komputerowiec** (m) [kɔmputɛ'rɔvets]
programmeur (de) **programista** (m) [prɔgra'mista]
ingenieur (de) **inżynier** (m) [in'ʒɨner]

matroos (de) **marynarz** (m) [ma'rɨnaʃ]
zeeman (de) **marynarz** (m) [ma'rɨnaʃ]
redder (de) **ratownik** (m) [ra'tɔvnik]

brandweerman (de) **strażak** (m) ['straʒak]
politieagent (de) **policjant** (m) [pɔ'litsʰjant]
nachtwaker (de) **stróż** (m) [struʃ]
detective (de) **detektyw** (m) [dɛ'tɛktɨv]

douanier (de) **celnik** (m) ['tsɛʎnik]
lijfwacht (de) **ochroniarz** (m) [ɔh'rɔɲaʃ]
gevangenisbewaker (de) **nadzorca** (m) [na'dzɔrtsa]
inspecteur (de) **inspektor** (m) [ins'pɛktɔr]

sportman (de) **sportowiec** (m) [spɔr'tɔvets]
trainer (de) **trener** (m) ['trɛnɛr]
slager, beenhouwer (de) **rzeźnik** (m) ['ʒɛʑnik]

schoenlapper (de)	**szewc** (m)	[ʃɛfts]
handelaar (de)	**handlowiec** (m)	[hand'lɜvets]
lader (de)	**ładowacz** (m)	[wa'dɔvatʃ]
kledingstilist (de)	**projektant** (m) **mody**	[prɔ'ektant 'mɔdɨ]
model (het)	**modelka** (ż)	[mɔ'dɛʎka]

131. Beroepen. Sociale status

scholier (de)	**uczeń** (m)	['utʃɛɲ]
student (de)	**student** (m)	['studɛnt]
filosoof (de)	**filozof** (m)	[fi'lɜzɔf]
econoom (de)	**ekonomista** (m)	[ɛkɔnɔ'mista]
uitvinder (de)	**wynalazca** (m)	[vɨna'ʎastsa]
werkloze (de)	**bezrobotny** (m)	[bɛzrɔ'bɔtnɨ]
gepensioneerde (de)	**emeryt** (m)	[ɛ'mɛrɨt]
spion (de)	**szpieg** (m)	[ʃpek]
gedetineerde (de)	**więzień** (m)	['veɲʒɛ̃]
staker (de)	**strajkujący** (m)	[strajkuɔ̃tsɨ]
bureaucraat (de)	**biurokrata** (m)	[byrɔk'rata]
reiziger (de)	**podróżnik** (m)	[pɔd'ruʒnik]
homoseksueel (de)	**homoseksualista** (m)	[hɔmɔsɛksua'lista]
hacker (computerkraker)	**haker** (m)	['hakɛr]
bandiet (de)	**bandyta** (m)	[ban'dɨta]
huurmoordenaar (de)	**płatny zabójca** (m)	['pwatnɨ za'bɔjtsa]
drugsverslaafde (de)	**narkoman** (m)	[nar'kɔman]
drugshandelaar (de)	**handlarz** (m) **narkotyków**	['handʎaʒ narkɔ'tɨkuf]
prostituee (de)	**prostytutka** (ż)	[prɔstɨ'tutka]
pooier (de)	**sutener** (m)	[su'tɛnɛr]
tovenaar (de)	**czarodziej** (m)	[tʃa'rɔdʒej]
tovenares (de)	**czarodziejka** (ż)	[tʃarɔ'dʒejka]
piraat (de)	**pirat** (m)	['pirat]
slaaf (de)	**niewolnik** (m)	[ne'vɔʎnik]
samoerai (de)	**samuraj** (m)	[sa'muraj]
wilde (de)	**dzikus** (m)	['dʒikus]

Sport

132. Soorten sporten. Sporters

sportman (de)	**sportowiec** (m)	[spɔr'tɔvets]
soort sport (de/het)	**rodzaj** (m) **sportu**	['rɔdzaj 'spɔrtu]
basketbal (het)	**koszykówka** (ż)	[kɔʃɨ'kufka]
basketbalspeler (de)	**koszykarz** (m)	[kɔ'ʃɨkaʃ]
baseball (het)	**baseball** (m)	['bɛjzbɔʎ]
baseballspeler (de)	**bejsbolista** (m)	[bɛjzbɔ'lista]
voetbal (het)	**piłka** (ż) **nożna**	['piwka 'nɔʒna]
voetballer (de)	**piłkarz** (m)	['piwkaʃ]
doelman (de)	**bramkarz** (m)	['bramkaʃ]
hockey (het)	**hokej** (m)	['hɔkɛj]
hockeyspeler (de)	**hokeista** (m)	[hɔkɛ'ista]
volleybal (het)	**siatkówka** (ż)	[ɕat'kufka]
volleybalspeler (de)	**siatkarz** (m)	['ɕatkaʃ]
boksen (het)	**boks** (m)	[bɔks]
bokser (de)	**bokser** (m)	['bɔksɛr]
worstelen (het)	**zapasy** (l.mn.)	[za'pasɨ]
worstelaar (de)	**zapaśnik** (m)	[za'paɕnik]
karate (de)	**karate** (n)	[ka'ratɛ]
karateka (de)	**karateka** (m)	[kara'tɛka]
judo (de)	**judo** (n)	['dʒudɔ]
judoka (de)	**judoka** (m)	[dʒu'dɔka]
tennis (het)	**tenis** (m)	['tɛnis]
tennisspeler (de)	**tenisista** (m)	[tɛni'ɕista]
zwemmen (het)	**pływanie** (n)	[pwɨ'vane]
zwemmer (de)	**pływak** (m)	['pwɨvak]
schermen (het)	**szermierka** (ż)	[ʃɛr'merka]
schermer (de)	**szermierz** (m)	['ʃɛrmeʃ]
schaak (het)	**szachy** (l.mn.)	['ʃahɨ]
schaker (de)	**szachista** (m)	[ʃa'hista]
alpinisme (het)	**alpinizm** (m)	[aʎpi'nism]
alpinist (de)	**alpinista** (m)	[aʎpi'nista]
hardlopen (het)	**bieganie** (m)	['begane]

renner (de)	**biegacz** (m)	['begatʃ]
atletiek (de)	**lekkoatletyka** (ż)	[lekkɔat'letɨka]
atleet (de)	**lekkoatleta** (m)	[lekkɔat'leta]
paardensport (de)	**jeździectwo** (n)	[eʑʲ'dʒetsstfɔ]
ruiter (de)	**jeździec** (m)	['eʒdʒets]
kunstschaatsen (het)	**łyżwiarstwo** (n) **figurowe**	[wɨʒ'vʲarstfɔ figu'rɔvɛ]
kunstschaatser (de)	**łyżwiarz** (m) **figurowy**	['wɨʒvʲaʃ figu'rɔvɨ]
kunstschaatsster (de)	**łyżwiarka** (ż) **figurowa**	[wɨʒ'vʲarka figu'rɔva]
gewichtheffen (het)	**podnoszenie** (n) **ciężarów**	[pɔdnɔ'ʃɛne tʃɛ̃'ʒaruv]
autoraces (mv.)	**wyścigi** (l.mn.) **samochodowe**	[vɨɕ'tʃigi samɔhɔ'dɔvɛ]
coureur (de)	**kierowca** (m) **wyścigowy**	[ke'rɔftsa vɨɕtʃi'gɔvɨ]
wielersport (de)	**kolarstwo** (n)	[kɔ'ʎarstfɔ]
wielrenner (de)	**kolarz** (m)	['kɔʎaʃ]
verspringen (het)	**skoki** (l.mn.) **w dal**	['skɔki v daʎ]
polsstokspringen (het)	**skoki** (l.mn.) **o tyczce**	['skɔki ɔ 'tɨtʃtsɛ]
verspringer (de)	**skoczek** (m)	['skɔtʃɛk]

133. Soorten sporten. Diversen

Amerikaans voetbal (het)	**futbol** (m) **amerykański**	['futbɔʎ amɛrɨ'kaɲski]
badminton (het)	**badminton** (m)	[bad'mintɔn]
biatlon (de)	**biathlon** (m)	['bʰatlɜn]
biljart (het)	**bilard** (m)	['biʎart]
bobsleeën (het)	**bobsleje** (l.mn.)	[bɔps'lɛe]
bodybuilding (de)	**kulturystyka** (ż)	[kuʎtu'ristɨka]
waterpolo (het)	**piłka** (ż) **wodna**	['piwka 'vɔdna]
handbal (de)	**piłka** (ż) **ręczna**	['piwka 'rɛntʃna]
golf (het)	**golf** (m)	[gɔʎf]
roeisport (de)	**wioślarstwo** (n)	[vɜɕ'ʎarstfɔ]
duiken (het)	**nurkowanie** (n)	[nurkɔ'vane]
langlaufen (het)	**biegi** (l.mn.) **narciarskie**	['begi nar'tʃʲarske]
tafeltennis (het)	**tenis** (m) **stołowy**	['tɛnis stɔ'wɔvɨ]
zeilen (het)	**żeglarstwo** (n)	[ʒɛg'ʎarstfɔ]
rally (de)	**rajd** (m)	[rajt]
rugby (het)	**rugby** (n)	['ragbɨ]
snowboarden (het)	**snowboard** (m)	['snɔubɔrd]
boogschieten (het)	**łucznictwo** (n)	[wutʃ'nitstfɔ]

134. Fitnessruimte

lange halter (de)	**sztanga** (ż)	['ʃtaŋa]
halters (mv.)	**hantle** (l.mn.)	['hantle]
training machine (de)	**trenażer** (m)	[trɛ'naʒɛr]
hometrainer (de)	**trenażer** (m) **rowerowy**	[trɛ'naʒɛr rɔvɛ'rɔvɨ]

loopband (de)	**bieżnia** (ż)	['beʒɲa]
rekstok (de)	**drążek** (m)	['drɔ̃ʒɛk]
brug (de) gelijke leggers	**poręcze** (l.mn.)	[pɔ'rɛntʃɛ]
paardsprong (de)	**koń** (m) **gimnastyczny**	[kɔɲ gimnas'tɨʧnɨ]
mat (de)	**mata** (ż)	['mata]
aerobics (de)	**aerobik** (m)	[aɛ'rɔbik]
yoga (de)	**joga** (ż)	['jɔga]

135. Hockey

hockey (het)	**hokej** (m)	['hɔkɛj]
hockeyspeler (de)	**hokeista** (m)	[hɔkɛ'ista]
hockey spelen	**grać w hokeja**	[graʧ f hɔ'kɛja]
IJs (het)	**lód** (m)	[lyt]
puck (de)	**krążek** (m)	['krɔ̃ʒɛk]
hockeystick (de)	**kij** (m) **hokejowy**	[kij hɔkɛɜvɨ]
schaatsen (mv.)	**łyżwy** (l.mn.)	['wɨʒvɨ]
boarding (de)	**banda** (ż)	['banda]
schot (het)	**podanie** (n)	[pɔ'dane]
doelman (de)	**bramkarz** (m)	['bramkaʃ]
goal (de)	**bramka** (ż)	['bramka]
een goal scoren	**strzelić bramkę**	['stʃɛliʧ 'bramkɛ̃]
periode (de)	**tercja** (ż)	['tɛrʦʰja]
reservebank (de)	**ławka** (ż) **rezerwowych**	['wafka rɛzɛr'vɔvɨh]

136. Voetbal

voetbal (het)	**piłka** (ż) **nożna**	['piwka 'nɔʒna]
voetballer (de)	**piłkarz** (m)	['piwkaʃ]
voetbal spelen	**grać w piłkę nożną**	[graʧ f 'piwkɛ̃ 'nɔʒnɔ̃]
eredivisie (de)	**Ekstraklasa** (ż)	[ɛkstrak'ʎasa]
voetbalclub (de)	**klub** (m) **piłkarski**	[klyp piw'karski]
trainer (de)	**trener** (m)	['trɛnɛr]
eigenaar (de)	**właściciel** (m)	[vwaɕ'ʧiʧeʎ]
team (het)	**drużyna** (ż)	[dru'ʒɨna]
aanvoerder (de)	**kapitan** (m) **drużyny**	[ka'pitan dru'ʒɨnɨ]
speler (de)	**gracz** (m)	[graʧ]
reservespeler (de)	**gracz** (m) **rezerwowy**	[graʧ rɛzɛr'vɔvɨ]
aanvaller (de)	**napastnik** (m)	[na'pastnik]
centrale aanvaller (de)	**środkowy** (m) **napastnik**	[ɕrɔt'kɔvɨ na'pastnik]
doelpuntmaker (de)	**strzelec** (m)	['stʃɛlɛʦ]
verdediger (de)	**obrońca** (m)	[ɔb'rɔɲʦa]
middenvelder (de)	**pomocnik** (m)	[pɔ'mɔʦnik]
match, wedstrijd (de)	**mecz** (m)	[mɛʧ]

elkaar ontmoeten (ww)	**spotkać się**	['spɔtkatʃ ɕɛ̃]
finale (de)	**finał** (m)	['finaw]
halve finale (de)	**półfinał** (m)	[puw'finaw]
kampioenschap (het)	**mistrzostwa** (l.mn.)	[mist'ʃɔstva]
helft (de)	**połowa** (ż) **gry**	[pɔ'wɔva grɨ]
eerste helft (de)	**pierwsza połowa** (ż)	['perfʃa pɔ'wɔva]
pauze (de)	**przerwa** (ż)	['pʃɛrva]
doel (het)	**bramka** (ż)	['bramka]
doelman (de)	**bramkarz** (m)	['bramkaʃ]
doelpaal (de)	**słupek** (m) **bramki**	['swupɛk 'bramki]
lat (de)	**poprzeczka** (ż)	[pɔp'ʃɛtʃka]
doelnet (het)	**siatka** (ż)	['ɕatka]
een goal incasseren	**stracić bramkę**	['stratʃitʃ 'bramkɛ̃]
bal (de)	**piłka** (ż)	['piwka]
pass (de)	**podanie** (n)	[pɔ'dane]
schot (het), schop (de)	**strzał** (m)	[stʃaw]
schieten (de bal ~)	**oddać strzał**	['ɔtdatʃ stʃaw]
vrije schop (directe ~)	**rzut** (m) **wolny**	[ʒut 'vɔʎnɨ]
hoekschop, corner (de)	**rzut** (m) **rożny**	[ʒut 'rɔʒnɨ]
aanval (de)	**atak** (m)	['atak]
tegenaanval (de)	**kontratak** (m)	[kɔnt'ratak]
combinatie (de)	**kombinacja** (ż)	[kɔmbi'natsʰja]
scheidsrechter (de)	**arbiter** (m)	[ar'bitɛr]
fluiten (ww)	**gwizdać**	['gvizdatʃ]
fluitsignaal (het)	**gwizdek** (m)	['gvizdɛk]
overtreding (de)	**naruszenie** (n)	[naru'ʃɛne]
een overtreding maken	**naruszyć**	[na'ruʃɨtʃ]
uit het veld te sturen	**usunąć z boiska**	[u'sunɔ̃tʃ z bɔ'iska]
gele kaart (de)	**żółta kartka** (ż)	['ʒuwta 'kartka]
rode kaart (de)	**czerwona kartka** (ż)	[tʃɛr'vɔna 'kartka]
diskwalificatie (de)	**dyskwalifikacja** (ż)	[dɨskfalifi'katsʰja]
diskwalificeren (ww)	**dyskwalifikować**	[dɨskfalifi'kɔvatʃ]
strafschop, penalty (de)	**rzut** (m) **karny**	[ʒut 'karnɨ]
muur (de)	**mur** (m)	[mur]
scoren (ww)	**strzelić**	['stʃɛlitʃ]
goal (de), doelpunt (het)	**bramka** (ż)	['bramka]
een goal scoren	**strzelić bramkę**	['stʃɛlitʃ 'bramkɛ̃]
vervanging (de)	**zamiana** (ż)	[za'mʲana]
vervangen (ov.ww.)	**zamienić**	[za'menitʃ]
regels (mv.)	**reguły** (l.mn.)	[rɛ'guwɨ]
tactiek (de)	**taktyka** (ż)	['taktɨka]
stadion (het)	**stadion** (m)	['stadʰɔn]
tribune (de)	**trybuna** (ż)	[trɨ'buna]
fan, supporter (de)	**fan** (m)	[fan]
schreeuwen (ww)	**krzyczeć**	['kʃɨtʃɛtʃ]
scorebord (het)	**tablica** (ż)	[tab'litsa]
stand (~ is 3-1)	**wynik** (m)	['vɨnik]

nederlaag (de)	**porażka** (ż)	[pɔ'raʃka]
verliezen (ww)	**przegrać**	['pʃɛgratʃ]
gelijkspel (het)	**remis** (m)	['rɛmis]
in gelijk spel eindigen	**zremisować**	[zrɛmi'sɔvatʃ]
overwinning (de)	**zwycięstwo** (n)	[zvɨ'tʃenstfɔ]
overwinnen (ww)	**zwyciężyć**	[zvɨ'tʃenʒɨtʃ]
kampioen (de)	**mistrz** (m)	[mistʃ]
best (bn)	**najlepszy**	[naj'lepʃɨ]
feliciteren (ww)	**gratulować**	[gratu'lɜvatʃ]
commentator (de)	**komentator** (m)	[kɔmɛn'tatɔr]
becommentariëren (ww)	**komentować**	[kɔmɛn'tɔvatʃ]
uitzending (de)	**transmisja** (ż)	[trans'misʰja]

137. Alpine skiën

ski's (mv.)	**narty** (l.mn.)	['nartɨ]
skiën (ww)	**jeździć na nartach**	['eʑʲdʒitʃ na 'nartah]
skigebied (het)	**kurort** (m) **narciarski**	['kurɔrt nar'tʃarski]
skilift (de)	**dźwig** (m)	[dʒʲvik]
skistokken (mv.)	**kije** (l.mn.)	['kie]
helling (de)	**zbocze** (n)	['zbɔtʃɛ]
slalom (de)	**slalom** (m)	['sʎalɜm]

138. Tennis. Golf

golf (het)	**golf** (m)	[gɔʎf]
golfclub (de)	**klub** (m) **golfowy**	[klyb gɔʎ'fɔvɨ]
golfer (de)	**golfista** (m)	[gɔʎ'fista]
hole (de)	**dołek** (m)	['dɔwɛk]
golfclub (de)	**kij** (m) **golfowy**	[kij gɔʎ'fɔvɨ]
trolley (de)	**wózek** (m) **do golfa**	['vuzɛk dɔ 'gɔʎfa]
tennis (het)	**tenis** (m)	['tɛnis]
tennisveld (het)	**kort** (m)	[kɔrt]
opslag (de)	**serw** (m)	[sɛrf]
serveren, opslaan (ww)	**serwować**	[sɛr'vɔvatʃ]
racket (het)	**rakieta** (ż)	[ra'keta]
net (het)	**siatka** (ż)	['ɕatka]
bal (de)	**piłeczka** (ż)	[pi'wɛtʃka]

139. Schaken

schaak (het)	**szachy** (l.mn.)	['ʃahɨ]
schaakstukken (mv.)	**figury** (l.mn.) **szachowe**	[fi'gurɨ ʃa'hɔvɛ]
schaker (de)	**szachista** (m)	[ʃa'hista]
schaakbord (het)	**szachownica** (ż)	[ʃahɔv'nitsa]

schaakstuk (het)	**figura** (m)	[fi'gura]
witte stukken (mv.)	**białe** (l.mn.)	['bʲawɛ]
zwarte stukken (mv.)	**czarne** (l.mn.)	['ʧarnɛ]
pion (de)	**pionek** (m)	['pɜnɛk]
loper (de)	**goniec** (m)	['gɔnets]
paard (het)	**skoczek** (m)	['skɔtʃɛk]
toren (de)	**wieża** (ż)	['veʒa]
koningin (de)	**hetman** (m)	['hɛtman]
koning (de)	**król** (m)	[kruʎ]
zet (de)	**ruch** (m)	[ruh]
zetten (ww)	**zrobić ruch**	['zrɔbiʧ ruh]
opofferen (ww)	**poświęcić**	[pɔʃ'vɛ̃ʧiʧ]
rokade (de)	**roszada** (ż)	[rɔ'ʃada]
schaak (het)	**szach** (m)	[ʃah]
schaakmat (het)	**mat** (m)	[mat]
schaakwedstrijd (de)	**turniej** (m) **szachowy**	['turnej ʃa'hɔvɨ]
grootmeester (de)	**arcymistrz** (m)	[ar'tsɨmistʃ]
combinatie (de)	**kombinacja** (ż)	[kɔmbi'natsʰja]
partij (de)	**partia** (ż)	['partʰja]
dammen (de)	**warcaby** (l.mn.)	[var'tsabɨ]

140. Boksen

boksen (het)	**boks** (m)	[bɔks]
boksgevecht (het)	**walka** (ż)	['vaʎka]
bokswedstrijd (de)	**pojedynek** (m)	[pɔe'dɨnɛk]
ronde (de)	**runda** (ż)	['runda]
ring (de)	**ring** (m)	[riŋk]
gong (de)	**gong** (m)	[gɔŋk]
stoot (de)	**cios** (m)	['ʧɔs]
knock-down (de)	**knockdown** (m)	[nɔk'daun]
knock-out (de)	**nokaut** (m)	[nɔ'kaut]
knock-out slaan (ww)	**znokautować**	[znɔkau'tɔvaʧ]
bokshandschoen (de)	**rękawica** (ż) **bokserska**	[rɛ̃ka'vitsa bɔk'sɛrska]
referee (de)	**sędzia** (m)	['sɛ̃dʒʲa]
lichtgewicht (het)	**waga** (ż) **lekka**	['vaga 'lekka]
middengewicht (het)	**waga** (ż) **półciężka**	['vaga puw'ʧɔnʃka]
zwaargewicht (het)	**waga** (ż) **ciężka**	['vaga 'ʧenʃka]

141. Sporten. Diversen

Olympische Spelen (mv.)	**Igrzyska** (l.mn.) **Olimpijskie**	[ig'ʒiska ɔlim'pijske]
winnaar (de)	**zwycięzca** (m)	[zvɨ'ʧenstsa]
overwinnen (ww)	**zwyciężać**	[zvɨ'ʧenʒaʧ]
winnen (ww)	**wygrać**	['vɨgraʧ]

leider (de)	**lider** (m)	['lidɛr]
leiden (ww)	**prowadzić**	[prɔ'vaʤiʧ]
eerste plaats (de)	**pierwsze miejsce** (n)	['perfʃɛ 'mejsʦɛ]
tweede plaats (de)	**drugie miejsce** (n)	['druge 'mejsʦɛ]
derde plaats (de)	**trzecie miejsce** (n)	['ʧɛʧe 'mejsʦɛ]
medaille (de)	**medal** (m)	['mɛdaʎ]
trofee (de)	**trofeum** (m)	[trɔ'fɛum]
beker (de)	**puchar** (m)	['puhar]
prijs (de)	**nagroda** (ż)	[nag'rɔda]
hoofdprijs (de)	**główna nagroda** (ż)	['gwuvna nag'rɔda]
record (het)	**rekord** (m)	['rɛkɔrt]
een record breken	**ustanawiać rekord**	[usta'navʲaʧ 'rɛkɔrt]
finale (de)	**finał** (m)	['finaw]
finale (bn)	**finałowy**	[fina'wɔvɨ]
kampioen (de)	**mistrz** (m)	[mistʃ]
kampioenschap (het)	**mistrzostwa** (l.mn.)	[mist'ʃɔstva]
stadion (het)	**stadion** (m)	['stadʰɔn]
tribune (de)	**trybuna** (ż)	[trɨ'buna]
fan, supporter (de)	**kibic** (m)	['kibiʦ]
tegenstander (de)	**przeciwnik** (m)	[pʃɛ'ʧivnik]
start (de)	**start** (m)	[start]
finish (de)	**meta** (ż)	['mɛta]
nederlaag (de)	**przegrana** (ż)	[pʃɛg'rana]
verliezen (ww)	**przegrać**	['pʃɛgraʧ]
rechter (de)	**sędzia** (m)	['sɛ̃ʤʲa]
jury (de)	**jury** (n)	[ʒi'ri]
stand (~ is 3-1)	**wynik** (m)	['vɨnik]
gelijkspel (het)	**remis** (m)	['rɛmis]
in gelijk spel eindigen	**zremisować**	[zrɛmi'sɔvaʧ]
punt (het)	**punkt** (m)	[puŋkt]
uitslag (de)	**wynik** (m)	['vɨnik]
pauze (de)	**przerwa** (ż)	['pʃɛrva]
doping (de)	**doping** (m)	['dɔpiŋk]
straffen (ww)	**karać**	['karaʧ]
diskwalificeren (ww)	**dyskwalifikować**	[dɨskfalifi'kɔvaʧ]
toestel (het)	**przyrząd** (m)	['pʃɨʒɔ̃t]
speer (de)	**oszczep** (m)	['ɔʃʧɛp]
kogel (de)	**kula** (ż)	['kuʎa]
bal (de)	**kula** (ż)	['kuʎa]
doel (het)	**cel** (m)	[ʦɛʎ]
schietkaart (de)	**tarcza** (ż)	['tarʧa]
schieten (ww)	**strzelać**	['stʃɛʎaʧ]
precies (bijv. precieze schot)	**dokładny**	[dɔk'wadnɨ]
trainer, coach (de)	**trener** (m)	['trɛnɛr]

trainen (ww)	**trenować**	[trɛ'nɔvatʃ]
zich trainen (ww)	**ćwiczyć**	['tʃfitʃitʃ]
training (de)	**trening** (m)	['trɛniŋk]
gymnastiekzaal (de)	**sala** (ż) **gimnastyczna**	['saʎa gimnas'titʃna]
oefening (de)	**ćwiczenie** (n)	[tʃfit'ʃɛne]
opwarming (de)	**rozgrzewka** (ż)	[rɔzg'ʒɛfka]

Onderwijs

142. School

school (de)	**szkoła** (ż)	['ʃkɔwa]
schooldirecteur (de)	**dyrektor** (m) **szkoły**	[dɨ'rɛktɔr 'ʃkɔwɨ]
leerling (de)	**uczeń** (m)	['utʃɛɲ]
leerlinge (de)	**uczennica** (ż)	[utʃɛ'ŋitsa]
scholier (de)	**uczeń** (m)	['utʃɛɲ]
scholiere (de)	**uczennica** (ż)	[utʃɛ'ŋitsa]
leren (lesgeven)	**uczyć**	['utʃɨtʃ]
studeren (bijv. een taal ~)	**uczyć się**	['utʃɨtʃ ɕɛ̃]
van buiten leren	**uczyć się na pamięć**	['utʃɨtʃ ɕɛ̃ na 'pamɛ̃tʃ]
leren (bijv. ~ tellen)	**uczyć się**	['utʃɨtʃ ɕɛ̃]
in school zijn (schooljongen zijn)	**uczyć się**	['utʃɨtʃ ɕɛ̃]
naar school gaan	**iść do szkoły**	[iɕtʃ dɔ 'ʃkɔwɨ]
alfabet (het)	**alfabet** (m)	[aʎ'fabɛt]
vak (schoolvak)	**przedmiot** (m)	['pʃɛdmɜt]
klaslokaal (het)	**klasa** (ż)	['kʎasa]
les (de)	**lekcja** (ż)	['lekts'ja]
pauze (de)	**przerwa** (ż)	['pʃɛrva]
bel (de)	**dzwonek** (m)	['dzvɔnɛk]
schooltafel (de)	**ławka** (ż)	['wafka]
schoolbord (het)	**tablica** (ż)	[tab'litsa]
cijfer (het)	**ocena** (ż)	[ɔ'tsɛna]
goed cijfer (het)	**dobra ocena** (ż)	['dɔbra ɔ'tsɛna]
slecht cijfer (het)	**zła ocena** (ż)	[zwa ɔ'tsɛna]
een cijfer geven	**wystawiać oceny**	[vɨs'tav'atʃ ɔ'tsɛnɨ]
fout (de)	**błąd** (m)	[bwɔ̃t]
fouten maken	**robić błędy**	['rɔbitʃ 'bwɛndɨ]
corrigeren (fouten ~)	**poprawiać**	[pɔp'rav'atʃ]
spiekbriefje (het)	**ściągawka** (ż)	[ɕtʃɔ̃'gafka]
huiswerk (het)	**praca** (ż) **domowa**	['pratsa dɔ'mɔva]
oefening (de)	**ćwiczenie** (n)	[tʃfit'ʃɛne]
aanwezig zijn (ww)	**być obecnym**	[bɨtʃ ɔ'bɛtsnɨm]
absent zijn (ww)	**być nieobecnym**	[bɨtʃ neɔ'bɛtsnɨm]
bestraffen (een stout kind ~)	**karać**	['karatʃ]
bestraffing (de)	**kara** (ż)	['kara]
gedrag (het)	**zachowanie** (ż)	[zahɔ'vane]

cijferlijst (de)	**dziennik** (m) **szkolny**	['dʒɛɲik 'ʃkɔʎnɨ]
potlood (het)	**ołówek** (m)	[ɔ'wuvɛk]
gom (de)	**gumka** (ż)	['gumka]
krijt (het)	**kreda** (ż)	['krɛda]
pennendoos (de)	**piórnik** (m)	['pyrnik]
boekentas (de)	**teczka** (ż)	['tɛtʃka]
pen (de)	**długopis** (m)	[dwu'gɔpis]
schrift (de)	**zeszyt** (m)	['zɛʃɨt]
leerboek (het)	**podręcznik** (m)	[pɔd'rɛntʃnik]
passer (de)	**cyrkiel** (m)	['tsɨrkeʎ]
technisch tekenen (ww)	**szkicować**	[ʃki'tsɔvatʃ]
technische tekening (de)	**rysunek** (m) **techniczny**	[rɨ'sunɛk tɛh'nitʃnɛ]
gedicht (het)	**wiersz** (m)	[verʃ]
van buiten (bw)	**na pamięć**	[na 'pamɛ̃tʃ]
van buiten leren	**uczyć się na pamięć**	['utʃɨtʃ ɕɛ̃ na 'pamɛ̃tʃ]
vakantie (de)	**ferie** (l.mn.)	['ferʰe]
met vakantie zijn	**być na feriach**	[bɨtʃ na 'fɛrʰjah]
toets (schriftelijke ~)	**sprawdzian** (m)	['spravdʒʲan]
opstel (het)	**wypracowanie** (n)	[vɨpratsɔ'vane]
dictee (het)	**dyktando** (n)	[dɨk'tandɔ]
examen (het)	**egzamin** (m)	[ɛg'zamin]
examen afleggen	**zdawać egzaminy**	['zdavatʃ ɛgza'minɨ]
experiment (het)	**eksperyment** (m)	[ɛkspɛ'rɨmɛnt]

143. Hogeschool. Universiteit

academie (de)	**akademia** (ż)	[aka'dɛmʰja]
universiteit (de)	**uniwersytet** (m)	[uni'vɛrsɨtɛt]
faculteit (de)	**wydział** (m)	['vɨdʒʲaw]
student (de)	**student** (m)	['studɛnt]
studente (de)	**studentka** (ż)	[stu'dɛntka]
leraar (de)	**wykładowca** (m)	[vɨkwa'dɔftsa]
collegezaal (de)	**sala** (ż)	['saʎa]
afgestudeerde (de)	**absolwent** (m)	[ab'sɔʎvɛnt]
diploma (het)	**dyplom** (ż)	['dɨplɔm]
dissertatie (de)	**rozprawa** (ż)	[rɔsp'rava]
onderzoek (het)	**studium** (n)	['studʰjum]
laboratorium (het)	**laboratorium** (n)	[ʎabɔra'tɔrʰjum]
college (het)	**wykład** (m)	['vɨkwat]
medestudent (de)	**kolega** (m) **z roku**	[kɔ'lega z 'rɔku]
studiebeurs (de)	**stypendium** (n)	[stɨ'pɛndʰjum]
academische graad (de)	**stopień** (m) **naukowy**	['stɔpeɲ nau'kɔvɨ]

144. Wetenschappen. Disciplines

wiskunde (de)	**matematyka** (ż)	[matɛ'matɨka]
algebra (de)	**algebra** (ż)	[aʎ'gɛbra]
meetkunde (de)	**geometria** (ż)	[gɛɔ'mɛtrʰja]
astronomie (de)	**astronomia** (ż)	[astrɔ'nɔmʰja]
biologie (de)	**biologia** (ż)	[bʰɔ'lɜgʰja]
geografie (de)	**geografia** (ż)	[gɛɔg'rafʰja]
geologie (de)	**geologia** (ż)	[gɛɔ'lɜgʰja]
geschiedenis (de)	**historia** (ż)	[his'tɔrʰja]
geneeskunde (de)	**medycyna** (ż)	[mɛdɨ'ʦɨna]
pedagogiek (de)	**pedagogika** (ż)	[pɛda'gɔgika]
rechten (mv.)	**prawo** (n)	['pravɔ]
fysica, natuurkunde (de)	**fizyka** (ż)	['fizɨka]
scheikunde (de)	**chemia** (ż)	['hɛmʰja]
filosofie (de)	**filozofia** (ż)	[filɜ'zɔfʰja]
psychologie (de)	**psychologia** (ż)	[psɨhɔ'lɜgʰja]

145. Schrift. Spelling

grammatica (de)	**gramatyka** (ż)	[gra'matɨka]
vocabulaire (het)	**słownictwo** (n)	[swɔv'niʦtfɔ]
fonetiek (de)	**fonetyka** (ż)	[fɔ'nɛtɨka]
zelfstandig naamwoord (het)	**rzeczownik** (m)	[ʒɛt'ʃɔvnik]
bijvoeglijk naamwoord (het)	**przymiotnik** (m)	[pʃɨ'mɜtnik]
werkwoord (het)	**czasownik** (m)	[tʃa'sɔvnik]
bijwoord (het)	**przysłówek** (m)	[pʃɨs'wuvɛk]
voornaamwoord (het)	**zaimek** (m)	[za'imɛk]
tussenwerpsel (het)	**wykrzyknik** (m)	[vɨk'ʃɨknik]
voorzetsel (het)	**przyimek** (m)	[pʃɨ'imɛk]
stam (de)	**rdzeń** (m) **słowa**	[rʣɛɲ 'swɔva]
achtervoegsel (het)	**końcówka** (ż)	[kɔɲ'ʦufka]
voorvoegsel (het)	**prefiks** (m)	['prɛfiks]
lettergreep (de)	**sylaba** (ż)	[sɨ'ʎaba]
achtervoegsel (het)	**sufiks** (m)	['sufiks]
nadruk (de)	**akcent** (m)	['akʦɛnt]
afkappingsteken (het)	**apostrof** (m)	[a'pɔstrɔf]
punt (de)	**kropka** (ż)	['krɔpka]
komma (de/het)	**przecinek** (m)	[pʃɛ'ʧinɛk]
puntkomma (de)	**średnik** (m)	['ɕrɛdnik]
dubbelpunt (de)	**dwukropek** (m)	[dvuk'rɔpɛk]
beletselteken (het)	**wielokropek** (m)	[velɜk'rɔpɛk]
vraagteken (het)	**znak** (m) **zapytania**	[znak zapɨ'taɲa]
uitroepteken (het)	**wykrzyknik** (m)	[vɨk'ʃɨknik]

aanhalingstekens (mv.)	**cudzysłów** (m)	[tsu'dziswuf]
tussen aanhalingstekens (bw)	**w cudzysłowie**	[f tsudzis'wɔve]
haakjes (mv.)	**nawias** (m)	['navʲas]
tussen haakjes (bw)	**w nawiasie**	[v na'vʲaɕe]
streepje (het)	**łącznik** (m)	['wɔ̃tʃnik]
gedachtestreepje (het)	**myślnik** (m)	['mɨɕʎnik]
spatie (~ tussen twee woorden)	**odstęp** (m)	['ɔtstɛ̃p]
letter (de)	**litera** (ż)	[li'tɛra]
hoofdletter (de)	**wielka litera** (ż)	['veʎka li'tɛra]
klinker (de)	**samogłoska** (ż)	[samɔg'wɔska]
medeklinker (de)	**spółgłoska** (ż)	[spuwg'wɔska]
zin (de)	**zdanie** (n)	['zdane]
onderwerp (het)	**podmiot** (m)	['pɔdmɜt]
gezegde (het)	**orzeczenie** (n)	[ɔʒɛt'ʃɛne]
regel (in een tekst)	**linijka** (n)	[li'nijka]
op een nieuwe regel (bw)	**od nowej linii**	[ɔd 'nɔvɛj 'lini:]
alinea (de)	**akapit** (m)	[a'kapit]
woord (het)	**słowo** (n)	['swɔvɔ]
woordgroep (de)	**połączenie** (n) **wyrazowe**	[pɔwɔ̃t'ʃɛne vɨra'zɔvɛ]
uitdrukking (de)	**wyrażenie** (n)	[vɨra'ʒɛne]
synoniem (het)	**synonim** (m)	[sɨ'nɔnim]
antoniem (het)	**antonim** (m)	[an'tɔnim]
regel (de)	**reguła** (ż)	[rɛ'guwa]
uitzondering (de)	**wyjątek** (m)	[vɨɔ̃tɛk]
correct (bijv. ~e spelling)	**poprawny**	[pɔp'ravnɨ]
vervoeging, conjugatie (de)	**koniugacja** (ż)	[konʰju'gatsʰja]
verbuiging, declinatie (de)	**deklinacja** (ż)	[dɛkli'natsʰja]
naamval (de)	**przypadek** (m)	[pʃɨ'padɛk]
vraag (de)	**pytanie** (n)	[pɨ'tane]
onderstrepen (ww)	**podkreślić**	[pɔtk'rɛɕlitʃ]
stippellijn (de)	**linia** (ż) **przerywana**	['liɲja pʃɛrɨ'vana]

146. Vreemde talen

taal (de)	**język** (m)	['enzɨk]
vreemde taal (de)	**obcy język** (m)	['ɔbtsɨ 'enzɨk]
leren (bijv. van buiten ~)	**studiować**	[studʰɜvatʃ]
studeren (Nederlands ~)	**uczyć się**	['utʃɨtʃ ɕɛ̃]
lezen (ww)	**czytać**	['tʃɨtatʃ]
spreken (ww)	**mówić**	['muvitʃ]
begrijpen (ww)	**rozumieć**	[rɔ'zumetʃ]
schrijven (ww)	**pisać**	['pisatʃ]
snel (bw)	**szybko**	['ʃɨpkɔ]
langzaam (bw)	**wolno**	['vɔʎnɔ]

vloeiend (bw)	**swobodnie**	[sfɔ'bɔdne]
regels (mv.)	**reguły** (l.mn.)	[rɛ'guwɨ]
grammatica (de)	**gramatyka** (ż)	[gra'matɨka]
vocabulaire (het)	**słownictwo** (n)	[swɔv'niʦtfɔ]
fonetiek (de)	**fonetyka** (ż)	[fɔ'nɛtɨka]
leerboek (het)	**podręcznik** (m)	[pɔd'rɛntʃnik]
woordenboek (het)	**słownik** (m)	['swɔvnik]
leerboek (het) voor zelfstudie	**samouczek** (m)	[samɔ'utʃɛk]
taalgids (de)	**rozmówki** (l.mn.)	[rɔz'mufki]
cassette (de)	**kaseta** (ż)	[ka'sɛta]
videocassette (de)	**kaseta** (ż) **wideo**	[ka'sɛta vi'dɛɔ]
CD (de)	**płyta CD** (ż)	['pwɨta si'di]
DVD (de)	**płyta DVD** (ż)	['pwɨta divi'di]
alfabet (het)	**alfabet** (m)	[aʎ'fabɛt]
spellen (ww)	**przeliterować**	[pʃɛlite'rɔvatʃ]
uitspraak (de)	**wymowa** (ż)	[vɨ'mɔva]
accent (het)	**akcent** (m)	['akʦɛnt]
met een accent (bw)	**z akcentem**	[z ak'ʦɛntɛm]
zonder accent (bw)	**bez akcentu**	[bɛz ak'ʦɛntu]
woord (het)	**wyraz** (m), **słowo** (n)	['vɨras], ['svɔvɔ]
betekenis (de)	**znaczenie** (n)	[zna'ʧɛnie]
cursus (de)	**kurs** (m)	[kurs]
zich inschrijven (ww)	**zapisać się**	[za'pisatʃ ɕɛ̃]
leraar (de)	**wykładowca** (m)	[vɨkwa'dɔfʦa]
vertaling (een ~ maken)	**tłumaczenie** (n)	[twumat'ʃɛne]
vertaling (tekst)	**przekład** (m)	['pʃɛkwat]
vertaler (de)	**tłumacz** (m)	['twumatʃ]
tolk (de)	**tłumacz** (m)	['twumatʃ]
polyglot (de)	**poliglota** (m)	[pɔlig'lɜta]
geheugen (het)	**pamięć** (ż)	['pamɛ̃ʧ]

147. Sprookjesfiguren

Sinterklaas (de)	**Święty Mikołaj** (m)	['ɕfentɨ mi'kɔwaj]
zeemeermin (de)	**rusałka** (ż)	[ru'sawka]
magiër, tovenaar (de)	**czarodziej** (m)	[tʃa'rɔʤej]
goede heks (de)	**czarodziejka** (ż)	[tʃarɔ'ʤejka]
magisch (bn)	**czarodziejski**	[tʃarɔ'ʤejski]
toverstokje (het)	**różdżka** (ż) **czarodziejska**	['ruʃtʃka tʃarɔ'ʤejska]
sprookje (het)	**bajka** (ż)	['bajka]
wonder (het)	**cud** (m)	[ʦut]
dwerg (de)	**krasnoludek** (m)	[krasnɔ'lydɛk]
veranderen in ... (anders worden)	**zamienić się**	[za'menitʃ ɕɛ̃]

geest (de)	**zjawa** (ż)	['zʰjava]
spook (het)	**duch** (m)	[duh]
monster (het)	**potwór** (m)	['pɔtfur]
draak (de)	**smok** (m)	[smɔk]
reus (de)	**wielkolud** (m)	[veʎ'kɔlyt]

148. Dierenriem

Ram (de)	**Baran** (m)	['baran]
Stier (de)	**Byk** (m)	[bɨk]
Tweelingen (mv.)	**Bliźnięta** (l.mn.)	[bliʑʲ'nenta]
Kreeft (de)	**Rak** (m)	[rak]
Leeuw (de)	**Lew** (m)	[lef]
Maagd (de)	**Panna** (ż)	['paŋa]
Weegschaal (de)	**Waga** (ż)	['vaga]
Schorpioen (de)	**Skorpion** (m)	['skɔrpʰɜn]
Boogschutter (de)	**Strzelec** (m)	['stʃɛlets]
Steenbok (de)	**Koziorożec** (m)	[kɔʒʒ'rɔʒɛts]
Waterman (de)	**Wodnik** (m)	['vɔdnik]
Vissen (mv.)	**Ryby** (l.mn.)	['rɨbɨ]
karakter (het)	**charakter** (m)	[ha'raktɛr]
karaktertrekken (mv.)	**cechy** (l.mn.) **charakteru**	['tsɛhɨ harak'tɛru]
gedrag (het)	**zachowanie** (n)	[zahɔ'vane]
waarzeggen (ww)	**wróżyć**	['vruʒɨtʃ]
waarzegster (de)	**wróżka** (ż)	['vruʃka]
horoscoop (de)	**horoskop** (m)	[hɔ'rɔskɔp]

Kunst

149. Theater

theater (het)	**teatr** (m)	['tɛatr]
opera (de)	**opera** (ż)	['ɔpɛra]
operette (de)	**operetka** (ż)	[ɔpɛ'rɛtka]
ballet (het)	**balet** (m)	['balet]
affiche (de/het)	**afisz** (m)	['afiʃ]
theatergezelschap (het)	**zespół** (m)	['zɛspuw]
tournee (de)	**tournée** (n)	[tur'nɛ]
op tournee zijn	**być na tournée**	[bɨtʃ na tur'nɛ]
repeteren (ww)	**robić próbę**	['rɔbitʃ 'prubɛ̃]
repetitie (de)	**próba** (ż)	['pruba]
repertoire (het)	**repertuar** (m)	[rɛ'pɛrtuar]
voorstelling (de)	**przedstawienie** (n)	[pʃɛtsta'vene]
spektakel (het)	**spektakl** (m)	['spɛktakʎ]
toneelstuk (het)	**sztuka** (ż)	['ʃtuka]
biljet (het)	**bilet** (m)	['bilet]
kassa (de)	**kasa** (ż) **biletowa**	['kasa bile'tɔva]
foyer (de)	**hol** (m)	[hɔʎ]
garderobe (de)	**szatnia** (ż)	['ʃatɲa]
garderobe nummer (het)	**numerek** (m)	[nu'mɛrɛk]
verrekijker (de)	**lornetka** (ż)	[lɜr'nɛtka]
plaatsaanwijzer (de)	**kontroler** (m)	[kɔnt'rɔler]
parterre (de)	**parter** (m)	['partɛr]
balkon (het)	**balkon** (m)	['baʎkɔn]
gouden rang (de)	**pierwszy balkon** (m)	['perfʃɨ 'baʎkɔn]
loge (de)	**loża** (ż)	['lɜʒa]
rij (de)	**rząd** (m)	[ʒɔ̃t]
plaats (de)	**miejsce** (n)	['mejstsɛ]
publiek (het)	**publiczność** (ż)	[pub'litʃnɔɕtʃ]
kijker (de)	**widz** (m)	[vidz]
klappen (ww)	**klaskać**	['klaskatʃ]
applaus (het)	**oklaski** (l.mn.)	[ɔk'ʎaski]
ovatie (de)	**owacje** (l.mn.)	[ɔ'vatsʰe]
toneel (op het ~ staan)	**scena** (ż)	['stsɛna]
gordijn, doek (het)	**kurtyna** (ż)	[kur'tɨna]
toneeldecor (het)	**dekoracje** (l.mn.)	[dɛkɔ'ratsʰe]
backstage (de)	**kulisy** (l.mn.)	[ku'lisɨ]
scène (de)	**scena** (ż)	['stsɛna]
bedrijf (het)	**akt** (m)	[akt]
pauze (de)	**przerwa** (ż)	['pʃɛrva]

150. Bioscoop

acteur (de)	**aktor** (m)	['aktɔr]
actrice (de)	**aktorka** (ż)	[ak'tɔrka]
bioscoop (de)	**kino** (n)	['kinɔ]
speelfilm (de)	**kino** (n), **film** (m)	['kinɔ], [fiʎm]
aflevering (de)	**odcinek** (m)	[ɔ'tʃinɛk]
detectivefilm (de)	**film** (m) **kryminalny**	[fiʎm krɨmi'naʎnɨ]
actiefilm (de)	**film** (m) **akcji**	[fiʎm 'aktsʰi]
avonturenfilm (de)	**film** (m) **przygodowy**	[fiʎm pʃɨgɔ'dɔvɨ]
sciencefictionfilm (de)	**film** (m) **science-fiction**	[fiʎm sajns fikʃn]
griezelfilm (de)	**horror** (m)	['hɔrɔr]
komedie (de)	**komedia** (ż) **filmowa**	[kɔ'mɛdʰja fiʎ'mɔva]
melodrama (het)	**melodramat** (m)	[mɛlɜd'ramat]
drama (het)	**dramat** (m)	['dramat]
speelfilm (de)	**film** (m) **fabularny**	[fiʎm fabu'ʎarnɨ]
documentaire (de)	**film** (m) **dokumentalny**	[fiʎm dɔkumɛn'taʎnɨ]
tekenfilm (de)	**film** (m) **animowany**	[fiʎm animɔ'vanɨ]
stomme film (de)	**nieme kino** (n)	['nemɛ 'kinɔ]
rol (de)	**rola** (ż)	['rɔʎa]
hoofdrol (de)	**główna rola** (ż)	['gwuvna 'rɔʎa]
spelen (ww)	**grać**	[gratʃ]
filmster (de)	**gwiazda** (ż) **filmowa**	['gvʲazda fiʎ'mɔva]
bekend (bn)	**sławny**	['swavnɨ]
beroemd (bn)	**znany**	['znanɨ]
populair (bn)	**popularny**	[pɔpu'ʎarnɨ]
scenario (het)	**scenariusz** (m)	[stsɛ'narʰjuʃ]
scenarioschrijver (de)	**scenarzysta** (m)	[stsɛna'ʒɨsta]
regisseur (de)	**reżyser** (m)	[rɛ'ʒɨsɛr]
filmproducent (de)	**producent** (m)	[prɔ'dutsɛnt]
assistent (de)	**asystent** (m)	[a'sɨstɛnt]
cameraman (de)	**operator** (m)	[ɔpɛ'ratɔr]
stuntman (de)	**kaskader** (m)	[kas'kadɛr]
een film maken	**kręcić film**	['krɛ̃tʃitʃ fiʎm]
auditie (de)	**próby** (l.mn.)	['prubɨ]
opnamen (mv.)	**zdjęcia** (l.mn.)	['zdʰɛ̃tʃʲa]
filmploeg (de)	**ekipa** (ż) **filmowa**	[ɛ'kipa fiʎ'mɔva]
filmset (de)	**plan** (m) **filmowy**	[pʎan fiʎ'mɔvɨ]
filmcamera (de)	**kamera** (ż) **filmowa**	[ka'mɛra fiʎ'mɔva]
bioscoop (de)	**kino** (n)	['kinɔ]
scherm (het)	**ekran** (m)	['ɛkran]
een film vertonen	**wyświetlać film**	[vɨɕ'fetʎatʃ fiʎm]
geluidsspoor (de)	**ścieżka** (ż) **dźwiękowa**	['ɕtʃeʃka dʒʲvɛ̃'kɔva]
speciale effecten (mv.)	**efekty** (l.mn.) **specjalne**	[ɛ'fɛktɨ spɛtsʰjaʎnɛ]
ondertiteling (de)	**napisy** (l.mn.)	[na'pisɨ]

voortiteling, aftiteling (de) **czołówka** (ż) [tʃɔ'wufka]
vertaling (de) **tłumaczenie** (n) [twumat'ʃɛne]

151. Schilderij

kunst (de) **sztuka** (ż) ['ʃtuka]
schone kunsten (mv.) **sztuki** (l.mn.) **piękne** ['ʃtuki 'peŋknɛ]
kunstgalerie (de) **galeria** (ż) [galerʰja]
kunsttentoonstelling (de) **wystawa** (ż) **sztuki** [vɨs'tava 'ʃtuki]

schilderkunst (de) **malarstwo** (n) [ma'ʎarstfɔ]
grafiek (de) **grafika** (ż) ['grafika]
abstracte kunst (de) **abstrakcjonizm** (m) [abstrakʦʰɜnizm]
impressionisme (het) **impresjonizm** (m) [imprɛsʰɜnizm]

schilderij (het) **obraz** (m) ['ɔbras]
tekening (de) **rysunek** (m) [rɨ'sunɛk]
poster (de) **plakat** (m) ['pʎakat]

illustratie (de) **ilustracja** (ż) [ilyst'raʦʰja]
miniatuur (de) **miniatura** (ż) [miɲja'tura]
kopie (de) **kopia** (ż) ['kɔpʰja]
reproductie (de) **reprodukcja** (ż) [rɛprɔ'dukʦʰja]

mozaïek (het) **mozaika** (ż) [mɔ'zaika]
gebrandschilderd glas (het) **witraż** (m) ['vitraʃ]
fresco (het) **fresk** (m) [frɛsk]
gravure (de) **sztych** (m) [ʃtɨh]

buste (de) **popiersie** (n) [pɔ'perɕe]
beeldhouwwerk (het) **rzeźba** (ż) ['ʒɛʑʲba]
beeld (bronzen ~) **posąg** (m) ['pɔsɔ̃k]
gips (het) **gips** (m) [gips]
gipsen (bn) **gipsowy** [gip'sɔvɨ]

portret (het) **portret** (m) ['pɔrtrɛt]
zelfportret (het) **autoportret** (m) [autɔ'pɔrtrɛt]
landschap (het) **pejzaż** (m) ['pɛjzaʃ]
stilleven (het) **martwa natura** (ż) ['martfa na'tura]
karikatuur (de) **karykatura** (ż) [karɨka'tura]

verf (de) **farba** (ż) ['farba]
aquarel (de) **akwarela** (ż) [akfa'rɛʎa]
olieverf (de) **farba** (ż) **olejna** ['farba ɔlejna]
potlood (het) **ołówek** (m) [ɔ'wuvɛk]
Oostindische inkt (de) **tusz** (m) [tuʃ]
houtskool (de) **węgiel** (m) ['vɛŋeʎ]

tekenen (met krijt) **rysować** [rɨ'sɔvaʧ]
schilderen (ww) **malować** [ma'lɜvaʧ]

poseren (ww) **pozować** [pɔ'zɔvaʧ]
naaktmodel (man) **model** (m) ['mɔdeʎ]
naaktmodel (vrouw) **modelka** (ż) [mɔ'dɛʎka]

kunstenaar (de)	**malarz** (m)	['maʎaʃ]
kunstwerk (het)	**dzieło** (n)	['dʒewɔ]
meesterwerk (het)	**arcydzieło** (n)	[artsɨ'dʒewɔ]
studio, werkruimte (de)	**pracownia** (ż)	[pra'tsɔvɲa]
schildersdoek (het)	**płótno** (n)	['pwutnɔ]
schildersezel (de)	**sztalugi** (l.mn.)	[ʃta'lygi]
palet (het)	**paleta** (ż)	[pa'leta]
lijst (een vergulde ~)	**rama** (ż)	['rama]
restauratie (de)	**restauracja** (ż)	[rɛstau'ratsʰja]
restaureren (ww)	**restaurować**	[rɛstau'rɔvatʃ]

152. Literatuur & Poëzie

literatuur (de)	**literatura** (ż)	[litɛra'tura]
auteur (de)	**autor** (m)	['autɔr]
pseudoniem (het)	**pseudonim** (m)	[psɛu'dɔnim]
boek (het)	**książka** (ż)	[kɕɔ̃ʃka]
boekdeel (het)	**tom** (m)	[tɔm]
inhoudsopgave (de)	**spis** (m) **treści**	[spis 'trɛɕtʃi]
pagina (de)	**strona** (ż)	['strɔna]
hoofdpersoon (de)	**główny bohater** (m)	['gwuvnɨ bɔ'hatɛr]
handtekening (de)	**autograf** (m)	[au'tɔgraf]
verhaal (het)	**opowiadanie** (n)	[ɔpɔvʲa'dane]
novelle (de)	**opowieść** (ż)	[ɔ'pɔveɕtʃ]
roman (de)	**powieść** (ż)	['pɔveɕtʃ]
werk (literatuur)	**wypracowanie** (n)	[vɨpratsɔ'vane]
fabel (de)	**baśń** (ż)	[baɕɲ]
detectiveroman (de)	**kryminał** (m)	[krɨ'minaw]
gedicht (het)	**wiersz** (m)	[verʃ]
poëzie (de)	**poezja** (ż)	[pɔ'ɛzʰja]
epos (het)	**poemat** (m)	[pɔ'ɛmat]
dichter (de)	**poeta** (m)	[pɔ'ɛta]
fictie (de)	**beletrystyka** (ż)	[bɛlet'ristɨka]
sciencefiction (de)	**fantastyka** (ż) **naukowa**	[fan'tastɨka nau'kɔva]
avonturenroman (de)	**przygody** (l.mn.)	[pʃɨ'gɔdɨ]
opvoedkundige literatuur (de)	**podręczniki** (l.mn.)	[pɔdrɛ̃tʃ'niki]
kinderliteratuur (de)	**literatura** (ż) **dla dzieci**	[litɛra'tura dʎa 'dʒetʃi]

153. Circus

circus (de/het)	**cyrk** (m)	[tsɨrk]
chapiteau circus (de/het)	**cyrk** (m) **wędrowny**	[tsɨrk vɛ̃d'rɔvnɨ]
programma (het)	**program** (m)	['prɔgram]
voorstelling (de)	**przedstawienie** (n)	[pʃɛtsta'vene]
nummer (circus ~)	**numer** (m)	['numɛr]
arena (de)	**arena** (ż)	[a'rɛna]

pantomime (de)	**pantomima** (ż)	[pantɔ'mima]
clown (de)	**klown** (m)	['kʎaun]
acrobaat (de)	**akrobata** (m)	[akrɔ'bata]
acrobatiek (de)	**akrobatyka** (ż)	[akrɔ'batɨka]
gymnast (de)	**gimnastyk** (m)	[gim'nastɨk]
gymnastiek (de)	**gimnastyka** (ż)	[gim'nastɨka]
salto (de)	**salto** (n)	['saʎtɔ]
sterke man (de)	**atleta** (m)	[at'leta]
temmer (de)	**poskramiacz** (m)	[pɔsk'ramʲatʃ]
ruiter (de)	**jeździec** (m)	['eʒdʒets]
assistent (de)	**asystent** (m)	[a'sɨstɛnt]
stunt (de)	**trik** (m)	[trik]
goocheltruc (de)	**sztuczka** (ż)	['ʃtutʃka]
goochelaar (de)	**sztukmistrz** (m)	['ʃtukmistʃ]
jongleur (de)	**żongler** (m)	['ʒɔŋler]
jongleren (ww)	**żonglować**	[ʒɔŋ'lɜvatʃ]
dierentrainer (de)	**treser** (m)	['trɛsɛr]
dressuur (de)	**tresura** (ż)	[trɛ'sura]
dresseren (ww)	**tresować**	[trɛ'sɔvatʃ]

154. Muziek. Popmuziek

muziek (de)	**muzyka** (ż)	['muzɨka]
muzikant (de)	**muzyk** (m)	['muzɨk]
muziekinstrument (het)	**instrument** (m) **muzyczny**	[inst'rumɛnt mu'zɨtʃnɨ]
spelen (bijv. gitaar ~)	**grać na ...**	[gratʃ na]
gitaar (de)	**gitara** (ż)	[gi'tara]
viool (de)	**skrzypce** (l.mn.)	['skʃɨptsɛ]
cello (de)	**wiolonczela** (ż)	[vʰɜlɜnt'ʃɛʎa]
contrabas (de)	**kontrabas** (m)	[kɔnt'rabas]
harp (de)	**harfa** (ż)	['harfa]
piano (de)	**pianino** (n)	[pʰja'ninɔ]
vleugel (de)	**fortepian** (m)	[fɔr'tɛpʰjan]
orgel (het)	**organy** (l.mn.)	[ɔr'ganɨ]
blaasinstrumenten (mv.)	**instrumenty** (l.mn.) **dęte**	[instru'mɛntɨ 'dɛntɛ]
hobo (de)	**obój** (m)	['ɔbuj]
saxofoon (de)	**saksofon** (m)	[sak'sɔfɔn]
klarinet (de)	**klarnet** (m)	['kʎarnɛt]
fluit (de)	**flet** (m)	[flɛt]
trompet (de)	**trąba** (ż), **trąbka** (ż)	['trɔ̃ba], ['trɔ̃bka]
accordeon (de/het)	**akordeon** (m)	[akɔr'dɛɔn]
trommel (de)	**bęben** (m)	['bɛmbɛn]
duet (het)	**duet** (m)	['duɛt]
trio (het)	**trio** (ż)	['triɔ]
kwartet (het)	**kwartet** (m)	['kfartɛt]

koor (het)	**chór** (m)	[hur]
orkest (het)	**orkiestra** (ż)	[ɔr'kestra]
popmuziek (de)	**muzyka** (ż) **pop**	['muzɨka pɔp]
rockmuziek (de)	**muzyka** (ż) **rockowa**	['muzɨka rɔ'kɔva]
rockgroep (de)	**zespół** (m) **rockowy**	['zɛspuw rɔ'kɔvɨ]
jazz (de)	**jazz** (m)	[ʤɛs]
idool (het)	**idol** (m)	['idɔʎ]
bewonderaar (de)	**wielbiciel** (m)	[veʎ'biʧeʎ]
concert (het)	**koncert** (m)	['kɔnʦɛrt]
symfonie (de)	**symfonia** (ż)	[sɨm'fɔɲja]
compositie (de)	**utwór** (m)	['utfur]
componeren (muziek ~)	**skomponować**	[skɔmpɔ'nɔvaʧ]
zang (de)	**śpiew** (m)	[ɕpev]
lied (het)	**piosenka** (ż)	[pɜ'sɛŋka]
melodie (de)	**melodia** (ż)	[mɛ'lɜdʰja]
ritme (het)	**rytm** (m)	[rɨtm]
blues (de)	**blues** (m)	[blys]
bladmuziek (de)	**nuty** (l.mn.)	['nutɨ]
dirigeerstok (baton)	**batuta** (ż)	[ba'tuta]
strijkstok (de)	**smyczek** (m)	['smɨʧɛk]
snaar (de)	**struna** (ż)	['struna]
koffer (de)	**futerał** (m)	[fu'tɛraw]

Rusten. Entertainment. Reizen

155. Trip. Reizen

toerisme (het)	**turystyka** (ż)	[tu'rɨstɨka]
toerist (de)	**turysta** (m)	[tu'rɨsta]
reis (de)	**podróż** (ż)	['pɔdruʃ]
avontuur (het)	**przygoda** (ż)	[pʃɨ'gɔda]
tocht (de)	**podróż** (ż)	['pɔdruʃ]
vakantie (de)	**urlop** (m)	['urlɜp]
met vakantie zijn	**być na urlopie**	[bɨʧ na ur'lɜpe]
rust (de)	**wypoczynek** (m)	[vɨpɔt'ʃɨnɛk]
trein (de)	**pociąg** (m)	['pɔʧɔ̃k]
met de trein	**pociągiem**	[pɔʧɔ̃gem]
vliegtuig (het)	**samolot** (m)	[sa'mɔlɜt]
met het vliegtuig	**samolotem**	[samɔ'lɜtɛm]
met de auto	**samochodem**	[samɔ'hɔdɛm]
per schip (bw)	**statkiem**	['statkem]
bagage (de)	**bagaż** (m)	['bagaʃ]
valies (de)	**walizka** (ż)	[va'liska]
bagagekarretje (het)	**wózek** (m) **bagażowy**	['vuzɛk baga'ʒɔvɨ]
paspoort (het)	**paszport** (m)	['paʃpɔrt]
visum (het)	**wiza** (ż)	['viza]
kaartje (het)	**bilet** (m)	['bilet]
vliegticket (het)	**bilet** (m) **lotniczy**	['bilet lɜt'nitʃɨ]
reisgids (de)	**przewodnik** (m)	[pʃɛ'vɔdnik]
kaart (de)	**mapa** (ż)	['mapa]
gebied (landelijk ~)	**miejscowość** (ż)	[mejs'ʦɔvɔɕʧ]
plaats (de)	**miejsce** (n)	['mejsʦɛ]
exotische bestemming (de)	**egzotyka** (ż)	[ɛg'zɔtɨka]
exotisch (bn)	**egzotyczny**	[ɛgzɔ'tɨtʃnɨ]
verwonderlijk (bn)	**zadziwiający**	[zaʤivjaɔ̃ʦɨ]
groep (de)	**grupa** (ż)	['grupa]
rondleiding (de)	**wycieczka** (ż)	[vɨ'ʧetʃka]
gids (de)	**przewodnik** (ż)	[pʃɛ'vɔdnik]

156. Hotel

hotel (het)	**hotel** (m)	['hɔtɛʎ]
motel (het)	**motel** (m)	['mɔtɛʎ]
3-sterren	**trzy gwiazdki**	[tʃɨ 'gvʲaztki]

5-sterren	**pięć gwiazdek**	[pɛ̃tʃ 'gvʲazdɛk]
overnachten (ww)	**zatrzymać się**	[zat'ʃɨmatʃ ɕɛ̃]
kamer (de)	**pokój** (m)	['pɔkuj]
eenpersoonskamer (de)	**pokój** (m) **jednoosobowy**	['pɔkuj ednɔ:sɔ'bɔvɨ]
tweepersoonskamer (de)	**pokój** (m) **dwuosobowy**	['pɔkuj dvuɔsɔ'bɔvɨ]
een kamer reserveren	**rezerwować pokój**	[rɛzɛr'vɔvatʃ 'pɔkuj]
halfpension (het)	**wyżywienie** (n) **Half Board**	[vɨʒɨ'vene haf bɔrd]
volpension (het)	**pełne** (n) **wyżywienie**	['pɛwnɛ vɨʒɨvi'ene]
met badkamer	**z łazienką**	[z wa'ʒenkɔ̃]
met douche	**z prysznicem**	[z prɨʃ'nitsɛm]
satelliet-tv (de)	**telewizja** (ż) **satelitarna**	[tɛle'vizʰja satɛli'tarna]
airconditioner (de)	**klimatyzator** (m)	[klimatɨ'zatɔr]
handdoek (de)	**ręcznik** (m)	['rɛntʃnik]
sleutel (de)	**klucz** (m)	[klytʃ]
administrateur (de)	**administrator** (m)	[administ'ratɔr]
kamermeisje (het)	**pokojówka** (ż)	[pɔkɔ'jufka]
piccolo (de)	**tragarz** (m)	['tragaʃ]
portier (de)	**odźwierny** (m)	[ɔd'vjernɨ]
restaurant (het)	**restauracja** (ż)	[rɛstau'ratsʰja]
bar (de)	**bar** (m)	[bar]
ontbijt (het)	**śniadanie** (n)	[ɕɲa'dane]
avondeten (het)	**kolacja** (ż)	[kɔ'ʎatsʰja]
buffet (het)	**szwedzki stół** (m)	['ʃfɛtski stuw]
lift (de)	**winda** (ż)	['vinda]
NIET STOREN	**NIE PRZESZKADZAĆ**	[ne pʃɛʃ'kadzatʃ]
VERBODEN TE ROKEN!	**ZAKAZ PALENIA!**	['zakas pa'leɲa]

157. Boeken. Lezen

boek (het)	**książka** (ż)	[kɕɔ̃ʃka]
auteur (de)	**autor** (m)	['autɔr]
schrijver (de)	**pisarz** (m)	['pisaʃ]
schrijven (een boek)	**napisać**	[na'pisatʃ]
lezer (de)	**czytelnik** (m)	[tʃɨ'tɛʎnik]
lezen (ww)	**czytać**	['tʃɨtatʃ]
lezen (het)	**lektura** (ż)	[lek'tura]
stil (~ lezen)	**po cichu**	[pɔ 'tʃihu]
hardop (~ lezen)	**na głos**	['na gwɔs]
uitgeven (boek ~)	**wydawać**	[vɨ'davatʃ]
uitgeven (het)	**wydanie** (n)	[vɨ'dane]
uitgever (de)	**wydawca** (m)	[vɨ'daftsa]
uitgeverij (de)	**wydawnictwo** (n)	[vɨdav'nitstfɔ]
verschijnen (bijv. boek)	**ukazać się**	[u'kazatʃ ɕɛ̃]
verschijnen (het)	**publikacja** (ż)	[publi'katsija]

oplage (de)	**nakład** (m)	['nakwat]
boekhandel (de)	**księgarnia** (ż)	[kɕɛ̃'garɲa]
bibliotheek (de)	**biblioteka** (ż)	[biblɜ'tɛka]
novelle (de)	**opowieść** (ż)	[ɔ'pɔveɕʧ]
verhaal (het)	**opowiadanie** (n)	[ɔpɔvʲa'dane]
roman (de)	**powieść** (ż)	['pɔveɕʧ]
detectiveroman (de)	**kryminał** (m)	[krɨ'minaw]
memoires (mv.)	**wspomnienia** (l.mn.)	[fspɔm'neɲa]
legende (de)	**legenda** (ż)	[le'gɛnda]
mythe (de)	**mit** (m)	[mit]
gedichten (mv.)	**wiersze** (l.mn.)	['verʃɛ]
autobiografie (de)	**autobiografia** (ż)	[autɔbʰɔg'rafʰja]
bloemlezing (de)	**wybrane prace** (l.mn.)	[vɨb'ranɛ 'praʦɛ]
sciencefiction (de)	**fantastyka** (ż)	[fan'tastɨka]
naam (de)	**tytuł** (m)	['tɨtuw]
inleiding (de)	**wstęp** (m)	[fstɛ̃p]
voorblad (het)	**strona** (ż) **tytułowa**	['strɔna tɨtu'wɔva]
hoofdstuk (het)	**rozdział** (m)	['rɔzʤʲaw]
fragment (het)	**fragment** (m)	['fragmɛnt]
episode (de)	**epizod** (m)	[ɛ'pizɔt]
intrige (de)	**wątek** (m)	['vɔ̃tɛk]
inhoud (de)	**spis** (m) **treści**	[spis 'trɛɕʧi]
inhoudsopgave (de)	**spis** (m) **treści**	[spis 'trɛɕʧi]
hoofdpersonage (het)	**główny bohater** (m)	['gwuvnɨ bɔ'hatɛr]
boekdeel (het)	**tom** (m)	[tɔm]
omslag (de/het)	**okładka** (ż)	[ɔk'watka]
boekband (de)	**oprawa** (ż)	[ɔp'rava]
bladwijzer (de)	**zakładka** (ż)	[zak'watka]
pagina (de)	**strona** (ż)	['strɔna]
bladeren (ww)	**kartkować**	[kart'kɔvaʧ]
marges (mv.)	**margines** (m)	[mar'ginɛs]
annotatie (de)	**notatki** (l.mn.)	[nɔ'tatki]
opmerking (de)	**przypis** (m)	['pʃɨpis]
tekst (de)	**tekst** (m)	[tɛkst]
lettertype (het)	**czcionka** (ż)	['tʃʧɔŋka]
drukfout (de)	**literówka** (ż)	[litɛ'rufka]
vertaling (de)	**przekład** (m)	['pʃɛkwat]
vertalen (ww)	**tłumaczyć**	[twu'matʃɨʧ]
origineel (het)	**oryginał** (m)	[ɔrɨ'ginaw]
beroemd (bn)	**znany**	['znanɨ]
onbekend (bn)	**nieznany**	[nez'nanɨ]
interessant (bn)	**ciekawy**	[ʧe'kavɨ]
bestseller (de)	**bestseller** (m)	[bɛs'ʦɛler]
woordenboek (het)	**słownik** (m)	['swɔvnik]
leerboek (het)	**podręcznik** (m)	[pɔd'rɛntʃnik]
encyclopedie (de)	**encyklopedia** (ż)	[ɛnʦɨklɜ'pɛdʰja]

158. Jacht. Vissen.

jacht (de)	**polowanie** (n)	[pɔlɜ'vane]
jagen (ww)	**polować**	[pɔ'lɜvaʧ]
jager (de)	**myśliwy** (m)	[mɨɕ'livɨ]
schieten (ww)	**strzelać**	['stʃɛʎaʧ]
geweer (het)	**strzelba** (ż)	['stʃɛʎba]
patroon (de)	**nabój** (m)	['nabuj]
hagel (de)	**śrut** (m)	[ɕryt]
val (de)	**potrzask** (m)	['pɔtʃask]
valstrik (de)	**sidła** (l.mn.)	['ɕidwa]
een val zetten	**zastawiać sidła**	[zas'tavjaʧ 'ɕidwa]
stroper (de)	**kłusownik** (m)	[kwu'sɔvnik]
wild (het)	**zwierzyna łowna** (ż)	[zve'ʒɨna 'wɔvna]
jachthond (de)	**pies** (m) **myśliwski**	[pes mɨɕ'lifski]
safari (de)	**safari** (n)	[sa'fari]
opgezet dier (het)	**wypchane zwierzę** (n)	[vɨp'hanɛ 'zveʒɛ̃]
visser (de)	**rybak** (m)	['rɨbak]
visvangst (de)	**wędkowanie** (n)	[vɛ̃tkɔ'vane]
vissen (ww)	**wędkować**	[vɛ̃t'kɔvaʧ]
hengel (de)	**wędka** (ż)	['vɛntka]
vislijn (de)	**żyłka** (ż)	['ʒɨwka]
haak (de)	**haczyk** (m)	['haʧɨk]
dobber (de)	**spławik** (m)	['spwavik]
aas (het)	**przynęta** (ż)	[pʃɨ'nɛnta]
de hengel uitwerpen	**zarzucić wędkę**	[za'ʒuʧiʧ 'vɛ̃tkɛ̃]
bijten (ov. de vissen)	**brać**	[braʧ]
vangst (de)	**połów** (m)	['pɔwuf]
wak (het)	**przerębel** (m)	[pʃɛ'rɛ̃bɛʎ]
net (het)	**sieć** (ż)	[ɕeʧ]
boot (de)	**łódź** (ż)	[wuʧ]
vissen met netten	**łowić siecią**	['wɔviʧ 'ɕeʧɔ̃]
het net uitwerpen	**zarzucać sieć**	[za'ʒuʦaʧ ɕeʧ]
het net binnenhalen	**wyciągać sieć**	[vɨʧɔ̃gaʧ ɕeʧ]
walvisvangst (de)	**wielorybnik** (m)	[velɜ'rɨbnik]
walvisvaarder (de)	**statek** (m) **wielorybniczy**	['statɛk velɜrɨb'niʧɨ]
harpoen (de)	**harpun** (m)	['harpun]

159. Spellen. Biljart

biljart (het)	**bilard** (m)	['biʎart]
biljartzaal (de)	**sala** (ż) **bilardowa**	['saʎa biʎar'dɔva]
biljartbal (de)	**bila** (ż)	['biʎa]
een bal in het gat jagen	**wbić bilę**	[vbiʧ 'bilɛ̃]
keu (de)	**kij** (m)	[kij]
gat (het)	**łuza** (ż)	['wuza]

160. Spellen. Speelkaarten

ruiten (mv.)	**karo** (n)	['karɔ]
schoppen (mv.)	**pik** (m)	[pik]
klaveren (mv.)	**kier** (m)	[ker]
harten (mv.)	**trefl** (m)	['trɛfʎ]
aas (de)	**as** (m)	[as]
koning (de)	**król** (m)	[kruʎ]
dame (de)	**dama** (ż)	['dama]
boer (de)	**walet** (m)	['valɛt]
speelkaart (de)	**karta** (ż)	['karta]
kaarten (mv.)	**karty** (l.mn.)	['kartɨ]
troef (de)	**atut** (m)	['atut]
pak (het) kaarten	**talia** (ż)	['taʎja]
uitdelen (kaarten ~)	**rozdawać karty**	[rɔz'davatʃ 'kartɨ]
schudden (de kaarten ~)	**tasować**	[ta'sɔvatʃ]
beurt (de)	**ruch** (m)	[ruh]
valsspeler (de)	**szuler** (m)	['ʃuler]

161. Casino. Roulette

casino (het)	**kasyno** (n)	[ka'sɨnɔ]
roulette (de)	**ruletka** (ż)	[ru'letka]
inzet (de)	**stawka** (ż)	['stafka]
een bod doen	**stawiać**	['stavʲatʃ]
rood (de)	**czerwone** (n)	[tʃɛr'vɔnɛ]
zwart (de)	**czarne** (n)	['tʃarnɛ]
inzetten op rood	**obstawiać czerwone**	[ɔbs'tavʲatʃ tʃɛr'vɔnɛ]
inzetten op zwart	**obstawiać czarne**	[ɔbs'tavʲatʃ 'tʃarnɛ]
croupier (de)	**krupier** (m)	['krupʰer]
de cilinder draaien	**zakręcić ruletką**	[zak'rɛ̃tʃitʃ ru'letkɔ̃]
spelregels (mv.)	**reguły** (l.mn.) **gry**	[rɛ'guwɨ grɨ]
fiche (pokerfiche, etc.)	**żeton** (m)	['ʒɛtɔn]
winnen (ww)	**wygrać**	['vɨgratʃ]
winst (de)	**wygrana** (ż)	[vɨg'rana]
verliezen (ww)	**przegrać**	['pʃɛgratʃ]
verlies (het)	**strata** (ż)	['strata]
speler (de)	**gracz** (m)	[gratʃ]
blackjack (kaartspel)	**blackjack** (m)	[blekdʒɛk]
dobbelspel (het)	**gra** (ż) **w kości**	[gra v 'kɔɕtʃi]
speelautomaat (de)	**automat** (m) **do gry**	[au'tɔmat dɔ grɨ]

162. Rusten. Spellen. Diversen

wandelen (on.ww.)	**spacerować**	[spatsɛ'rɔvatʃ]
wandeling (de)	**spacer** (m)	['spatsɛr]
trip (per auto)	**przejażdżka** (ż)	[pʃɛ'jaʃtʃka]
avontuur (het)	**przygoda** (ż)	[pʃɨ'gɔda]
picknick (de)	**piknik** (m)	['piknik]
spel (het)	**gra** (ż)	[gra]
speler (de)	**gracz** (m)	[gratʃ]
partij (de)	**partia** (ż)	['partʰja]
collectioneur (de)	**kolekcjoner** (m)	[kɔlektsʰɜnɛr]
collectioneren (ww)	**kolekcjonować**	[kɔlektsʰɜ'nɔvatʃ]
collectie (de)	**kolekcja** (ż)	[kɔ'lektsʰja]
kruiswoordraadsel (het)	**krzyżówka** (ż)	[kʃɨ'ʒufka]
hippodroom (de)	**hipodrom** (m)	[hi'pɔdrɔm]
discotheek (de)	**dyskoteka** (ż)	[dɨskɔ'tɛka]
sauna (de)	**sauna** (ż)	['sauna]
loterij (de)	**loteria** (ż)	[lɔ'tɛrʰja]
trektocht (kampeertocht)	**wyprawa** (ż)	[vɨp'rava]
kamp (het)	**obóz** (m)	['ɔbus]
tent (de)	**namiot** (m)	['namɜt]
kompas (het)	**kompas** (m)	['kɔmpas]
rugzaktoerist (de)	**turysta** (m)	[tu'rɨsta]
bekijken (een film ~)	**oglądać**	[ɔglɔ̃datʃ]
kijker (televisie~)	**telewidz** (m)	[tɛ'levitts]
televisie-uitzending (de)	**program** (m) **telewizyjny**	['prɔgram tɛlevi'zɨjnɨ]

163. Fotografie

fotocamera (de)	**aparat** (m) **fotograficzny**	[a'parat fɔtɔgra'fitʃnɨ]
foto (de)	**fotografia** (ż)	[fɔtɔg'rafʰja]
fotograaf (de)	**fotograf** (m)	[fɔ'tɔgraf]
fotostudio (de)	**studio** (n) **fotograficzne**	['studʰɜ fɔtɔgra'fitʃnɛ]
fotoalbum (het)	**album** (m) **fotograficzny**	['aʎbum fɔtɔgra'fitʃnɨ]
lens (de), objectief (het)	**obiektyw** (m)	[ɔbʰ'ektɨf]
telelens (de)	**teleobiektyw** (m)	[tɛleɔbʰ'ektɨf]
filter (de/het)	**filtr** (m)	[fiʎtr]
lens (de)	**soczewka** (ż)	[sɔt'ʃɛfka]
optiek (de)	**optyka** (ż)	['ɔptɨka]
diafragma (het)	**przysłona** (ż)	[pʃɨs'wɔna]
belichtingstijd (de)	**czas** (m) **naświetlania**	[tʃas naɕfet'ʎaɲa]
zoeker (de)	**celownik** (m)	[tsɛ'lɜvnik]
digitale camera (de)	**aparat** (m) **cyfrowy**	[a'parat tsɨf'rɔvɨ]
statief (het)	**statyw** (m)	['statɨf]

flits (de)	**flesz** (m)	[fleʃ]
fotograferen (ww)	**fotografować**	[fɔtɔgra'fɔvatʃ]
kieken (foto's maken)	**robić zdjęcia**	['rɔbitʃ 'zdʰɛ̃tʃa]
zich laten fotograferen	**fotografować się**	[fɔtɔgra'fɔvatʃ ɕɛ̃]
focus (de)	**ostrość** (ż)	['ɔstrɔɕtʃ]
scherpstellen (ww)	**ustawiać ostrość**	[us'tavʲatʃ 'ɔstrɔɕtʃ]
scherp (bn)	**wyraźny**	[vɨ'raʑʲnɨ]
scherpte (de)	**ostrość** (ż)	['ɔstrɔɕtʃ]
contrast (het)	**kontrast** (m)	['kɔntrast]
contrastrijk (bn)	**kontrastowy**	[kɔntras'tɔvɨ]
kiekje (het)	**zdjęcie** (n)	['zdʰɛ̃tʃe]
negatief (het)	**negatyw** (m)	[nɛ'gatɨf]
filmpje (het)	**film** (m)	[fiʎm]
beeld (frame)	**kadr** (m)	[kadr]
afdrukken (foto's ~)	**robić odbitki**	['rɔbitʃ ɔd'bitki]

164. Strand. Zwemmen

strand (het)	**plaża** (ż)	['pʎaʒa]
zand (het)	**piasek** (m)	['pʲasɛk]
leeg (~ strand)	**pustynny**	[pus'tɨŋɨ]
bruine kleur (de)	**opalenizna** (ż)	[ɔpale'nizna]
zonnebaden (ww)	**opalać się**	[ɔ'paʎatʃ ɕɛ̃]
gebruind (bn)	**opalony**	[ɔpa'lɜnɨ]
zonnecrème (de)	**krem** (m) **do opalania**	[krɛm dɔ ɔpa'ʎaɲa]
bikini (de)	**bikini** (n)	[bi'kini]
badpak (het)	**kostium** (m) **kąpielowy**	['kɔstʰjum kɔ̃pelɔvɨ]
zwembroek (de)	**kąpielówki** (l.mn.)	[kɔ̃pe'lyfki]
zwembad (het)	**basen** (m)	['basɛn]
zwemmen (ww)	**pływać**	['pwɨvatʃ]
douche (de)	**prysznic** (m)	['prɨʃnits]
zich omkleden (ww)	**przebierać się**	[pʃɛ'beratʃ ɕɛ̃]
handdoek (de)	**ręcznik** (m)	['rɛntʃnik]
boot (de)	**łódź** (ż)	[wutʃ]
motorboot (de)	**motorówka** (ż)	[mɔtɔ'rufka]
waterski's (mv.)	**narty** (l.mn.) **wodne**	['nartɨ 'vɔdnɛ]
waterfiets (de)	**rower** (m) **wodny**	['rɔvɛr 'vɔdnɨ]
surfen (het)	**surfing** (m)	['sɛrfiŋk]
surfer (de)	**surfer** (m)	['surfɛr]
scuba, aqualong (de)	**akwalung** (m)	[ak'faʎaŋk]
zwemvliezen (mv.)	**płetwy** (l.mn.)	['pwɛtfɨ]
duikmasker (het)	**maska** (ż)	['maska]
duiker (de)	**nurek** (m)	['nurɛk]
duiken (ww)	**nurkować**	[nur'kɔvatʃ]
onder water (bw)	**pod wodą**	[pɔd 'vɔdɔ̃]

parasol (de)	**parasol** (m)	[pa'rasɔʎ]
ligstoel (de)	**leżak** (m)	['leʒak]
zonnebril (de)	**okulary** (l.mn.)	[ɔku'ʎarɨ]
luchtmatras (de/het)	**materac** (m) **dmuchany**	[ma'tɛrats dmu'hanɨ]
spelen (ww)	**grać**	[gratʃ]
gaan zwemmen (ww)	**kąpać się**	['kɔ̃patʃ ɕɛ̃]
bal (de)	**piłka** (ż) **plażowa**	['piwka pʎa'ʒɔva]
opblazen (oppompen)	**nadmuchiwać**	[nadmu'hivatʃ]
lucht-, opblaasbare (bn)	**nadmuchiwany**	[nadmuhi'vanɨ]
golf (hoge ~)	**fala** (ż)	['faʎa]
boei (de)	**boja** (ż)	['bɔja]
verdrinken (ww)	**tonąć**	['tɔ̃ɔɲtʃ]
redden (ww)	**ratować**	[ra'tɔvatʃ]
reddingsvest (de)	**kamizelka** (ż) **ratunkowa**	[kami'zɛʎka ratu'ŋkɔva]
waarnemen (ww)	**obserwować**	[ɔbsɛr'vɔvatʃ]
redder (de)	**ratownik** (m)	[ra'tɔvnik]

TECHNISCHE APPARATUUR. VERVOER

Technische apparatuur

165. Computer

computer (de)	**komputer** (m)	[kɔm'putɛr]
laptop (de)	**laptop** (m)	['ʎaptɔp]
aanzetten (ww)	**włączyć**	['vwɔ̃tʃɨtʃ]
uitzetten (ww)	**wyłączyć**	[vɨ'wɔ̃tʃɨtʃ]
toetsenbord (het)	**klawiatura** (ż)	[kʎavʰja'tura]
toets (enter~)	**klawisz** (m)	['kʎaviʃ]
muis (de)	**myszka** (ż)	['mɨʃka]
muismat (de)	**podkładka** (ż) **pod myszkę**	[pɔtk'watka pɔd 'mɨʃkɛ]
knopje (het)	**przycisk** (m)	['pʃɨtʃisk]
cursor (de)	**kursor** (m)	['kursɔr]
monitor (de)	**monitor** (m)	[mɔ'nitɔr]
scherm (het)	**ekran** (m)	['ɛkran]
harde schijf (de)	**dysk** (m) **twardy**	[dɨsk 'tfardɨ]
volume (het) van de harde schijf	**pojemność** (ż) **dysku twardego**	[pɔ'emnɔɕtʃ 'dɨsku tfar'dɛgɔ]
geheugen (het)	**pamięć** (ż)	['pamɛ̃tʃ]
RAM-geheugen (het)	**pamięć** (ż) **operacyjna**	['pamɛ̃tʃ ɔpɛra'tsɨjna]
bestand (het)	**plik** (m)	[plik]
folder (de)	**folder** (m)	['fɔʎdɛr]
openen (ww)	**otworzyć**	[ɔt'fɔʒɨtʃ]
sluiten (ww)	**zamknąć**	['zamknɔ̃tʃ]
opslaan (ww)	**zapisać**	[za'pisatʃ]
verwijderen (wissen)	**usunąć**	[u'sunɔ̃tʃ]
kopiëren (ww)	**skopiować**	[skɔ'pʲɔvatʃ]
sorteren (ww)	**segregować**	[sɛgrɛ'gɔvatʃ]
overplaatsen (ww)	**przepisać**	[pʃɛ'pisatʃ]
programma (het)	**program** (m)	['prɔgram]
software (de)	**oprogramowanie** (n)	[ɔprɔgramɔ'vane]
programmeur (de)	**programista** (m)	[prɔgra'mista]
programmeren (ww)	**zaprogramować**	[zaprɔgra'mɔvatʃ]
hacker (computerkraker)	**haker** (m)	['hakɛr]
wachtwoord (het)	**hasło** (n)	['haswɔ]
virus (het)	**wirus** (m)	['virus]
ontdekken (virus ~)	**wykryć**	['vɨkrɨtʃ]

byte (de)	**bajt** (m)	[bajt]
megabyte (de)	**megabajt** (m)	[mɛga'bajt]
data (de)	**dane** (l.mn.)	['danɛ]
databank (de)	**baza** (ż) **danych**	['baza 'danɨh]
kabel (USB-~, enz.)	**kabel** (m)	['kabɛʎ]
afsluiten (ww)	**odłączyć**	[ɔd'wɔ̃tʃɨʧ]
aansluiten op (ww)	**podłączyć**	[pɔd'wɔ̃tʃɨʧ]

166. Internet. E-mail

internet (het)	**Internet** (m)	[in'tɛrnɛt]
browser (de)	**przeglądarka** (ż)	[pʃɛglɔ̃'darka]
zoekmachine (de)	**wyszukiwarka** (ż)	[vɨʃuki'varka]
internetprovider (de)	**dostawca** (m) **internetu**	[dɔs'tafʦa intɛr'nɛtu]
webmaster (de)	**webmaster** (m)	[vɛb'mastɛr]
website (de)	**witryna** (ż) **internetowa**	[vit'rɨna intɛrnɛ'tɔva]
webpagina (de)	**strona** (ż) **internetowa**	['strɔna intɛrnɛ'tɔva]
adres (het)	**adres** (m)	['adrɛs]
adresboek (het)	**książka** (ż) **adresowa**	[kɕɔ̃ʃka adrɛ'sɔva]
postvak (het)	**skrzynka** (ż) **pocztowa**	['skʃɨŋka pɔtʃ'tɔva]
post (de)	**poczta** (ż)	['pɔtʃta]
bericht (het)	**wiadomość** (ż)	[vʲa'dɔmɔɕʧ]
verzender (de)	**nadawca** (m)	[na'dafʦa]
verzenden (ww)	**wysłać**	['vɨswaʧ]
verzending (de)	**wysłanie** (n)	[vɨs'wane]
ontvanger (de)	**odbiorca** (m)	[ɔd'bɜrʦa]
ontvangen (ww)	**dostać**	['dɔstaʧ]
correspondentie (de)	**korespondencja** (ż)	[kɔrɛspɔn'dɛnʦʰja]
corresponderen (met ...)	**korespondować**	[kɔrɛspɔn'dɔvaʧ]
bestand (het)	**plik** (m)	[plik]
downloaden (ww)	**ściągnąć**	[ɕʧɔ̃gnɔɲʧ]
creëren (ww)	**utworzyć**	[ut'fɔʒɨʧ]
verwijderen (een bestand ~)	**usunąć**	[u'sunɔ̃ʧ]
verwijderd (bn)	**usunięty**	[usu'nentɨ]
verbinding (de)	**połączenie** (n)	[pɔwɔ̃t'ʃɛne]
snelheid (de)	**szybkość** (ż)	['ʃɨpkɔɕʧ]
modem (de)	**modem** (m)	['mɔdɛm]
toegang (de)	**dostęp** (m)	['dɔstɛ̃p]
poort (de)	**port** (m)	[pɔrt]
aansluiting (de)	**połączenie** (n)	[pɔwɔ̃t'ʃɛne]
zich aansluiten (ww)	**podłączyć się**	[pɔd'wɔ̃tʃɨʧ ɕɛ̃]
selecteren (ww)	**wybrać**	['vibraʧ]
zoeken (ww)	**szukać**	['ʃukaʧ]

167. Elektriciteit

elektriciteit (de)	**elektryczność** (ż)	[ɛlekt'rɨtʃnɔɕtʃ]
elektrisch (bn)	**elektryczny**	[ɛlekt'rɨtʃnɨ]
elektriciteitscentrale (de)	**elektrownia** (ż)	[ɛlekt'rɔvɲa]
energie (de)	**energia** (ż)	[ɛ'nɛrgja]
elektrisch vermogen (het)	**prąd** (m)	[prɔ̃t]
lamp (de)	**żarówka** (ż)	[ʒa'rufka]
zaklamp (de)	**latarka** (ż)	[ʎa'tarka]
straatlantaarn (de)	**latarnia** (ż)	[ʎa'tarɲa]
licht (elektriciteit)	**światło** (n)	['ɕfʲatwɔ]
aandoen (ww)	**włączać**	['vwɔ̃tʃatʃ]
uitdoen (ww)	**wyłączać**	[vɨ'wɔ̃tʃatʃ]
het licht uitdoen	**zgasić światło**	['zgaɕitʃ 'ɕfʲatwɔ]
doorbranden (gloeilamp)	**spalić się**	['spalitʃ ɕɛ̃]
kortsluiting (de)	**krótkie zwarcie** (n)	['krutke 'zvartʃe]
onderbreking (de)	**przerwanie** (n) **przewodu**	[pʃɛrɨ'vanie pʃɛ'vɔdu]
contact (het)	**styk** (m)	[stɨk]
schakelaar (de)	**wyłącznik** (m)	[vɨ'wɔ̃tʃnik]
stopcontact (het)	**gniazdko** (n)	['gɲastkɔ]
stekker (de)	**wtyczka** (ż)	['ftɨtʃka]
verlengsnoer (de)	**przedłużacz** (m)	[pʃɛd'wuʒatʃ]
zekering (de)	**bezpiecznik** (m)	[bɛs'petʃnik]
kabel (de)	**przewód** (m)	['pʃɛvut]
bedrading (de)	**instalacja** (ż) **elektryczna**	[insta'ʎatsʰja ɛlekt'rɨtʃna]
ampère (de)	**amper** (m)	[am'pɛr]
stroomsterkte (de)	**natężenie** (n) **prądu**	[natɛ̃'ʒɛne 'prɔ̃du]
volt (de)	**wolt** (m)	[vɔʎt]
spanning (de)	**napięcie** (n)	[na'pɛ̃tʃe]
elektrisch toestel (het)	**przyrząd** (m) **elektryczny**	['pʃɨʒɔ̃d ɛlekt'rɨtʃnɨ]
indicator (de)	**wskaźnik** (m)	['fskaʑʲnik]
elektricien (de)	**elektryk** (m)	[ɛ'lektrɨk]
solderen (ww)	**lutować**	[ly'tɔvatʃ]
soldeerbout (de)	**lutownica** (ż)	[lytɔv'nitsa]
stroom (de)	**prąd** (m)	[prɔ̃t]

168. Gereedschappen

werktuig (stuk gereedschap)	**narzędzie** (n)	[na'ʒɛ̃dʒe]
gereedschap (het)	**narzędzia** (l.mn.)	[na'ʒɛ̃dʒʲa]
uitrusting (de)	**sprzęt** (m)	[spʃɛ̃t]
hamer (de)	**młotek** (m)	['mwɔtɛk]
schroevendraaier (de)	**śrubokręt** (m)	[ɕru'bɔkrɛ̃t]
bijl (de)	**siekiera** (ż)	[ɕe'kera]

zaag (de)	**piła** (ż)	['piwa]
zagen (ww)	**piłować**	[pi'wɔvatʃ]
schaaf (de)	**strug** (m)	[struk]
schaven (ww)	**heblować**	[hɛb'lɜvatʃ]
soldeerbout (de)	**lutownica** (ż)	[lytɔv'nitsa]
solderen (ww)	**lutować**	[ly'tɔvatʃ]
vijl (de)	**pilnik** (m)	['piʎnik]
nijptang (de)	**obcęgi** (l.mn.)	[ɔp'tsɛŋi]
combinatietang (de)	**kombinerki** (l.mn.)	[kɔmbi'nɛrki]
beitel (de)	**dłuto** (n) **stolarskie**	['dwutɔ stɔ'ʎarske]
boorkop (de)	**wiertło** (n)	['vertwɔ]
boormachine (de)	**wiertarka** (ż)	[ver'tarka]
boren (ww)	**wiercić**	['vertʃitʃ]
mes (het)	**nóż** (m)	[nuʃ]
zakmes (het)	**scyzoryk** (m)	[stsɨ'zɔrɨk]
knip- (abn)	**składany**	[skwa'danɨ]
lemmet (het)	**ostrze** (n)	['ɔstʃɛ]
scherp (bijv. ~ mes)	**ostry**	['ɔstrɨ]
bot (bn)	**tępy**	['tɛ̃pɨ]
bot raken (ww)	**stępić się**	['stɛmpitʃ ɕɛ̃]
slijpen (een mes ~)	**ostrzyć**	['ɔstʃɨtʃ]
bout (de)	**śruba** (ż)	['ɕruba]
moer (de)	**nakrętka** (ż)	[nak'rɛntka]
schroefdraad (de)	**gwint** (m)	[gvint]
houtschroef (de)	**wkręt** (m)	[fkrɛ̃t]
nagel (de)	**gwóźdź** (m)	[gvuɕtʃ]
kop (de)	**główka** (ż)	['gwufka]
liniaal (de/het)	**linijka** (ż)	[li'nijka]
rolmeter (de)	**taśma** (ż) **miernicza**	['taɕma mer'nitʃa]
waterpas (de/het)	**poziomica** (ż)	[pɔʒɜ'mitsa]
loep (de)	**lupa** (ż)	['lypa]
meetinstrument (het)	**miernik** (m)	['mernik]
opmeten (ww)	**mierzyć**	['meʒɨtʃ]
schaal (meetschaal)	**skala** (ż)	['skaʎa]
gegevens (mv.)	**odczyt** (m)	['ɔdʃtʃɨt]
compressor (de)	**sprężarka** (ż)	[sprɛ̃'ʒarka]
microscoop (de)	**mikroskop** (m)	[mik'rɔskɔp]
pomp (de)	**pompa** (ż)	['pɔmpa]
robot (de)	**robot** (m)	['rɔbɔt]
laser (de)	**laser** (m)	['ʎasɛr]
moersleutel (de)	**klucz** (m) **francuski**	[klytʃ fran'tsuski]
plakband (de)	**taśma** (ż) **klejąca**	['taɕma kleɔ̃tsa]
lijm (de)	**klej** (m)	[klej]
schuurpapier (het)	**papier** (m) **ścierny**	['paper 'ɕtʃernɨ]
veer (de)	**sprężyna** (ż)	[sprɛ̃'ʒɨna]

magneet (de)	**magnes** (m)	['magnɛs]
handschoenen (mv.)	**rękawiczki** (l.mn.)	[rẽka'vitʃki]
touw (bijv. henneptouw)	**sznurek** (m)	['ʃnurɛk]
snoer (het)	**sznur** (m)	[ʃnur]
draad (de)	**przewód** (m)	['pʃɛvut]
kabel (de)	**kabel** (m)	['kabɛʎ]
moker (de)	**młot** (m)	[mwɔt]
breekijzer (het)	**łom** (m)	[wɔm]
ladder (de)	**drabina** (ż)	[dra'bina]
trapje (inklapbaar ~)	**drabinka** (ż) **składana**	[dra'biŋka skwa'dana]
aanschroeven (ww)	**przekręcać**	[pʃɛk'rɛntsatʃ]
losschroeven (ww)	**odkręcać**	[ɔtk'rɛntsatʃ]
dichtpersen (ww)	**zaciskać**	[za'tʃiskatʃ]
vastlijmen (ww)	**przyklejać**	[pʃɨk'lejatʃ]
snijden (ww)	**ciąć**	[tʃɔ̃ʲtʃ]
defect (het)	**uszkodzenie** (n)	[uʃkɔ'dzɛne]
reparatie (de)	**naprawa** (ż)	[nap'rava]
repareren (ww)	**reperować**	[rɛpɛ'rɔvatʃ]
regelen (een machine ~)	**regulować**	[rɛgu'lɜvatʃ]
nakijken (ww)	**sprawdzać**	['spravdzatʃ]
controle (de)	**kontrola** (ż)	[kɔnt'rɔʎa]
gegevens (mv.)	**odczyt** (m)	['ɔdʃtʃɨt]
degelijk (bijv. ~ machine)	**niezawodny**	[neza'vɔdnɨ]
ingewikkeld (bn)	**złożony**	[zwɔ'ʒɔnɨ]
roesten (ww)	**rdzewieć**	['rdzɛvetʃ]
roestig (bn)	**zardzewiały**	[zardzɛ'vʲawɨ]
roest (de/het)	**rdza** (ż)	[rdza]

Vervoer

169. Vliegtuig

vliegtuig (het)	**samolot** (m)	[sa'mɔlɜt]
vliegticket (het)	**bilet** (m) **lotniczy**	['bilet lɜt'nitʃɨ]
luchtvaartmaatschappij (de)	**linie** (l.mn.) **lotnicze**	['liɲje lɜt'nitʃɛ]
luchthaven (de)	**port** (m) **lotniczy**	[pɔrt lɜt'nitʃɨ]
supersonisch (bn)	**ponaddźwiękowy**	[pɔnaddʒʲvɛ̃'kɔvɨ]
gezagvoerder (de)	**kapitan** (m) **statku**	[ka'pitan 'statku]
bemanning (de)	**załoga** (ż)	[za'wɔga]
piloot (de)	**pilot** (m)	['pilɜt]
stewardess (de)	**stewardessa** (ż)	[stɛva'rdɛssa]
stuurman (de)	**nawigator** (m)	[navi'gatɔr]
vleugels (mv.)	**skrzydła** (l.mn.)	['skʃɨdwa]
staart (de)	**ogon** (m)	['ɔgɔn]
cabine (de)	**kabina** (ż)	[ka'bina]
motor (de)	**silnik** (m)	['ɕiʎnik]
landingsgestel (het)	**podwozie** (n)	[pɔd'vɔʒe]
turbine (de)	**turbina** (ż)	[tur'bina]
propeller (de)	**śmigło** (n)	['ɕmigwɔ]
zwarte doos (de)	**czarna skrzynka** (ż)	['tʃarna 'skʃɨŋka]
stuur (het)	**wolant** (m)	['vɔʎant]
brandstof (de)	**paliwo** (n)	[pa'livɔ]
veiligheidskaart (de)	**instrukcja** (ż)	[inɜt'ruktsʰja]
zuurstofmasker (het)	**maska** (ż) **tlenowa**	['maska tle'nɔva]
uniform (het)	**uniform** (m)	[u'nifɔrm]
reddingsvest (de)	**kamizelka** (ż) **ratunkowa**	[kami'zɛʎka ratu'ŋkɔva]
parachute (de)	**spadochron** (m)	[spa'dɔhrɔn]
opstijgen (het)	**start** (m)	[start]
opstijgen (ww)	**startować**	[star'tɔvatʃ]
startbaan (de)	**pas** (m) **startowy**	[pas star'tɔvɨ]
zicht (het)	**widoczność** (ż)	[vi'dɔtʃnɔɕtʃ]
vlucht (de)	**lot** (m)	['lɜt]
hoogte (de)	**wysokość** (ż)	[vɨ'sɔkɔɕtʃ]
luchtzak (de)	**dziura** (ż) **powietrzna**	['dʒyra pɔ'vetʃna]
plaats (de)	**miejsce** (n)	['mejstsɛ]
koptelefoon (de)	**słuchawki** (l.mn.)	[swu'hafki]
tafeltje (het)	**stolik** (m) **rozkładany**	['stɔlik rɔskwa'danɨ]
venster (het)	**iluminator** (m)	[ilymi'natɔr]
gangpad (het)	**przejście** (n)	['pʃɛjɕtʃe]

170. Trein

trein (de)	**pociąg** (m)	['pɔʧɔ̃k]
elektrische trein (de)	**pociąg** (m) **podmiejski**	['pɔʧɔ̃k pɔd'mejski]
sneltrein (de)	**pociąg** (m) **pośpieszny**	['pɔʧɔ̃k pɔɕ'peʃnɨ]
diesellocomotief (de)	**lokomotywa** (ż)	[lɜkɔmɔ'tɨva]
locomotief (de)	**parowóz** (m)	[pa'rɔvus]
rijtuig (het)	**wagon** (m)	['vagɔn]
restauratierijtuig (het)	**wagon** (m) **restauracyjny**	['vagɔn rɛstaura'ʦɨjnɨ]
rails (mv.)	**szyny** (l.mn.)	['ʃɨnɨ]
spoorweg (de)	**kolej** (ż)	['kɔlej]
dwarsligger (de)	**podkład** (m)	['pɔtkwat]
perron (het)	**peron** (m)	['pɛrɔn]
spoor (het)	**tor** (m)	[tɔr]
semafoor (de)	**semafor** (m)	[sɛ'mafɔr]
halte (bijv. kleine treinhalte)	**stacja** (ż)	['staʦʰja]
machinist (de)	**maszynista** (m)	[maʃɨ'nista]
kruier (de)	**tragarz** (m)	['tragaʃ]
conducteur (de)	**konduktor** (m)	[kɔn'duktɔr]
passagier (de)	**pasażer** (m)	[pa'saʒɛr]
controleur (de)	**kontroler** (m)	[kɔnt'rɔler]
gang (in een trein)	**korytarz** (m)	[kɔ'rɨtaʃ]
noodrem (de)	**hamulec** (m) **bezpieczeństwa**	[ha'muleʦ bɛzpet'ʃɛɲstfa]
coupé (de)	**przedział** (m)	['pʃɛʤʲaw]
bed (slaapplaats)	**łóżko** (n)	['wuʃkɔ]
bovenste bed (het)	**łóżko** (n) **górne**	['wuʃkɔ 'gurnɛ]
onderste bed (het)	**łóżko** (n) **dolne**	['wuʃkɔ 'dɔʎnɛ]
beddengoed (het)	**pościel** (ż)	['pɔɕʧeʎ]
kaartje (het)	**bilet** (m)	['bilet]
dienstregeling (de)	**rozkład** (m) **jazdy**	['rɔskwad 'jazdɨ]
informatiebord (het)	**tablica** (ż) **informacyjna**	[tab'liʦa infɔrma'ʦɨjna]
vertrekken (De trein vertrekt ...)	**odjeżdżać**	[ɔdʰ'eʒʤaʧ]
vertrek (ov. een trein)	**odjazd** (m)	['ɔdʰjast]
aankomen (ov. de treinen)	**wjeżdżać**	['vʰeʒʤaʧ]
aankomst (de)	**przybycie** (n)	[pʃɨ'bɨʧe]
aankomen per trein	**przyjechać pociągiem**	[pʃɨ'ehaʧ pɔʧɔ̃gem]
in de trein stappen	**wsiąść do pociągu**	[fɕɔ̃ʲɕʧ dɔ pɔʧɔ̃gu]
uit de trein stappen	**wysiąść z pociągu**	['vɨɕɔ̃ʲɕʧ s pɔʧɔ̃gu]
treinwrak (het)	**katastrofa** (ż)	[katast'rɔfa]
locomotief (de)	**parowóz** (m)	[pa'rɔvus]
stoker (de)	**palacz** (m)	['paʎaʧ]
stookplaats (de)	**palenisko** (n)	[pale'niskɔ]
steenkool (de)	**węgiel** (m)	['vɛŋeʎ]

171. Schip

schip (het)	**statek** (m)	['statɛk]
vaartuig (het)	**okręt** (m)	['ɔkrɛ̃t]
stoomboot (de)	**parowiec** (m)	[pa'rɔvets]
motorschip (het)	**motorowiec** (m)	[mɔtɔ'rɔvets]
lijnschip (het)	**liniowiec** (m)	[li'ɲjɔvets]
kruiser (de)	**krążownik** (m)	[krɔ̃'ʒɔvnik]
jacht (het)	**jacht** (m)	[jaht]
sleepboot (de)	**holownik** (m)	[hɔ'lɜvnik]
duwbak (de)	**barka** (ż)	['barka]
ferryboot (de)	**prom** (m)	[prɔm]
zeilboot (de)	**żaglowiec** (m)	[ʒag'lɜvets]
brigantijn (de)	**brygantyna** (ż)	[brɨgan'tɨna]
IJsbreker (de)	**lodołamacz** (m)	[lɜdɔ'wamatʃ]
duikboot (de)	**łódź** (ż) **podwodna**	[wutʃ pɔd'vɔdna]
boot (de)	**łódź** (ż)	[wutʃ]
sloep (de)	**szalupa** (ż)	[ʃa'lypa]
reddingssloep (de)	**szalupa** (ż)	[ʃa'lypa]
motorboot (de)	**motorówka** (ż)	[mɔtɔ'rufka]
kapitein (de)	**kapitan** (m)	[ka'pitan]
zeeman (de)	**marynarz** (m)	[ma'rɨnaʃ]
matroos (de)	**marynarz** (m)	[ma'rɨnaʃ]
bemanning (de)	**załoga** (ż)	[za'wɔga]
bootsman (de)	**bosman** (m)	['bɔsman]
scheepsjongen (de)	**chłopiec** (m) **okrętowy**	['hwɔpets ɔkrɛ̃'tɔvɨ]
kok (de)	**kucharz** (m) **okrętowy**	['kuhaʃ ɔkrɛ̃'tɔvi]
scheepsarts (de)	**lekarz** (m) **okrętowy**	['lekaʃ ɔkrɛ̃'tɔvɨ]
dek (het)	**pokład** (m)	['pɔkwat]
mast (de)	**maszt** (m)	[maʃt]
zeil (het)	**żagiel** (m)	['ʒageʎ]
ruim (het)	**ładownia** (ż)	[wa'dɔvɲa]
voorsteven (de)	**dziób** (m)	[dʒyp]
achtersteven (de)	**rufa** (ż)	['rufa]
roeispaan (de)	**wiosło** (n)	['vɜswɔ]
schroef (de)	**śruba** (ż) **napędowa**	['ɕruba napɛ̃'dɔva]
kajuit (de)	**kajuta** (ż)	[ka'juta]
officierskamer (de)	**mesa** (ż)	['mɛsa]
machinekamer (de)	**maszynownia** (ż)	[maʃɨ'nɔvɲa]
brug (de)	**mostek** (m) **kapitański**	['mɔstɛk kapi'taɲski]
radiokamer (de)	**radiokabina** (ż)	[radʰɔka'bina]
radiogolf (de)	**fala** (ż)	['faʎa]
logboek (het)	**dziennik** (m) **pokładowy**	['dʒeɲik pɔkwa'dɔvɨ]
verrekijker (de)	**luneta** (ż)	[ly'nɛta]
klok (de)	**dzwon** (m)	[dzvɔn]

vlag (de)	**bandera** (ż)	[ban'dɛra]
kabel (de)	**lina** (ż)	['lina]
knoop (de)	**węzeł** (m)	['vɛnzɛw]
trapleuning (de)	**poręcz** (ż)	['pɔrɛ̃tʃ]
trap (de)	**trap** (m)	[trap]
anker (het)	**kotwica** (ż)	[kɔt'fitsa]
het anker lichten	**podnieść kotwicę**	['pɔdnɛɕtʃ kɔt'fitsɛ̃]
het anker neerlaten	**zarzucić kotwicę**	[za'ʒutʃitʃ kɔt'fitsɛ̃]
ankerketting (de)	**łańcuch** (m) **kotwicy**	['waɲtsuh kɔt'fitsɨ]
haven (bijv. containerhaven)	**port** (m)	[pɔrt]
kaai (de)	**nabrzeże** (n)	[nab'ʒɛʒɛ]
aanleggen (ww)	**cumować**	[tsu'mɔvatʃ]
wegvaren (ww)	**odbijać**	[ɔd'bijatʃ]
reis (de)	**podróż** (ż)	['pɔdruʃ]
cruise (de)	**podróż** (ż) **morska**	['pɔdruʃ 'mɔrska]
koers (de)	**kurs** (m)	[kurs]
route (de)	**trasa** (ż)	['trasa]
vaarwater (het)	**tor** (m) **wodny**	[tɔr 'vɔdnɨ]
zandbank (de)	**mielizna** (ż)	[me'lizna]
stranden (ww)	**osiąść na mieliźnie**	['ɔɕɔ̃ʲɕtʃ na me'liʑʲne]
storm (de)	**sztorm** (m)	[ʃtɔrm]
signaal (het)	**sygnał** (m)	['sɨgnaw]
zinken (ov. een boot)	**tonąć**	['tɔ̃ɔɲtʃ]
SOS (noodsignaal)	**SOS**	[ɛs ɔ ɛs]
reddingsboei (de)	**koło** (n) **ratunkowe**	['kɔwɔ ratu'ŋkɔvɛ]

172. Vliegveld

luchthaven (de)	**port** (m) **lotniczy**	[pɔrt lɔt'nitʃɨ]
vliegtuig (het)	**samolot** (m)	[sa'mɔlɔt]
luchtvaartmaatschappij (de)	**linie** (l.mn.) **lotnicze**	['liɲje lɔt'nitʃɛ]
luchtverkeersleider (de)	**kontroler** (m) **lotów**	[kɔnt'rɔler 'lɔtuf]
vertrek (het)	**odlot** (m)	['ɔdlɔt]
aankomst (de)	**przylot** (m)	['pʃɨlɔt]
aankomen (per vliegtuig)	**przylecieć**	[pʃɨ'letʃetʃ]
vertrektijd (de)	**godzina** (ż) **odlotu**	[gɔ'dʒina ɔd'lɔtu]
aankomstuur (het)	**godzina** (ż) **przylotu**	[gɔ'dʒina pʃɨ'lɔtu]
vertraagd zijn (ww)	**opóźniać się**	[ɔ'puʑʲnatʃ ɕɛ̃]
vluchtvertraging (de)	**opóźnienie** (n) **odlotu**	[ɔpuʑʲ'nene ɔd'lɔtu]
informatiebord (het)	**tablica** (ż) **informacyjna**	[tab'litsa infɔrma'tsɨjna]
informatie (de)	**informacja** (ż)	[infɔr'matsʰja]
aankondigen (ww)	**ogłaszać**	[ɔg'waʃatʃ]
vlucht (bijv. KLM ~)	**lot** (m)	['lɔt]
douane (de)	**urząd** (m) **celny**	['uʒɔ̃t 'tsɛʎnɨ]

douanier (de) **celnik** (m) ['tsɛʎnik]
douaneaangifte (de) **deklaracja** (ż) [dɛkʎa'ratsʰja]
een douaneaangifte invullen **wypełnić deklarację** [vi'pɛwnitʃ dɛkʎa'ratsʰɛ̃]
paspoortcontrole (de) **odprawa** (ż) **paszportowa** [ɔtp'rava paʃpɔr'tɔva]

bagage (de) **bagaż** (m) ['bagaʃ]
handbagage (de) **bagaż** (m) **podręczny** ['bagaʃ pɔd'rɛntʃnɨ]
Gevonden voorwerpen **poszukiwanie** (n) **bagażu** [pɔʃuki'vane ba'gaʒu]
bagagekarretje (het) **wózek** (m) **bagażowy** ['vuzɛk baga'ʒɔvɨ]

landing (de) **lądowanie** (n) [lɔ̃dɔ'vane]
landingsbaan (de) **pas** (m) **startowy** [pas star'tɔvɨ]
landen (ww) **lądować** [lɔ̃'dɔvatʃ]
vliegtuigtrap (de) **schody** (l.mn.) **do samolotu** ['shɔdɨ dɔ samɔ'lɜtu]

inchecken (het) **odprawa** (ż) **biletowa** [ɔtp'rava bile'tɔva]
incheckbalie (de) **stanowisko** (n) **odprawy** [stanɔ'viskɔ ɔtp'ravɨ]
inchecken (ww) **zgłosić się do odprawy** ['zgwɔɕitʃ ɕɛ̃ dɔ ɔtp'ravɨ]
instapkaart (de) **karta** (ż) **pokładowa** ['karta pɔkwa'dɔva]
gate (de) **wyjście** (n) **do odprawy** ['vɨjɕtʃe dɔ ɔtp'ravɨ]

transit (de) **tranzyt** (m) ['tranzɨt]
wachten (ww) **czekać** ['tʃɛkatʃ]
wachtzaal (de) **poczekalnia** (ż) [pɔtʃɛ'kaʎɲa]
begeleiden (uitwuiven) **odprowadzać** [ɔtprɔ'vadzatʃ]
afscheid nemen (ww) **żegnać się** ['ʒɛgnatʃ ɕɛ̃]

173. Fiets. Motorfiets

fiets (de) **rower** (m) ['rɔvɛr]
bromfiets (de) **skuter** (m) ['skutɛr]
motorfiets (de) **motocykl** (m) [mɔ'tɔtsikʎ]

met de fiets rijden **jechać na rowerze** ['ehatʃ na rɔ'vɛʒɛ]
stuur (het) **kierownica** (ż) [kerɔv'nitsa]
pedaal (de/het) **pedał** (m) ['pɛdaw]
remmen (mv.) **hamulce** (l.mn.) [ha'muʎtsɛ]
fietszadel (de/het) **siodełko** (n) [ɕɜ'dɛwkɔ]

pomp (de) **pompka** (ż) ['pɔmpka]
bagagedrager (de) **bagażnik** (m) [ba'gaʒnik]
fietslicht (het) **lampa** (ż) ['ʎampa]
helm (de) **kask** (m) [kask]

wiel (het) **koło** (n) ['kɔwɔ]
spatbord (het) **błotnik** (m) ['bwɔtnik]
velg (de) **obręcz** (ż) ['ɔbrɛ̃tʃ]
spaak (de) **szprycha** (ż) ['ʃpriha]

Auto's

174. Soorten auto's

auto (de)	**samochód** (m)	[sa'mɔhut]
sportauto (de)	**samochód** (m) **sportowy**	[sa'mɔhut spɔr'tɔvɨ]
limousine (de)	**limuzyna** (ż)	[limu'zɨna]
terreinwagen (de)	**samochód** (m) **terenowy**	[sa'mɔhut tɛrɛ'nɔvɨ]
cabriolet (de)	**kabriolet** (m)	[kabr^{h}ɜlet]
minibus (de)	**mikrobus** (m)	[mik'rɔbus]
ambulance (de)	**karetka** (ż) **pogotowia**	[ka'rɛtka pɔgɔ'tɔv^{j}a]
sneeuwruimer (de)	**odśnieżarka** (ż)	[ɔtɕne'ʒarka]
vrachtwagen (de)	**ciężarówka** (ż)	[tʃɛ̃ʒa'rufka]
tankwagen (de)	**samochód-cysterna** (ż)	[sa'mɔhut tsɨs'tɛrna]
bestelwagen (de)	**furgon** (m)	['furgɔn]
trekker (de)	**ciągnik** (m) **siodłowy**	['ts^{j}ɔ̃gnik s^{j}ɔd'wɔvɨ]
aanhangwagen (de)	**przyczepa** (ż)	[pʃɨt'ʃɛpa]
comfortabel (bn)	**komfortowy**	[kɔmfɔr'tɔvɨ]
tweedehands (bn)	**używany**	[uʒɨ'vanɨ]

175. Auto's. Carrosserie

motorkap (de)	**maska** (ż)	['maska]
spatbord (het)	**błotnik** (m)	['bwɔtnik]
dak (het)	**dach** (m)	[dah]
voorruit (de)	**szyba** (ż) **przednia**	['ʃɨba 'pʃɛdɲa]
achterruit (de)	**lusterko** (n) **wsteczne**	[lys'tɛrkɔ 'fstɛtʃnɛ]
ruitensproeier (de)	**spryskiwacz** (m)	[sprɨs'kivatʃ]
wisserbladen (mv.)	**wycieraczki** (l.mn.)	[vɨtʃe'ratʃki]
zijruit (de)	**szyba** (ż) **boczna**	['ʃɨba 'bɔtʃna]
raamlift (de)	**podnośnik** (m) **szyby**	[pɔd'nɔɕnik 'ʃɨbɨ]
antenne (de)	**antena** (ż)	[an'tɛna]
zonnedak (het)	**szyberdach** (m)	[ʃɨberdah]
bumper (de)	**zderzak** (m)	['zdɛʒak]
koffer (de)	**bagażnik** (m)	[ba'gaʒnik]
portier (het)	**drzwi** (ż)	[dʒvi]
handvat (het)	**klamka** (ż)	['kʎamka]
slot (het)	**zamek** (m)	['zamɛk]
nummerplaat (de)	**tablica** (ż) **rejestracyjna**	[tab'litsa rejestra'tsɨjna]
knalpot (de)	**tłumik** (m)	['twumik]

benzinetank (de)	**zbiornik** (m) **paliwa**	['zbɜrnik pa'liva]
uitlaatpijp (de)	**rura** (ż) **wydechowa**	['rura vɨdɛ'hɔva]
gas (het)	**gaz** (m)	[gas]
pedaal (de/het)	**pedał** (m)	['pɛdaw]
gaspedaal (de/het)	**pedał** (m) **gazu**	['pɛdaw 'gazu]
rem (de)	**hamulec** (m)	[ha'mulets]
rempedaal (de/het)	**pedał** (m) **hamulca**	['pɛdaw ha'muʎtsa]
remmen (ww)	**hamować**	[ha'mɔvatʃ]
handrem (de)	**hamulec** (m) **postojowy**	[ha'mulets pɔstɔʒvɨ]
koppeling (de)	**sprzęgło** (n)	['spʃɛŋwɔ]
koppelingspedaal (de/het)	**pedał** (m) **sprzęgła**	['pɛdaw 'spʃɛŋwa]
koppelingsschijf (de)	**tarcza** (ż) **sprzęgła**	['tartʃa 'spʃɛŋwa]
schokdemper (de)	**amortyzator** (m)	[amɔrtɨ'zatɔr]
wiel (het)	**koło** (n)	['kɔwɔ]
reservewiel (het)	**koło** (n) **zapasowe**	['kɔwɔ zapa'sɔvɛ]
band (de)	**opona** (ż)	[ɔ'pɔna]
wieldop (de)	**kołpak** (m)	['kɔwpak]
aandrijfwielen (mv.)	**koła** (l.mn.) **napędowe**	['kɔwa napɛ̃'dɔvɛ]
met voorwielaandrijving	**z napędem na przednie koła**	[z na'pɛndɛm na 'pʃɛdne 'kɔwa]
met achterwielaandrijving	**z napędem na tylne koła**	[z na'pɛndɛm na 'tɨʎnɛ 'kɔwa]
met vierwielaandrijving	**z napędem na cztery koła**	[z na'pɛndɛm na 'tʃtɛrɨ 'kɔwa]
versnellingsbak (de)	**skrzynia** (ż) **biegów**	['skʃɨɲa 'beguf]
automatisch (bn)	**automatyczny**	[autɔma'tɨtʃnɨ]
mechanisch (bn)	**mechaniczny**	[mɛha'nitʃnɨ]
versnellingspook (de)	**dźwignia** (ż) **skrzyni biegów**	['dʒʲvigɲa 'skʃɨni 'beguf]
voorlicht (het)	**reflektor** (m)	[rɛf'lektɔr]
voorlichten (mv.)	**światła** (l.mn.)	['ɕfʲatwa]
dimlicht (het)	**światła** (l.mn.) **mijania**	['ɕfʲatwa mi'jaɲa]
grootlicht (het)	**światła** (l.mn.) **drogowe**	['ɕfʲatwa drɔ'gɔvɛ]
stoplicht (het)	**światła** (l.mn.) **hamowania**	['ɕfʲatwa hamɔ'vaɲa]
standlichten (mv.)	**światła** (l.mn.) **obrysowe**	['ɕfʲatwa ɔbrɨ'sɔvɛ]
noodverlichting (de)	**światła** (l.mn.) **awaryjne**	['ʃfʲatwa ava'rɨjnɛ]
mistlichten (mv.)	**światła** (l.mn.) **przeciwmgielne**	['ʃfʲatwa pʃɛtʃivm'geʎnɛ]
pinker (de)	**migacz** (m)	['migatʃ]
achteruitrijdlicht (het)	**światła** (l.mn.) **cofania**	['ɕfʲatwa tsɔ'faɲa]

176. Auto's. Passagiersruimte

interieur (het)	**wewnątrz** (m) **samochodu**	['vevnɔ̃tʃ samɔ'hɔdu]
leren (van leer gemaak)	**skórzany**	[sku'ʒanɨ]
fluwelen (abn)	**welurowy**	[vɛly'rɔvɨ]
bekleding (de)	**obicie** (n)	[ɔ'bitʃe]
toestel (het)	**przyrząd** (m)	['pʃɨʒɔ̃t]
instrumentenbord (het)	**deska** (ż) **rozdzielcza**	['dɛska rɔz'dʒeʎtʃa]

snelheidsmeter (de)	**prędkościomierz** (m)	[prɛ̃tkɔɕ'tʃɔmeʃ]
pijltje (het)	**strzałka** (ż)	['stʃawka]
kilometerteller (de)	**licznik** (m)	['litʃnik]
sensor (de)	**czujnik** (m)	['tʃujnik]
niveau (het)	**poziom** (m)	['pɔʒɜm]
controlelampje (het)	**lampka** (ż)	['ʎampka]
stuur (het)	**kierownica** (ż)	[kerɔv'nitsa]
toeter (de)	**klakson** (m)	['kʎaksɔn]
knopje (het)	**przycisk** (m)	['pʃɨtʃisk]
schakelaar (de)	**przełącznik** (m)	[pʃɛ'wɔ̃tʃnik]
stoel (bestuurders~)	**siedzenie** (n)	[ɕe'dzɛne]
rugleuning (de)	**oparcie** (n)	[ɔ'partʃe]
hoofdsteun (de)	**zagłówek** (m)	[zag'wuvɛk]
veiligheidsgordel (de)	**pas** (m) **bezpieczeństwa**	[pas bɛspet'ʃɛɲstfa]
de gordel aandoen	**zapiąć pasy**	['zapɔ̃ʲtʃ 'pasɨ]
regeling (de)	**regulacja** (ż)	[rɛgu'ʎats^{h}ja]
airbag (de)	**poduszka** (ż) **powietrzna**	[pɔ'duʃka pɔ'vetʃna]
airconditioner (de)	**klimatyzator** (m)	[klimatɨ'zatɔr]
radio (de)	**radio** (n)	['rad^{h}ɜ]
CD-speler (de)	**odtwarzacz CD** (m)	[ɔtt'vaʒatʃ si di]
aanzetten (bijv. radio ~)	**włączyć**	['vwɔ̃tʃɨtʃ]
antenne (de)	**antena** (ż)	[an'tɛna]
handschoenenkastje (het)	**schowek** (m)	['shɔvɛk]
asbak (de)	**popielniczka** (ż)	[pɔpeʎ'nitʃka]

177. Auto's. Motor

diesel- (abn)	**dieslowy**	[diz'lɜvɨ]
benzine- (~motor)	**benzynowy**	[bɛnzɨ'nɔvɨ]
motorinhoud (de)	**pojemność** (ż) **silnika**	[pɔ'emnɔɕtʃ ɕiʎ'nika]
vermogen (het)	**moc** (ż)	[mɔts]
paardenkracht (de)	**koń** (m) **mechaniczny**	[kɔɲ mɛha'nitʃnɨ]
zuiger (de)	**tłok** (m)	[twɔk]
cilinder (de)	**cylinder** (m)	[tsɨ'lindɛr]
klep (de)	**zastawka** (ż)	[zas'tafka]
injectie (de)	**wtryskiwacz** (m)	[ftrɨs'kivatʃ]
generator (de)	**generator** (m)	[gɛnɛ'ratɔr]
carburator (de)	**gaźnik** (m)	['gaʑʲnik]
motorolie (de)	**olej** (m) **silnikowy**	['ɔlej ɕiʎni'kɔvɨ]
radiator (de)	**chłodnica** (ż)	[hwɔd'nitsa]
koelvloeistof (de)	**płyn** (m) **chłodniczy**	[pwɨn hwɔ'dzɔntsɨ]
ventilator (de)	**wentylator** (m)	[vɛntɨ'ʎatɔr]
accu (de)	**akumulator** (m)	[akumu'ʎatɔr]
starter (de)	**rozrusznik** (m)	[rɔz'ruʃnik]
contact (ontsteking)	**zapłon** (m)	['zapwɔn]

bougie (de)	**świeca** (ż) **zapłonowa**	[ˈɕfetsa zapwɔˈnɔva]
pool (de)	**zacisk** (m)	[ˈzatʃisk]
positieve pool (de)	**plus** (m)	[plys]
negatieve pool (de)	**minus** (m)	[ˈminus]
zekering (de)	**bezpiecznik** (m)	[bɛsˈpetʃnik]
luchtfilter (de)	**filtr** (m) **powietrza**	[fiʎtr pɔˈvetʃa]
oliefilter (de)	**filtr** (m) **oleju**	[fiʎtr ɔˈleju]
benzinefilter (de)	**filtr** (m) **paliwa**	[fiʎtr paˈliva]

178. Auto's. Botsing. Reparatie

auto-ongeval (het)	**wypadek** (m)	[vɨˈpadɛk]
verkeersongeluk (het)	**wypadek** (m) **drogowy**	[vɨˈpadɛk drɔˈgɔvɨ]
aanrijden (tegen een boom, enz.)	**wjechać w ...**	[ˈv^{h}ehatʃ v]
verongelukken (ww)	**stłuc się**	[stwuts ɕɛ̃]
beschadiging (de)	**uszkodzenie** (n)	[uʃkɔˈdzɛne]
heelhuids (bn)	**nietknięty**	[nietkniˈɛ̃tɨ]
kapot gaan (zijn gebroken)	**zepsuć się**	[ˈzɛpsutʃ ɕɛ̃]
sleeptouw (het)	**hol** (m)	[hɔʎ]
lek (het)	**przebita opona** (ż)	[pʃɛˈbita ɔˈpɔna]
lekke krijgen (band)	**spuścić**	[ˈspuɕtʃitʃ]
oppompen (ww)	**napompowywać**	[napɔmpɔˈvɨvatʃ]
druk (de)	**ciśnienie** (n)	[tʃiɕˈnene]
checken (controleren)	**skontrolować**	[skɔntrɔˈlɜvatʃ]
reparatie (de)	**naprawa** (ż)	[napˈrava]
garage (de)	**warsztat** (m) **samochodowy**	[ˈvarʃtat samɔhɔˈdɔvɨ]
wisselstuk (het)	**część** (ż) **zamienna**	[tʃɛ̃ɕtʃ zaˈmeŋa]
onderdeel (het)	**część** (ż)	[tʃɛ̃ɕtʃ]
bout (de)	**śruba** (ż)	[ˈɕruba]
schroef (de)	**wkręt** (m)	[fkrɛ̃t]
moer (de)	**nakrętka** (ż)	[nakˈrɛntka]
sluitring (de)	**podkładka** (ż)	[pɔtkˈwatka]
kogellager (de/het)	**łożysko** (n)	[wɔˈʒiskɔ]
pijp (de)	**rura** (ż)	[ˈrura]
pakking (de)	**uszczelka** (ż)	[uʃtˈʃɛʎka]
kabel (de)	**przewód** (m)	[ˈpʃɛvut]
dommekracht (de)	**podnośnik** (m)	[pɔdˈnɔɕnik]
moersleutel (de)	**klucz** (m) **francuski**	[klytʃ franˈtsuski]
hamer (de)	**młotek** (m)	[ˈmwɔtɛk]
pomp (de)	**pompka** (ż)	[ˈpɔmpka]
schroevendraaier (de)	**śrubokręt** (m)	[ɕruˈbɔkrɛ̃t]
brandblusser (de)	**gaśnica** (ż)	[gaɕˈnitsa]
gevarendriehoek (de)	**trójkąt** (m) **odblaskowy**	[ˈtrujkɔ̃t ɔdbʎasˈkɔvɨ]
afslaan (ophouden te werken)	**gasnąć**	[ˈgasnɔ̃tʃ]

uitvallen (het)	**wyłączenie** (n)	[vɨwɔ̃t'ʃɛne]
zijn gebroken	**być złamanym**	[bɨʧ zwa'manɨm]
oververhitten (ww)	**przegrzać się**	['pʃɛgʒaʧ ɕɛ̃]
verstopt raken (ww)	**zapchać się**	['zaphaʧ ɕɛ̃]
bevriezen (autodeur, enz.)	**zamarznąć**	[za'marznɔ̃ʧ]
barsten (leidingen, enz.)	**pęknąć**	['pɛŋknɔ̃ʧ]
druk (de)	**ciśnienie** (n)	[ʧiɕ'nene]
niveau (bijv. olieniveau)	**poziom** (m)	['pɔʒɜm]
slap (de drijfriem is ~)	**słaby**	['swabɨ]
deuk (de)	**wgniecenie** (n)	[vgne'ʧene]
geklop (vreemde geluiden)	**pukanie** (n)	[pu'kane]
barst (de)	**rysa** (ż)	['rɨsa]
kras (de)	**zadrapanie** (n)	[zadra'pane]

179. Auto's. Weg

weg (de)	**droga** (ż)	['drɔga]
snelweg (de)	**autostrada** (ż)	[autɔst'rada]
autoweg (de)	**szosa** (ż)	['ʃɔsa]
richting (de)	**kierunek** (m)	[ke'runɛk]
afstand (de)	**odległość** (ż)	[ɔd'legwɔɕʧ]
brug (de)	**most** (m)	[mɔst]
parking (de)	**parking** (m)	['parkiŋk]
plein (het)	**plac** (m)	[pʎaʦ]
verkeersknooppunt (het)	**skrzyżowanie** (n)	[skʃɨʒɔ'vane]
tunnel (de)	**tunel** (m)	['tunɛʎ]
benzinestation (het)	**stacja** (ż) **benzynowa**	['staʦʰja bɛnzɨ'nɔva]
parking (de)	**parking** (m)	['parkiŋk]
benzinepomp (de)	**pompa** (ż) **benzynowa**	['pɔmpa bɛnzɨ'nɔva]
garage (de)	**warsztat** (m) **samochodowy**	['varʃtat samɔhɔ'dɔvɨ]
tanken (ww)	**zatankować**	[zata'ŋkɔvaʧ]
brandstof (de)	**paliwo** (n)	[pa'livɔ]
jerrycan (de)	**kanister** (m)	[ka'nistɛr]
asfalt (het)	**asfalt** (m)	['asfaʎt]
markering (de)	**oznakowanie** (n)	[ɔznakɔ'vane]
trottoirband (de)	**krawężnik** (m)	[kra'vɛnʒnik]
geleiderail (de)	**ogrodzenie** (n)	[ɔgrɔ'ʣɛne]
greppel (de)	**rów** (m) **boczny**	[ruf 'bɔʧnɨ]
vluchtstrook (de)	**pobocze** (n)	[pɔ'bɔʧɛ]
lichtmast (de)	**słup** (m)	[swup]
besturen (een auto ~)	**prowadzić**	[prɔ'vaʤiʧ]
afslaan (naar rechts ~)	**skręcać**	['skrɛnʦaʧ]
U-bocht maken (ww)	**zawracać**	[zav'raʦaʧ]
achteruit (de)	**bieg** (m) **wsteczny**	[bek 'fstɛʧnɨ]
toeteren (ww)	**trąbić**	['trɔ̃biʧ]
toeter (de)	**sygnał** (m)	['sɨgnaw]

vastzitten (in modder)	**utknąć**	['utknɔ̃tʃ]
spinnen (wielen gaan ~)	**buksować**	[buk'sɔvatʃ]
uitzetten (ww)	**gasić**	['gaɕitʃ]
snelheid (de)	**szybkość** (ż)	['ʃɨpkɔɕtʃ]
een snelheidsovertreding maken	**przekroczyć prędkość**	[pʃɛk'rɔtʃɨtʃ 'prɛntkɔɕtʃ]
bekeuren (ww)	**karać grzywną**	['karatʃ 'gʒɨvnɔ̃]
verkeerslicht (het)	**światła** (l.mn.)	['ɕfʲatwa]
rijbewijs (het)	**prawo** (n) **jazdy**	['pravɔ 'jazdɨ]
overgang (de)	**przejazd** (m) **kolejowy**	['pʃɛjast kɔle'jɔvɨ]
kruispunt (het)	**skrzyżowanie** (n)	[skʃɨʒɔ'vane]
zebrapad (oversteekplaats)	**przejście** (n) **dla pieszych**	['pʃɛjɕtʃe dʎa 'peʃɨh]
bocht (de)	**zakręt** (m)	['zakrɛ̃t]
voetgangerszone (de)	**strefa** (ż) **dla pieszych**	['strɛfa dʎa 'peʃɨh]

180. Verkeersborden

verkeersregels (mv.)	**przepisy** (l.mn.) **ruchu drogowego**	[pʃɛ'pisɨ 'ruhu drɔgɔ'vɛgɔ]
verkeersbord (het)	**znak** (m) **drogowy**	[znak drɔ'gɔvɨ]
inhalen (het)	**wyprzedzanie** (n)	[vɨpʃɛ'dzane]
bocht (de)	**zakręt** (m)	['zakrɛ̃t]
U-bocht, kering (de)	**zawracanie** (m)	[zavra'tsanie]
Rotonde (de)	**ruch okrężny** (m)	[ruh ɔk'rɛnʒnɨ]
Verboden richting	**zakaz wjazdu**	['zakaz 'vʰjazdu]
Verboden toegang	**zakaz ruchu**	['zakaz 'ruhu]
Inhalen verboden	**zakaz wyprzedzania**	['zakaz vɨpʃɛ'dzaɲa]
Parkeerverbod	**zakaz postoju**	['zakaz pɔs'tɔju]
Verbod stil te staan	**zakaz zatrzymywania się**	['zakaz zatʃɨmɨ'vaɲa ɕɛ̃]
Gevaarlijke bocht	**niebezpieczny zakręt** (m)	[niebes'petʃnɨ 'zakrɛ̃t]
Gevaarlijke daling	**niebezpieczny zjazd** (m)	[niebes'petʃnɨ zʰjast]
Eenrichtingsweg	**droga jednokierunkowa**	['drɔga jednɔkeru'ŋkɔva]
Voetgangers	**przejście** (n) **dla pieszych**	['pʃɛjɕtʃe dʎa 'peʃɨh]
Slipgevaar	**śliska jezdnia** (ż)	['ɕliska 'ezdɲa]
Voorrang verlenen	**ustąp pierwszeństwa**	['ustɔ̃p perf'ʃɛɲstva]

MENSEN. GEBEURTENISSEN IN HET LEVEN

Gebeurtenissen in het leven

181. Vakanties. Evenement

feest (het)	**święto** (n)	['ɕfentɔ]
nationale feestdag (de)	**święto** (n) **państwowe**	['ɕfentɔ paɲst'fɔvɛ]
feestdag (de)	**dzień** (m) **świąteczny**	[dʑeɲ ɕfɔ̃'tɛtʃnɨ]
herdenken (ww)	**świętować**	[ɕfɛ̃'tɔvatʃ]
gebeurtenis (de)	**wydarzenie** (n)	[vɨda'ʒɛne]
evenement (het)	**impreza** (ż)	[imp'rɛza]
banket (het)	**bankiet** (m)	['baŋket]
receptie (de)	**przyjęcie** (n)	[pʃɨ'ɛ̃tʃe]
feestmaal (het)	**uczta** (ż)	['utʃta]
verjaardag (de)	**rocznica** (ż)	[rɔtʃ'nitsa]
jubileum (het)	**jubileusz** (m)	[jubi'leuʃ]
vieren (ww)	**obchodzić**	[ɔp'hɔdʒitʃ]
Nieuwjaar (het)	**Nowy Rok** (m)	['nɔvɨ rɔk]
Gelukkig Nieuwjaar!	**Szczęśliwego Nowego Roku!**	[ʃtʃɛɲɕli'vɛgɔ nɔ'vɛgɔ 'rɔku]
Kerstfeest (het)	**Boże Narodzenie** (n)	['bɔʒɛ narɔ'dzɛne]
Vrolijk kerstfeest!	**Wesołych Świąt !**	[vɛ'sɔwɨh ɕfɔ̃t]
kerstboom (de)	**choinka** (ż)	[hɔ'iŋka]
vuurwerk (het)	**sztuczne ognie** (l.mn.)	['ʃtutʃnɛ 'ɔgne]
bruiloft (de)	**wesele** (n)	[vɛ'sɛle]
bruidegom (de)	**narzeczony** (m)	[naʒɛt'ʃɔnɨ]
bruid (de)	**narzeczona** (ż)	[naʒɛt'ʃɔna]
uitnodigen (ww)	**zapraszać**	[zap'raʃatʃ]
uitnodiging (de)	**zaproszenie** (n)	[zaprɔ'ʃɛne]
gast (de)	**gość** (m)	[gɔɕtʃ]
op bezoek gaan	**iść w gości**	[iɕtʃ v 'gɔɕtʃi]
gasten verwelkomen	**witać gości**	['vitatʃ 'gɔɕtʃi]
geschenk, cadeau (het)	**prezent** (m)	['prɛzɛnt]
geven (iets cadeau ~)	**dawać w prezencie**	['davatʃ f prɛ'zɛɲtʃe]
geschenken ontvangen	**dostawać prezenty**	[dɔs'tavatʃ prɛ'zɛntɨ]
boeket (het)	**bukiet** (m)	['buket]
felicitaties (mv.)	**gratulacje** (l.mn.)	[gratu'ʎatsʰe]
feliciteren (ww)	**gratulować**	[gratu'lɔvatʃ]
wenskaart (de)	**kartka** (ż) **z życzeniami**	['kartka z ʒɨtʃɛ'ɲami]

een kaartje versturen	**wysłać kartkę**	['viswatʃ 'kartkɛ̃]
een kaartje ontvangen	**dostać kartkę**	['dɔstatʃ kartkɛ̃]
toast (de)	**toast** (m)	['tɔast]
aanbieden (een drankje ~)	**częstować**	[tʃɛ̃s'tɔvatʃ]
champagne (de)	**szampan** (m)	['ʃampan]
plezier hebben (ww)	**bawić się**	['bavitʃ ɕɛ̃]
plezier (het)	**zabawa** (ż)	[za'bava]
vreugde (de)	**radość** (ż)	['radɔɕtʃ]
dans (de)	**taniec** (m)	['tanets]
dansen (ww)	**tańczyć**	['taɲtʃɨtʃ]
wals (de)	**walc** (m)	['vaʎts]
tango (de)	**tango** (n)	['taŋɔ]

182. Begrafenissen. Begrafenis

kerkhof (het)	**cmentarz** (m)	['tsmɛntaʃ]
graf (het)	**grób** (m)	[grup]
kruis (het)	**krzyż** (m)	[kʃɨʃ]
grafsteen (de)	**nagrobek** (m)	[nag'rɔbɛk]
omheining (de)	**ogrodzenie** (n)	[ɔgrɔ'dzɛne]
kapel (de)	**kaplica** (ż)	[kap'litsa]
dood (de)	**śmierć** (ż)	[ɕmertʃ]
sterven (ww)	**umrzeć**	['umʒɛtʃ]
overledene (de)	**zmarły** (m)	['zmarvɨ]
rouw (de)	**żałoba** (ż)	[ʒa'wɔba]
begraven (ww)	**chować**	['hɔvatʃ]
begrafenisonderneming (de)	**zakład** (m) **pogrzebowy**	['zakwat pɔgʒɛ'bɔvi]
begrafenis (de)	**pogrzeb** (m)	['pɔgʒɛp]
krans (de)	**wieniec** (m)	['venets]
doodskist (de)	**trumna** (ż)	['trumna]
lijkwagen (de)	**karawan** (m)	[ka'ravan]
lijkkleed (de)	**całun** (m)	['tsawun]
urn (de)	**urna** (ż) **pogrzebowa**	['urna pɔgʒɛ'bɔva]
crematorium (het)	**krematorium** (m)	[krɛma'tɔrʰjum]
overlijdensbericht (het)	**nekrolog** (m)	[nɛk'rɔlɜk]
huilen (wenen)	**płakać**	['pwakatʃ]
snikken (huilen)	**szlochać**	['ʃlɜhatʃ]

183. Oorlog. Soldaten

peloton (het)	**pluton** (m)	['plytɔn]
compagnie (de)	**rota** (ż)	['rɔta]
regiment (het)	**pułk** (m)	[puwk]

leger (armee)	**armia** (ż)	['armʰja]
divisie (de)	**dywizja** (ż)	[dɨ'vizʰja]
sectie (de)	**oddział** (m)	['ɔddʒʲaw]
troep (de)	**wojsko** (n)	['vɔjskɔ]
soldaat (militair)	**żołnierz** (m)	['ʒɔwneʃ]
officier (de)	**oficer** (m)	[ɔ'fitsɛr]
soldaat (rang)	**szeregowy** (m)	[ʃɛrɛ'gɔvɨ]
sergeant (de)	**sierżant** (m)	['ɕerʒant]
luitenant (de)	**podporucznik** (m)	[pɔtpɔ'rutʃnik]
kapitein (de)	**kapitan** (m)	[ka'pitan]
majoor (de)	**major** (m)	['majɔr]
kolonel (de)	**pułkownik** (m)	[puw'kɔvnik]
generaal (de)	**generał** (m)	[gɛ'nɛraw]
matroos (de)	**marynarz** (m)	[ma'rɨnaʃ]
kapitein (de)	**kapitan** (m)	[ka'pitan]
bootsman (de)	**bosman** (m)	['bɔsman]
artillerist (de)	**artylerzysta** (m)	[artɨle'ʒɨsta]
valschermjager (de)	**desantowiec** (m)	[dɛsan'tɔvets]
piloot (de)	**lotnik** (m)	['lɜtnik]
stuurman (de)	**nawigator** (m)	[navi'gatɔr]
mecanicien (de)	**mechanik** (m)	[mɛ'hanik]
sappeur (de)	**saper** (m)	['sapɛr]
parachutist (de)	**spadochroniarz** (m)	[spadɔh'rɔɲaʃ]
verkenner (de)	**zwiadowca** (m)	[zvʲa'dɔftsa]
scherpschutter (de)	**snajper** (m)	['snajpɛr]
patrouille (de)	**patrol** (m)	['patrɔʎ]
patrouilleren (ww)	**patrolować**	[patrɔ'lɜvatʃ]
wacht (de)	**wartownik** (m)	[var'tɔvnik]
krijger (de)	**wojownik** (m)	[vɔɜvnik]
held (de)	**bohater** (m)	[bɔ'hatɛr]
heldin (de)	**bohaterka** (ż)	[bɔha'tɛrka]
patriot (de)	**patriota** (m)	[patrʰɜta]
verrader (de)	**zdrajca** (m)	['zdrajtsa]
deserteur (de)	**dezerter** (m)	[dɛ'zɛrtɛr]
deserteren (ww)	**dezerterować**	[dɛzɛrtɛ'rɔvatʃ]
huurling (de)	**najemnik** (m)	[na'emnik]
rekruut (de)	**rekrut** (m)	['rɛkrut]
vrijwilliger (de)	**ochotnik** (m)	[ɔ'hɔtnik]
gedode (de)	**zabity** (m)	[za'bitɨ]
gewonde (de)	**ranny** (m)	['raɲɨ]
krijgsgevangene (de)	**jeniec** (m)	['enets]

184. Oorlog. Militaire acties. Deel 1

oorlog (de)	**wojna** (ż)	['vɔjna]
oorlog voeren (ww)	**wojować**	[vɔʒvatʃ]
burgeroorlog (de)	**wojna domowa** (ż)	['vɔjna dɔ'mɔva]
achterbaks (bw)	**wiarołomnie**	[vʲarɔ'wɔmne]
oorlogsverklaring (de)	**wypowiedzenie** (n)	[vɨpɔve'dzɛne]
verklaren (de oorlog ~)	**wypowiedzieć (~ wojnę)**	[vɨpɔ'vedʒetʃ 'vɔjnɛ̃]
agressie (de)	**agresja** (ż)	[ag'rɛsʰja]
aanvallen (binnenvallen)	**napadać**	[na'padatʃ]
binnenvallen (ww)	**najeżdżać**	[na'jezdʒʲatʲ]
invaller (de)	**najeźdźca** (m)	[na'eɕtsa]
veroveraar (de)	**zdobywca** (m)	[zdɔ'bɨftsa]
verdediging (de)	**obrona** (ż)	[ɔb'rɔna]
verdedigen (je land ~)	**bronić**	['brɔnitʃ]
zich verdedigen (ww)	**bronić się**	['brɔnitʃ ɕɛ̃]
vijand (de)	**wróg** (m)	[vruk]
tegenstander (de)	**przeciwnik** (m)	[pʃɛ'tʃivnik]
vijandelijk (bn)	**wrogi**	['vrɔgi]
strategie (de)	**strategia** (ż)	[stra'tɛgja]
tactiek (de)	**taktyka** (ż)	['taktɨka]
order (de)	**rozkaz** (m)	['rɔskas]
bevel (het)	**komenda** (ż)	[kɔ'mɛnda]
bevelen (ww)	**rozkazywać**	[rɔska'zɨvatʃ]
opdracht (de)	**zadanie** (n)	[za'dane]
geheim (bn)	**tajny**	['tajnɨ]
veldslag (de)	**bitwa** (ż)	['bitfa]
strijd (de)	**bój** (m)	[buj]
aanval (de)	**atak** (m)	['atak]
bestorming (de)	**szturm** (m)	[ʃturm]
bestormen (ww)	**szturmować**	[ʃtur'mɔvatʃ]
bezetting (de)	**oblężenie** (n)	[ɔblɛ̃'ʒɛne]
aanval (de)	**ofensywa** (ż)	[ɔfɛn'sɨva]
in het offensief te gaan	**nacierać**	[na'tʃeratʃ]
terugtrekking (de)	**odwrót** (m)	['ɔdvrut]
zich terugtrekken (ww)	**wycofywać się**	[vɨtsɔ'fɨvatʃ ɕɛ̃]
omsingeling (de)	**okrążenie** (n)	[ɔkrɔ̃'ʒɛne]
omsingelen (ww)	**okrążyć**	[ɔk'rɔ̃ʒitʲ]
bombardement (het)	**bombardowanie** (n)	[bɔmbardɔ'vane]
een bom gooien	**zrzucić bombę**	['zʒutʃitʃ 'bɔmbɛ̃]
bombarderen (ww)	**bombardować**	[bɔmbar'dɔvatʃ]
ontploffing (de)	**wybuch** (m)	['vɨbuh]
schot (het)	**strzał** (m)	[stʃaw]

een schot lossen	**wystrzelić**	[vɨst'ʃɛlitʃ]
schieten (het)	**strzelanina** (ż)	[stʃɛʎa'nina]
mikken op (ww)	**celować**	[tsɛ'lɜvatʃ]
aanleggen (een wapen ~)	**wycelować**	[vɨtsɛ'lɜvatʃ]
treffen (doelwit ~)	**trafić**	['trafitʃ]
zinken (tot zinken brengen)	**zatopić**	[za'tɔpitʃ]
kogelgat (het)	**dziura** (ż)	['dʒyra]
zinken (gezonken zijn)	**iść na dno**	[iɕtʃ na dnɔ]
front (het)	**front** (m)	[frɔnt]
hinterland (het)	**tyły** (l.mn.)	['tɨwɨ]
evacuatie (de)	**ewakuacja** (ż)	[ɛvaku'atsʰja]
evacueren (ww)	**ewakuować**	[ɛvaku'ɔvatʃ]
prikkeldraad (de)	**drut** (m) **kolczasty**	[drut kɔʎt'ʃastɨ]
verdedigingsobstakel (het)	**zapora** (ż)	[za'pɔra]
wachttoren (de)	**wieża** (ż)	['veʒa]
hospitaal (het)	**szpital** (m)	['ʃpitaʎ]
verwonden (ww)	**ranić**	['ranitʃ]
wond (de)	**rana** (ż)	['rana]
gewonde (de)	**ranny** (m)	['raɲɨ]
gewond raken (ww)	**zostać rannym**	['zɔstatʃ 'raɲɨm]
ernstig (~e wond)	**ciężki**	['tʃenʃki]

185. Oorlog. Militaire acties. Deel 2

krijgsgevangenschap (de)	**niewola** (ż)	[ne'vɔʎa]
krijgsgevangen nemen	**wziąć do niewoli**	[vʒɔ̃ʲtʃ dɔ ne'vɔli]
krijgsgevangene zijn	**być w niewoli**	[bɨtʃ v ne'vɔli]
krijgsgevangen genomen worden	**dostać się do niewoli**	['dɔstatʃ ɕɛ̃ dɔ ne'vɔli]
concentratiekamp (het)	**obóz** (m) **koncentracyjny**	['ɔbus kɔntsɛntra'tsɨjnɨ]
krijgsgevangene (de)	**jeniec** (m)	['enets]
vluchten (ww)	**uciekać**	[u'tʃekatʃ]
verraden (ww)	**zdradzić**	['zdradʒitʃ]
verrader (de)	**zdrajca** (m)	['zdrajtsa]
verraad (het)	**zdrada** (ż)	['zdrada]
fusilleren (executeren)	**rozstrzelać**	[rɔst'ʃɛʎatʃ]
executie (de)	**rozstrzelanie** (n)	[rɔstʃɛ'ʎane]
uitrusting (de)	**umundurowanie** (n)	[umundurɔ'vane]
schouderstuk (het)	**pagon** (m)	['pagɔn]
gasmasker (het)	**maska** (ż) **przeciwgazowa**	['maska pʃɛtʃivga'zɔva]
portofoon (de)	**radiostacja** (ż) **przenośna**	[radiɔs'tatsʰja pʃɛ'nɔɕna]
geheime code (de)	**szyfr** (m)	[ʃɨfr]
samenzwering (de)	**konspiracja** (ż)	[kɔnspi'ratsʰja]
wachtwoord (het)	**hasło** (n)	['haswɔ]

mijn (landmijn)	**mina** (ż)	['mina]
ondermijnen (legden mijnen)	**zaminować**	[zami'nɔvatʃ]
mijnenveld (het)	**pole** (n) **minowe**	['pɔle mi'nɔvɛ]
luchtalarm (het)	**alarm** (m) **przeciwlotniczy**	['aʎarm pʃɛtʃiflɔt'nitʃɨ]
alarm (het)	**alarm** (m)	['aʎarm]
signaal (het)	**sygnał** (m)	['sɨgnaw]
vuurpijl (de)	**rakieta** (ż) **sygnalizacyjna**	[ra'keta sɨgnaliza'tsɨjna]
staf (generale ~)	**sztab** (m)	[ʃtap]
verkenningstocht (de)	**rekonesans** (m)	[rɛkɔ'nɛsans]
toestand (de)	**sytuacja** (ż)	[sɨtu'atsʰja]
rapport (het)	**raport** (m)	['rapɔrt]
hinderlaag (de)	**zasadzka** (ż)	[za'satska]
versterking (de)	**posiłki** (l.mn.)	[pɔ'ɕiwki]
doel (bewegend ~)	**cel** (m)	[tsɛʎ]
proefterrein (het)	**poligon** (m)	[pɔ'ligɔn]
manoeuvres (mv.)	**manewry** (l.mn.)	[ma'nɛvrɨ]
paniek (de)	**panika** (ż)	['panika]
verwoesting (de)	**ruina** (ż)	[ru'ina]
verwoestingen (mv.)	**zniszczenia** (l.mn.)	[zniʃt'ʃɛɲa]
verwoesten (ww)	**niszczyć**	['niʃtʃɨtʃ]
overleven (ww)	**przeżyć**	['pʃɛʒɨtʃ]
ontwapenen (ww)	**rozbroić**	[rɔzb'rɔitʃ]
behandelen (een pistool ~)	**obchodzić się**	[ɔp'hɔdʒitʃ ɕɛ̃]
Geeft acht!	**Baczność!**	['batʃnɔɕtʃ]
Op de plaats rust!	**Spocznij!**	['spɔtʃnij]
heldendaad (de)	**czyn** (m) **bohaterski**	[tʃɨn bɔha'tɛrski]
eed (de)	**przysięga** (ż)	[pʃɨ'ɕeŋa]
zweren (een eed doen)	**przysięgać**	[pʃɨ'ɕeŋatʃ]
decoratie (de)	**odznaczenie** (n)	[ɔdznat'ʃɛne]
onderscheiden (een ereteken geven)	**nagradzać**	[nag'radzatʃ]
medaille (de)	**medal** (m)	['mɛdaʎ]
orde (de)	**order** (m)	['ɔrdɛr]
overwinning (de)	**zwycięstwo** (n)	[zvɨ'tʃenstfɔ]
verlies (het)	**klęska** (ż)	['klenska]
wapenstilstand (de)	**rozejm** (m)	['rɔzɛjm]
wimpel (vaandel)	**sztandar** (m)	['ʃtandar]
roem (de)	**chwała** (ż)	['hfawa]
parade (de)	**defilada** (ż)	[dɛfi'ʎada]
marcheren (ww)	**maszerować**	[maʃɛ'rɔvatʃ]

186. Wapens

wapens (mv.)	**broń** (ż)	[brɔɲ]
vuurwapens (mv.)	**broń** (ż) **palna**	[brɔɲ 'paʎna]

koude wapens (mv.)	**broń** (ż) **biała**	[brɔɲ 'bʲawa]
chemische wapens (mv.)	**broń** (ż) **chemiczna**	[brɔɲ hɛ'mitʃna]
kern-, nucleair (bn)	**nuklearny**	[nukle'arnɨ]
kernwapens (mv.)	**broń** (ż) **nuklearna**	[brɔɲ nukle'arna]
bom (de)	**bomba** (ż)	['bɔmba]
atoombom (de)	**bomba atomowa** (ż)	['bɔmba atɔ'mɔva]
pistool (het)	**pistolet** (m)	[pis'tɔlet]
geweer (het)	**strzelba** (ż)	['stʃɛʎba]
machinepistool (het)	**automat** (m)	[au'tɔmat]
machinegeweer (het)	**karabin** (m) **maszynowy**	[ka'rabin maʃɨ'nɔvɨ]
loop (schietbuis)	**wylot** (m)	['vɨlɜt]
loop (bijv. geweer met kortere ~)	**lufa** (ż)	['lyfa]
kaliber (het)	**kaliber** (m)	[ka'libɛr]
trekker (de)	**spust** (m)	[spust]
korrel (de)	**celownik** (m)	[ʦɛ'lɜvnik]
magazijn (het)	**magazynek** (m)	[maga'zɨnɛk]
geweerkolf (de)	**kolba** (ż)	['kɔʎba]
granaat (handgranaat)	**granat** (m)	['granat]
explosieven (mv.)	**ładunek** (m) **wybuchowy**	[wa'dunɛk vɨbu'hɔvɨ]
kogel (de)	**kula** (ż)	['kuʎa]
patroon (de)	**nabój** (m)	['nabuj]
lading (de)	**ładunek** (m)	[wa'dunɛk]
ammunitie (de)	**amunicja** (ż)	[amu'niʦʰja]
bommenwerper (de)	**bombowiec** (m)	[bɔm'bɔveʦ]
straaljager (de)	**myśliwiec** (m)	[miɕ'liveʦ]
helikopter (de)	**helikopter** (m)	[hɛli'kɔptɛr]
afweergeschut (het)	**działo** (n) **przeciwlotnicze**	['ʤʲawɔ pʃɛʧiflɜt'nitʃɛ]
tank (de)	**czołg** (m)	[tʃɔwk]
kanon (tank met een ~ van 76 mm)	**działo** (n)	['ʤʲawɔ]
artillerie (de)	**artyleria** (ż)	[artɨ'lerʰja]
aanleggen (een wapen ~)	**wycelować**	[vɨʦɛ'lɜvaʧ]
projectiel (het)	**pocisk** (m)	['pɔʧisk]
mortiergranaat (de)	**pocisk** (m) **moździerzowy**	['pɔʧisk mɔzʥi'ʒɔvɨ]
mortier (de)	**moździerz** (m)	['mɔʑʲʤeʃ]
granaatscherf (de)	**odłamek** (m)	[ɔd'wamɛk]
duikboot (de)	**łódź** (ż) **podwodna**	[wuʧ pɔd'vɔdna]
torpedo (de)	**torpeda** (ż)	[tɔr'pɛda]
raket (de)	**rakieta** (ż)	[ra'keta]
laden (geweer, kanon)	**ładować**	[wa'dɔvaʧ]
schieten (ww)	**strzelać**	['stʃɛʎaʧ]
richten op (mikken)	**celować**	[ʦɛ'lɜvaʧ]
bajonet (de)	**bagnet** (m)	['bagnɛt]

degen (de)	**szpada** (ż)	['ʃpada]
sabel (de)	**szabla** (ż)	['ʃabʎa]
speer (de)	**kopia** (ż), **włócznia** (ż)	['kɔpʰja], ['vwɔtʃna]
boog (de)	**łuk** (m)	[wuk]
pijl (de)	**strzała** (ż)	['stʃawa]
musket (de)	**muszkiet** (m)	['muʃket]
kruisboog (de)	**kusza** (ż)	['kuʃa]

187. Oude mensen

primitief (bn)	**pierwotny**	[per'vɔtnɨ]
voorhistorisch (bn)	**prehistoryczny**	[prɛhistɔ'rɨtʃnɨ]
eeuwenoude (~ beschaving)	**dawny**	['davnɨ]
Steentijd (de)	**Epoka** (ż) **kamienna**	[ɛ'pɔka ka'meŋa]
Bronstijd (de)	**Epoka** (ż) **brązu**	[ɛ'pɔka 'brɔ̃zu]
IJstijd (de)	**Epoka** (ż) **lodowcowa**	[ɛ'pɔka lɜdɔf'tsɔva]
stam (de)	**plemię** (n)	['plemɛ̃]
menseneter (de)	**kanibal** (m)	[ka'nibaʎ]
jager (de)	**myśliwy** (m)	[mɨɕ'livɨ]
jagen (ww)	**polować**	[pɔ'lɜvatʃ]
mammoet (de)	**mamut** (m)	['mamut]
grot (de)	**jaskinia** (ż)	[jas'kiɲa]
vuur (het)	**ogień** (m)	['ɔgeɲ]
kampvuur (het)	**ognisko** (n)	[ɔg'niskɔ]
rotstekening (de)	**malowidło** (n) **naskalne**	[malɜ'vidwɔ nas'kaʎnɛ]
werkinstrument (het)	**narzędzie** (n) **pracy**	[na'ʒɛ̃dʒe 'pratsɨ]
speer (de)	**kopia** (ż), **włócznia** (ż)	['kɔpʰja], ['vwɔtʃna]
stenen bijl (de)	**topór** (m) **kamienny**	['tɔpur ka'meŋɨ]
oorlog voeren (ww)	**wojować**	[vɔʒvatʃ]
temmen (bijv. wolf ~)	**oswajać zwierzęta**	[ɔs'fajatʃ zve'ʒɛnta]
idool (het)	**bożek** (m)	['bɔʒɛk]
aanbidden (ww)	**czcić**	[tʃtʃitʃ]
bijgeloof (het)	**przesąd** (m)	['pʃɛsɔ̃t]
ritueel (het)	**obrzęd** (m)	['ɔbʒɛ̃t]
evolutie (de)	**ewolucja** (ż)	[ɛvɔ'lytsʰja]
ontwikkeling (de)	**rozwój** (m)	['rɔzvuj]
verdwijning (de)	**zniknięcie** (n)	[znik'nɛ̃tʃe]
zich aanpassen (ww)	**adaptować się**	[adap'tɔvatʃ ɕɛ̃]
archeologie (de)	**archeologia** (ż)	[arhɛɔ'lɜgʰja]
archeoloog (de)	**archeolog** (m)	[arhɛ'ɔlɜk]
archeologisch (bn)	**archeologiczny**	[arhɛɔlɜ'gitʃnɨ]
opgravingsplaats (de)	**wykopaliska** (l.mn.)	[vɨkɔpa'liska]
opgravingen (mv.)	**prace** (l.mn.) **wykopaliskowe**	['pratsɛ vɨkɔpalis'kɔvɛ]
vondst (de)	**znalezisko** (n)	[znale'ʒiskɔ]
fragment (het)	**fragment** (m)	['fragmɛnt]

188. Middeleeuwen

volk (het)	**naród** (m)	['narut]
volkeren (mv.)	**narody** (l.mn.)	[na'rɔdɨ]
stam (de)	**plemię** (n)	['plemɛ̃]
stammen (mv.)	**plemiona** (l.mn.)	[ple'mɜna]
barbaren (mv.)	**Barbarzyńcy** (l.mn.)	[barba'ʒɨɲtsɨ]
Galliërs (mv.)	**Gallowie** (l.mn.)	[gal'lɜve]
Goten (mv.)	**Goci** (l.mn.)	['gɔtʃi]
Slaven (mv.)	**Słowianie** (l.mn.)	[swɔ'vʲane]
Vikings (mv.)	**Wikingowie** (l.mn.)	[viki'ŋɔve]
Romeinen (mv.)	**Rzymianie** (l.mn.)	[ʒɨ'mʲane]
Romeins (bn)	**rzymski**	['ʒɨmski]
Byzantijnen (mv.)	**Bizantyjczycy** (l.mn.)	[bizantɨjt'ʃɨtsɨ]
Byzantium (het)	**Bizancjum** (n)	[bi'zantsʰjum]
Byzantijns (bn)	**bizantyjski**	[bizan'tɨjski]
keizer (bijv. Romeinse ~)	**cesarz** (m)	['tsɛsaʃ]
opperhoofd (het)	**wódz** (m)	[vuts]
machtig (bn)	**potężny**	[pɔ'tɛnʒnɨ]
koning (de)	**król** (m)	[kruʎ]
heerser (de)	**władca** (m)	['vwattsa]
ridder (de)	**rycerz** (m)	['rɨtsɛʃ]
feodaal (de)	**feudał** (m)	[fɛ'udaw]
feodaal (bn)	**feudalny**	[fɛu'daʎnɨ]
vazal (de)	**wasal** (m)	['vasaʎ]
hertog (de)	**książę** (m)	[kɕɔ̃ʒɛ̃]
graaf (de)	**hrabia** (m)	['hrabʲa]
baron (de)	**baron** (m)	['barɔn]
bisschop (de)	**biskup** (m)	['biskup]
harnas (het)	**zbroja** (ż)	['zbrɔja]
schild (het)	**tarcza** (ż)	['tartʃa]
zwaard (het)	**miecz** (m)	[metʃ]
vizier (het)	**przyłbica** (ż)	[pʃɨw'bitsa]
maliënkolder (de)	**kolczuga** (ż)	[kɔʎt'ʃuga]
kruistocht (de)	**wyprawa** (ż) **krzyżowa**	[vɨp'rava kʃɨ'ʒɔva]
kruisvaarder (de)	**krzyżak** (m)	['kʃɨʒak]
gebied (bijv. bezette ~en)	**terytorium** (n)	[tɛrɨ'tɔrʰjum]
aanvallen (binnenvallen)	**napadać**	[na'padatʃ]
veroveren (ww)	**zawojować**	[zavɔʒvatʃ]
innemen (binnenvallen)	**zająć**	['zaɔ̃tʃ]
bezetting (de)	**oblężenie** (n)	[ɔblɛ̃'ʒɛne]
bezet (bn)	**oblężony**	[ɔblɛ̃'ʒɔnɨ]
belegeren (ww)	**oblegać**	[ɔb'legatʃ]
inquisitie (de)	**inkwizycja** (ż)	[iŋkfi'zɨtsʰja]
inquisiteur (de)	**inkwizytor** (m)	[iŋkfi'zɨtɔr]

foltering (de) **tortury** (l.mn.) [tɔr'turɨ]
wreed (bn) **okrutny** [ɔk'rutnɨ]
ketter (de) **heretyk** (m) [hɛ'rɛtɨk]
ketterij (de) **herezja** (ż) [hɛ'rɛzʰja]

zeevaart (de) **nawigacja** (ż) [navi'gatsʰja]
piraat (de) **pirat** (m) ['pirat]
piraterij (de) **piractwo** (n) [pi'ratstfɔ]
enteren (het) **abordaż** (m) [a'bɔrdaʃ]
buit (de) **łup** (m) [wup]
schatten (mv.) **skarby** (l.mn.) ['skarbɨ]

ontdekking (de) **odkrycie** (n) [ɔtk'rɨtʃe]
ontdekken (bijv. nieuw land) **odkryć** ['ɔtkrɨtʃ]
expeditie (de) **ekspedycja** (ż) [ɛkspɛ'dɨtsʰja]

musketier (de) **muszkieter** (m) [muʃ'ketɛr]
kardinaal (de) **kardynał** (m) [kar'dɨnaw]
heraldiek (de) **heraldyka** (ż) [hɛ'raʎdɨka]
heraldisch (bn) **heraldyczny** [hɛraʎ'dɨtʃnɨ]

189. Leider. Baas. Autoriteiten

koning (de) **król** (m) [kruʎ]
koningin (de) **królowa** (ż) [kru'lɜva]
koninklijk (bn) **królewski** [kru'lefski]
koninkrijk (het) **królestwo** (n) [kru'lestfɔ]

prins (de) **książę** (m) [kɕɔ̃ʒɛ̃]
prinses (de) **księżniczka** (ż) [kɕɛ̃ʒ'nitʃka]

president (de) **prezydent** (m) [prɛ'zɨdɛnt]
vicepresident (de) **wiceprezydent** (m) [vitsɛprɛ'zɨdɛnt]
senator (de) **senator** (m) [sɛ'natɔr]

monarch (de) **monarcha** (m) [mɔ'narha]
heerser (de) **władca** (m) ['vwattsa]
dictator (de) **dyktator** (m) [dɨk'tatɔr]
tiran (de) **tyran** (m) ['tɨran]
magnaat (de) **magnat** (m) ['magnat]

directeur (de) **dyrektor** (m) [dɨ'rɛktɔr]
chef (de) **szef** (m) [ʃɛf]
beheerder (de) **kierownik** (m) [ke'rɔvnik]
baas (de) **szef** (m) [ʃɛf]
eigenaar (de) **właściciel** (m) [vwaɕ'tʃitʃeʎ]

hoofd (bijv. ~ van de delegatie) **głowa** (ż) ['gwɔva]
autoriteiten (mv.) **władze** (l.mn.) ['vwadzɛ]
superieuren (mv.) **kierownictwo** (n) [kerɔv'nitstfɔ]

gouverneur (de) **gubernator** (m) [gubɛr'natɔr]
consul (de) **konsul** (m) ['kɔnsuʎ]

diplomaat (de)	**dyplomata** (m)	[dɨplɜ'mata]
burgemeester (de)	**mer** (m)	[mɛr]
sheriff (de)	**szeryf** (m)	['ʃɛrɨf]
keizer (bijv. Romeinse ~)	**cesarz** (m)	['ʦɛsaʃ]
tsaar (de)	**car** (m)	[ʦar]
farao (de)	**faraon** (m)	[fa'raɔn]
kan (de)	**chan** (m)	[han]

190. Weg. Weg. Routebeschrijving

weg (de)	**droga** (ż)	['drɔga]
route (de kortste ~)	**droga** (ż)	['drɔga]
autoweg (de)	**szosa** (ż)	['ʃɔsa]
snelweg (de)	**autostrada** (ż)	[autɔst'rada]
rijksweg (de)	**droga** (ż) **krajowa**	['drɔga kraʒva]
hoofdweg (de)	**główna droga** (ż)	['gwuvna 'drɔga]
landweg (de)	**polna droga** (ż)	['pɔʎna 'drɔga]
pad (het)	**ścieżka** (ż)	['ɕʧeʃka]
paadje (het)	**ścieżka** (ż)	['ɕʧeʃka]
Waar?	**Gdzie?**	[gʤe]
Waarheen?	**Dokąd?**	['dɔkɔ̃t]
Waaruit?	**Skąd?**	[skɔ̃t]
richting (de)	**kierunek** (m)	[ke'runɛk]
aanwijzen (de weg ~)	**pokazać**	[pɔ'kazaʧ]
naar links (bw)	**w lewo**	[v 'levɔ]
naar rechts (bw)	**w prawo**	[f 'pravɔ]
rechtdoor (bw)	**prosto**	['prɔstɔ]
terug (bijv. ~ keren)	**do tyłu**	[dɔ 'tɨwu]
bocht (de)	**zakręt** (m)	['zakrɛ̃t]
afslaan (naar rechts ~)	**skręcać**	['skrɛnʦaʧ]
U-bocht maken (ww)	**zawracać**	[zav'raʦaʧ]
zichtbaar worden (ww)	**być widocznym**	[bɨʧ vi'dɔʧnɨm]
verschijnen (in zicht komen)	**ukazać się**	[u'kazaʧ ɕɛ̃]
stop (korte onderbreking)	**postój** (m)	['pɔstuj]
zich verpozen (uitrusten)	**odpocząć**	[ɔt'pɔʧɔ̃ʧ]
rust (de)	**odpoczynek** (m)	[ɔtpɔt'ʃɨnɛk]
verdwalen (de weg kwijt zijn)	**zabłądzić**	[zab'wɔ̃ʤiʧ]
leiden naar ... (de weg)	**prowadzić**	[prɔ'vaʤiʧ]
bereiken (ergens aankomen)	**wyjść do ...**	['vɨjɕʧ dɔ]
deel (~ van de weg)	**odcinek** (m)	[ɔ'ʧinɛk]
asfalt (het)	**asfalt** (m)	['asfaʎt]
trottoirband (de)	**krawężnik** (m)	[kra'vɛnʒnik]

greppel (de) **rów** (m) [ruf]
putdeksel (het) **właz** (m) [vwas]
vluchtstrook (de) **pobocze** (m) [pɔ'bɔtʃɛ]
kuil (de) **dziura** (ż) ['dʒyra]

gaan (te voet) **iść** [iɕtʃ]
inhalen (voorbijgaan) **wyprzedzić** [vɨp'ʃɛdʒitʃ]

stap (de) **krok** (m) [krɔk]
te voet (bw) **na piechotę** [na pe'hɔtɛ̃]

blokkeren (de weg ~) **zamknąć przejazd** ['zamknɔ̃tʃ 'pʃɛjast]
slagboom (de) **szlaban** (m) ['ʃʎaban]
doodlopende straat (de) **ślepa uliczka** (ż) ['ɕlepa u'litʃka]

191. De wet overtreden. Criminelen. Deel 1

bandiet (de) **bandyta** (m) [ban'dɨta]
misdaad (de) **przestępstwo** (n) [pʃɛs'tɛ̃pstfɔ]
misdadiger (de) **przestępca** (m) [pʃɛs'tɛ̃ptsa]

dief (de) **złodziej** (m) ['zwɔdʒej]
stelen (ww) **kraść** [kraɕtʃ]
stelen (de) **złodziejstwo** (n) [zwɔ'dʒejstfɔ]
diefstal (de) **kradzież** (ż) ['kradʒeʃ]

kidnappen (ww) **porwać** ['pɔrvatʃ]
kidnapping (de) **porwanie** (n) [pɔr'vane]
kidnapper (de) **porywacz** (m) [pɔ'rɨvatʃ]

losgeld (het) **okup** (m) ['ɔkup]
eisen losgeld (ww) **żądać okupu** ['ʒɔ̃datʃ ɔ'kupu]

overvallen (ww) **rabować** [ra'bɔvatʃ]
overvaller (de) **rabuś** (m) ['rabuɕ]

afpersen (ww) **wymuszać** [vɨ'muʃatʃ]
afperser (de) **szantażysta** (m) [ʃanta'ʒɨsta]
afpersing (de) **wymuszanie** (n) [vɨmu'ʃane]

vermoorden (ww) **zabić** ['zabitʃ]
moord (de) **zabójstwo** (n) [za'bujstfɔ]
moordenaar (de) **zabójca** (m) [za'bujtsa]

schot (het) **strzał** (m) [stʃaw]
een schot lossen **wystrzelić** [vɨst'ʃɛlitʃ]
neerschieten (ww) **zastrzelić** [zast'ʃɛlitʃ]
schieten (ww) **strzelać** ['stʃɛʎatʃ]
schieten (het) **strzelanina** (ż) [stʃɛʎa'nina]

ongeluk (gevecht, enz.) **wypadek** (m) [vɨ'padɛk]
gevecht (het) **bójka** (ż) ['bujka]
slachtoffer (het) **ofiara** (ż) [ɔ'fʲara]
beschadigen (ww) **uszkodzić** [uʃ'kɔdʒitʃ]

schade (de)	**uszczerbek** (m)	[uʃtʃɛrbɛk]
lijk (het)	**zwłoki** (l.mn.)	['zvwɔki]
zwaar (~ misdrijf)	**ciężki**	['ʧenʃki]
aanvallen (ww)	**napaść**	['napaɕʧ]
slaan (iemand ~)	**bić**	[biʧ]
in elkaar slaan (toetakelen)	**pobić**	['pɔbiʧ]
ontnemen (beroven)	**zabrać**	['zabraʧ]
steken (met een mes)	**zadźgać**	['zʲaʤgaʧ]
verminken (ww)	**okaleczyć**	[ɔka'letʃiʧ]
verwonden (ww)	**zranić**	['zraniʧ]
chantage (de)	**szantaż** (m)	['ʃantaʃ]
chanteren (ww)	**szantażować**	[ʃanta'ʒɔvaʧ]
chanteur (de)	**szantażysta** (m)	[ʃanta'ʒista]
afpersing (de)	**wymuszania** (l.mn.)	[vimu'ʃaɲa]
afperser (de)	**kanciarz** (m)	['kanʧaʃ]
gangster (de)	**gangster** (m)	['gaŋstɛr]
maffia (de)	**mafia** (ż)	['mafʰja]
kruimeldief (de)	**kieszonkowiec** (m)	[keʃɔ'ŋkɔvets]
inbreker (de)	**włamywacz** (m)	[vwa'mivatʃ]
smokkelen (het)	**przemyt** (m)	['pʃɛmit]
smokkelaar (de)	**przemytnik** (m)	[pʃɛ'mitnik]
namaak (de)	**falsyfikat** (m)	[faʎsi'fikat]
namaken (ww)	**podrabiać**	[pɔd'rabʲaʧ]
namaak-, vals (bn)	**fałszywy**	[faw'ʃivi]

192. De wet overtreden. Criminelen. Deel 2

verkrachting (de)	**gwałt** (m)	[gvawt]
verkrachten (ww)	**zgwałcić**	['gvawʧiʧ]
verkrachter (de)	**gwałciciel** (m)	[gvaw'ʧiʧeʎ]
maniak (de)	**maniak** (m)	['maɲjak]
prostituee (de)	**prostytutka** (ż)	[prɔsti'tutka]
prostitutie (de)	**prostytucja** (ż)	[prɔsti'tutsʰja]
pooier (de)	**sutener** (m)	[su'tɛnɛr]
drugsverslaafde (de)	**narkoman** (m)	[nar'kɔman]
drugshandelaar (de)	**handlarz narkotyków** (m)	['handʎaʒ narkɔ'tikuf]
opblazen (ww)	**wysadzić w powietrze**	[vi'saʤiʧ f pɔ'vetʃɛ]
explosie (de)	**wybuch** (m)	['vibuh]
in brand steken (ww)	**podpalić**	[pɔt'paliʧ]
brandstichter (de)	**podpalacz** (m)	[pɔt'paʎatʃ]
terrorisme (het)	**terroryzm** (m)	[tɛ'rɔrizm]
terrorist (de)	**terrorysta** (m)	[tɛrɔ'rista]
gijzelaar (de)	**zakładnik** (m)	[zak'wadnik]
bedriegen (ww)	**oszukać**	[ɔ'ʃukaʧ]
bedrog (het)	**oszustwo** (n)	[ɔ'ʃustfɔ]

oplichter (de)	**oszust** (m)	['ɔʃust]
omkopen (ww)	**przekupić**	[pʃɛ'kupitʃ]
omkoperij (de)	**przekupstwo** (n)	[pʃɛ'kupstfɔ]
smeergeld (het)	**łapówka** (ż)	[wa'pufka]
vergif (het)	**trucizna** (ż)	[tru'tʃizna]
vergiftigen (ww)	**otruć**	['ɔtrutʃ]
vergif innemen (ww)	**otruć się**	['ɔtrutʃ ɕɛ̃]
zelfmoord (de)	**samobójstwo** (ż)	[samɔ'bujstfɔ]
zelfmoordenaar (de)	**samobójca** (m)	[samɔ'bujtsa]
bedreigen (bijv. met een pistool)	**grozić**	['grɔʒitʃ]
bedreiging (de)	**groźba** (ż)	['grɔʑʲba]
een aanslag plegen	**targnąć się**	['targnɔ̃tʃ ɕɛ̃]
aanslag (de)	**zamach** (m)	['zamah]
stelen (een auto)	**ukraść**	['ukraɕtʃ]
kapen (een vliegtuig)	**porwać**	['pɔrvatʃ]
wraak (de)	**zemsta** (ż)	['zɛmsta]
wreken (ww)	**mścić się**	[mɕtʃitʃ ɕɛ̃]
martelen (gevangenen)	**torturować**	[tɔrtu'rɔvatʃ]
foltering (de)	**tortury** (l.mn.)	[tɔr'turɨ]
folteren (ww)	**znęcać się**	['znɛntsatʃ ɕɛ̃]
piraat (de)	**pirat** (m)	['pirat]
straatschender (de)	**chuligan** (m)	[hu'ligan]
gewapend (bn)	**uzbrojony**	[uzbrɔ'ɔnɨ]
geweld (het)	**przemoc** (ż)	['pʃɛmɔts]
spionage (de)	**szpiegostwo** (n)	[ʃpe'gɔstfɔ]
spioneren (ww)	**szpiegować**	[ʃpe'gɔvatʃ]

193. Politie. Wet. Deel 1

gerecht (het)	**sprawiedliwość** (ż)	[spraved'livɔɕtʃ]
gerechtshof (het)	**sąd** (m)	[sɔ̃t]
rechter (de)	**sędzia** (m)	['sɛ̃dʒʲa]
jury (de)	**przysięgli** (l.mn.)	[pʃɨ'ɕeŋli]
juryrechtspraak (de)	**sąd** (m) **przysięgłych**	[sɔt pʃɨ'ɕeŋwɨh]
berechten (ww)	**sądzić**	['sɔ̃ʲdʒitʃ]
advocaat (de)	**adwokat** (m)	[ad'vɔkat]
beklaagde (de)	**oskarżony** (m)	[ɔskar'ʒɔnɨ]
beklaagdenbank (de)	**ława** (ż) **oskarżonych**	['wava ɔskar'ʒɔnɨh]
beschuldiging (de)	**oskarżenie** (n)	[ɔskar'ʒɛne]
beschuldigde (de)	**oskarżony** (m)	[ɔskar'ʒɔnɨ]
vonnis (het)	**wyrok** (m)	['vɨrɔk]
veroordelen (in een rechtszaak)	**skazać**	['skazatʃ]

schuldige (de)	**sprawca** (m), **winny** (m)	['spraftsa], ['viŋɨ]
straffen (ww)	**ukarać**	[u'karatʃ]
bestraffing (de)	**kara** (ż)	['kara]
boete (de)	**kara** (ż)	['kara]
levenslange opsluiting (de)	**dożywocie** (n)	[dɔʒɨ'vɔtʃe]
doodstraf (de)	**kara śmierci** (ż)	['kara 'ɕmertʃi]
elektrische stoel (de)	**krzesło** (n) **elektryczne**	['kʃɛswɔ ɛlekt'rɨtʃnɛ]
schavot (het)	**szubienica** (ż)	[ʃube'nitsa]
executeren (ww)	**stracić**	['stratʃitʃ]
executie (de)	**egzekucja** (ż)	[ɛgzɛ'kutsʰja]
gevangenis (de)	**więzienie** (n)	[vɛ̃'ʒene]
cel (de)	**cela** (ż)	['tsɛʎa]
konvooi (het)	**konwój** (m)	['kɔnvuj]
gevangenisbewaker (de)	**nadzorca** (m)	[na'dzɔrtsa]
gedetineerde (de)	**więzień** (m)	['veɲʒɛ̃]
handboeien (mv.)	**kajdanki** (l.mn.)	[kaj'daŋki]
handboeien omdoen	**założyć kajdanki**	[za'wɔʒɨtʃ kaj'daŋki]
ontsnapping (de)	**ucieczka** (ż)	[u'tʃetʃka]
ontsnappen (ww)	**uciec**	['utʃets]
verdwijnen (ww)	**zniknąć**	['zniknɔ̃tʃ]
vrijlaten (uit de gevangenis)	**zwolnić**	['zvɔʎnitʃ]
amnestie (de)	**amnestia** (ż)	[am'nɛstʰja]
politie (de)	**policja** (ż)	[pɔ'litsʰja]
politieagent (de)	**policjant** (m)	[pɔ'litsʰjant]
politiebureau (het)	**komenda** (ż)	[kɔ'mɛnda]
knuppel (de)	**pałka** (ż) **gumowa**	['pawka gu'mɔva]
megafoon (de)	**głośnik** (m)	['gwɔɕnik]
patrouilleerwagen (de)	**samochód** (m) **patrolowy**	[sa'mɔhut patrɔ'lɜvɨ]
sirene (de)	**syrena** (ż)	[sɨ'rɛna]
de sirene aansteken	**włączyć syrenę**	['vwɔ̃tʃɨtʃ sɨ'rɛnɛ̃]
geloei (het) van de sirene	**wycie** (n) **syreny**	['vɨtʃe sɨ'rɛnɨ]
plaats delict (de)	**miejsce** (n) **zdarzenia**	['mejstsɛ zda'ʒɛɲa]
getuige (de)	**świadek** (m)	['ɕfʲadɛk]
vrijheid (de)	**wolność** (ż)	['vɔʎnɔɕtʃ]
handlanger (de)	**współsprawca** (m)	[fspuwsp'raftsa]
ontvluchten (ww)	**ukryć się**	['ukrɨtʃ ɕɛ̃]
spoor (het)	**ślad** (m)	[ɕʎat]

194. Politie. Wet. Deel 2

opsporing (de)	**poszukiwania** (l.mn.)	[pɔʃuki'vaɲa]
opsporen (ww)	**poszukiwać**	[pɔʃu'kivatʃ]
verdenking (de)	**podejrzenie** (n)	[pɔdɛj'ʒɛne]
verdacht (bn)	**podejrzany**	[pɔdɛj'ʒanɨ]
aanhouden (stoppen)	**zatrzymać**	[zat'ʃɨmatʃ]

tegenhouden (ww)	**zatrzymać**	[zat'ʃɨmatʃ]
strafzaak (de)	**sprawa** (ż)	['sprava]
onderzoek (het)	**śledztwo** (n)	['ɕletstfɔ]
detective (de)	**detektyw** (m)	[dɛ'tɛktɨv]
onderzoeksrechter (de)	**śledczy** (m)	['ɕlettʃɨ]
versie (de)	**wersja** (ż)	['vɛrsʰja]
motief (het)	**motyw** (m)	['mɔtɨf]
verhoor (het)	**przesłuchanie** (n)	[pʃɛswu'hane]
ondervragen (door de politie)	**przesłuchiwać**	[pʃɛswu'hivatʃ]
ondervragen (omstanders ~)	**przesłuchiwać**	[pʃɛswu'hivatʃ]
controle (de)	**kontrola** (ż)	[kɔnt'rɔʎa]
razzia (de)	**obława** (ż)	[ɔb'wava]
huiszoeking (de)	**rewizja** (ż)	[rɛ'vizʰja]
achtervolging (de)	**pogoń** (ż)	['pɔgɔɲ]
achtervolgen (ww)	**ścigać**	['ɕtʃigatʃ]
opsporen (ww)	**śledzić**	['ɕledʒitʃ]
arrest (het)	**areszt** (m)	['arɛʃt]
arresteren (ww)	**aresztować**	[arɛʃ'tɔvatʃ]
vangen, aanhouden (een dief, enz.)	**złapać**	['zwapatʃ]
aanhouding (de)	**pojmanie** (n)	[pɔj'manie]
document (het)	**dokument** (m)	[dɔ'kumɛnt]
bewijs (het)	**dowód** (m)	['dɔvut]
bewijzen (ww)	**udowadniać**	[udɔ'vadɲatʃ]
voetspoor (het)	**ślad** (m)	[ɕʎat]
vingerafdrukken (mv.)	**odciski** (l.mn.) **palców**	[ɔ'tʃiski 'paʎtsuf]
bewijs (het)	**poszlaka** (ż)	[pɔʃ'ʎaka]
alibi (het)	**alibi** (n)	[a'libi]
onschuldig (bn)	**niewinny**	[ne'viŋɨ]
onrecht (het)	**niesprawiedliwość** (ż)	[nespraved'livɔɕtʃ]
onrechtvaardig (bn)	**niesprawiedliwy**	[nespraved'livɨ]
crimineel (bn)	**kryminalny**	[krɨmi'naʎnɨ]
confisqueren (in beslag nemen)	**konfiskować**	[kɔnfis'kɔvatʃ]
drug (de)	**narkotyk** (m)	[nar'kɔtɨk]
wapen (het)	**broń** (ż)	[brɔɲ]
ontwapenen (ww)	**rozbroić**	[rɔzb'rɔitʃ]
bevelen (ww)	**rozkazywać**	[rɔska'zɨvatʃ]
verdwijnen (ww)	**zniknąć**	['zniknɔ̃tʃ]
wet (de)	**prawo** (n)	['pravɔ]
wettelijk (bn)	**legalny**	[le'gaʎnɨ]
onwettelijk (bn)	**nielegalny**	[nele'gaʎnɨ]
verantwoordelijkheid (de)	**odpowiedzialność** (ż)	[ɔtpɔve'dʒʲaʎnɔɕtʃ]
verantwoordelijk (bn)	**odpowiedzialny**	[ɔtpɔve'dʒʲaʎnɨ]

NATUUR

De Aarde. Deel 1

195. De kosmische ruimte

kosmos (de)	**kosmos** (m)	['kɔsmɔs]
kosmisch (bn)	**kosmiczny**	[kɔs'mitʃnɨ]
kosmische ruimte (de)	**przestrzeń** (ż) **kosmiczna**	['pʃɛstʃɛɲ kɔs'mitʃna]
wereld (de)	**świat** (m)	[ɕfʲat]
heelal (het)	**wszechświat** (m)	['fʃɛhɕfʲat]
sterrenstelsel (het)	**galaktyka** (ż)	[ga'ʎaktɨka]
ster (de)	**gwiazda** (ż)	['gvʲazda]
sterrenbeeld (het)	**gwiazdozbiór** (m)	[gvʲaz'dɔzbyr]
planeet (de)	**planeta** (ż)	[pʎa'nɛta]
satelliet (de)	**satelita** (m)	[satɛ'lita]
meteoriet (de)	**meteoryt** (m)	[mɛtɛ'ɔrɨt]
komeet (de)	**kometa** (ż)	[kɔ'mɛta]
asteroïde (de)	**asteroida** (ż)	[astɛrɔ'ida]
baan (de)	**orbita** (ż)	[ɔr'bita]
draaien (om de zon, enz.)	**obracać się**	[ɔb'ratsatʃ ɕɛ̃]
atmosfeer (de)	**atmosfera** (ż)	[atmɔs'fɛra]
Zon (de)	**Słońce** (n)	['swɔɲtsɛ]
zonnestelsel (het)	**Układ** (m) **Słoneczny**	['ukwad swɔ'nɛtʃnɨ]
zonsverduistering (de)	**zaćmienie** (n) **słońca**	[zatʃ'mene 'swɔɲtsa]
Aarde (de)	**Ziemia** (ż)	['ʒemʲa]
Maan (de)	**Księżyc** (m)	['kɕenʒɨts]
Mars (de)	**Mars** (m)	[mars]
Venus (de)	**Wenus** (ż)	['vɛnus]
Jupiter (de)	**Jowisz** (m)	[ʒviʃ]
Saturnus (de)	**Saturn** (m)	['saturn]
Mercurius (de)	**Merkury** (m)	[mɛr'kurɨ]
Uranus (de)	**Uran** (m)	['uran]
Neptunus (de)	**Neptun** (m)	['nɛptun]
Pluto (de)	**Pluton** (m)	['plytɔn]
Melkweg (de)	**Droga** (ż) **Mleczna**	['drɔga 'mletʃna]
Grote Beer (de)	**Wielki Wóz** (m)	['veʎki vus]
Poolster (de)	**Gwiazda** (ż) **Polarna**	['gvʲazda pɔ'ʎarna]
marsmannetje (het)	**Marsjanin** (m)	[marsʰ'janin]
buitenaards wezen (het)	**kosmita** (m)	[kɔs'mita]

bovenaards (het)	**obcy** (m)	['ɔbtsɨ]
vliegende schotel (de)	**talerz** (m) **latający**	['taleʃ ʎataɔ̃tsɨ]
ruimtevaartuig (het)	**statek** (m) **kosmiczny**	['statɛk kɔs'mitʃnɨ]
ruimtestation (het)	**stacja** (ż) **kosmiczna**	['statsʰja kɔs'mitʃna]
start (de)	**start** (m)	[start]
motor (de)	**silnik** (m)	['ɕiʎnik]
straalpijp (de)	**dysza** (ż)	['dɨʃa]
brandstof (de)	**paliwo** (n)	[pa'livɔ]
cabine (de)	**kabina** (ż)	[ka'bina]
antenne (de)	**antena** (ż)	[an'tɛna]
patrijspoort (de)	**iluminator** (m)	[ilymi'natɔr]
zonnebatterij (de)	**bateria** (ż) **słoneczna**	[ba'tɛrʰja swɔ'nɛtʃna]
ruimtepak (het)	**skafander** (m)	[ska'fandɛr]
gewichtloosheid (de)	**nieważkość** (ż)	[ne'vaʃkɔɕtʃ]
zuurstof (de)	**tlen** (m)	[tlen]
koppeling (de)	**połączenie** (n)	[pɔwɔ̃t'ʃɛne]
koppeling maken	**łączyć się**	['wɔ̃tʃɨtʃ ɕɛ̃]
observatorium (het)	**obserwatorium** (n)	[ɔbsɛrva'tɔrʰjum]
telescoop (de)	**teleskop** (m)	[tɛ'leskɔp]
waarnemen (ww)	**obserwować**	[ɔbsɛr'vɔvatʃ]
exploreren (ww)	**badać**	['badatʃ]

196. De Aarde

Aarde (de)	**Ziemia** (ż)	['ʒemʲa]
aardbol (de)	**kula** (ż) **ziemska**	['kuʎa 'ʒemska]
planeet (de)	**planeta** (ż)	[pʎa'nɛta]
atmosfeer (de)	**atmosfera** (ż)	[atmɔs'fɛra]
aardrijkskunde (de)	**geografia** (ż)	[gɛɔg'rafʰja]
natuur (de)	**przyroda** (ż)	[pʃɨ'rɔda]
wereldbol (de)	**globus** (m)	['glɔbus]
kaart (de)	**mapa** (ż)	['mapa]
atlas (de)	**atlas** (m)	['atʎas]
Europa (het)	**Europa** (ż)	[ɛu'rɔpa]
Azië (het)	**Azja** (ż)	['azʰja]
Afrika (het)	**Afryka** (ż)	['afrɨka]
Australië (het)	**Australia** (ż)	[aust'raʎja]
Amerika (het)	**Ameryka** (ż)	[a'mɛrɨka]
Noord-Amerika (het)	**Ameryka** (ż) **Północna**	[a'mɛrɨka puw'nɔtsna]
Zuid-Amerika (het)	**Ameryka** (ż) **Południowa**	[a'mɛrɨka pɔwud'nɜva]
Antarctica (het)	**Antarktyda** (ż)	[antark'tɨda]
Arctis (de)	**Arktyka** (ż)	['arktɨka]

197. Windrichtingen

noorden (het)	**północ** (ż)	['puwnɔʦ]
naar het noorden	**na północ**	[na 'puwnɔʦ]
in het noorden	**na północy**	[na puw'nɔʦɨ]
noordelijk (bn)	**północny**	[puw'nɔʦnɨ]
zuiden (het)	**południe** (n)	[pɔ'wudne]
naar het zuiden	**na południe**	[na pɔ'wudne]
in het zuiden	**na południu**	[na pɔ'wudny]
zuidelijk (bn)	**południowy**	[pɔwud'nɜvɨ]
westen (het)	**zachód** (m)	['zahut]
naar het westen	**na zachód**	[na 'zahut]
in het westen	**na zachodzie**	[na za'hɔʤe]
westelijk (bn)	**zachodni**	[za'hɔdni]
oosten (het)	**wschód** (m)	[fshut]
naar het oosten	**na wschód**	['na fshut]
in het oosten	**na wschodzie**	[na 'fshɔʤe]
oostelijk (bn)	**wschodni**	['fshɔdni]

198. Zee. Oceaan

zee (de)	**morze** (n)	['mɔʒɛ]
oceaan (de)	**ocean** (m)	[ɔ'ʦɛan]
golf (baai)	**zatoka** (ż)	[za'tɔka]
straat (de)	**cieśnina** (ż)	[ʧeɕ'nina]
grond (vaste grond)	**ląd** (m)	[lɔ̃t]
continent (het)	**kontynent** (m)	[kɔn'tɨnɛnt]
eiland (het)	**wyspa** (ż)	['vɨspa]
schiereiland (het)	**półwysep** (m)	[puw'vɨsɛp]
archipel (de)	**archipelag** (m)	[arhi'pɛʎak]
baai, bocht (de)	**zatoka** (ż)	[za'tɔka]
haven (de)	**port** (m)	[pɔrt]
lagune (de)	**laguna** (ż)	[ʎa'guna]
kaap (de)	**przylądek** (m)	[pʃɨlɔ̃dɛk]
atol (de)	**atol** (m)	['atɔʎ]
rif (het)	**rafa** (ż)	['rafa]
koraal (het)	**koral** (m)	['kɔral]
koraalrif (het)	**rafa** (ż) **koralowa**	['rafa kɔra'lɜva]
diep (bn)	**głęboki**	[gwɛ̃'bɔki]
diepte (de)	**głębokość** (ż)	[gwɛ̃'bɔkɔɕʧ]
diepzee (de)	**otchłań** (ż)	['ɔthwaɲ]
trog (bijv. Marianentrog)	**rów** (m)	[ruf]
stroming (de)	**prąd** (m)	[prɔ̃t]
omspoelen (ww)	**omywać**	[ɔ'mɨvaʧ]
oever (de)	**brzeg** (m)	[bʒɛk]

kust (de)	**wybrzeże** (n)	[vɨb'ʒɛʒe]
vloed (de)	**przypływ** (m)	['pʃɨpwɨf]
eb (de)	**odpływ** (m)	['ɔtpwɨf]
ondiepte (ondiep water)	**mielizna** (ż)	[me'lizna]
bodem (de)	**dno** (n)	[dnɔ]
golf (hoge ~)	**fala** (ż)	['faʎa]
golfkam (de)	**grzywa** (ż) **fali**	['gʒɨva 'fali]
schuim (het)	**piana** (ż)	['pʲana]
orkaan (de)	**huragan** (m)	[hu'ragan]
tsunami (de)	**tsunami** (n)	[ʦu'nami]
windstilte (de)	**cisza** (ż) **morska**	['ʧiʃa 'mɔrska]
kalm (bijv. ~e zee)	**spokojny**	[spɔ'kɔjnɨ]
pool (de)	**biegun** (m)	['begun]
polair (bn)	**polarny**	[pɔ'ʎarnɨ]
breedtegraad (de)	**szerokość** (ż)	[ʃɛ'rɔkɔɕʧ]
lengtegraad (de)	**długość** (ż)	['dwugɔɕʧ]
parallel (de)	**równoleżnik** (m)	[ruvnɔ'leʒnik]
evenaar (de)	**równik** (m)	['ruvnik]
hemel (de)	**niebo** (n)	['nebɔ]
horizon (de)	**horyzont** (m)	[hɔ'rɨzɔnt]
lucht (de)	**powietrze** (n)	[pɔ'vetʃɛ]
vuurtoren (de)	**latarnia** (ż) **morska**	[ʎa'tarɲa 'mɔrska]
duiken (ww)	**nurkować**	[nur'kɔvaʧ]
zinken (ov. een boot)	**zatonąć**	[za'tɔ̃ɔɲʧ]
schatten (mv.)	**skarby** (l.mn.)	['skarbɨ]

199. Namen van zeeën en oceanen

Atlantische Oceaan (de)	**Ocean** (m) **Atlantycki**	[ɔ'ʦɛan atlan'tɨʦki]
Indische Oceaan (de)	**Ocean** (m) **Indyjski**	[ɔ'ʦɛan in'dɨjski]
Stille Oceaan (de)	**Ocean** (m) **Spokojny**	[ɔ'ʦɛan spɔ'kɔjnɨ]
Noordelijke IJszee (de)	**Ocean** (m) **Lodowaty Północny**	[ɔ'ʦɛan lɔdɔ'vatɨ puw'nɔʦnɨ]
Zwarte Zee (de)	**Morze** (n) **Czarne**	['mɔʒɛ 'ʧarnɛ]
Rode Zee (de)	**Morze** (n) **Czerwone**	['mɔʒɛ ʧɛr'vɔnɛ]
Gele Zee (de)	**Morze** (n) **Żółte**	['mɔʒɛ 'ʒuwtɛ]
Witte Zee (de)	**Morze** (n) **Białe**	['mɔʒɛ 'bʲawɛ]
Kaspische Zee (de)	**Morze** (n) **Kaspijskie**	['mɔʒɛ kas'pijske]
Dode Zee (de)	**Morze** (n) **Martwe**	['mɔʒɛ 'martfɛ]
Middellandse Zee (de)	**Morze** (n) **Śródziemne**	['mɔʒɛ ɕry'dʒemnɛ]
Egeïsche Zee (de)	**Morze** (n) **Egejskie**	['mɔʒɛ ɛ'gejske]
Adriatische Zee (de)	**Morze** (n) **Adriatyckie**	['mɔʒɛ adrʰja'tɨʦke]
Arabische Zee (de)	**Morze** (n) **Arabskie**	['mɔʒɛ a'rabske]
Japanse Zee (de)	**Morze** (n) **Japońskie**	['mɔʒɛ ja'pɔɲske]

Beringzee (de)	**Morze** (n) **Beringa**	['mɔʒɛ bɛ'riŋa]
Zuid-Chinese Zee (de)	**Morze** (n) **Południowochińskie**	['mɔʒɛ pɔwud'nɜvɔ 'hiɲske]
Koraalzee (de)	**Morze** (n) **Koralowe**	['mɔʒɛ kɔra'lɜvɛ]
Tasmanzee (de)	**Morze** (n) **Tasmana**	['mɔʒɛ tas'mana]
Caribische Zee (de)	**Morze** (n) **Karaibskie**	['mɔʒɛ kara'ipske]
Barentszzee (de)	**Morze** (n) **Barentsa**	['mɔʒɛ ba'rɛntsa]
Karische Zee (de)	**Morze** (n) **Karskie**	['mɔʒɛ 'karske]
Noordzee (de)	**Morze** (n) **Północne**	['mɔʒɛ puw'nɔtsnɛ]
Baltische Zee (de)	**Morze** (n) **Bałtyckie**	['mɔʒɛ baw'tɨtske]
Noorse Zee (de)	**Morze** (n) **Norweskie**	['mɔʒɛ nɔr'vɛske]

200. Bergen

berg (de)	**góra** (ż)	['gura]
bergketen (de)	**łańcuch** (m) **górski**	['waɲtsuh 'gurski]
gebergte (het)	**grzbiet** (m) **górski**	[gʒbet 'gurski]
bergtop (de)	**szczyt** (m)	[ʃtʃɨt]
bergpiek (de)	**szczyt** (m)	[ʃtʃɨt]
voet (ov. de berg)	**podnóże** (n)	[pɔd'nuʒɛ]
helling (de)	**zbocze** (n)	['zbɔtʃɛ]
vulkaan (de)	**wulkan** (m)	['vuʎkan]
actieve vulkaan (de)	**czynny** (m) **wulkan**	['tʃɨŋɨ 'vuʎkan]
uitgedoofde vulkaan (de)	**wygasły** (m) **wulkan**	[vɨ'gaswɨ 'vuʎkan]
uitbarsting (de)	**wybuch** (m)	['vɨbuh]
krater (de)	**krater** (m)	['kratɛr]
magma (het)	**magma** (ż)	['magma]
lava (de)	**lawa** (ż)	['ʎava]
gloeiend (~e lava)	**rozżarzony**	[rɔzʒa'ʒɔnɨ]
kloof (canyon)	**kanion** (m)	['kaɲjɔn]
bergkloof (de)	**wąwóz** (m)	['vɔ̃vus]
spleet (de)	**rozpadlina** (m)	[rɔspad'lina]
bergpas (de)	**przełęcz** (ż)	['pʃɛwɛ̃tʃ]
plateau (het)	**płaskowyż** (m)	[pwas'kɔvɨʃ]
klip (de)	**skała** (ż)	['skawa]
heuvel (de)	**wzgórze** (ż)	['vzguʒɛ]
gletsjer (de)	**lodowiec** (m)	[lɜ'dɔvets]
waterval (de)	**wodospad** (m)	[vɔ'dɔspat]
geiser (de)	**gejzer** (m)	['gɛjzɛr]
meer (het)	**jezioro** (m)	[e'ʒɜrɔ]
vlakte (de)	**równina** (ż)	[ruv'nina]
landschap (het)	**pejzaż** (m)	['pɛjzaʃ]
echo (de)	**echo** (n)	['ɛhɔ]
alpinist (de)	**alpinista** (m)	[aʎpi'nista]

bergbeklimmer (de)	**wspinacz** (m)	['fspinatʃ]
trotseren (berg ~)	**pokonywać**	[pɔkɔ'nɨvatʃ]
beklimming (de)	**wspinaczka** (ż)	[fspi'natʃka]

201. Bergen namen

Alpen (de)	**Alpy** (l.mn.)	['aʎpɨ]
Mont Blanc (de)	**Mont Blanc** (m)	[mɔn blan]
Pyreneeën (de)	**Pireneje** (l.mn.)	[pirɛ'nɛe]
Karpaten (de)	**Karpaty** (l.mn.)	[kar'patɨ]
Oeralgebergte (het)	**Góry Uralskie** (l.mn.)	['gurɨ u'raʎske]
Kaukasus (de)	**Kaukaz** (m)	['kaukas]
Elbroes (de)	**Elbrus** (m)	['ɛʎbrus]
Altaj (de)	**Ałtaj** (m)	['awtaj]
Pamir (de)	**Pamir** (m)	['pamir]
Himalaya (de)	**Himalaje** (l.mn.)	[hima'lae]
Everest (de)	**Mont Everest** (m)	[mɔnt ɛ'vɛrɛst]
Andes (de)	**Andy** (l.mn.)	['andɨ]
Kilimanjaro (de)	**Kilimandżaro** (ż)	[kiliman'dʒarɔ]

202. Rivieren

rivier (de)	**rzeka** (m)	['ʒɛka]
bron (~ van een rivier)	**źródło** (n)	['ʑʲrudwɔ]
rivierbedding (de)	**koryto** (n)	[kɔ'rɨtɔ]
rivierbekken (het)	**dorzecze** (n)	[dɔ'ʒɛtʃɛ]
uitmonden in ...	**wpadać**	['fpadatʃ]
zijrivier (de)	**dopływ** (m)	['dɔpwɨf]
oever (de)	**brzeg** (m)	[bʒɛk]
stroming (de)	**prąd** (m)	[prɔ̃t]
stroomafwaarts (bw)	**z prądem**	[s 'prɔ̃dɛm]
stroomopwaarts (bw)	**pod prąd**	[pɔt prɔ̃t]
overstroming (de)	**powódź** (ż)	['pɔvutʃ]
overstroming (de)	**wylew** (m) **rzeki**	['vɨlef 'ʒɛki]
buiten zijn oevers treden	**rozlewać się**	[rɔz'levatʃ ɕɛ̃]
overstromen (ww)	**zatapiać**	[za'tapʲatʃ]
zandbank (de)	**mielizna** (ż)	[me'lizna]
stroomversnelling (de)	**próg** (m)	[pruk]
dam (de)	**tama** (ż)	['tama]
kanaal (het)	**kanał** (m)	['kanaw]
spaarbekken (het)	**zbiornik** (m) **wodny**	['zbɜrnik 'vɔdnɨ]
sluis (de)	**śluza** (ż)	['ɕlyza]
waterlichaam (het)	**zbiornik** (m) **wodny**	['zbɜrnik 'vɔdnɨ]
moeras (het)	**bagno** (n)	['bagnɔ]

broek (het)	**grzęzawisko** (n)	[gʒɛ̃za'viskɔ]
draaikolk (de)	**wir** (m) **wodny**	[vir 'vɔdnɨ]
stroom (de)	**potok** (m)	['pɔtɔk]
drink- (abn)	**pitny**	['pitnɨ]
zoet (~ water)	**słodki**	['swɔtki]
IJs (het)	**lód** (m)	[lyt]
bevriezen (rivier, enz.)	**zamarznąć**	[za'marznɔ̃tʃ]

203. Namen van rivieren

Seine (de)	**Sekwana** (ż)	[sɛk'fana]
Loire (de)	**Loara** (ż)	[lɜ'ara]
Theems (de)	**Tamiza** (ż)	[ta'miza]
Rijn (de)	**Ren** (m)	[rɛn]
Donau (de)	**Dunaj** (m)	['dunaj]
Wolga (de)	**Wołga** (ż)	['vɔwga]
Don (de)	**Don** (m)	[dɔn]
Lena (de)	**Lena** (ż)	['lena]
Gele Rivier (de)	**Huang He** (ż)	[hu'aŋ hɛ]
Blauwe Rivier (de)	**Jangcy** (ż)	['jaŋʦɨ]
Mekong (de)	**Mekong** (m)	['mɛkɔŋ]
Ganges (de)	**Ganges** (m)	['gaŋɛs]
Nijl (de)	**Nil** (m)	[niʎ]
Kongo (de)	**Kongo** (ż)	['kɔŋɔ]
Okavango (de)	**Okawango** (ż)	[ɔka'vaŋɔ]
Zambezi (de)	**Zambezi** (ż)	[zam'bɛzi]
Limpopo (de)	**Limpopo** (ż)	[lim'pɔpɔ]
Mississippi (de)	**Missisipi** (ż)	[missis'sipi]

204. Bos

bos (het)	**las** (m)	[ʎas]
bos- (abn)	**leśny**	['leɕnɨ]
oerwoud (dicht bos)	**gąszcz** (ż)	[gɔ̃ʃtʃ]
bosje (klein bos)	**gaj** (m), **lasek** (m)	[gaj], ['ʎasɛk]
open plek (de)	**polana** (ż)	[pɔ'ʎana]
struikgewas (het)	**zarośla** (l.mn.)	[za'rɔɕʎa]
struiken (mv.)	**krzaki** (l.mn.)	['kʃaki]
paadje (het)	**ścieżka** (ż)	['ɕtʃeʃka]
ravijn (het)	**wąwóz** (m)	['vɔ̃vus]
boom (de)	**drzewo** (n)	['dʒɛvɔ]
blad (het)	**liść** (m)	[liɕtʃ]

gebladerte (het)	**listowie** (n)	[lis'tɔve]
vallende bladeren (mv.)	**opadanie** (n) **liści**	[ɔpa'dane 'liɕʧi]
vallen (ov. de bladeren)	**opadać**	[ɔ'padaʧ]
boomtop (de)	**wierzchołek** (m)	[veʃ'hɔwɛk]
tak (de)	**gałąź** (ż)	['gawɔ̃ɕ]
ent (de)	**sęk** (m)	[sɛ̃k]
knop (de)	**pączek** (m)	['pɔ̃tʃɛk]
naald (de)	**igła** (ż)	['igwa]
dennenappel (de)	**szyszka** (ż)	['ʃɨʃka]
boom holte (de)	**dziupla** (ż)	['ʤypʎa]
nest (het)	**gniazdo** (n)	['gɲazdɔ]
hol (het)	**nora** (ż)	['nɔra]
stam (de)	**pień** (m)	[peɲ]
wortel (bijv. boom~s)	**korzeń** (m)	['kɔʒɛɲ]
schors (de)	**kora** (ż)	['kɔra]
mos (het)	**mech** (m)	[mɛh]
ontwortelen (een boom)	**karczować**	[kart'ʃɔvaʧ]
kappen (een boom ~)	**ścinać**	['ɕʧinaʧ]
ontbossen (ww)	**wycinać**	[vɨ'ʧinaʧ]
stronk (de)	**pieniek** (m)	['penek]
kampvuur (het)	**ognisko** (n)	[ɔg'niskɔ]
bosbrand (de)	**pożar** (m)	['pɔʒar]
blussen (ww)	**gasić**	['gaɕiʧ]
boswachter (de)	**leśnik** (m)	['leɕnik]
bescherming (de)	**ochrona** (ż)	[ɔh'rɔna]
beschermen (bijv. de natuur ~)	**chronić**	['hrɔniʧ]
stroper (de)	**kłusownik** (m)	[kwu'sɔvnik]
val (de)	**potrzask** (m)	['pɔtʃaɕk]
plukken (vruchten, enz.)	**zbierać**	['zberaʧ]
verdwalen (de weg kwijt zijn)	**zabłądzić**	[zab'wɔ̃ʤiʧ]

205. Natuurlijke hulpbronnen

natuurlijke rijkdommen (mv.)	**zasoby** (l.mn.) **naturalne**	[za'sɔbɨ natu'raʎnɛ]
delfstoffen (mv.)	**kopaliny** (l.mn.) **użyteczne**	[kɔpa'linɨ uʒɨ'tɛtʃnɛ]
lagen (mv.)	**złoża** (l.mn.)	['zwɔʒa]
veld (bijv. olie~)	**złoże** (n)	['zwɔʒɛ]
winnen (uit erts ~)	**wydobywać**	[vɨdɔ'bɨvaʧ]
winning (de)	**wydobywanie** (n)	[vɨdɔbɨ'vane]
erts (het)	**ruda** (ż)	['ruda]
mijn (bijv. kolenmijn)	**kopalnia** (ż) **rudy**	[kɔ'paʎɲa 'rudɨ]
mijnschacht (de)	**szyb** (m)	[ʃɨb]
mijnwerker (de)	**górnik** (m)	['gurnik]
gas (het)	**gaz** (m)	[gas]
gasleiding (de)	**gazociąg** (m)	[ga'zɔʧɔ̃k]

olie (aardolie)	**ropa** (ż) **naftowa**	['rɔpa naf'tɔva]
olieleiding (de)	**rurociąg** (m)	[ru'rɔʧɔ̃k]
oliebron (de)	**szyb** (m) **naftowy**	[ʃɨp naf'tɔvɨ]
boortoren (de)	**wieża** (ż) **wiertnicza**	['veʒa vert'nitʃa]
tanker (de)	**tankowiec** (m)	[ta'ŋkɔvets]
zand (het)	**piasek** (m)	['pʲasɛk]
kalksteen (de)	**wapień** (m)	['vapeɲ]
grind (het)	**żwir** (m)	[ʒvir]
veen (het)	**torf** (m)	[tɔrf]
klei (de)	**glina** (ż)	['glina]
steenkool (de)	**węgiel** (m)	['vɛŋeʎ]
IJzer (het)	**żelazo** (n)	[ʒɛ'ʎazɔ]
goud (het)	**złoto** (n)	['zwɔtɔ]
zilver (het)	**srebro** (n)	['srɛbrɔ]
nikkel (het)	**nikiel** (n)	['nikeʎ]
koper (het)	**miedź** (ż)	[meʧ]
zink (het)	**cynk** (m)	[tsɨŋk]
mangaan (het)	**mangan** (m)	['maŋan]
kwik (het)	**rtęć** (ż)	[rtɛ̃ʧ]
lood (het)	**ołów** (m)	['ɔwuf]
mineraal (het)	**minerał** (m)	[mi'nɛraw]
kristal (het)	**kryształ** (m)	['krɨʃtaw]
marmer (het)	**marmur** (m)	['marmur]
uraan (het)	**uran** (m)	['uran]

De Aarde. Deel 2

206. Weer

weer (het)	**pogoda** (ż)	[pɔ'gɔda]
weersvoorspelling (de)	**prognoza** (ż) **pogody**	[prɔg'nɔza pɔ'gɔdɨ]
temperatuur (de)	**temperatura** (ż)	[tɛmpɛra'tura]
thermometer (de)	**termometr** (m)	[tɛr'mɔmɛtr]
barometer (de)	**barometr** (m)	[ba'rɔmɛtr]
vochtigheid (de)	**wilgoć** (ż)	['viʎgɔʧ]
hitte (de)	**żar** (m)	[ʒar]
heet (bn)	**upalny, gorący**	[u'paʎnɨ], [gɔ'rɔ̃tsɨ]
het is heet	**gorąco**	[gɔ'rɔ̃tsɔ]
het is warm	**ciepło**	['ʧepwɔ]
warm (bn)	**ciepły**	['ʧepwɨ]
het is koud	**zimno**	['ʒimnɔ]
koud (bn)	**zimny**	['ʒimnɨ]
zon (de)	**słońce** (n)	['swɔɲtsɛ]
schijnen (de zon)	**świecić**	['ɕfeʧiʧ]
zonnig (~e dag)	**słoneczny**	[swɔ'nɛtʃnɨ]
opgaan (ov. de zon)	**wzejść**	[vzɛjɕʧ]
ondergaan (ww)	**zajść**	[zajɕʧ]
wolk (de)	**obłok** (m)	['ɔbwɔk]
bewolkt (bn)	**zachmurzony**	[zahmu'ʒɔnɨ]
regenwolk (de)	**chmura** (ż)	['hmura]
somber (bn)	**pochmurny**	[pɔh'murnɨ]
regen (de)	**deszcz** (m)	[dɛʃtʃ]
het regent	**pada deszcz**	['pada dɛʃtʃ]
regenachtig (bn)	**deszczowy**	[dɛʃt'ʃɔvɨ]
motregenen (ww)	**mżyć**	[mʒɨʧ]
plensbui (de)	**ulewny deszcz** (m)	[u'levnɨ dɛʃtʃ]
stortbui (de)	**ulewa** (ż)	[u'leva]
hard (bn)	**silny**	['ɕiʎnɨ]
plas (de)	**kałuża** (ż)	[ka'wuʒa]
nat worden (ww)	**moknąć**	['mɔknɔ̃ʧ]
mist (de)	**mgła** (ż)	[mgwa]
mistig (bn)	**mglisty**	['mglistɨ]
sneeuw (de)	**śnieg** (m)	[ɕnek]
het sneeuwt	**pada śnieg**	['pada ɕnek]

207. Zwaar weer. Natuurrampen

noodweer (storm)	**burza** (ż)	['buʒa]
bliksem (de)	**błyskawica** (ż)	[bwɨska'vitsa]
flitsen (ww)	**błyskać**	['bwɨskatʃ]
donder (de)	**grzmot** (m)	[gʒmɔt]
donderen (ww)	**grzmieć**	[gʒmetʃ]
het dondert	**grzmi**	[gʒmi]
hagel (de)	**grad** (m)	[grat]
het hagelt	**pada grad**	['pada grat]
overstromen (ww)	**zatopić**	[za'tɔpitʃ]
overstroming (de)	**powódź** (ż)	['pɔvutʃ]
aardbeving (de)	**trzęsienie** (n) **ziemi**	[tʃɛ̃'ɕene 'ʒemi]
aardschok (de)	**wstrząs** (m)	[fstʃɔ̃s]
epicentrum (het)	**epicentrum** (n)	[ɛpi'tsɛntrum]
uitbarsting (de)	**wybuch** (m)	['vɨbuh]
lava (de)	**lawa** (ż)	['ʎava]
wervelwind (de)	**trąba** (ż) **powietrzna**	['trɔ̃ba pɔ'vetʃna]
windhoos (de)	**tornado** (n)	[tɔr'nadɔ]
tyfoon (de)	**tajfun** (m)	['tajfun]
orkaan (de)	**huragan** (m)	[hu'ragan]
storm (de)	**burza** (ż)	['buʒa]
tsunami (de)	**tsunami** (n)	[tsu'nami]
cycloon (de)	**cyklon** (m)	['tsɨklɔn]
onweer (het)	**niepogoda** (ż)	[nepɔ'gɔda]
brand (de)	**pożar** (m)	['pɔʒar]
ramp (de)	**katastrofa** (ż)	[katast'rɔfa]
meteoriet (de)	**meteoryt** (m)	[mɛtɛ'ɔrɨt]
lawine (de)	**lawina** (ż)	[ʎa'vina]
sneeuwverschuiving (de)	**lawina** (ż)	[ʎa'vina]
sneeuwjacht (de)	**zamieć** (ż)	['zametʃ]
sneeuwstorm (de)	**śnieżyca** (ż)	[ɕne'ʒɨtsa]

208. Geluiden. Geluiden

stilte (de)	**cisza** (ż)	['tʃiʃa]
geluid (het)	**dźwięk** (m)	['dʒveŋk]
lawaai (het)	**hałas** (m)	['hawas]
lawaai maken (ww)	**hałasować**	[hawa'sɔvatʃ]
lawaaierig (bn)	**hałaśliwy**	[hawaɕ'livɨ]
luid (~ spreken)	**głośno**	['gwɔɕnɔ]
luid (bijv. ~e stem)	**głośny**	['gwɔɕnɨ]
aanhoudend (voortdurend)	**ciągły**	[tʃɔ̃gwɨ]

schreeuw (de)	**krzyk** (m)	[kʃɨk]
schreeuwen (ww)	**krzyczeć**	['kʃɨtʃɛʧ]
gefluister (het)	**szept** (m)	[ʃɛpt]
fluisteren (ww)	**szeptać**	['ʃɛptaʧ]
geblaf (het)	**szczekanie** (n)	[ʃtʃɛ'kane]
blaffen (ww)	**szczekać**	['ʃtʃɛkaʧ]
gekreun (het)	**jęk** (m)	[jɛ̃k]
kreunen (ww)	**jęczeć**	['jentʃɛʧ]
hoest (de)	**kaszel** (m)	['kaʃɛʎ]
hoesten (ww)	**kaszleć**	['kaʃleʧ]
gefluit (het)	**gwizd** (m)	[gvist]
fluiten (op het fluitje blazen)	**gwizdać**	['gvizdaʧ]
geklop (het)	**pukanie** (n)	[pu'kane]
kloppen (aan een deur)	**pukać**	['pukaʧ]
kraken (hout, ijs)	**trzeszczeć**	['tʃɛʃtʃɛʧ]
gekraak (het)	**trzask** (m)	[tʃask]
sirene (de)	**syrena** (ż)	[sɨ'rɛna]
fluit (stoom ~)	**sygnał** (m), **gwizdek** (m)	['sɨgnaw], ['gvizdɛk]
fluiten (schip, trein)	**huczeć**	['hutʃɛʧ]
toeter (de)	**klakson** (m)	['kʎaksɔn]
toeteren (ww)	**trąbić**	['trɔ̃biʧ]

209. Winter

winter (de)	**zima** (ż)	['ʒima]
winter- (abn)	**zimowy**	[ʒi'mɔvɨ]
in de winter (bw)	**zimą**	['ʒimɔ̃]
sneeuw (de)	**śnieg** (m)	[ɕnek]
het sneeuwt	**pada śnieg**	['pada ɕnek]
sneeuwval (de)	**opady** (l.mn.) **śniegu**	[ɔ'padɨ 'ɕnegu]
sneeuwhoop (de)	**zaspa** (ż)	['zaspa]
sneeuwvlok (de)	**śnieżynka** (ż)	[ɕne'ʒɨŋka]
sneeuwbal (de)	**śnieżka** (ż)	['ɕneʃka]
sneeuwman (de)	**bałwan** (m)	['bawvan]
IJspegel (de)	**sopel** (m)	['sɔpɛʎ]
december (de)	**grudzień** (m)	['grudʒeɲ]
januari (de)	**styczeń** (m)	['stɨtʃɛɲ]
februari (de)	**luty** (m)	['lytɨ]
vorst (de)	**mróz** (m)	[mrus]
vries- (abn)	**mroźny**	['mrɔʑʲnɨ]
onder nul (bw)	**poniżej zera**	[pɔ'niʒɛj 'zɛra]
eerste vorst (de)	**przymrozki** (l.mn.)	[pʃɨm'rɔski]
rijp (de)	**szron** (m)	[ʃrɔn]
koude (de)	**zimno** (n)	['ʒimnɔ]

het is koud	**zimno**	['ʒimnɔ]
bontjas (de)	**futro** (n)	['futrɔ]
wanten (mv.)	**rękawiczki** (l.mn.)	[rɛ̃ka'vitʃki]
ziek worden (ww)	**zachorować**	[zahɔ'rɔvatʃ]
verkoudheid (de)	**przeziębienie** (n)	[pʃɛʒɛ̃'bene]
verkouden raken (ww)	**przeziębić się**	[pʃɛ'ʒembitʃ ɕɛ̃]
IJs (het)	**lód** (m)	[lyt]
IJzel (de)	**gołoledź** (ż)	[gɔ'wɔletʃ]
bevriezen (rivier, enz.)	**zamarznąć**	[za'marznɔ̃tʃ]
IJsschol (de)	**kra** (ż)	[kra]
ski's (mv.)	**narty** (l.mn.)	['nartɨ]
skiër (de)	**narciarz** (m)	['nartʃʲaʃ]
skiën (ww)	**jeździć na nartach**	['eʑʲdʒitʃ na 'nartah]
schaatsen (ww)	**jeździć na łyżwach**	['eʑʲdʒitʃ na 'wɨʒvah]

Fauna

210. Zoogdieren. Roofdieren

roofdier (het)	**drapieżnik** (m)	[dra'peʒnik]
tijger (de)	**tygrys** (m)	['tɨgrɨs]
leeuw (de)	**lew** (m)	[lef]
wolf (de)	**wilk** (m)	[viʎk]
vos (de)	**lis** (m)	[lis]
jaguar (de)	**jaguar** (m)	[ja'guar]
luipaard (de)	**lampart** (m)	['ʎampart]
jachtluipaard (de)	**gepard** (m)	['gɛpart]
panter (de)	**pantera** (ż)	[pan'tɛra]
poema (de)	**puma** (ż)	['puma]
sneeuwluipaard (de)	**irbis** (m)	['irbis]
lynx (de)	**ryś** (m)	[rɨɕ]
coyote (de)	**kojot** (m)	['kɔʒt]
jakhals (de)	**szakal** (m)	['ʃakaʎ]
hyena (de)	**hiena** (ż)	['hʰena]

211. Wilde dieren

dier (het)	**zwierzę** (n)	['zveʒɛ̃]
beest (het)	**dzikie zwierzę** (n)	['ʤike 'zveʒɛ̃]
eekhoorn (de)	**wiewiórka** (ż)	[ve'vyrka]
egel (de)	**jeż** (m)	[eʃ]
haas (de)	**zając** (m)	['zaɔ̃ʦ]
konijn (het)	**królik** (m)	['krulik]
das (de)	**borsuk** (m)	['bɔrsuk]
wasbeer (de)	**szop** (m)	[ʃɔp]
hamster (de)	**chomik** (m)	['hɔmik]
marmot (de)	**świstak** (m)	['ɕfistak]
mol (de)	**kret** (m)	[krɛt]
muis (de)	**mysz** (ż)	[mɨʃ]
rat (de)	**szczur** (m)	[ʃʧur]
vleermuis (de)	**nietoperz** (m)	[ne'tɔpɛʃ]
hermelijn (de)	**gronostaj** (m)	[grɔ'nɔstaj]
sabeldier (het)	**soból** (m)	['sɔbuʎ]
marter (de)	**kuna** (ż)	['kuna]
wezel (de)	**łasica** (ż)	[wa'ɕiʦa]
nerts (de)	**norka** (ż)	['nɔrka]

bever (de)	**bóbr** (m)	[bubr]
otter (de)	**wydra** (ż)	['vɨdra]
paard (het)	**koń** (m)	[kɔɲ]
eland (de)	**łoś** (m)	[wɔɕ]
hert (het)	**jeleń** (m)	['eleɲ]
kameel (de)	**wielbłąd** (m)	['veʎbwɔ̃t]
bizon (de)	**bizon** (m)	['bizɔn]
oeros (de)	**żubr** (m)	[ʒubr]
buffel (de)	**bawół** (m)	['bavuw]
zebra (de)	**zebra** (ż)	['zɛbra]
antilope (de)	**antylopa** (ż)	[antɨ'lɜpa]
ree (de)	**sarna** (ż)	['sarna]
damhert (het)	**łania** (ż)	['waɲa]
gems (de)	**kozica** (ż)	[kɔ'ʒitsa]
everzwijn (het)	**dzik** (m)	[dʒik]
walvis (de)	**wieloryb** (m)	[ve'lɜrɨp]
rob (de)	**foka** (ż)	['fɔka]
walrus (de)	**mors** (m)	[mɔrs]
zeehond (de)	**kot** (m) **morski**	[kɔt 'mɔrski]
dolfijn (de)	**delfin** (m)	['dɛʎfin]
beer (de)	**niedźwiedź** (m)	['nedʒʲvetʃ]
IJsbeer (de)	**niedźwiedź** (m) **polarny**	['nedʒʲvetʃ pɔ'ʎarnɨ]
panda (de)	**panda** (ż)	['panda]
aap (de)	**małpa** (ż)	['mawpa]
chimpansee (de)	**szympans** (m)	['ʃɨmpans]
orang-oetan (de)	**orangutan** (m)	[ɔra'ŋutan]
gorilla (de)	**goryl** (m)	['gɔrɨʎ]
makaak (de)	**makak** (m)	['makak]
gibbon (de)	**gibon** (m)	['gibɔn]
olifant (de)	**słoń** (m)	['swɔɲ]
neushoorn (de)	**nosorożec** (m)	[nɔsɔ'rɔʒɛts]
giraffe (de)	**żyrafa** (ż)	[ʒɨ'rafa]
nijlpaard (het)	**hipopotam** (m)	[hipɔ'pɔtam]
kangoeroe (de)	**kangur** (m)	['kaŋur]
koala (de)	**koala** (ż)	[kɔ'aʎa]
mangoest (de)	**mangusta** (ż)	[ma'ŋusta]
chinchilla (de)	**szynszyla** (ż)	[ʃɨn'ʃɨʎa]
stinkdier (het)	**skunks** (m)	[skuŋks]
stekelvarken (het)	**jeżozwierz** (m)	[e'ʒɔzveʃ]

212. Huisdieren

poes (de)	**kotka** (ż)	['kɔtka]
kater (de)	**kot** (m)	[kɔt]
hond (de)	**pies** (m)	[pes]

paard (het)	**koń** (m)	[kɔɲ]
hengst (de)	**źrebak** (m), **ogier** (m)	['ʑʲrɛbak], ['ɔgjer]
merrie (de)	**klacz** (ż)	[kʎatʃ]
koe (de)	**krowa** (ż)	['krɔva]
stier (de)	**byk** (m)	[bɨk]
os (de)	**wół** (m)	[vuw]
schaap (het)	**owca** (ż)	['ɔftsa]
ram (de)	**baran** (m)	['baran]
geit (de)	**koza** (ż)	['kɔza]
bok (de)	**kozioł** (m)	['kɔʒɜw]
ezel (de)	**osioł** (m)	['ɔɕɜw]
muilezel (de)	**muł** (m)	[muw]
varken (het)	**świnia** (ż)	['ɕfiɲa]
biggetje (het)	**prosiak** (m)	['prɔɕak]
konijn (het)	**królik** (m)	['krulik]
kip (de)	**kura** (ż)	['kura]
haan (de)	**kogut** (m)	['kɔgut]
eend (de)	**kaczka** (ż)	['katʃka]
woerd (de)	**kaczor** (m)	['katʃɔr]
gans (de)	**gęś** (ż)	[gɛ̃ɕ]
kalkoen haan (de)	**indyk** (m)	['indɨk]
kalkoen (de)	**indyczka** (ż)	[in'dɨtʃka]
huisdieren (mv.)	**zwierzęta** (l.mn.) **domowe**	[zve'ʒɛnta dɔ'mɔvɛ]
tam (bijv. hamster)	**oswojony**	[ɔsfɔʒnɨ]
temmen (tam maken)	**oswajać**	[ɔs'fajatʃ]
fokken (bijv. paarden ~)	**hodować**	[hɔ'dɔvatʃ]
boerderij (de)	**ferma** (ż)	['fɛrma]
gevogelte (het)	**drób** (m)	[drup]
rundvee (het)	**bydło** (n)	['bɨdwɔ]
kudde (de)	**stado** (n)	['stadɔ]
paardenstal (de)	**stajnia** (ż)	['stajɲa]
zwijnenstal (de)	**chlew** (m)	[hlef]
koeienstal (de)	**obora** (ż)	[ɔ'bɔra]
konijnenhok (het)	**klatka** (ż) **dla królików**	['klatka dʎa krɔ'likɔf]
kippenhok (het)	**kurnik** (m)	['kurnik]

213. Honden. Hondenrassen

hond (de)	**pies** (m)	[pes]
herdershond (de)	**owczarek** (m)	[ɔft'ʃarɛk]
poedel (de)	**pudel** (m)	['pudɛʎ]
teckel (de)	**jamnik** (m)	['jamnik]
buldog (de)	**buldog** (m)	['buʎdɔk]
boxer (de)	**bokser** (m)	['bɔksɛr]

mastiff (de)	**mastyf** (m)	['mastɨf]
rottweiler (de)	**rottweiler** (m)	[rɔt'vajler]
doberman (de)	**doberman** (m)	[dɔ'bɛrman]
basset (de)	**basset** (m)	['basɛt]
bobtail (de)	**owczarek** (m) **staroangielski**	[ɔft'ʃarɛk starɔa'ŋeʎski]
dalmatiër (de)	**dalmatyńczyk** (m)	[daʎma'tɨɲtʃɨk]
cockerspaniël (de)	**cocker spaniel** (m)	['kɔkɛr 'spaneʎ]
newfoundlander (de)	**nowofundland** (m)	[nɔvɔ'fundʎant]
sint-bernard (de)	**bernardyn** (m)	[bɛr'nardɨn]
poolhond (de)	**husky** (m)	['haski]
chowchow (de)	**chow-chow** (m)	[tʃau tʃau]
spits (de)	**szpic** (m)	[ʃpiʦ]
mopshond (de)	**mops** (m)	[mɔps]

214. Dierengeluiden

geblaf (het)	**szczekanie** (n)	[ʃtʃɛ'kane]
blaffen (ww)	**szczekać**	['ʃtʃɛkaʧ]
miauwen (ww)	**miauczeć**	[mʲa'utʃɛʧ]
spinnen (katten)	**mruczeć**	['mrutʃɛʧ]
loeien (ov. een koe)	**muczeć**	['mutʃɛʧ]
brullen (stier)	**ryczeć**	['rɨtʃɛʧ]
grommen (ov. de honden)	**warczeć**	['vartʃɛʧ]
gehuil (het)	**wycie** (n)	['vɨʧe]
huilen (wolf, enz.)	**wyć**	['vɨʧ]
janken (ov. een hond)	**skomleć**	['skɔmleʧ]
mekkeren (schapen)	**beczeć**	['bɛtʃɛʧ]
knorren (varkens)	**chrząkać**	['hʃɔ̃kaʧ]
gillen (bijv. varken)	**kwiczeć**	['kfitʃɛʧ]
kwaken (kikvorsen)	**kwakać**	['kfakaʧ]
zoemen (hommel, enz.)	**bzyczeć**	['bzɨtʃɛʧ]
tjirpen (sprinkhanen)	**cykać**	['ʦɨkaʧ]

215. Jonge dieren

jong (het)	**małe** (n)	['mawɛ]
poesje (het)	**kotek** (m)	['kɔtɛk]
muisje (het)	**mała myszka** (ż)	['mawa 'mɨʃka]
puppy (de)	**małe piesek** (m)	['mawɛ 'pʲɛsɛk]
jonge haas (de)	**zajączek** (m)	[zaɔ̃tʃɛk]
konijntje (het)	**króliczek** (m)	[kru'litʃɛk]
wolfje (het)	**wilczek** (m)	['viʎtʃɛk]
vosje (het)	**lisek** (m)	['lisɛk]
beertje (het)	**niedźwiadek** (m)	[neʤʲ'vʲadɛk]

leeuwenjong (het)	**lwiątko** (n)	[ʎvɔ̃tkɔ]
tijgertje (het)	**tygrysiątko** (n)	[tɨgrɨɕɔ̃tkɔ]
olifantenjong (het)	**słoniątko** (n)	[swɔnɔ̃tkɔ]
biggetje (het)	**prosiak** (m)	['prɔɕak]
kalf (het)	**cielę** (n), **cielak** (m)	['ʧelɛ̃], ['ʧeʎak]
geitje (het)	**koźlątko** (n)	[kɔʑʲlɔ̃tkɔ]
lam (het)	**jagniątko** (n)	[jagnɔ̃tkɔ]
reekalf (het)	**jelonek** (m)	[e'lɜnɛk]
jonge kameel (de)	**młody wielbłąd** (m)	['mwɔdɨ 'vewʲbwɔ̃t]
slangenjong (het)	**żmijka** (ż)	['ʒmijka]
kikkertje (het)	**żabka** (ż)	['ʒapka]
vogeltje (het)	**pisklę** (n)	['pisklɛ̃]
kuiken (het)	**kurczątko** (n)	[kurt'ʃɔ̃tkɔ]
eendje (het)	**kaczątko** (n)	[kat'ʃɔ̃tkɔ]

216. Vogels

vogel (de)	**ptak** (m)	[ptak]
duif (de)	**gołąb** (m)	['gɔwɔ̃p]
mus (de)	**wróbel** (m)	['vrubɛʎ]
koolmees (de)	**sikorka** (ż)	[ɕi'kɔrka]
ekster (de)	**sroka** (ż)	['srɔka]
raaf (de)	**kruk** (m)	[kruk]
kraai (de)	**wrona** (ż)	['vrɔna]
kauw (de)	**kawka** (ż)	['kafka]
roek (de)	**gawron** (m)	['gavrɔn]
eend (de)	**kaczka** (ż)	['katʃka]
gans (de)	**gęś** (ż)	[gɛ̃ɕ]
fazant (de)	**bażant** (m)	['baʒant]
arend (de)	**orzeł** (m)	['ɔʒɛw]
havik (de)	**jastrząb** (m)	['jastʃɔ̃p]
valk (de)	**sokół** (m)	['sɔkuw]
gier (de)	**sęp** (m)	[sɛ̃p]
condor (de)	**kondor** (m)	['kɔndɔr]
zwaan (de)	**łabędź** (m)	['wabɛ̃ʧ]
kraanvogel (de)	**żuraw** (m)	['ʒuraf]
ooievaar (de)	**bocian** (m)	['bɔʧʲan]
papegaai (de)	**papuga** (ż)	[pa'puga]
kolibrie (de)	**koliber** (m)	[kɔ'libɛr]
pauw (de)	**paw** (m)	[paf]
struisvogel (de)	**struś** (m)	[struɕ]
reiger (de)	**czapla** (ż)	['tʃapʎa]
flamingo (de)	**flaming** (m)	['fʎamiŋ]
pelikaan (de)	**pelikan** (m)	[pɛ'likan]
nachtegaal (de)	**słowik** (m)	['swɔvik]

zwaluw (de)	**jaskółka** (ż)	[jas'kuwka]
lijster (de)	**drozd** (m)	[drɔst]
zanglijster (de)	**drozd śpiewak** (m)	[drɔst 'ɕpevak]
merel (de)	**kos** (m)	[kɔs]
gierzwaluw (de)	**jerzyk** (m)	['eʒɨk]
leeuwerik (de)	**skowronek** (m)	[skɔv'rɔnɛk]
kwartel (de)	**przepiórka** (ż)	[pʃɛ'pyrka]
specht (de)	**dzięcioł** (m)	['dʒɛ̃tʃɔw]
koekoek (de)	**kukułka** (ż)	[ku'kuwka]
uil (de)	**sowa** (ż)	['sɔva]
oehoe (de)	**puchacz** (m)	['puhatʃ]
auerhoen (het)	**głuszec** (m)	['gwuʃɛts]
korhoen (het)	**cietrzew** (m)	['tʃetʃɛf]
patrijs (de)	**kuropatwa** (ż)	[kurɔ'patfa]
spreeuw (de)	**szpak** (m)	[ʃpak]
kanarie (de)	**kanarek** (m)	[ka'narɛk]
hazelhoen (het)	**jarząbek** (m)	[ja'ʒɔ̃bɛk]
vink (de)	**zięba** (ż)	['ʒɛ̃ba]
goudvink (de)	**gil** (m)	[giʎ]
meeuw (de)	**mewa** (ż)	['mɛva]
albatros (de)	**albatros** (m)	[aʎ'batrɔs]
pinguïn (de)	**pingwin** (m)	['piŋvin]

217. Vogels. Zingen en geluiden

fluiten, zingen (ww)	**śpiewać**	['ɕpevatʃ]
schreeuwen (dieren, vogels)	**krzyczeć**	['kʃɨtʃɛtʃ]
kraaien (ov. een haan)	**piać**	[pʲatʃ]
kukeleku	**kukuryku**	[kuku'rɨku]
klokken (hen)	**gdakać**	['gdakatʃ]
krassen (kraai)	**krakać**	['krakatʃ]
kwaken (eend)	**kwakać**	['kfakatʃ]
piepen (kuiken)	**piszczeć**	['piɕtʃatʃ]
tjilpen (bijv. een mus)	**ćwierkać**	['tʃferkatʃ]

218. Vis. Zeedieren

brasem (de)	**leszcz** (m)	[leʃtʃ]
karper (de)	**karp** (m)	[karp]
baars (de)	**okoń** (m)	['ɔkɔɲ]
meerval (de)	**sum** (m)	[sum]
snoek (de)	**szczupak** (m)	['ʃtʃupak]
zalm (de)	**łosoś** (m)	['wɔsɔɕ]
steur (de)	**jesiotr** (m)	['eɕɔtr]
haring (de)	**śledź** (m)	[ɕletʃ]
atlantische zalm (de)	**łosoś** (m)	['wɔsɔɕ]

makreel (de)	**makrela** (ż)	[mak'rɛla]
platvis (de)	**flądra** (ż)	[flɔ̃dra]
snoekbaars (de)	**sandacz** (m)	['sandatʃ]
kabeljauw (de)	**dorsz** (m)	[dɔrʃ]
tonijn (de)	**tuńczyk** (m)	['tuɲtʃɨk]
forel (de)	**pstrąg** (m)	[pstrɔ̃k]
paling (de)	**węgorz** (m)	['vɛŋɔʃ]
sidderrog (de)	**drętwa** (ż)	['drɛntfa]
murene (de)	**murena** (ż)	[mu'rɛna]
piranha (de)	**pirania** (ż)	[pi'raɲja]
haai (de)	**rekin** (m)	['rɛkin]
dolfijn (de)	**delfin** (m)	['dɛʎfin]
walvis (de)	**wieloryb** (m)	[ve'lɜrɨp]
krab (de)	**krab** (m)	[krap]
kwal (de)	**meduza** (ż)	[mɛ'duza]
octopus (de)	**ośmiornica** (ż)	[ɔɕmɜr'nitsa]
zeester (de)	**rozgwiazda** (ż)	[rɔzg'vʲazda]
zee-egel (de)	**jeżowiec** (m)	[e'ʒɔvets]
zeepaardje (het)	**konik** (m) **morski**	['kɔnik 'mɔrski]
oester (de)	**ostryga** (ż)	[ɔst'rɨga]
garnaal (de)	**krewetka** (ż)	[krɛ'vɛtka]
kreeft (de)	**homar** (m)	['hɔmar]
langoest (de)	**langusta** (ż)	[ʎa'ŋusta]

219. Amfibieën. Reptielen

slang (de)	**wąż** (m)	[vɔ̃ʃ]
giftig (slang)	**jadowity**	[jadɔ'vitɨ]
adder (de)	**żmija** (ż)	['ʒmija]
cobra (de)	**kobra** (ż)	['kɔbra]
python (de)	**pyton** (m)	['pɨtɔn]
boa (de)	**wąż dusiciel** (m)	[vɔ̃ʒ du'ɕitʃeʎ]
ringslang (de)	**zaskroniec** (m)	[zask'rɔnets]
ratelslang (de)	**grzechotnik** (m)	[gʒɛ'hɔtnik]
anaconda (de)	**anakonda** (ż)	[ana'kɔnda]
hagedis (de)	**jaszczurka** (ż)	[jaʃt'ʃurka]
leguaan (de)	**legwan** (m)	['legvan]
varaan (de)	**waran** (m)	['varan]
salamander (de)	**salamandra** (ż)	[saʎa'mandra]
kameleon (de)	**kameleon** (m)	[kamɛ'leɔn]
schorpioen (de)	**skorpion** (m)	['skɔrpʰɜn]
schildpad (de)	**żółw** (m)	[ʒuwf]
kikker (de)	**żaba** (ż)	['ʒaba]
pad (de)	**ropucha** (ż)	[rɔ'puha]
krokodil (de)	**krokodyl** (m)	[krɔ'kɔdɨʎ]

220. Insecten

insect (het)	**owad** (m)	['ɔvat]
vlinder (de)	**motyl** (m)	['mɔtɨʎ]
mier (de)	**mrówka** (ż)	['mrufka]
vlieg (de)	**mucha** (ż)	['muha]
mug (de)	**komar** (m)	['kɔmar]
kever (de)	**żuk** (m), **chrząszcz** (m)	[ʒuk], [hʃɔ̃ʃtʃ]
wesp (de)	**osa** (ż)	['ɔsa]
bij (de)	**pszczoła** (ż)	['pʃtʃɔwa]
hommel (de)	**trzmiel** (m)	[tʃmeʎ]
horzel (de)	**giez** (m)	[ges]
spin (de)	**pająk** (m)	['paɔ̃k]
spinnenweb (het)	**pajęczyna** (ż)	[paɛ̃t'ʃina]
libel (de)	**ważka** (ż)	['vaʃka]
sprinkhaan (de)	**konik** (m) **polny**	['kɔnik 'pɔʎnɨ]
nachtvlinder (de)	**omacnica** (ż)	[ɔmaʦ'niʦa]
kakkerlak (de)	**karaluch** (m)	[ka'ralyh]
mijt (de)	**kleszcz** (m)	[kleʃtʃ]
vlo (de)	**pchła** (ż)	[phwa]
kriebelmug (de)	**meszka** (ż)	['mɛʃka]
treksprinkhaan (de)	**szarańcza** (ż)	[ʃa'raɲtʃa]
slak (de)	**ślimak** (m)	['ɕlimak]
krekel (de)	**świerszcz** (m)	[ɕferʃtʃ]
glimworm (de)	**robaczek** (m) **świętojański**	[rɔ'batʃɛk ɕfɛ̃tɔ'jaɲski]
lieveheersbeestje (het)	**biedronka** (ż)	[bed'rɔŋka]
meikever (de)	**chrabąszcz** (m) **majowy**	['hrabɔ̃ʃtʃ maʒvɨ]
bloedzuiger (de)	**pijawka** (ż)	[pi'jafka]
rups (de)	**gąsienica** (ż)	[gɔ̃ɕe'niʦa]
aardworm (de)	**robak** (m)	['rɔbak]
larve (de)	**poczwarka** (ż)	[pɔtʃ'farka]

221. Dieren. Lichaamsdelen

snavel (de)	**dziób** (m)	[dʒyp]
vleugels (mv.)	**skrzydła** (l.mn.)	['skʃɨdwa]
poot (ov. een vogel)	**łapa** (ż)	['wapa]
verenkleed (het)	**upierzenie** (n)	[upe'ʒɛne]
veer (de)	**pióro** (n)	['pyrɔ]
kuifje (het)	**czubek** (m)	['tʃubɛk]
kieuwen (mv.)	**skrzela** (l.mn.)	['skʃɛʎa]
kuit, dril (de)	**ikra** (ż)	['ikra]
larve (de)	**larwa** (ż)	['ʎarva]
vin (de)	**płetwa** (ż)	['pwɛtfa]
schubben (mv.)	**łuska** (ż)	['wuska]
slagtand (de)	**kieł** (m)	[kew]

poot (bijv. ~ van een kat)	**łapa** (ż)	['wapa]
muil (de)	**pysk** (m)	[pɨsk]
bek (mond van dieren)	**paszcza** (ż)	['paʃtʃa]
staart (de)	**ogon** (m)	['ɔgɔn]
snorharen (mv.)	**wąsy** (l.mn.)	['vɔ̃sɨ]
hoef (de)	**kopyto** (n)	[kɔ'pɨtɔ]
hoorn (de)	**róg** (m)	[ruk]
schild (schildpad, enz.)	**pancerz** (m)	['pantsɛʃ]
schelp (de)	**muszla** (ż)	['muʃʎa]
eierschaal (de)	**skorupa** (ż)	[skɔ'rupa]
vacht (de)	**sierść** (ż)	[ɕerɕtʃ]
huid (de)	**skóra** (ż)	['skura]

222. Acties van de dieren

vliegen (ww)	**latać**	['ʎatatʃ]
cirkelen (vogel)	**krążyć**	['krɔ̃ʒɨtʃ]
wegvliegen (ww)	**odlecieć**	[ɔd'letʃetʃ]
klapwieken (ww)	**machać**	['mahatʃ]
pikken (vogels)	**dziobać**	['dʒʒɜbatʃ]
broeden (de eend zit te ~)	**wysiadywać jajka**	[vɨɕa'dɨvatʃ 'jajka]
uitbroeden (ww)	**wykluwać się**	[vɨk'lyvatʃ ɕɛ̃]
een nest bouwen	**wić**	[vitʃ]
kruipen (ww)	**pełznąć**	['pɛwznɔ̃tʃ]
steken (bij)	**żądlić**	['ʒɔ̃dlitʃ]
bijten (de hond, enz.)	**gryźć**	[grɨɕtʃ]
snuffelen (ov. de dieren)	**wąchać**	['vɔ̃hatʃ]
blaffen (ww)	**szczekać**	['ʃtʃɛkatʃ]
sissen (slang)	**syczeć**	['sɨtʃɛtʃ]
doen schrikken (ww)	**straszyć**	['straʃɨtʃ]
aanvallen (ww)	**napadać**	[na'padatʃ]
knagen (ww)	**gryźć**	[grɨɕtʃ]
schrammen (ww)	**drapać**	['drapatʃ]
zich verbergen (ww)	**chować się**	['hɔvatʃ ɕɛ̃]
spelen (ww)	**bawić się**	['bavitʃ ɕɛ̃]
jagen (ww)	**polować**	[pɔ'lɜvatʃ]
winterslapen	**zapadać w sen zimowy**	[za'padatʃ f sɛn ʒi'mɔvɨ]
uitsterven (dinosauriërs, enz.)	**wymrzeć**	['vɨmʒɛtʃ]

223. Dieren. Leefomgevingen

leefgebied (het)	**siedlisko** (n)	[ɕed'liskɔ]
migratie (de)	**migracja** (ż)	[mig'ratsʰja]
berg (de)	**góra** (ż)	['gura]

rif (het)	**rafa** (ż)	['rafa]
klip (de)	**skała** (ż)	['skawa]
bos (het)	**las** (m)	[ʎas]
jungle (de)	**dżungla** (ż)	['ʤuŋʎa]
savanne (de)	**sawanna** (ż)	[sa'vaɲa]
toendra (de)	**tundra** (ż)	['tundra]
steppe (de)	**step** (m)	[stɛp]
woestijn (de)	**pustynia** (ż)	[pus'tɨɲa]
oase (de)	**oaza** (ż)	[ɔ'aza]
zee (de)	**morze** (n)	['mɔʒɛ]
meer (het)	**jezioro** (n)	[e'ʒɜrɔ]
oceaan (de)	**ocean** (m)	[ɔ'ʦɛan]
moeras (het)	**bagno** (n)	['bagnɔ]
zoetwater- (abn)	**słodkowodny**	[swɔtkɔ'vɔdnɨ]
vijver (de)	**staw** (m)	[staf]
rivier (de)	**rzeka** (ż)	['ʒɛka]
berenhol (het)	**barłóg** (m)	['barwuk]
nest (het)	**gniazdo** (n)	['gɲazdɔ]
boom holte (de)	**dziupla** (ż)	['ʤypʎa]
hol (het)	**nora** (ż)	['nɔra]
mierenhoop (de)	**mrowisko** (n)	[mrɔ'viskɔ]

224. Dierverzorging

dierentuin (de)	**zoo** (n)	['zɔ:]
natuurreservaat (het)	**rezerwat** (m)	[rɛ'zɛrvat]
fokkerij (de)	**hodowca** (m)	[hɔ'dɔvʦʲa]
openluchtkooi (de)	**woliera** (ż)	[vɔ'ʎjera]
kooi (de)	**klatka** (ż)	['kʎatka]
hondenhok (het)	**buda** (ż) **dla psa**	['buda dʎa psa]
duiventil (de)	**gołębnik** (m)	[gɔ'wɛ̃bnik]
aquarium (het)	**akwarium** (n)	[ak'farʰjum]
dolfinarium (het)	**delfinarium** (n)	[dɛʎfi'narʰjum]
fokken (bijv. honden ~)	**hodować**	[hɔ'dɔvaʧ]
nakomelingen (mv.)	**miot** (m)	['miɔt]
temmen (tam maken)	**oswajać**	[ɔs'fajaʧ]
voeding (de)	**pokarm** (m)	['pɔkarm]
voederen (ww)	**karmić**	['karmiʧ]
dresseren (ww)	**tresować**	[trɛ'sɔvaʧ]
dierenwinkel (de)	**sklep** (m) **zoologiczny**	[sklep zɔ:lɜ'giʧnɨ]
muilkorf (de)	**kaganiec** (m)	[ka'ganeʦ]
halsband (de)	**obroża** (ż)	[ɔb'rɔʒa]
naam (ov. een dier)	**imię** (n)	['imɛ̃]
stamboom (honden met ~)	**rodowód** (m)	[rɔ'dɔvut]

225. Dieren. Diversen

meute (wolven)	**wataha** (ż)	[va'taha]
zwerm (vogels)	**stado** (n)	['stadɔ]
school (vissen)	**ławica** (ż)	[wa'vitsa]
kudde (wilde paarden)	**tabun** (m)	['tabun]
mannetje (het)	**samiec** (m)	['samets]
vrouwtje (het)	**samica** (ż)	[sa'mitsa]
hongerig (bn)	**głodny**	['gwɔdnɨ]
wild (bn)	**dziki**	['dʒiki]
gevaarlijk (bn)	**niebezpieczny**	[nebɛs'petʃnɨ]

226. Paarden

paard (het)	**koń** (m)	[kɔɲ]
ras (het)	**rasa** (ż)	['rasa]
veulen (het)	**źrebię** (n)	['ʑʲrɛbɛ̃]
merrie (de)	**klacz** (ż)	[kʎatʃ]
mustang (de)	**mustang** (m)	['mustaŋk]
pony (de)	**kucyk** (m)	['kutsɨk]
koudbloed (de)	**koń** (m) **pociągowy**	[kɔɲ pɔtʃɔ̃'gɔvɨ]
manen (mv.)	**grzywa** (ż)	['gʒɨva]
staart (de)	**ogon** (m)	['ɔgɔn]
hoef (de)	**kopyto** (n)	[kɔ'pitɔ]
hoefijzer (het)	**podkowa** (ż)	[pɔt'kɔva]
beslaan (ww)	**podkuć**	['pɔtkutʃ]
paardensmid (de)	**kowal** (m)	['kɔvaʎ]
zadel (het)	**siodło** (n)	['ɕɔdwɔ]
stijgbeugel (de)	**strzemię** (n)	['stʃɛmɛ̃]
breidel (de)	**uzda** (ż)	['uzda]
leidsels (mv.)	**lejce** (l.mn.)	['lejtsɛ]
zweep (de)	**bat** (m)	[bat]
ruiter (de)	**jeździec** (m)	['eʒdʒets]
inrijden (ww)	**ujeżdżać**	[u'eʒdʒatʃ]
zadelen (ww)	**osiodłać**	[ɔ'ɕɔdwatʃ]
een paard bestijgen	**usiąść w siodle**	['uɕɔ̃ʲɕtʃ v 'ɕɔdle]
galop (de)	**cwał** (m)	[tsfaw]
galopperen (ww)	**galopować**	[galɔ'pɔvatʃ]
draf (de)	**kłus** (m)	[kwus]
in draf (bw)	**kłusem**	['kwusɛm]
renpaard (het)	**koń** (m) **wyścigowy**	[kɔɲ viɕtʃi'gɔvɨ]
paardenrace (de)	**wyścigi** (l.mn.) **konne**	[viɕ'tʃigi 'kɔŋɛ]
paardenstal (de)	**stajnia** (ż)	['stajɲa]

voederen (ww)	**karmić**	['karmitʃ]
hooi (het)	**siano** (n)	['ɕanɔ]
water geven (ww)	**poić**	['pɔitʃ]
wassen (paard ~)	**czyścić**	['tʃɨɕtʃitʃ]
kluisteren (met hobbles)	**spętać**	['spɛntatʃ]
grazen (gras eten)	**paść się**	[paɕtʃ ɕɛ̃]
hinniken (ww)	**rżeć**	[rʒɛtʃ]
een trap geven	**wierzgnąć**	['veʒgnɔ̃tʃ]

Flora

227. Bomen

boom (de)	**drzewo** (n)	['dʒɛvɔ]
loof- (abn)	**liściaste**	[liɕ'ʧastɛ]
dennen- (abn)	**iglaste**	[ig'ʎastɛ]
groenblijvend (bn)	**wiecznie zielony**	[veʧnɛʒe'lɜnɨ]
appelboom (de)	**jabłoń** (ż)	['jabwɔɲ]
perenboom (de)	**grusza** (ż)	['gruʃa]
zoete kers (de)	**czereśnia** (ż)	[ʧɛ'rɛɕɲa]
zure kers (de)	**wiśnia** (ż)	['viɕɲa]
pruimelaar (de)	**śliwa** (ż)	['ɕliva]
berk (de)	**brzoza** (ż)	['bʒɔza]
eik (de)	**dąb** (m)	[dɔ̃p]
linde (de)	**lipa** (ż)	['lipa]
esp (de)	**osika** (ż)	[ɔ'ɕika]
esdoorn (de)	**klon** (m)	['klɜn]
spar (de)	**świerk** (m)	['ɕferk]
den (de)	**sosna** (ż)	['sɔsna]
lariks (de)	**modrzew** (m)	['mɔdʒɛf]
zilverspar (de)	**jodła** (ż)	[ɜdwa]
ceder (de)	**cedr** (m)	[ʦɛdr]
populier (de)	**topola** (ż)	[tɔ'pɔʎa]
lijsterbes (de)	**jarzębina** (?)	[jaʒɛ̃'bina]
wilg (de)	**wierzba iwa** (ż)	['veʒba 'iva]
els (de)	**olcha** (ż)	['ɔʎha]
beuk (de)	**buk** (m)	[buk]
iep (de)	**wiąz** (m)	[vɔ̃z]
es (de)	**jesion** (m)	['eɕɜn]
kastanje (de)	**kasztan** (m)	['kaʃtan]
magnolia (de)	**magnolia** (ż)	[mag'nɔʎja]
palm (de)	**palma** (ż)	['paʎma]
cipres (de)	**cyprys** (m)	['ʦipris]
mangrove (de)	**drzewo** (n) **mangrowe**	['dʒɛvɔ maŋ'rɔvɛ]
baobab (apenbroodboom)	**baobab** (m)	[ba'ɔbap]
eucalyptus (de)	**eukaliptus** (m)	[ɛuka'liptus]
mammoetboom (de)	**sekwoja** (ż)	[sɛk'fɔja]

228. Heesters

struik (de)	**krzew** (m)	[kʃɛf]
heester (de)	**krzaki** (l.mn.)	['kʃaki]

wijnstok (de)	**winorośl** (ż)	[vi'nɔrɔɕʎ]
wijngaard (de)	**winnica** (ż)	[vi'ŋitsa]
frambozenstruik (de)	**malina** (ż)	[ma'lina]
rode bessenstruik (de)	**porzeczka** (ż) **czerwona**	[pɔ'ʒɛtʃka tʃɛr'vɔna]
kruisbessenstruik (de)	**agrest** (m)	['agrɛst]
acacia (de)	**akacja** (ż)	[a'katsʰja]
zuurbes (de)	**berberys** (m)	[bɛr'bɛris]
jasmijn (de)	**jaśmin** (m)	['jaɕmin]
jeneverbes (de)	**jałowiec** (m)	[ja'wɔvets]
rozenstruik (de)	**róża** (ż)	['ruʒa]
hondsroos (de)	**dzika róża** (ż)	['dʒika 'ruʒa]

229. Champignons

paddenstoel (de)	**grzyb** (m)	[gʒɨp]
eetbare paddenstoel (de)	**grzyb** (m) **jadalny**	[gʒɨp ja'daʎnɨ]
giftige paddenstoel (de)	**grzyb** (m) **trujący**	[gʒɨp truɔ̃tsɨ]
hoed (de)	**kapelusz** (m)	[ka'pɛlyʃ]
steel (de)	**nóżka** (ż)	['nuʃka]
gewoon eekhoorntjesbrood (het)	**prawdziwek** (m)	[prav'dʒivɛk]
rosse populierenboleet (de)	**koźlarz** (m) **czerwony**	['kɔʑʲʎaʃ tʃɛr'vɔnɨ]
berkenboleet (de)	**koźlarz** (m)	['kɔʑʲʎaʃ]
cantharel (de)	**kurka** (ż)	['kurka]
russula (de)	**gołąbek** (m)	[gɔ'wɔ̃bɛk]
morille (de)	**smardz** (m)	[smarts]
vliegenzwam (de)	**muchomor** (m)	[mu'hɔmɔr]
groene knolzwam (de)	**psi grzyb** (m)	[pɕi gʒɨp]

230. Vruchten. Bessen

vrucht (de)	**owoc** (m)	['ɔvɔts]
vruchten (mv.)	**owoce** (l.mn.)	[ɔ'vɔtsɛ]
appel (de)	**jabłko** (n)	['jabkɔ]
peer (de)	**gruszka** (ż)	['gruʃka]
pruim (de)	**śliwka** (ż)	['ɕlifka]
aardbei (de)	**truskawka** (ż)	[trus'kafka]
zure kers (de)	**wiśnia** (ż)	['viɕɲa]
zoete kers (de)	**czereśnia** (ż)	[tʃɛ'rɛɕɲa]
druif (de)	**winogrona** (l.mn.)	[vinɔg'rɔna]
framboos (de)	**malina** (ż)	[ma'lina]
zwarte bes (de)	**czarna porzeczka** (ż)	['tʃarna pɔ'ʒɛtʃka]
rode bes (de)	**czerwona porzeczka** (ż)	[tʃɛr'vɔna pɔ'ʒɛtʃka]
kruisbes (de)	**agrest** (m)	['agrɛst]
veenbes (de)	**żurawina** (ż)	[ʒura'vina]

sinaasappel (de)	**pomarańcza** (ż)	[pɔma'raɲtʃa]
mandarijn (de)	**mandarynka** (ż)	[manda'rɨŋka]
ananas (de)	**ananas** (ż)	[a'nanas]
banaan (de)	**banan** (m)	['banan]
dadel (de)	**daktyl** (m)	['daktɨl]
citroen (de)	**cytryna** (ż)	[tsɨt'rɨna]
abrikoos (de)	**morela** (ż)	[mɔ'rɛʎa]
perzik (de)	**brzoskwinia** (ż)	[bʒɔsk'fiɲa]
kiwi (de)	**kiwi** (n)	['kivi]
grapefruit (de)	**grejpfrut** (m)	['grɛjpfrut]
bes (de)	**jagoda** (ż)	[ja'gɔda]
bessen (mv.)	**jagody** (l.mn.)	[ja'gɔdɨ]
vossenbes (de)	**borówka** (ż)	[bɔ'rufka]
bosaardbei (de)	**poziomka** (ż)	[pɔ'ʒɜmka]
bosbes (de)	**borówka** (ż) **czarna**	[bɔ'rɔfka 'tʃarna]

231. Bloemen. Planten

bloem (de)	**kwiat** (m)	[kfʲat]
boeket (het)	**bukiet** (m)	['buket]
roos (de)	**róża** (ż)	['ruʒa]
tulp (de)	**tulipan** (m)	[tu'lipan]
anjer (de)	**goździk** (m)	['gɔʑʲdʒik]
gladiool (de)	**mieczyk** (m)	['metʃɨk]
korenbloem (de)	**bławatek** (m)	[bwa'vatɛk]
klokje (het)	**dzwonek** (m)	['dzvɔnɛk]
paardenbloem (de)	**dmuchawiec** (m)	[dmu'havets]
kamille (de)	**rumianek** (m)	[ru'mʲanɛk]
aloë (de)	**aloes** (m)	[a'lɜɛs]
cactus (de)	**kaktus** (m)	['kaktus]
ficus (de)	**fikus** (m)	['fikus]
lelie (de)	**lilia** (ż)	['liʎja]
geranium (de)	**pelargonia** (ż)	[pɛʎar'gɔɲja]
hyacint (de)	**hiacynt** (m)	['hʰjatsɨnt]
mimosa (de)	**mimoza** (ż)	[mi'mɔza]
narcis (de)	**narcyz** (m)	['nartsɨs]
Oostindische kers (de)	**nasturcja** (ż)	[nas'turtsʰja]
orchidee (de)	**orchidea** (ż)	[ɔrhi'dɛa]
pioenroos (de)	**piwonia** (ż)	[pi'vɔɲja]
viooltje (het)	**fiołek** (m)	[fʰɜwɛk]
driekleurig viooltje (het)	**bratek** (m)	['bratɛk]
vergeet-mij-nietje (het)	**niezapominajka** (ż)	[nezapɔmi'najka]
madeliefje (het)	**stokrotka** (ż)	[stɔk'rɔtka]
papaver (de)	**mak** (m)	[mak]
hennep (de)	**konopie** (l.mn.)	[kɔ'nɔpje]

munt (de)	**mięta** (ż)	['menta]
lelietje-van-dalen (het)	**konwalia** (ż)	[kɔn'vaʎja]
sneeuwklokje (het)	**przebiśnieg** (m)	[pʃɛ'biɕnek]
brandnetel (de)	**pokrzywa** (ż)	[pɔk'ʃɨva]
veldzuring (de)	**szczaw** (m)	[ʃtʃaf]
waterlelie (de)	**lilia wodna** (ż)	['liʎja 'vɔdna]
varen (de)	**paproć** (ż)	['paprɔtʃ]
korstmos (het)	**porost** (m)	['pɔrɔst]
oranjerie (de)	**szklarnia** (ż)	['ʃkʎarɲa]
gazon (het)	**trawnik** (m)	['travnik]
bloemperk (het)	**klomb** (m)	['klɜmp]
plant (de)	**roślina** (ż)	[rɔɕ'lina]
gras (het)	**trawa** (ż)	['trava]
grasspriet (de)	**źdźbło** (n)	[ʑʲdʒʲbwɔ]
blad (het)	**liść** (m)	[liɕtʃ]
bloemblad (het)	**płatek** (m)	['pwatɛk]
stengel (de)	**łodyga** (ż)	[wɔ'dɨga]
knol (de)	**bulwa** (ż)	['buʎva]
scheut (de)	**kiełek** (m)	['kewɛk]
doorn (de)	**kolec** (m)	['kɔlets]
bloeien (ww)	**kwitnąć**	['kfitnɔ̃tʃ]
verwelken (ww)	**więdnąć**	['vendnɔ̃tʃ]
geur (de)	**zapach** (m)	['zapah]
snijden (bijv. bloemen ~)	**ściąć**	[ɕtʃɔ̃ʲtʃ]
plukken (bloemen ~)	**zerwać**	['zɛrvatʃ]

232. Granen, graankorrels

graan (het)	**zboże** (n)	['zbɔʒɛ]
graangewassen (mv.)	**zboża** (l.mn.)	['zbɔʒa]
aar (de)	**kłos** (m)	[kwɔs]
tarwe (de)	**pszenica** (ż)	[pʃɛ'nitsa]
rogge (de)	**żyto** (n)	['ʒɨtɔ]
haver (de)	**owies** (m)	['ɔves]
gierst (de)	**proso** (n)	['prɔsɔ]
gerst (de)	**jęczmień** (m)	['entʃmɛ̃]
maïs (de)	**kukurydza** (ż)	[kuku'rɨdza]
rijst (de)	**ryż** (m)	[rɨʃ]
boekweit (de)	**gryka** (ż)	['grɨka]
erwt (de)	**groch** (m)	[grɔh]
boon (de)	**fasola** (ż)	[fa'sɔʎa]
soja (de)	**soja** (ż)	['sɔja]
linze (de)	**soczewica** (ż)	[sɔtʃɛ'vitsa]
bonen (mv.)	**bób** (m)	[bup]

233. Groenten. Groene groenten

groenten (mv.)	**warzywa** (l.mn.)	[va'ʒɨva]
verse kruiden (mv.)	**włoszczyzna** (ż)	[vwɔʃt'ʃɨzna]
tomaat (de)	**pomidor** (m)	[pɔ'midɔr]
augurk (de)	**ogórek** (m)	[ɔ'gurɛk]
wortel (de)	**marchew** (ż)	['marhɛf]
aardappel (de)	**ziemniak** (m), **kartofel** (m)	[ʒem'ɲak], [kar'tɔfɛʎ]
ui (de)	**cebula** (ż)	[ʦɛ'buʎa]
knoflook (de)	**czosnek** (m)	['tʃɔsnɛk]
kool (de)	**kapusta** (ż)	[ka'pusta]
bloemkool (de)	**kalafior** (m)	[ka'ʎafɜr]
spruitkool (de)	**brukselka** (ż)	[bruk'sɛʎka]
rode biet (de)	**burak** (m)	['burak]
aubergine (de)	**bakłażan** (m)	[bak'waʒan]
courgette (de)	**kabaczek** (m)	[ka'batʃɛk]
pompoen (de)	**dynia** (ż)	['dɨɲa]
knolraap (de)	**rzepa** (ż)	['ʒɛpa]
peterselie (de)	**pietruszka** (ż)	[pet'ruʃka]
dille (de)	**koperek** (m)	[kɔ'pɛrɛk]
sla (de)	**sałata** (ż)	[sa'wata]
selderij (de)	**seler** (m)	['sɛler]
asperge (de)	**szparag** (m)	['ʃparag]
spinazie (de)	**szpinak** (m)	['ʃpinak]
erwt (de)	**groch** (m)	[grɔh]
bonen (mv.)	**bób** (m)	[bup]
maïs (de)	**kukurydza** (ż)	[kuku'rɨʣa]
boon (de)	**fasola** (ż)	[fa'sɔʎa]
peper (de)	**słodka papryka** (ż)	['swɔdka pap'rɨka]
radijs (de)	**rzodkiewka** (ż)	[ʒɔt'kefka]
artisjok (de)	**karczoch** (m)	['kartʃɔh]

REGIONALE AARDRIJKSKUNDE

Landen. Nationaliteiten

234. West-Europa

Europa (het)	**Europa** (ż)	[ɛu'rɔpa]
Europese Unie (de)	**Unia** (ż) **Europejska**	['uɲja ɛurɔ'pɛjska]
Europeaan (de)	**Europejczyk** (m)	[ɛurɔ'pɛjtʃɨk]
Europees (bn)	**europejski**	[ɛurɔ'pɛjski]
Oostenrijk (het)	**Austria** (ż)	['austrʰja]
Oostenrijker (de)	**Austriak** (m)	['austrʰjak]
Oostenrijkse (de)	**Austriaczka** (ż)	[austrʰ'jatʃka]
Oostenrijks (bn)	**austriacki**	[austrʰ'jatski]
Groot-Brittannië (het)	**Wielka Brytania** (ż)	['veʎka brɨ'taɲja]
Engeland (het)	**Anglia** (ż)	['aŋʎja]
Engelsman (de)	**Anglik** (m)	['aŋlik]
Engelse (de)	**Angielka** (ż)	[a'ŋeʎka]
Engels (bn)	**angielski**	[a'ŋeʎski]
België (het)	**Belgia** (ż)	['bɛʎgʰja]
Belg (de)	**Belg** (m)	['bɛʎk]
Belgische (de)	**Belgijka** (ż)	[bɛʎ'gijka]
Belgisch (bn)	**belgijski**	[bɛʎ'gijski]
Duitsland (het)	**Niemcy** (l.mn.)	['nemtsɨ]
Duitser (de)	**Niemiec** (m)	['nemets]
Duitse (de)	**Niemka** (ż)	['nemka]
Duits (bn)	**niemiecki**	[ne'metski]
Nederland (het)	**Niderlandy** (l.mn.)	[nidɛr'ʎandɨ]
Holland (het)	**Holandia** (ż)	[hɔ'ʎandʰja]
Nederlander (de)	**Holender** (m)	[hɔ'lendɛr]
Nederlandse (de)	**Holenderka** (ż)	[hɔlen'dɛrka]
Nederlands (bn)	**holenderski**	[hɔlen'dɛrski]
Griekenland (het)	**Grecja** (ż)	['grɛtsʰja]
Griek (de)	**Grek** (m)	[grɛk]
Griekse (de)	**Greczynka** (ż)	[grɛt'ʃɨŋka]
Grieks (bn)	**grecki**	['grɛtski]
Denemarken (het)	**Dania** (ż)	['daɲja]
Deen (de)	**Duńczyk** (m)	['duɲtʃɨk]
Deense (de)	**Dunka** (ż)	['duŋka]
Deens (bn)	**duński**	['duɲski]
Ierland (het)	**Irlandia** (ż)	[ir'ʎandʰja]
Ier (de)	**Irlandczyk** (m)	[ir'ʎantʃɨk]

Ierse (de)	**Irlandka** (ż)	[ir'ʎantka]
Iers (bn)	**irlandzki**	[ir'ʎantski]
IJsland (het)	**Islandia** (ż)	[is'ʎandʰja]
IJslander (de)	**Islandczyk** (m)	[is'ʎantʃɨk]
IJslandse (de)	**Islandka** (ż)	[is'ʎantka]
IJslands (bn)	**islandzki**	[is'ʎantski]
Spanje (het)	**Hiszpania** (ż)	[hiʃ'paɲja]
Spanjaard (de)	**Hiszpan** (m)	['hiʃpan]
Spaanse (de)	**Hiszpanka** (ż)	[hiʃ'paŋka]
Spaans (bn)	**hiszpański**	[hiʃ'paɲski]
Italië (het)	**Włochy** (l.mn.)	['vwɔhɨ]
Italiaan (de)	**Włoch** (m)	[vwɔh]
Italiaanse (de)	**Włoszka** (ż)	['vwɔʃka]
Italiaans (bn)	**włoski**	['vwɔski]
Cyprus (het)	**Cypr** (m)	[tsɨpr]
Cypriot (de)	**Cypryjczyk** (m)	[tsɨp'rɨjtʃɨk]
Cypriotische (de)	**Cypryjka** (ż)	[tsɨp'rɨjka]
Cypriotisch (bn)	**cypryjski**	[tsɨp'rɨjski]
Malta (het)	**Malta** (ż)	['maʎta]
Maltees (de)	**Maltańczyk** (m)	[maʎ'taɲtʃɨk]
Maltese (de)	**Maltanka** (ż)	[maʎ'taŋka]
Maltees (bn)	**maltański**	[maʎ'taɲski]
Noorwegen (het)	**Norwegia** (ż)	[nɔr'vɛgʰja]
Noor (de)	**Norweg** (m)	['nɔrvɛk]
Noorse (de)	**Norweżka** (ż)	[nɔr'vɛʒka]
Noors (bn)	**norweski**	[nɔr'vɛski]
Portugal (het)	**Portugalia** (ż)	[pɔrtu'gaʎja]
Portugees (de)	**Portugalczyk** (m)	[pɔrtu'gaʎtʃɨk]
Portugese (de)	**Portugalka** (ż)	[pɔrtu'gaʎka]
Portugees (bn)	**portugalski**	[pɔrtu'gaʎski]
Finland (het)	**Finlandia** (ż)	[fin'ʎandʰja]
Fin (de)	**Fin** (m)	[fin]
Finse (de)	**Finka** (ż)	['fiŋka]
Fins (bn)	**fiński**	['fiɲski]
Frankrijk (het)	**Francja** (ż)	['frantsʰja]
Fransman (de)	**Francuz** (m)	['frantsus]
Française (de)	**Francuzka** (ż)	[fran'tsuska]
Frans (bn)	**francuski**	[fran'tsuski]
Zweden (het)	**Szwecja** (ż)	['ʃfɛtsʰja]
Zweed (de)	**Szwed** (m)	[ʃfɛt]
Zweedse (de)	**Szwedka** (ż)	['ʃfɛtka]
Zweeds (bn)	**szwedzki**	['ʃfɛtski]
Zwitserland (het)	**Szwajcaria** (ż)	[ʃfaj'tsarʰja]
Zwitser (de)	**Szwajcar** (m)	['ʃfajtsar]
Zwitserse (de)	**Szwajcarka** (ż)	[ʃfaj'tsarka]

Zwitsers (bn)	**szwajcarski**	[ʃfaj'ʦarski]
Schotland (het)	**Szkocja** (ż)	['ʃkɔʦʰja]
Schot (de)	**Szkot** (m)	[ʃkɔt]
Schotse (de)	**Szkotka** (ż)	['ʃkɔtka]
Schots (bn)	**szkocki**	['ʃkɔʦki]
Vaticaanstad (de)	**Watykan** (m)	[va'tɨkan]
Liechtenstein (het)	**Liechtenstein** (m)	['lihtɛnʃtajn]
Luxemburg (het)	**Luksemburg** (m)	['lyksɛmburk]
Monaco (het)	**Monako** (n)	[mɔ'nakɔ]

235. Centraal- en Oost-Europa

Albanië (het)	**Albania** (ż)	[aʎ'baɲja]
Albanees (de)	**Albańczyk** (m)	[aʎ'bantʃɨk]
Albanese (de)	**Albanka** (ż)	[aʎ'baŋka]
Albanees (bn)	**albański**	[aʎ'baɲski]
Bulgarije (het)	**Bułgaria** (ż)	[buw'garʰja]
Bulgaar (de)	**Bułgar** (m)	['buwgar]
Bulgaarse (de)	**Bułgarka** (ż)	[buw'garka]
Bulgaars (bn)	**bułgarski**	[buw'garski]
Hongarije (het)	**Węgry** (l.mn.)	['vɛŋrɨ]
Hongaar (de)	**Węgier** (m)	['vɛŋer]
Hongaarse (de)	**Węgierka** (ż)	[vɛ̃'gerka]
Hongaars (bn)	**węgierski**	[vɛ̃'gerski]
Letland (het)	**Łotwa** (ż)	['wɔtfa]
Let (de)	**Łotysz** (m)	['wɔtɨʃ]
Letse (de)	**Łotyszka** (ż)	[wɔ'tɨʃka]
Lets (bn)	**łotewski**	[wɔ'tɛfski]
Litouwen (het)	**Litwa** (ż)	['litfa]
Litouwer (de)	**Litwin** (m)	['litfin]
Litouwse (de)	**Litwinka** (ż)	[lit'fiŋka]
Litouws (bn)	**litewski**	[li'tɛfski]
Polen (het)	**Polska** (ż)	['pɔʎska]
Pool (de)	**Polak** (m)	['pɔʎak]
Poolse (de)	**Polka** (ż)	['pɔʎka]
Pools (bn)	**polski**	['pɔʎski]
Roemenië (het)	**Rumunia** (ż)	[ru'muɲja]
Roemeen (de)	**Rumun** (m)	['rumun]
Roemeense (de)	**Rumunka** (ż)	[ru'muŋka]
Roemeens (bn)	**rumuński**	[ru'muɲski]
Servië (het)	**Serbia** (ż)	['sɛrbʰja]
Serviër (de)	**Serb** (m)	[sɛrp]
Servische (de)	**Serbka** (m)	['sɛrpka]
Servisch (bn)	**serbski**	['sɛrpski]
Slowakije (het)	**Słowacja** (ż)	[swɔ'vaʦʰja]
Slowaak (de)	**Słowak** (m)	['swɔvak]

Slowaakse (de)	**Słowaczka** (ż)	[swɔ'vatʃka]
Slowaakse (bn)	**słowacki**	[swɔ'vatski]
Kroatië (het)	**Chorwacja** (ż)	[hɔr'vatsʰja]
Kroaat (de)	**Chorwat** (m)	['hɔrvat]
Kroatische (de)	**Chorwatka** (ż)	[hɔr'vatka]
Kroatisch (bn)	**chorwacki**	[hɔr'vatski]
Tsjechië (het)	**Czechy** (l.mn.)	['tʃɛhɨ]
Tsjech (de)	**Czech** (m)	[tʃɛh]
Tsjechische (de)	**Czeszka** (ż)	['tʃɛʃka]
Tsjechisch (bn)	**czeski**	['tʃɛski]
Estland (het)	**Estonia** (ż)	[ɛs'tɔɲja]
Est (de)	**Estończyk** (m)	[ɛs'tɔɲtʃɨk]
Estse (de)	**Estonka** (ż)	[ɛs'tɔŋka]
Ests (bn)	**estoński**	[ɛs'tɔɲski]
Bosnië en Herzegovina (het)	**Bośnia i Hercegowina** (ż)	['bɔɕɲa i hɛrtsɛgɔ'vina]
Macedonië (het)	**Macedonia** (ż)	[matsɛ'dɔɲja]
Slovenië (het)	**Słowenia** (ż)	[swɔ'vɛɲja]
Montenegro (het)	**Czarnogóra** (ż)	[tʃarnɔ'gura]

236. Voormalige USSR landen

Azerbeidzjan (het)	**Azerbejdżan** (m)	[azɛr'bɛjdʒan]
Azerbeidzjaan (de)	**Azerbejdżanin** (m)	[azɛrbɛj'dʒanin]
Azerbeidjaanse (de)	**Azerbejdżanka** (ż)	[azɛrbɛj'dʒaŋka]
Azerbeidjaans (bn)	**azerbejdżański**	[azɛrbɛj'dʒaɲski]
Armenië (het)	**Armenia** (ż)	[ar'mɛɲja]
Armeen (de)	**Ormianin** (m)	[ɔr'mʲanin]
Armeense (de)	**Ormianka** (ż)	[ɔr'mʲaŋka]
Armeens (bn)	**ormiański**	[ɔr'mʲaɲski]
Wit-Rusland (het)	**Białoruś** (ż)	[bʲa'wɔruɕ]
Wit-Rus (de)	**Białorusin** (m)	[bʲawɔ'ruɕin]
Wit-Russische (de)	**Białorusinka** (ż)	[bʲawɔru'ɕiŋka]
Wit-Russisch (bn)	**białoruski**	[bʲawɔ'ruski]
Georgië (het)	**Gruzja** (ż)	['gruzʰja]
Georgiër (de)	**Gruzin** (m)	['gruʒin]
Georgische (de)	**Gruzinka** (ż)	[gru'ʒiŋka]
Georgisch (bn)	**gruziński**	[gru'ʒiɲski]
Kazakstan (het)	**Kazachstan** (m)	[ka'zahstan]
Kazak (de)	**Kazach** (m)	['kazah]
Kazakse (de)	**Kazaszka** (ż)	[ka'zaʃka]
Kazakse (bn)	**kazachski**	[ka'zahski]
Kirgizië (het)	**Kirgizja** (ż), **Kirgistan** (m)	[kir'gizʰja], [kir'gistan]
Kirgiziër (de)	**Kirgiz** (m)	['kirgis]
Kirgizische (de)	**Kirgizka** (ż)	[kir'giska]
Kirgizische (bn)	**kirgiski**	[kir'giski]

Moldavië (het)	**Mołdawia** (ż)	[mɔw'davʰja]
Moldaviër (de)	**Mołdawianin** (m)	[mɔw'davʲanin]
Moldavische (de)	**Mołdawianka** (ż)	[mɔwda'vʲaŋka]
Moldavisch (bn)	**mołdawski**	[mɔw'dafski]
Rusland (het)	**Rosja** (ż)	['rɔsʰja]
Rus (de)	**Rosjanin** (m)	[rɔsʰ'janin]
Russin (de)	**Rosjanka** (ż)	[rɔsʰ'jaŋka]
Russisch (bn)	**rosyjski**	[rɔ'sɨjski]
Tadzjikistan (het)	**Tadżykistan** (m)	[tadʒɨ'kistan]
Tadzjiek (de)	**Tadżyk** (m)	['tadʒɨk]
Tadzjiekse (de)	**Tadżyjka** (ż)	[ta'dʒɨjka]
Tadzjieks (bn)	**tadżycki**	[ta'dʒɨʦki]
Turkmenistan (het)	**Turkmenia** (ż)	[turk'mɛɲja]
Turkmeen (de)	**Turkmen** (m)	['turkmɛn]
Turkmeense (de)	**Turkmenka** (ż)	[turk'mɛŋka]
Turkmeens (bn)	**turkmeński**	[turk'mɛɲski]
Oezbekistan (het)	**Uzbekistan** (m)	[uzbɛ'kistan]
Oezbeek (de)	**Uzbek** (m)	['uzbɛk]
Oezbeekse (de)	**Uzbeczka** (ż)	[uz'bɛtʃka]
Oezbeeks (bn)	**uzbecki**	[uz'bɛʦki]
Oekraïne (het)	**Ukraina** (ż)	[ukra'ina]
Oekraïner (de)	**Ukrainiec** (m)	[ukra'inɛʦ]
Oekraïense (de)	**Ukrainka** (ż)	[ukra'iŋka]
Oekraïens (bn)	**ukraiński**	[ukra'iɲski]

237. Azië

Azië (het)	**Azja** (ż)	['azʰja]
Aziatisch (bn)	**azjatycki**	[azʰja'tɨʦki]
Vietnam (het)	**Wietnam** (m)	['vʰetnam]
Vietnamees (de)	**Wietnamczyk** (m)	[vʰet'namtʃɨk]
Vietnamese (de)	**Wietnamka** (ż)	[vʰet'namka]
Vietnamees (bn)	**wietnamski**	[vʰet'namski]
India (het)	**Indie** (l.mn.)	['indʰe]
Indiër (de)	**Hindus** (m)	['hindus]
Indische (de)	**Hinduska** (ż)	[hin'duska]
Indisch (bn)	**indyjski**	[in'dɨjski]
Israël (het)	**Izrael** (m)	[iz'raɛʎ]
Israëliër (de)	**Izraelczyk** (m)	[izra'ɛʎtʃɨk]
Israëlische (de)	**Izraelka** (ż)	[izra'ɛʎka]
Israëlisch (bn)	**izraelski**	[izra'ɛʎski]
Jood (etniciteit)	**Żyd** (m)	[ʒɨt]
Jodin (de)	**Żydówka** (ż)	[ʒɨ'dufka]
Joods (bn)	**żydowski**	[ʒɨ'dɔfski]
China (het)	**Chiny** (l.mn.)	['hinɨ]

Chinees (de)	**Chińczyk** (m)	['hiɲtʃɨk]
Chinese (de)	**Chinka** (ż)	['hiŋka]
Chinees (bn)	**chiński**	['hiɲski]
Koreaan (de)	**Koreańczyk** (m)	[kɔrɛ'aɲtʃɨk]
Koreaanse (de)	**Koreanka** (ż)	[kɔrɛ'aŋka]
Koreaans (bn)	**koreański**	[kɔrɛ'aɲski]
Libanon (het)	**Liban** (m)	['liban]
Libanees (de)	**Libańczyk** (m)	[li'baɲtʃɨk]
Libanese (de)	**Libanka** (ż)	[li'baŋka]
Libanees (bn)	**libański**	[li'baɲski]
Mongolië (het)	**Mongolia** (ż)	[mɔ'ŋɔʎja]
Mongool (de)	**Mongoł** (m)	['mɔŋɔw]
Mongoolse (de)	**Mongołka** (ż)	[mɔ'ŋɔwka]
Mongools (bn)	**mongolski**	[mɔ'ŋɔʎski]
Maleisië (het)	**Malezja** (ż)	[ma'lez^{h}ja]
Maleisiër (de)	**Malezyjczyk** (m)	[male'zɨjtʃɨk]
Maleisische (de)	**Malezyjka** (ż)	[male'zɨjka]
Maleisisch (bn)	**malajski**	[ma'ʎajski]
Pakistan (het)	**Pakistan** (m)	[pa'kistan]
Pakistaan (de)	**Pakistańczyk** (m)	[pakis'taɲtʃɨk]
Pakistaanse (de)	**Pakistanka** (ż)	[pakis'taŋka]
Pakistaans (bn)	**pakistański**	[pakis'taɲski]
Saoedi-Arabië (het)	**Arabia** (ż) **Saudyjska**	[a'rab^{h}ja sau'dɨjska]
Arabier (de)	**Arab** (m)	['arap]
Arabische (de)	**Arabka** (ż)	[a'rapka]
Arabisch (bn)	**arabski**	[a'rapski]
Thailand (het)	**Tajlandia** (ż)	[taj'ʎand^{h}ja]
Thai (de)	**Taj** (m)	[taj]
Thaise (de)	**Tajka** (ż)	['tajka]
Thai (bn)	**tajski**	['tajski]
Taiwan (het)	**Tajwan** (m)	['tajvan]
Taiwanees (de)	**Tajwańczyk** (m)	[taj'vaɲtʃɨk]
Taiwanese (de)	**Tajwanka** (ż)	[taj'vaŋka]
Taiwanees (bn)	**tajwański**	[taj'vaɲski]
Turkije (het)	**Turcja** (ż)	['turts^{h}ja]
Turk (de)	**Turek** (m)	['turɛk]
Turkse (de)	**Turczynka** (ż)	[turt'ʃɨŋka]
Turks (bn)	**turecki**	[tu'rɛtski]
Japan (het)	**Japonia** (ż)	[ja'pɔɲja]
Japanner (de)	**Japończyk** (m)	[ja'pɔɲtʃɨk]
Japanse (de)	**Japonka** (ż)	[ja'pɔŋka]
Japans (bn)	**japoński**	[ja'pɔɲski]
Afghanistan (het)	**Afganistan** (n)	[avga'nistan]
Bangladesh (het)	**Bangladesz** (m)	[baŋʎa'dɛʃ]
Indonesië (het)	**Indonezja** (ż)	[indɔ'nɛz^{h}ja]

Jordanië (het)	**Jordania** (ż)	[ɜr'daɲja]
Irak (het)	**Irak** (m)	['irak]
Iran (het)	**Iran** (m)	['iran]
Cambodja (het)	**Kambodża** (ż)	[kam'bɔʤa]
Koeweit (het)	**Kuwejt** (m)	['kuvɛjt]
Laos (het)	**Laos** (m)	['ʎaɔs]
Myanmar (het)	**Mjanma** (ż)	['mjanma]
Nepal (het)	**Nepal** (m)	['nɛpaʎ]
Verenigde Arabische Emiraten	**Zjednoczone Emiraty Arabskie**	[zʰednɔt'ʃɔnɛ ɛmi'ratɨ a'rapske]
Syrië (het)	**Syria** (ż)	['sɨrʰja]
Palestijnse autonomie (de)	**Autonomia** (ż) **Palestyńska**	[autɔ'nɔmʰja pales'tɨɲska]
Zuid-Korea (het)	**Korea** (ż) **Południowa**	[kɔ'rɛa pɔwud'nɜva]
Noord-Korea (het)	**Korea** (ż) **Północna**	[kɔ'rɛa puw'nɔʦna]

238. Noord-Amerika

Verenigde Staten van Amerika	**Stany** (l.mn.) **Zjednoczone Ameryki**	['stanɨ zʰednɔt'ʃɔnɛ a'mɛrɨki]
Amerikaan (de)	**Amerykanin** (m)	[amɛrɨ'kanin]
Amerikaanse (de)	**Amerykanka** (ż)	[amɛrɨ'kaŋka]
Amerikaans (bn)	**amerykański**	[amɛrɨ'kaɲski]
Canada (het)	**Kanada** (ż)	[ka'nada]
Canadees (de)	**Kanadyjczyk** (m)	[kana'dɨjʧɨk]
Canadese (de)	**Kanadyjka** (ż)	[kana'dɨjka]
Canadees (bn)	**kanadyjski**	[kana'dɨjski]
Mexico (het)	**Meksyk** (m)	['mɛksɨk]
Mexicaan (de)	**Meksykanin** (m)	[mɛksɨ'kanin]
Mexicaanse (de)	**Meksykanka** (ż)	[mɛksɨ'kaŋka]
Mexicaans (bn)	**meksykański**	[mɛksɨ'kaɲski]

239. Midden- en Zuid-Amerika

Argentinië (het)	**Argentyna** (ż)	[argɛn'tɨna]
Argentijn (de)	**Argentyńczyk** (m)	[argɛn'tɨɲtʃɨk]
Argentijnse (de)	**Argentynka** (ż)	[argɛn'tɨŋka]
Argentijns (bn)	**argentyński**	[argɛn'tɨɲski]
Brazilië (het)	**Brazylia** (ż)	[bra'zɨʎja]
Braziliaan (de)	**Brazylijczyk** (m)	[brazɨ'lijʧɨk]
Braziliaanse (de)	**Brazylijka** (ż)	[brazɨ'lijka]
Braziliaans (bn)	**brazylijski**	[brazɨ'lijski]
Colombia (het)	**Kolumbia** (ż)	[kɔ'lymbʰja]
Colombiaan (de)	**Kolumbijczyk** (m)	[kɔlym'bijʧɨk]
Colombiaanse (de)	**Kolumbijka** (ż)	[kɔlym'bijka]
Colombiaans (bn)	**kolumbijski**	[kɔlym'bijski]
Cuba (het)	**Kuba** (ż)	['kuba]

Cubaan (de)	**Kubańczyk** (m)	[ku'baɲtʃɨk]
Cubaanse (de)	**Kubanka** (ż)	[ku'baŋka]
Cubaans (bn)	**kubański**	[ku'baɲski]
Chili (het)	**Chile** (n)	['tʃɨle]
Chileen (de)	**Chilijczyk** (m)	[tʃɨ'lijtʃɨk]
Chileense (de)	**Chilijka** (ż)	[tʃɨ'lijka]
Chileens (bn)	**chilijski**	[tʃɨ'lijski]
Bolivia (het)	**Boliwia** (ż)	[bɔ'livʰja]
Venezuela (het)	**Wenezuela** (ż)	[vɛnɛzu'ɛʎa]
Paraguay (het)	**Paragwaj** (m)	[pa'ragvaj]
Peru (het)	**Peru** (n)	['pɛru]
Suriname (het)	**Surinam** (m)	[su'rinam]
Uruguay (het)	**Urugwaj** (m)	[u'rugvaj]
Ecuador (het)	**Ekwador** (m)	[ɛk'fadɔr]
Bahama's (mv.)	**Wyspy** (l.mn.) **Bahama**	['vispɨ ba'hama]
Haïti (het)	**Haiti** (n)	[ha'iti]
Dominicaanse Republiek (de)	**Dominikana** (ż)	[dɔmini'kana]
Panama (het)	**Panama** (ż)	[pa'nama]
Jamaica (het)	**Jamajka** (ż)	[ja'majka]

240. Afrika

Egypte (het)	**Egipt** (m)	['ɛgipt]
Egyptenaar (de)	**Egipcjanin** (m)	[ɛgipʦʰ'janin]
Egyptische (de)	**Egipcjanka** (ż)	[ɛgipʦʰ'jaŋka]
Egyptisch (bn)	**egipski**	[ɛ'gipski]
Marokko (het)	**Maroko** (n)	[ma'rɔkɔ]
Marokkaan (de)	**Marokańczyk** (m)	[marɔ'kaɲtʃɨk]
Marokkaanse (de)	**Marokanka** (ż)	[marɔ'kaŋka]
Marokkaans (bn)	**marokański**	[marɔ'kaɲski]
Tunesië (het)	**Tunezja** (ż)	[tu'nɛzʰja]
Tunesiër (de)	**Tunezyjczyk** (m)	[tunɛ'zɨjtʃɨk]
Tunesische (de)	**Tunezyjka** (ż)	[tunɛ'zɨjka]
Tunesisch (bn)	**tunezyjski**	[tunɛ'zɨjski]
Ghana (het)	**Ghana** (ż)	['gana]
Zanzibar (het)	**Zanzibar** (m)	[zan'zibar]
Kenia (het)	**Kenia** (ż)	['kɛɲja]
Libië (het)	**Libia** (ż)	['libʰja]
Madagaskar (het)	**Madagaskar** (m)	[mada'gaskar]
Namibië (het)	**Namibia** (ż)	[na'mibʰja]
Senegal (het)	**Senegal** (m)	[sɛ'nɛgaʎ]
Tanzania (het)	**Tanzania** (ż)	[tan'zaɲja]
Zuid-Afrika (het)	**Afryka** (ż) **Południowa**	['afrɨka pɔwud'nɜva]
Afrikaan (de)	**Afrykanin** (m)	[afrɨ'kanin]
Afrikaanse (de)	**Afrykanka** (ż)	[afrɨ'kaŋka]
Afrikaans (bn)	**afrykański**	[afrɨ'kaɲski]

241. Australië. Oceanië

Australië (het) **Australia** (ż) [aust'raʎja]
Australiër (de) **Australijczyk** (m) [austra'lijtʃɨk]
Australische (de) **Australijka** (ż) [austra'lijka]
Australisch (bn) **australijski** [austra'lijski]

Nieuw-Zeeland (het) **Nowa Zelandia** (ż) ['nɔva zɛ'ʎandʰja]
Nieuw-Zeelander (de) **Nowozelandczyk** (m) [nɔvɔzɛ'ʎantʃɨk]
Nieuw-Zeelandse (de) **Nowozelandka** (ż) [nɔvɔzɛ'ʎantka]
Nieuw-Zeelands (bn) **nowozelandzki** [nɔvɔzɛ'ʎantki]

Tasmanië (het) **Tasmania** (ż) [tas'maɲja]
Frans-Polynesië **Polinezja** (ż) **Francuska** [pɔli'nɛzʰja fran'tsuska]

242. Steden

Amsterdam **Amsterdam** (m) [ams'tɛrdam]
Ankara **Ankara** (ż) [a'ŋkara]
Athene **Ateny** (l.mn.) [a'tɛnɨ]
Bagdad **Bagdad** (m) ['bagdat]
Bangkok **Bangkok** (m) ['baŋkɔk]

Barcelona **Barcelona** (ż) [bartsɛ'lɜna]
Beiroet **Bejrut** (m) ['bɛjrut]
Berlijn **Berlin** (m) ['bɛrlin]
Boedapest **Budapeszt** (m) [bu'dapɛʃt]
Boekarest **Bukareszt** (m) [bu'karɛʃt]

Bombay, Mumbai **Bombaj** (m) ['bɔmbaj]
Bonn **Bonn** (n) [bɔn]
Bordeaux **Bordeaux** (n) [bɔr'dɔ]
Bratislava **Bratysława** (ż) [bratis'wava]
Brussel **Bruksela** (ż) [bruk'sɛʎa]

Caïro **Kair** (m) ['kair]
Calcutta **Kalkuta** (ż) [kaʎ'kuta]
Chicago **Chicago** (n) [tʃi'kagɔ]
Dar Es Salaam **Dar es Salam** (m) [dar ɛs 'saʎam]
Delhi **Delhi** (n) ['dɛli]

Den Haag **Haga** (ż) ['haga]
Dubai **Dubaj** (n) ['dubaj]
Dublin **Dublin** (m) ['dublin]
Düsseldorf **Düsseldorf** (m) ['dysɛʎdɔrf]
Florence **Florencja** (ż) [flɜ'rɛntsʰja]

Frankfort **Frankfurt** (m) ['fraŋkfurt]
Genève **Genewa** (ż) [gɛ'nɛva]
Hamburg **Hamburg** (m) ['hamburk]
Hanoi **Hanoi** (n) ['hanɔj]
Havana **Hawana** (ż) [ha'vana]
Helsinki **Helsinki** (l.mn.) [hɛʎ'siŋki]

Hiroshima	**Hiroszima** (ż)	[hirɔ'ʃɨma]
Hongkong	**Hongkong** (m)	['hɔŋkɔŋk]
Istanbul	**Stambuł** (m)	['stambuw]
Jeruzalem	**Jerozolima** (ż)	[jerɔzɔ'lima]
Kiev	**Kijów** (m)	['kijuf]
Kopenhagen	**Kopenhaga** (ż)	[kɔpɛn'haga]
Kuala Lumpur	**Kuala Lumpur** (n)	[ku'aʎa 'lympur]
Lissabon	**Lizbona** (ż)	[liz'bɔna]
Londen	**Londyn** (m)	['lɜndɨn]
Los Angeles	**Los Angeles** (n)	['lɜs 'anʤɛles]
Lyon	**Lyon** (m)	['ljɔn]
Madrid	**Madryt** (m)	['madrɨt]
Marseille	**Marsylia** (ż)	[mar'sɨʎja]
Mexico-Stad	**Meksyk** (m)	['mɛksɨk]
Miami	**Miami** (n)	[ma'jami]
Montreal	**Montreal** (m)	[mɔnt'rɛaʎ]
Moskou	**Moskwa** (ż)	['mɔskfa]
München	**Monachium** (n)	[mɔ'nahʰjum]
Nairobi	**Nairobi** (n)	[naj'rɔbi]
Napels	**Neapol** (m)	[nɛ'apɔʎ]
New York	**Nowy Jork** (m)	['nɔvɨ ɜrk]
Nice	**Nicea** (ż)	[ni'ʦɛa]
Oslo	**Oslo** (n)	['ɔslɜ]
Ottawa	**Ottawa** (ż)	[ɔt'tava]
Parijs	**Paryż** (m)	['parɨʃ]
Peking	**Pekin** (m)	['pɛkin]
Praag	**Praga** (ż)	['praga]
Rio de Janeiro	**Rio de Janeiro** (n)	['riɜ dɛ ʒa'nɛjrɔ]
Rome	**Rzym** (m)	[ʒɨm]
Seoel	**Seul** (m)	['ɔɛuʎ]
Singapore	**Singapur** (m)	[si'ŋapur]
Sint-Petersburg	**Sankt Petersburg** (m)	[saŋkt pe'tɛrsburk]
Sjanghai	**Szanghaj** (m)	['ʃaŋkhaj]
Stockholm	**Sztokholm** (m)	['ʃtɔkhɔʎm]
Sydney	**Sydney** (n)	['sɨdni]
Taipei	**Tajpej** (m)	['tajpɛj]
Tokio	**Tokio** (n)	['tɔkʰɜ]
Toronto	**Toronto** (n)	[tɔ'rɔntɔ]
Venetië	**Wenecja** (ż)	[vɛ'nɛʦʰja]
Warschau	**Warszawa** (ż)	[var'ʃava]
Washington	**Waszyngton** (m)	['vaʃɨŋktɔn]
Wenen	**Wiedeń** (m)	['vedɛɲ]

243. Politiek. Overheid. Deel 1

politiek (de)	**polityka** (ż)	[pɔ'litɨka]
politiek (bn)	**polityczny**	[pɔli'tɨʧnɨ]

politicus (de)	**polityk** (m)	[pɔ'litɨk]
staat (land)	**państwo** (n)	['paɲstfɔ]
burger (de)	**obywatel** (m)	[ɔbɨ'vatɛʎ]
staatsburgerschap (het)	**obywatelstwo** (n)	[ɔbɨva'tɛʎstfɔ]
nationaal wapen (het)	**godło** (n) **państwowe**	['gɔdwɔ paɲst'vɔvɛ]
volkslied (het)	**hymn** (m) **państwowy**	[hɨmn paɲst'fɔvɨ]
regering (de)	**rząd** (m)	[ʒɔ̃t]
staatshoofd (het)	**szef** (m) **państwa**	[ʃɛf 'paɲstfa]
parlement (het)	**parlament** (m)	[par'ʎamɛnt]
partij (de)	**partia** (ż)	['partʰja]
kapitalisme (het)	**kapitalizm** (m)	[kapi'talizm]
kapitalistisch (bn)	**kapitalistyczny**	[kapitalis'tɨtʃnɨ]
socialisme (het)	**socjalizm** (m)	[sɔtsʰ'jalizm]
socialistisch (bn)	**socjalistyczny**	[sɔtsʰjalis'tɨtʃnɨ]
communisme (het)	**komunizm** (m)	[kɔ'munizm]
communistisch (bn)	**komunistyczny**	[kɔmunis'tɨtʃnɨ]
communist (de)	**komunista** (m)	[kɔmu'nista]
democratie (de)	**demokracja** (ż)	[dɛmɔk'ratsʰja]
democraat (de)	**demokrata** (m)	[dɛmɔk'rata]
democratisch (bn)	**demokratyczny**	[dɛmɔkra'tɨtʃnɨ]
democratische partij (de)	**partia** (ż) **demokratyczna**	['partʰja dɛmɔkra'tɨtʃna]
liberaal (de)	**liberał** (m)	[li'bɛraw]
liberaal (bn)	**liberalny**	[libɛ'raʎnɨ]
conservator (de)	**konserwatysta** (m)	[kɔnsɛrva'tɨsta]
conservatief (bn)	**konserwatywny**	[kɔnsɛrva'tɨvnɨ]
republiek (de)	**republika** (ż)	[rɛ'publika]
republikein (de)	**republikanin** (m)	[rɛpubli'kanin]
Republikeinse Partij (de)	**partia** (ż) **republikańska**	['partʰja rɛpubli'kaɲska]
verkiezing (de)	**wybory** (l.mn.)	[vɨ'bɔrɨ]
kiezen (ww)	**wybierać**	[vɨ'beratʃ]
kiezer (de)	**wyborca** (m)	[vɨ'bɔrtsa]
verkiezingscampagne (de)	**kampania** (ż) **wyborcza**	[kam'paɲja vɨ'bɔrtʃa]
stemming (de)	**głosowanie** (n)	[gwɔsɔ'vane]
stemmen (ww)	**głosować**	[gwɔ'sɔvatʃ]
stemrecht (het)	**prawo** (n) **wyborcze**	['pravɔ vɨ'bɔrtʃɛ]
kandidaat (de)	**kandydat** (m)	[kan'dɨdat]
zich kandideren	**kandydować**	[kandɨ'dɔvatʃ]
campagne (de)	**kampania** (ż)	[kam'paɲja]
oppositie- (abn)	**opozycyjny**	[ɔpɔzɨ'tsɨjnɨ]
oppositie (de)	**opozycja** (ż)	[ɔpɔ'zɨtsʰja]
bezoek (het)	**wizyta** (ż)	[vi'zɨta]
officieel bezoek (het)	**wizyta** (ż) **oficjalna**	[vi'zɨta ɔfitsʰ'jaʎna]
internationaal (bn)	**międzynarodowy**	[mɛ̃dzɨnarɔ'dɔvɨ]

onderhandelingen (mv.)	**rozmowy** (l.mn.)	[rɔz'mɔvɨ]
onderhandelen (ww)	**prowadzić rozmowy**	[prɔ'vadʒitʃ rɔz'mɔvɨ]

244. Politiek. Overheid. Deel 2

maatschappij (de)	**społeczeństwo** (n)	[spɔwɛt'ʃɛɲstfɔ]
grondwet (de)	**konstytucja** (ż)	[kɔnstɨ'tutsʰja]
macht (politieke ~)	**władza** (ż)	['vwadza]
corruptie (de)	**korupcja** (ż)	[kɔ'ruptsʰja]
wet (de)	**prawo** (n)	['pravɔ]
wettelijk (bn)	**prawny**	['pravnɨ]
rechtvaardigheid (de)	**sprawiedliwość** (ż)	[spraved'livɔɕtʃ]
rechtvaardig (bn)	**sprawiedliwy**	[spraved'livɨ]
comité (het)	**komitet** (m)	[kɔ'mitɛt]
wetsvoorstel (het)	**projekt** (m) **ustawy**	['prɔekt us'tavɨ]
begroting (de)	**budżet** (m)	['budʒɛt]
beleid (het)	**polityka** (ż)	[pɔ'litɨka]
hervorming (de)	**reforma** (ż)	[rɛ'fɔrma]
radicaal (bn)	**radykalny**	[radɨ'kaʎnɨ]
macht (vermogen)	**siła** (ż)	['ɕiwa]
machtig (bn)	**silny**	['ɕiʎnɨ]
aanhanger (de)	**zwolennik** (m)	[zvɔ'leŋik]
invloed (de)	**wpływ** (m)	[fpwɨf]
regime (het)	**reżim** (m)	['rɛʒim]
conflict (het)	**konflikt** (m)	['kɔnflikt]
samenzwering (de)	**spisek** (m)	['spisɛk]
provocatie (de)	**prowokacja** (ż)	[prɔvɔ'katsʰja]
omverwerpen (ww)	**obalić**	[ɔ'balitʃ]
omverwerping (de)	**obalenie** (n)	[ɔba'lene]
revolutie (de)	**rewolucja** (ż)	[rɛvɔ'lytsʰja]
staatsgreep (de)	**przewrót** (m)	['pʃɛvrut]
militaire coup (de)	**przewrót** (m) **wojskowy**	['pʃɛvrut vɔjs'kɔvɨ]
crisis (de)	**kryzys** (m)	['krɨzɨs]
economische recessie (de)	**recesja** (ż)	[rɛ'tsɛsʰja]
betoger (de)	**demonstrant** (m)	[dɛ'mɔnstrant]
betoging (de)	**demonstracja** (ż)	[dɛmɔnst'ratsʰja]
krijgswet (de)	**stan** (m) **wojenny**	[stan vɔ'eŋɨ]
militaire basis (de)	**baza** (ż) **wojskowa**	['baza vɔjs'kɔva]
stabiliteit (de)	**stabilność** (ż)	[sta'biʎnɔɕtʃ]
stabiel (bn)	**stabilny**	[sta'biʎnɨ]
uitbuiting (de)	**eksploatacja** (ż)	[ɛksplɜa'tatsʰja]
uitbuiten (ww)	**eksploatować**	[ɛksplɜa'tɔvatʃ]
racisme (het)	**rasizm** (m)	['raɕizm]
racist (de)	**rasista** (m)	[ra'ɕista]

fascisme (het)	**faszyzm** (m)	['faʃɨzm]
fascist (de)	**faszysta** (m)	[fa'ʃɨsta]

245. Landen. Diversen

vreemdeling (de)	**obcokrajowiec** (m)	[ɔptsɔkraʒvets]
buitenlands (bn)	**zagraniczny**	[zagra'nitʃnɨ]
in het buitenland (bw)	**za granicą**	[za gra'nitsɔ̃]
emigrant (de)	**emigrant** (m)	[ɛ'migrant]
emigratie (de)	**emigracja** (ż)	[ɛmig'ratsʰja]
emigreren (ww)	**emigrować**	[ɛmig'rɔvatʃ]
Westen (het)	**Zachód** (m)	['zahut]
Oosten (het)	**Wschód** (m)	[fshut]
Verre Oosten (het)	**Daleki Wschód** (m)	[da'leki fshut]
beschaving (de)	**cywilizacja** (ż)	[tsɨvili'zatsʰja]
mensheid (de)	**ludzkość** (ż)	['lytskɔɕtʃ]
wereld (de)	**świat** (m)	[ɕfʲat]
vrede (de)	**pokój** (m)	['pɔkuj]
wereld- (abn)	**światowy**	[ɕfʲa'tɔvɨ]
vaderland (het)	**ojczyzna** (ż)	[ɔjt'ʃɨzna]
volk (het)	**naród** (m)	['narut]
bevolking (de)	**ludność** (ż)	['lydnɔɕtʃ]
mensen (mv.)	**ludzie** (l.mn.)	['lydʒe]
natie (de)	**naród** (m)	['narut]
generatie (de)	**pokolenie** (n)	[pɔkɔ'lene]
gebied (bijv. bezette ~en)	**terytorium** (n)	[tɛrɨ'tɔrʰjum]
regio, streek (de)	**region** (m)	['rɛgʰɜn]
deelstaat (de)	**stan** (m)	[stan]
traditie (de)	**tradycja** (ż)	[tra'dɨtsʰja]
gewoonte (de)	**obyczaj** (m)	[ɔ'bɨtʃaj]
ecologie (de)	**ekologia** (ż)	[ɛkɔ'lɜgʰja]
Indiaan (de)	**Indianin** (m)	[indʰ'janin]
zigeuner (de)	**Cygan** (m)	['tsɨgan]
zigeunerin (de)	**Cyganka** (ż)	[tsɨ'gaŋka]
zigeuner- (abn)	**cygański**	[tsɨ'gaɲski]
rijk (het)	**imperium** (n)	[im'pɛrʰjum]
kolonie (de)	**kolonia** (ż)	[kɔ'lɜɲja]
slavernij (de)	**niewolnictwo** (n)	[nevɔʎ'nitstfɔ]
invasie (de)	**najazd** (m)	['najast]
hongersnood (de)	**głód** (m)	[gwut]

246. Grote religieuze groepen. Bekentenissen

religie (de)	**religia** (ż)	[rɛ'ligʰja]
religieus (bn)	**religijny**	[rɛli'gijnɨ]

geloof (het)	**wiara** (ż)	['vʲara]
geloven (ww)	**wierzyć**	['veʒɨʧ]
gelovige (de)	**wierzący** (m)	[ve'ʒɔ̃ʦɨ]
atheïsme (het)	**ateizm** (m)	[a'tɛizm]
atheïst (de)	**ateista** (m)	[atɛ'ista]
christendom (het)	**chrześcijaństwo** (n)	[hʃɛɕʧi'jaɲstfɔ]
christen (de)	**chrześcijanin** (m)	[hʃɛɕʧi'janin]
christelijk (bn)	**chrześcijański**	[hʃɛɕʧi'jaɲski]
katholicisme (het)	**katolicyzm** (m)	[katɔ'liʦɨzm]
katholiek (de)	**katolik** (m)	[ka'tɔlik]
katholiek (bn)	**katolicki**	[katɔ'liʦki]
protestantisme (het)	**protestantyzm** (m)	[prɔtɛs'tantɨzm]
Protestante Kerk (de)	**kościół** (m) **protestancki**	['kɔʃʧɔw prɔtɛs'tanʦki]
protestant (de)	**protestant** (m)	[prɔ'tɛstant]
orthodoxie (de)	**prawosławie** (n)	[pravɔs'wave]
Orthodoxe Kerk (de)	**kościół** (m) **prawosławny**	['kɔʃʧɔw pravɔs'wavnɨ]
orthodox	**prawosławny** (m)	[pravɔs'wavnɨ]
presbyterianisme (het)	**prezbiterianizm** (m)	[prɛzbitɛrʰ'janizm]
Presbyteriaanse Kerk (de)	**kościół** (m) **prezbiteriański**	['kɔʃʧɔw prɛzbitɛ'rjaɲski]
presbyteriaan (de)	**prezbiterianin** (m)	[prɛzbitɛrʰ'janin]
lutheranisme (het)	**kościół** (m) **luterański**	['kɔʃʧɔw lytɛ'raɲski]
lutheraan (de)	**luteranin** (m)	[lytɛ'ranin]
baptisme (het)	**baptyzm** (m)	['baptɨzm]
baptist (de)	**baptysta** (m)	[bap'tɨsta]
Anglicaanse Kerk (de)	**Kościół Anglikański** (m)	['kɔʃʧɔw aŋli'kaɲski]
anglicaan (de)	**anglikanin** (m)	[aŋli'kanin]
mormonisme (het)	**religia** (ż) **mormonów**	[rɛ'ligʰja mɔr'mɔnuf]
mormoon (de)	**mormon** (m)	['mɔrmɔn]
Jodendom (het)	**judaizm** (m)	[ju'daizm]
jood (aanhanger van het Jodendom)	**żyd** (m)	[ʒɨt]
boeddhisme (het)	**buddyzm** (m)	['buddɨzm]
boeddhist (de)	**buddysta** (m)	[bud'dɨsta]
hindoeïsme (het)	**hinduizm** (m)	[hin'duizm]
hindoe (de)	**hinduista** (m)	[hindu'ista]
islam (de)	**islam** (m)	['isʎam]
islamiet (de)	**muzułmanin** (m)	[muzuw'manin]
islamitisch (bn)	**muzułmański**	[muzuw'maɲski]
sjiisme (het)	**szyizm** (m)	['ʃɨizm]
sjiiet (de)	**szyita** (m)	['ʃɨita]
soennisme (het)	**sunnizm** (m)	['suɲizm]
soenniet (de)	**sunnita** (m)	[su'ɲita]

247. Religies. Priesters

priester (de)	**ksiądz** (m)	[kɕɔ̃ts]
paus (de)	**papież** (m)	['papeʃ]
monnik (de)	**zakonnik** (m)	[za'kɔŋik]
non (de)	**zakonnica** (ż)	[zakɔ'ɲitsa]
pastoor (de)	**pastor** (m)	['pastɔr]
abt (de)	**opat** (m)	['ɔpat]
vicaris (de)	**wikariusz** (m)	[vi'karjyʃ]
bisschop (de)	**biskup** (m)	['biskup]
kardinaal (de)	**kardynał** (m)	[kar'dɨnaw]
predikant (de)	**kaznodzieja** (m)	[kaznɔ'dʒeja]
preek (de)	**kazanie** (n)	[ka'zane]
kerkgangers (mv.)	**parafianie** (l.mn.)	[para'fʲane]
gelovige (de)	**wierzący** (m)	[ve'ʒɔ̃tsɨ]
atheïst (de)	**ateista** (m)	[atɛ'ista]

248. Geloof. Christendom. Islam

Adam	**Adam** (m)	['adam]
Eva	**Ewa** (ż)	['ɛva]
God (de)	**Bóg** (m)	[buk]
Heer (de)	**Pan** (m)	[pan]
Almachtige (de)	**Wszechmogący** (m)	[fʃɛhmɔ'gɔ̃tsɨ]
zonde (de)	**grzech** (m)	[gʒɛh]
zondigen (ww)	**grzeszyć**	['gʒɛʃɨtʃ]
zondaar (de)	**grzesznik** (m)	['gʒɛʃnik]
zondares (de)	**grzesznica** (ż)	[gʒɛʃ'nitsa]
hel (de)	**piekło** (n)	['pekwɔ]
paradijs (het)	**raj** (m)	[raj]
Jezus	**Jezus** (m)	['ezus]
Jezus Christus	**Jezus Chrystus** (m)	['ezus 'hrɨstus]
Heilige Geest (de)	**Duch Święty** (m)	[duh 'ɕfentɨ]
Verlosser (de)	**Zbawiciel** (m)	[zba'vitʃeʎ]
Maagd Maria (de)	**Matka Boska** (ż)	['matka 'bɔska]
duivel (de)	**diabeł** (m)	['dʰjabɛw]
duivels (bn)	**diabelski**	[dʰja'bɛʎski]
Satan	**szatan** (m)	['ʃatan]
satanisch (bn)	**szatański**	[ʃa'taɲski]
engel (de)	**anioł** (m)	['anɜw]
beschermengel (de)	**anioł stróż** (m)	['anɜw struʃ]
engelachtig (bn)	**anielski**	[a'neʎski]

apostel (de)	**apostoł** (m)	[a'pɔstɔw]
aartsengel (de)	**archanioł** (m)	[ar'hanɜw]
antichrist (de)	**antychryst** (m)	[an'tɨhrɨst]
Kerk (de)	**Kościół** (m)	['kɔʃtʃɔw]
bijbel (de)	**Biblia** (ż)	['bibʎja]
bijbels (bn)	**biblijny**	[bib'lijnɨ]
Oude Testament (het)	**Stary Testament** (m)	['starɨ tɛs'tamɛnt]
Nieuwe Testament (het)	**Nowy Testament** (m)	['nɔvɨ tɛs'tamɛnt]
evangelie (het)	**Ewangelia** (ż)	[ɛva'ŋɛʎja]
Heilige Schrift (de)	**Pismo** (n) **Święte**	['pismɔ 'ɕfentɛ]
Hemel, Hemelrijk (de)	**Królestwo** (n) **Niebiańskie**	[kru'lestfɔ ne'bʲaɲske]
gebod (het)	**przykazanie** (n)	[pʃɨka'zane]
profeet (de)	**prorok** (m)	['prɔrɔk]
profetie (de)	**proroctwo** (n)	[prɔ'rɔtstfɔ]
Allah	**Allach, Allah** (m)	['allah]
Mohammed	**Mohammed** (m)	[mɔ'hamɛt]
Koran (de)	**Koran** (m)	['kɔran]
moskee (de)	**meczet** (m)	['mɛtʃɛt]
moellah (de)	**mułła** (m)	['muwwa]
gebed (het)	**modlitwa** (ż)	[mɔd'litfa]
bidden (ww)	**modlić się**	['mɔdlitʃ ɕɛ̃]
pelgrimstocht (de)	**pielgrzymka** (ż)	[peʎg'ʒɨmka]
pelgrim (de)	**pielgrzym** (m)	['peʎgʒɨm]
Mekka	**Mekka** (ż)	['mɛkka]
kerk (de)	**kościół** (m)	['kɔʃtʃɔw]
tempel (de)	**świątynia** (ż)	[ɕfɔ̃'tɨɲa]
kathedraal (de)	**katedra** (ż)	[ka'tɛdra]
gotisch (bn)	**gotycki**	[gɔ'tɨtskɪ]
synagoge (de)	**synagoga** (ż)	[sɨna'gɔga]
moskee (de)	**meczet** (m)	['mɛtʃɛt]
kapel (de)	**kaplica** (ż)	[kap'litsa]
abdij (de)	**opactwo** (n)	[ɔ'patstfɔ]
nonnenklooster (het)	**klasztor** (m) **żeński**	['kʎaʃtɔr 'ʒɛɲski]
mannenklooster (het)	**klasztor** (m) **męski**	['kʎaʃtɔr 'mɛnski]
klok (de)	**dzwon** (m)	[dzvɔn]
klokkentoren (de)	**dzwonnica** (ż)	[dzvɔ'ŋitsa]
luiden (klokken)	**dzwonić**	['dzvɔnitʃ]
kruis (het)	**krzyż** (m)	[kʃɨʃ]
koepel (de)	**kopuła** (ż)	[kɔ'puwa]
icoon (de)	**ikona** (ż)	[i'kɔna]
ziel (de)	**dusza** (ż)	['duʃa]
lot, noodlot (het)	**los** (m)	['lɜs]
kwaad (het)	**zło** (n)	[zwɔ]
goed (het)	**dobro** (n)	['dɔbrɔ]
vampier (de)	**wampir** (m)	['vampir]

heks (de)	**wiedźma** (ż)	['vedʒʲma]
demoon (de)	**demon** (m)	['dɛmɔn]
duivel (de)	**diabeł** (m)	['dʰjabɛw]
geest (de)	**duch** (m)	[duh]
verzoeningsleer (de)	**odkupienie** (n)	[ɔtku'pene]
vrijkopen (ww)	**odkupić**	[ɔt'kupitʃ]
mis (de)	**msza** (ż)	[mʃa]
de mis opdragen	**odprawiać mszę**	[ɔtp'ravʲatʃ mʒɛ̃]
biecht (de)	**spowiedź** (ż)	['spɔvetʃ]
biechten (ww)	**spowiadać się**	[spɔ'vʲadatʃ ɕɛ̃]
heilige (de)	**święty** (m)	['ɕfentɨ]
heilig (bn)	**święty**	['ɕfentɨ]
wijwater (het)	**woda** (ż) **święcona**	['vɔda ɕfɛ̃'tsɔna]
ritueel (het)	**obrzęd** (m)	['ɔbʒɛ̃t]
ritueel (bn)	**obrzędowy**	[ɔbʒɛ̃'dɔvɨ]
offerande (de)	**ofiara** (ż)	[ɔ'fʲara]
bijgeloof (het)	**przesąd** (m)	['pʃɛsɔ̃t]
bijgelovig (bn)	**przesądny**	[pʃɛ'sɔ̃dnɨ]
hiernamaals (het)	**życie** (n) **pozagrobowe**	['ʒɨtʃe pɔzagrɔ'bɔvɛ]
eeuwige leven (het)	**życie** (n) **wieczne**	['ʒɨtʃe 'vetʃnɛ]

DIVERSEN

249. Diverse nuttige woorden

achtergrond (de)	**tło** (n)	[twɔ]
balans (de)	**równowaga** (ż)	[ruvnɔ'vaga]
basis (de)	**baza** (ż)	['baza]
begin (het)	**początek** (m)	[pɔt'ʃɔ̃tɛk]
beurt (wie is aan de ~?)	**kolej** (ż)	['kɔlej]
categorie (de)	**kategoria** (ż)	[katɛ'gɔrʰja]
comfortabel (~ bed, enz.)	**wygodny**	[vɨ'gɔdnɨ]
compensatie (de)	**rekompensata** (ż)	[rɛkɔmpɛn'sata]
deel (gedeelte)	**część** (ż)	[tʃɛ̃ɕtʃ]
deeltje (het)	**cząstka** (ż)	['tʃɔ̃stka]
ding (object, voorwerp)	**rzecz** (ż)	[ʒɛtʃ]
dringend (bn, urgent)	**pilny**	['piʎnɨ]
dringend (bw, met spoed)	**pilnie**	['piʎne]
effect (het)	**efekt** (m)	['ɛfɛkt]
eigenschap (kwaliteit)	**właściwość** (ż)	[vwaɕ'tʃivɔɕtʃ]
einde (het)	**zakończenie** (n)	[zakɔɲt'ʃɛne]
element (het)	**element** (m)	[ɛ'lemɛnt]
feit (het)	**fakt** (m)	[fakt]
fout (de)	**błąd** (m)	[bwɔ̃t]
geheim (het)	**tajemnica** (ż)	[taem'nitsa]
graad (mate)	**stopień** (m)	['stɔpeɲ]
groei (ontwikkeling)	**wzrost** (m)	[vzrɔst]
hindernis (de)	**przeszkoda** (ż)	[pʃɛʃ'kɔda]
hinderpaal (de)	**przeszkoda** (ż)	[pʃɛʃ'kɔda]
hulp (de)	**pomoc** (ż)	['pɔmɔts]
ideaal (het)	**ideał** (m)	[i'dɛaw]
inspanning (de)	**wysiłek** (m)	[vɨ'ɕiwɛk]
keuze (een grote ~)	**wybór** (m)	['vɨbur]
labyrint (het)	**labirynt** (m)	[ʎa'birɨnt]
manier (de)	**sposób** (m)	['spɔsup]
moment (het)	**moment** (m)	['mɔmɛnt]
nut (bruikbaarheid)	**korzyść** (ż)	['kɔʒɨɕtʃ]
onderscheid (het)	**różnica** (ż)	[ruʒ'nitsa]
ontwikkeling (de)	**rozwój** (m)	['rɔzvuj]
oplossing (de)	**rozwiązanie** (n)	[rɔzvɔ̃'zane]
origineel (het)	**oryginał** (m)	[ɔrɨ'ginaw]
pauze (de)	**pauza** (ż)	['pauza]
positie (de)	**stanowisko** (n)	[stanɔ'viskɔ]
principe (het)	**zasada** (ż)	[za'sada]

probleem (het)	**problem** (m)	['prɔblem]
proces (het)	**proces** (m)	['prɔtsɛs]
reactie (de)	**reakcja** (ż)	[rɛ'aktsʰja]
reden (om ~ van)	**przyczyna** (ż)	[pʃɨt'ʃɨna]
risico (het)	**ryzyko** (n)	['rɨzɨkɔ]
samenvallen (het)	**koincydencja** (ż)	[kɔjnsi'dɛnsija]
serie (de)	**seria** (ż)	['sɛrʰja]
situatie (de)	**sytuacja** (ż)	[sɨtu'atsʰja]
soort (bijv. ~ sport)	**rodzaj** (m)	['rɔdzaj]
standaard (bn)	**standardowy**	[standar'dɔvɨ]
standaard (de)	**standard** (m)	['standart]
stijl (de)	**styl** (m)	[stɨʎ]
stop (korte onderbreking)	**przerwa** (ż)	['pʃɛrva]
systeem (het)	**system** (m)	['sɨstɛm]
tabel (bijv. ~ van Mendelejev)	**tablica** (ż)	[tab'litsa]
tempo (langzaam ~)	**tempo** (n)	['tɛmpɔ]
term (medische ~en)	**termin** (m)	['tɛrmin]
type (soort)	**typ** (m)	[tɨp]
variant (de)	**wariant** (m)	['varʰjant]
veelvuldig (bn)	**częsty**	['tʃɛnstɨ]
vergelijking (de)	**porównanie** (n)	[pɔruv'nane]
voorbeeld (het goede ~)	**przykład** (m)	['pʃɨkwat]
voortgang (de)	**postęp** (m)	['pɔstɛ̃p]
voorwerp (ding)	**obiekt** (m)	['ɔbʰekt]
vorm (uiterlijke ~)	**kształt** (m)	['kʃtawt]
waarheid (de)	**prawda** (ż)	['pravda]
zone (de)	**strefa** (ż)	['strɛfa]

250. Beperkende bijwoorden. Bijvoeglijke naamwoorden. Deel 1

accuraat (uurwerk, enz.)	**staranny**	[sta'raɲɨ]
achter- (abn)	**tylny**	['tɨʎnɨ]
additioneel (bn)	**dodatkowy**	[dɔdat'kɔvɨ]
arm (bijv. ~e landen)	**biedny**	['bednɨ]
begrijpelijk (bn)	**zrozumiały**	[zrɔzu'mʲawɨ]
belangrijk (bn)	**ważny**	['vaʒnɨ]
belangrijkst (bn)	**najważniejszy**	[najvaʒ'nejʃɨ]
beleefd (bn)	**uprzejmy**	[up'ʃɛjmɨ]
beperkt (bn)	**ograniczony**	[ɔgranit'ʃɔnɨ]
betekenisvol (bn)	**znaczny**	['znatʃnɨ]
bijziend (bn)	**krótkowzroczny**	[krutkɔvz'rɔtʃnɨ]
binnen- (abn)	**wewnętrzny**	[vɛv'nɛntʃnɨ]
bitter (bn)	**gorzki**	['gɔʃki]
blind (bn)	**ślepy**	['ɕlepɨ]
breed (een ~e straat)	**szeroki**	[ʃɛ'rɔki]
breekbaar (porselein, glas)	**kruchy**	['kruhɨ]

buiten- (abn)	**zewnętrzny**	[zɛv'nɛntʃnɨ]
buitenlands (bn)	**zagraniczny**	[zagra'nitʃnɨ]
burgerlijk (bn)	**obywatelski**	[ɔbɨva'tɛʎski]
centraal (bn)	**centralny**	[ʦɛnt'raʎnɨ]
dankbaar (bn)	**wdzięczny**	['vʤentʃnɨ]
dicht (~e mist)	**gęsty**	['gɛnstɨ]
dicht (bijv. ~e mist)	**gęsty**	['gɛnstɨ]
dicht (in de ruimte)	**bliski**	['bliski]
dichtbij (bn)	**pobliski**	[pɔb'liski]
dichtstbijzijnd (bn)	**najbliższy**	[najb'liʃɨ]
diepvries (~product)	**mrożony**	[mrɔ'ʒɔnɨ]
dik (bijv. muur)	**gruby**	['grubɨ]
dof (~ licht)	**przyćmiony**	[pʃɨʧ'mɜnɨ]
dom (dwaas)	**głupi**	['gwupi]
donker (bijv. ~e kamer)	**ciemny**	['ʧemnɨ]
dood (bn)	**martwy**	['martfɨ]
doorzichtig (bn)	**przezroczysty**	[pʃɛzrɔt'ʃistɨ]
droevig (~ blik)	**smutny**	['smutnɨ]
droog (bn)	**suchy**	['suhɨ]
dun (persoon)	**szczupły**	['ʃtʃupwɨ]
duur (bn)	**drogi**	['drɔgi]
eender (bn)	**jednakowy**	[edna'kɔvɨ]
eenvoudig (bn)	**łatwy**	['watfɨ]
eenvoudig (bn)	**łatwy**	['watfɨ]
eeuwenoude (~ beschaving)	**dawny**	['davnɨ]
enorm (bn)	**ogromny**	[ɔg'rɔmnɨ]
geboorte- (stad, land)	**ojczysty**	[ɔjt'ʃistɨ]
gebruind (bn)	**opalony**	[ɔpa'lɜnɨ]
gelijkend (bn)	**podobny**	[pɔ'dɔbnɨ]
gelukkig (bn)	**szczęśliwy**	[ʃtʃɛ̃ɕ'livɨ]
gesloten (bn)	**zamknięty**	[zamk'nentɨ]
getaand (bn)	**śniady**	['ɕɲadɨ]
gevaarlijk (bn)	**niebezpieczny**	[nebɛs'petʃnɨ]
gewoon (bn)	**zwykły**	['zvɨkwɨ]
gezamenlijk (~ besluit)	**wspólny**	['fspuʎnɨ]
glad (~ oppervlak)	**gładki**	['gwatki]
glad (~ oppervlak)	**równy**	['ruvnɨ]
goed (bn)	**dobry**	['dɔbri]
goedkoop (bn)	**tani**	['tani]
gratis (bn)	**bezpłatny**	[bɛsp'watnɨ]
groot (bn)	**duży**	['duʒɨ]
hard (niet zacht)	**twardy**	['tfardɨ]
heel (volledig)	**cały**	['ʦawɨ]
heet (bn)	**gorący**	[gɔ'rɔ̃ʦɨ]
hongerig (bn)	**głodny**	['gwɔdnɨ]
hoofd- (abn)	**główny**	['gwuvnɨ]
hoogste (bn)	**najwyższy**	[naj'vɨʃɨ]

huidig (courant)	**obecny**	[ɔ'bɛtsnɨ]
jong (bn)	**młody**	['mwɔdɨ]
juist, correct (bn)	**prawidłowy**	[pravid'wɔvɨ]
kalm (bn)	**spokojny**	[spɔ'kɔjnɨ]
kinder- (abn)	**dziecięcy**	[dʒe'tʃentsɨ]
klein (bn)	**mały**	['mawɨ]
koel (~ weer)	**chłodny**	['hwɔdnɨ]
kort (kortstondig)	**krótkotrwały**	[krutkɔtr'fawɨ]
kort (niet lang)	**krótki**	['krutki]
koud (~ water, weer)	**zimny**	['ʒimnɨ]
kunstmatig (bn)	**sztuczny**	['ʃtutʃnɨ]
laatst (bn)	**ostatni**	[ɔs'tatni]
lang (een ~ verhaal)	**długi**	['dwugi]
langdurig (bn)	**długotrwały**	[dwugɔtr'fawɨ]
lastig (~ probleem)	**złożony**	[zwɔ'ʒɔnɨ]
leeg (glas, kamer)	**pusty**	['pustɨ]
lekker (bn)	**smaczny**	['smatʃnɨ]
licht (kleur)	**jasny**	['jasnɨ]
licht (niet veel weegt)	**lekki**	['lekki]
linker (bn)	**lewy**	['levɨ]
luid (bijv. ~e stem)	**głośny**	['gwɔɕnɨ]
mager (bn)	**chudy**	['hudɨ]
mat (bijv. ~ verf)	**matowy**	[ma'tɔvɨ]
moe (bn)	**zmęczony**	[zmɛ̃t'ʃɔnɨ]
moeilijk (~ besluit)	**trudny**	['trudnɨ]
mogelijk (bn)	**możliwy**	[mɔʒ'livɨ]
mooi (bn)	**piękny**	['peŋknɨ]
mysterieus (bn)	**tajemniczy**	[taem'nitʃɨ]
naburig (bn)	**sąsiedni**	[sɔ̃'ɕedni]
nalatig (bn)	**niedbały**	[nied'bawɨ]
nat (~te kleding)	**mokry**	['mɔkrɨ]
nerveus (bn)	**nerwowy**	[nɛr'vɔvɨ]
niet groot (bn)	**nieduży**	[ne'duʒɨ]
niet moeilijk (bn)	**nietrudny**	[net'rudnɨ]
nieuw (bn)	**nowy**	['nɔvɨ]
nodig (bn)	**potrzebny**	[pɔt'ʃɛbnɨ]
normaal (bn)	**normalny**	[nɔr'maʎnɨ]

251. Beperkende bijwoorden. Bijvoeglijke naamwoorden. Deel 2

onbegrijpelijk (bn)	**niezrozumiały**	[nezrɔzu'mʲawɨ]
onbelangrijk (bn)	**nieistotny**	[neis'tɔtnɨ]
onbeweeglijk (bn)	**nieruchomy**	[neru'hɔmɨ]
onbewolkt (bn)	**bezchmurny**	[bɛsh'murnɨ]
ondergronds (geheim)	**podziemny**	[pɔ'dʒemnɨ]
ondiep (bn)	**płytki**	['pwɨtki]

onduidelijk (bn)	**niejasny**	[ne'jasnɨ]
onervaren (bn)	**niedoświadczony**	[nedɔɕfatt'ʃɔnɨ]
onmogelijk (bn)	**niemożliwy**	[nemɔʒ'livɨ]
onontbeerlijk (bn)	**niezbędny**	[nez'bɛndnɨ]
onophoudelijk (bn)	**ciągły**	[ʧɔ̃gwɨ]
ontkennend (bn)	**negatywny**	[nɛga'tɨvnɨ]
open (bn)	**otwarty**	[ɔt'fartɨ]
openbaar (bn)	**publiczny**	[pub'liʧnɨ]
origineel (ongewoon)	**oryginalny**	[ɔrɨgi'naʎnɨ]
oud (~ huis)	**stary**	['starɨ]
overdreven (bn)	**nadmierny**	[nad'mernɨ]
passend (bn)	**przydatny**	[pʃɨ'datnɨ]
permanent (bn)	**stały**	['stawɨ]
persoonlijk (bn)	**osobisty**	[ɔsɔ'bistɨ]
plat (bijv. ~ scherm)	**płaski**	['pwaski]
prachtig (~ paleis, enz.)	**wspaniały**	[fspa'ɲawɨ]
precies (bn)	**dokładny**	[dɔk'wadnɨ]
prettig (bn)	**przyjemny**	[pʃɨ'emnɨ]
privé (bn)	**prywatny**	[prɨ'vatnɨ]
punctueel (bn)	**punktualny**	[puŋktu'aʎnɨ]
rauw (niet gekookt)	**surowy**	[su'rɔvɨ]
recht (weg, straat)	**prosty**	['prɔstɨ]
rechter (bn)	**prawy**	['pravɨ]
rijp (fruit)	**dojrzały**	[dɔj'ʒawɨ]
riskant (bn)	**ryzykowny**	[rɨzɨ'kɔvnɨ]
ruim (een ~ huis)	**przestronny**	[pʃɛst'rɔŋɨ]
rustig (bn)	**spokojny**	[spɔ'kɔjnɨ]
scherp (bijv. ~ mes)	**ostry**	['ɔstrɨ]
schoon (niet vies)	**czysty**	['ʧɨstɨ]
slecht (bn)	**zły**	[zwɨ]
slim (verstandig)	**sprytny**	['sprɨtnɨ]
smal (~le weg)	**wąski**	['vɔ̃ski]
snel (vlug)	**szybki**	['ʃɨpki]
somber (bn)	**mroczny**	['mrɔʧnɨ]
speciaal (bn)	**specjalny**	[spɛtsh'jaʎnɨ]
sterk (bn)	**silny**	['ɕiʎnɨ]
stevig (bn)	**trwały**	['trfawɨ]
straatarm (bn)	**nędzny**	['nɛndznɨ]
teder (liefderijk)	**czuły**	['ʧuwɨ]
tegenovergesteld (bn)	**przeciwny**	[pʃɛ'ʧivnɨ]
tevreden (bn)	**zadowolony**	[zadɔvɔ'lɜnɨ]
tevreden (klant, enz.)	**zadowolony**	[zadɔvɔ'lɜnɨ]
treurig (bn)	**smutny**	['smutnɨ]
tweedehands (bn)	**używany**	[uʒɨ'vanɨ]
uitstekend (bn)	**świetny**	['ɕfetnɨ]
uitstekend (bn)	**doskonały**	[dɔskɔ'nawɨ]
uniek (bn)	**unikatowy**	[unika'tɔvɨ]

veilig (niet gevaarlijk)	**bezpieczny**	[bɛs'petʃnɨ]
ver (in de ruimte)	**daleki**	[da'lɛki]
verenigbaar (bn)	**kompatybilny**	[kɔmpatɨ'biʎnɨ]
vermoeiend (bn)	**męczący**	[mɛ̃t'ʃɔ̃tsɨ]
verplicht (bn)	**obowiązkowy**	[ɔbɔvʰɔ̃s'kɔvɨ]
vers (~ brood)	**świeży**	['ɕfeʒɨ]
verst (meest afgelegen)	**daleki**	[da'lɛki]
vettig (voedsel)	**tłusty**	['twustɨ]
vijandig (bn)	**wrogi**	['vrɔgi]
vloeibaar (bn)	**płynny**	['pwɨŋɨ]
vochtig (bn)	**wilgotny**	[viʎ'gɔtnɨ]
vol (helemaal gevuld)	**pełny**	['pɛwnɨ]
volgend (~ jaar)	**następny**	[nas'tɛ̃pnɨ]
voorbij (bn)	**miniony**	[mi'nɜnɨ]
voornaamste (bn)	**podstawowy**	[pɔtsta'vɔvɨ]
vorig (~ jaar)	**ubiegły**	[u'begwɨ]
vorig (bijv. ~e baas)	**poprzedni**	[pɔp'ʃɛdni]
vriendelijk (aardig)	**miły**	['miwɨ]
vriendelijk (goedhartig)	**dobry**	['dɔbrɨ]
vrij (bn)	**wolny**	['vɔʎnɨ]
vrolijk (bn)	**wesoły**	[vɛ'sɔwɨ]
vruchtbaar (~ land)	**urodzajny**	[urɔ'dzajnɨ]
vuil (niet schoon)	**brudny**	['brudnɨ]
waarschijnlijk (bn)	**prawdopodobny**	[pravdɔpɔ'dɔbnɨ]
warm (bn)	**ciepły**	['tʃepwɨ]
wettelijk (bn)	**prawny**	['pravnɨ]
zacht (bijv. ~ kussen)	**miękki**	['meŋki]
zacht (bn)	**cichy**	['tʃihɨ]
zeldzaam (bn)	**rzadki**	['ʒatki]
ziek (bn)	**chory**	['hɔrɨ]
zoet (~ water)	**słodki**	['swɔtki]
zoet (bn)	**słodki**	['swɔtki]
zonnig (~e dag)	**słoneczny**	[swɔ'nɛtʃnɨ]
zorgzaam (bn)	**troskliwy**	[trɔsk'livɨ]
zout (de soep is ~)	**słony**	['swɔnɨ]
zuur (smaak)	**kwaśny**	['kfaɕnɨ]
zwaar (~ voorwerp)	**ciężki**	['tʃenʃki]

DE 500 BELANGRIJKSTE WERKWOORDEN

252. Werkwoorden A-C

aaien (bijv. een konijn ~)	**głaskać**	['gwaskatʃ]
aanbevelen (ww)	**polecać**	[pɔ'letsatʃ]
aandringen (ww)	**nalegać**	[na'legatʃ]
aankomen (ov. de treinen)	**przybywać**	[pʃɨ'bɨvatʃ]
aanleggen (bijv. bij de pier)	**cumować**	[tsu'mɔvatʃ]
aanraken (met de hand)	**dotykać**	[dɔ'tɨkatʃ]
aansteken (kampvuur, enz.)	**zapalić**	[za'palitʃ]
aanstellen (in functie plaatsen)	**mianować**	[mʲa'nɔvatʃ]
aanvallen (mil.)	**atakować**	[ata'kɔvatʃ]
aanvoelen (gevaar ~)	**odczuwać**	[ɔtt'ʃuvatʃ]
aanvoeren (leiden)	**stać na czele**	[statʃ na 'tʃɛle]
aanwijzen (de weg ~)	**pokazać**	[pɔ'kazatʃ]
aanzetten (computer, enz.)	**włączać**	['vwɔ̃tʃatʃ]
ademen (ww)	**oddychać**	[ɔd'dɨhatʃ]
adverteren (ww)	**reklamować**	[rɛkʎa'mɔvatʃ]
adviseren (ww)	**radzić**	['radʒitʃ]
afdalen (on.ww.)	**schodzić**	['shɔdʒitʃ]
afgunstig zijn (ww)	**zazdrościć**	[zazd'rɔɕtʃitʃ]
afhakken (ww)	**odrąbać**	[ɔd'rɔ̃batʃ]
afhangen van ...	**zależeć od ...**	[za'leʒɛtʃ ɔd]
afluisteren (ww)	**podsłuchiwać**	[pɔtswu'hivatʃ]
afnemen (verwijderen)	**zdejmować**	[zdɛj'mɔvatʃ]
afrukken (ww)	**oderwać**	[ɔ'dɛrvatʃ]
afslaan (naar rechts ~)	**skręcać**	['skrɛntsatʃ]
afsnijden (ww)	**odciąć**	['ɔtʃɔ̃ʲtʃ]
afzeggen (ww)	**odwołać**	[ɔd'vɔwatʃ]
amputeren (ww)	**amputować**	[ampu'tɔvatʃ]
amuseren (ww)	**bawić**	['bavitʃ]
antwoorden (ww)	**odpowiadać**	[ɔtpɔ'vʲadatʃ]
applaudisseren (ww)	**oklaskiwać**	[ɔkʎas'kivatʃ]
aspireren (iets willen worden)	**dążyć**	['dɔ̃ʒɨtʃ]
assisteren (ww)	**asystować**	[asɨs'tɔvatʃ]
bang zijn (ww)	**bać się**	[batʃ ɕɛ̃]
barsten (plafond, enz.)	**pękać**	['pɛŋkatʃ]
bedienen (in restaurant)	**obsługiwać**	[ɔbswu'givatʃ]
bedreigen (bijv. met een pistool)	**grozić**	['grɔʒitʃ]

bedriegen (ww)	**oszukiwać**	[ɔʃu'kivaʧ]
beduiden (betekenen)	**znaczyć**	['znaʧɨʧ]
bedwingen (ww)	**powstrzymywać**	[pɔfsʧɨ'mɨvaʧ]
beëindigen (ww)	**kończyć**	['kɔɲʧɨʧ]
begeleiden (vergezellen)	**towarzyszyć**	[tɔva'ʒɨʃɨʧ]
begieten (water geven)	**podlewać**	[pɔd'levaʧ]
beginnen (ww)	**rozpoczynać**	[rɔspɔt'ʃɨnaʧ]
begrijpen (ww)	**rozumieć**	[rɔ'zumeʧ]
behandelen (patiënt, ziekte)	**leczyć**	['leʧɨʧ]
beheren (managen)	**kierować**	[ke'rɔvaʧ]
beïnvloeden (ww)	**wpływać**	['fpwɨvaʧ]
bekennen (misdadiger)	**przyznawać się**	[pʃɨz'navaʧ ɕɛ̃]
beledigen (met scheldwoorden)	**znieważać**	[zne'vaʒaʧ]
beledigen (ww)	**obrażać**	[ɔb'raʒaʧ]
beloven (ww)	**obiecać**	[ɔ'beʦaʧ]
beperken (de uitgaven ~)	**ograniczać**	[ɔgra'niʧaʧ]
bereiken (doel ~, enz.)	**osiągać**	[ɔɕɔ̃gaʧ]
bereiken (plaats van bestemming ~)	**docierać**	[dɔ'ʧeraʧ]
beschermen (bijv. de natuur ~)	**ochraniać**	[ɔh'raɲaʧ]
beschuldigen (ww)	**obwiniać**	[ɔb'viɲaʧ]
beslissen (~ iets te doen)	**decydować**	[dɛʦɨ'dɔvaʧ]
besmet worden (met ...)	**zarazić się**	[za'raʒiʧ ɕɛ̃]
besmetten (ziekte overbrengen)	**zarażać**	[za'raʒaʧ]
bespreken (spreken over)	**omawiać**	[ɔ'mavʲaʧ]
bestaan (een ~ voeren)	**żyć**	[ʒɨʧ]
bestellen (eten ~)	**zamawiać**	[za'mavʲaʧ]
bestraffen (een stout kind ~)	**karać**	['karaʧ]
betalen (ww)	**płacić**	['pwaʧiʧ]
betekenen (beduiden)	**znaczyć**	['znaʧɨʧ]
betreuren (ww)	**żałować**	[ʒa'wɔvaʧ]
bevallen (prettig vinden)	**podobać się**	[pɔ'dɔbaʧ ɕɛ̃]
bevelen (mil.)	**rozkazywać**	[rɔska'zɨvaʧ]
bevredigen (ww)	**zadowalać**	[zadɔ'vaʎaʧ]
bevrijden (stad, enz.)	**wyzwalać**	[vɨz'vaʎaʧ]
bewaren (oude brieven, enz.)	**przechowywać**	[pʃɛhɔ'vɨvaʧ]
bewaren (vrede, leven)	**zachowywać**	[zahɔ'vɨvaʧ]
bewijzen (ww)	**udowadniać**	[udɔ'vadɲaʧ]
bewonderen (ww)	**zachwycać się**	[zah'fɨʦaʧ ɕɛ̃]
bezitten (ww)	**posiadać**	[pɔ'ɕadaʧ]
bezorgd zijn (ww)	**martwić się**	['martfiʧ ɕɛ̃]
bezorgd zijn (ww)	**denerwować się**	[dɛnɛr'vɔvaʧ ɕɛ̃]
bidden (praten met God)	**modlić się**	['mɔdliʧ ɕɛ̃]
bijvoegen (ww)	**dodawać**	[dɔ'davaʧ]

binden (ww)	**związywać**	[zviɔ̃'zɨvatʃ]
binnengaan (een kamer ~)	**wejść**	[vɛjɕtʃ]
blazen (ww)	**dmuchać**	['dmuhatʃ]
blozen (zich schamen)	**czerwienić się**	[tʃɛr'venitʃ ɕɛ̃]
blussen (brand ~)	**gasić**	['gaɕitʃ]
boos maken (ww)	**złościć**	['zwɔɕtʃitʃ]
boos zijn (ww)	**złościć się**	['zwɔɕtʃitʃ ɕɛ̃]
breken (on.ww., van een touw)	**rozerwać się**	[rɔ'zɛrvatʃ ɕɛ̃]
breken (speelgoed, enz.)	**psuć**	[psutʃ]
brengen (iets ergens ~)	**przywozić**	[pʃɨ'vɔʒitʃ]
charmeren (ww)	**czarować**	[tʃa'rɔvatʃ]
citeren (ww)	**cytować**	[tsɨ'tɔvatʃ]
compenseren (ww)	**rekompensować**	[rɛkɔmpɛn'sɔvatʃ]
compliceren (ww)	**utrudnić**	[ut'rudnitʃ]
componeren (muziek ~)	**skomponować**	[skɔmpɔ'nɔvatʃ]
compromitteren (ww)	**kompromitować**	[kɔmprɔmi'tɔvatʃ]
concurreren (ww)	**konkurować**	[kɔŋku'rɔvatʃ]
controleren (ww)	**kontrolować**	[kɔntrɔ'lɜvatʃ]
coöpereren (samenwerken)	**współpracować**	[fspuwpra'tsɔvatʃ]
coördineren (ww)	**koordynować**	[kɔ:rdɨ'nɔvatʃ]
corrigeren (fouten ~)	**poprawiać**	[pɔp'ravʲatʃ]
creëren (ww)	**stworzyć**	['stfɔʒɨtʃ]

253. Werkwoorden D-K

danken (ww)	**dziękować**	[dʒɛ̃'kɔvatʃ]
de was doen	**prać**	[pratʃ]
de weg wijzen	**kierować**	[ke'rɔvatʃ]
deelnemen (ww)	**uczestniczyć**	[utʃɛst'nitʃɨtʃ]
delen (wisk.)	**dzielić**	['dʒelitʃ]
denken (ww)	**myśleć**	['mɨɕletʃ]
doden (ww)	**zabijać**	[za'bijatʃ]
doen (ww)	**robić**	['rɔbitʃ]
dresseren (ww)	**tresować**	[trɛ'sɔvatʃ]
drinken (ww)	**pić**	[pitʃ]
drogen (klederen, haar)	**suszyć**	['suʃɨtʃ]
dromen (in de slaap)	**śnić**	[ɕnitʃ]
dromen (over vakantie ~)	**marzyć**	['maʒɨtʃ]
duiken (ww)	**nurkować**	[nur'kɔvatʃ]
durven (ww)	**ośmielać się**	[ɔɕ'meʎatʃ ɕɛ̃]
duwen (ww)	**pchać**	[phatʃ]
een auto besturen	**prowadzić**	[prɔ'vadʒitʃ]
een bad geven	**kąpać**	['kɔ̃patʃ]
een bad nemen	**myć się**	['mɨtʃ ɕɛ̃]
een conclusie trekken	**robić konkluzję**	['rɔbitʃ kɔŋk'lyzʰɛ̃]

een foto maken (ww)	**robić zdjęcia**	['rɔbiʧ 'zdʰɛ̃ʧa]
eisen (met klem vragen)	**zażądać**	[za'ʒɔ̃daʧ]
erkennen (schuld)	**przyznawać się do winy**	[pʃɨz'navaʧ ɕɛ̃ dɔ vinɨ]
erven (ww)	**dziedziczyć**	[ʤe'ʤiʧɨʧ]
eten (ww)	**jeść**	[eɕʧ]
excuseren (vergeven)	**wybaczać**	[vɨ'baʧaʧ]
existeren (bestaan)	**istnieć**	['istneʧ]
feliciteren (ww)	**gratulować**	[gratu'lɔvaʧ]
gaan (te voet)	**iść**	[iɕʧ]
gaan slapen	**kłaść się spać**	['kwaɕʧ ɕɛ̃ spaʧ]
gaan zitten (ww)	**usiąść**	['uɕɔ̃ʲɕʧ]
gaan zwemmen	**kąpać się**	['kɔ̃paʧ ɕɛ̃]
garanderen (garantie geven)	**gwarantować**	[gvaran'tɔvaʧ]
gebruiken (bijv. een potlood ~)	**korzystać**	[kɔ'ʒɨstaʧ]
gebruiken (woord, uitdrukking)	**użyć**	['uʒɨʧ]
geconserveerd zijn (ww)	**zachować się**	[za'hɔvaʧ ɕɛ̃]
gedateerd zijn (ww)	**datować się**	[da'tɔvaʧ ɕɛ̃]
gehoorzamen (ww)	**podporządkować się**	[pɔtpɔʒɔ̃d'kɔvaʧ ɕɛ̃]
gelijken (op elkaar lijken)	**być podobnym**	[bɨʧ pɔ'dɔbnɨm]
geloven (vinden)	**wierzyć**	['veʒɨʧ]
genoeg zijn (ww)	**wystarczać**	[vɨs'tarʧaʧ]
gieten (in een beker ~)	**nalewać**	[na'levaʧ]
glimlachen (ww)	**uśmiechać się**	[uɕ'mehaʧ ɕɛ̃]
glimmen (glanzen)	**świecić się**	['ɕfeʧiʧ ɕɛ̃]
gluren (ww)	**podglądać**	[pɔdglɔ̃daʧ]
goed raden (ww)	**odgadnąć**	[ɔd'gadnɔ̃ʧ]
gooien (een steen, enz.)	**rzucać**	['ʒuʦaʧ]
grappen maken (ww)	**żartować**	[ʒar'tɔvaʧ]
graven (tunnel, enz.)	**kopać**	['kɔpaʧ]
haasten (iemand ~)	**naglić**	['nagliʧ]
hebben (ww)	**mieć**	[meʧ]
helpen (hulp geven)	**pomagać**	[pɔ'magaʧ]
herhalen (opnieuw zeggen)	**powtarzać**	[pɔf'taʒaʧ]
herinneren (ww)	**pamiętać**	[pa'mentaʧ]
herinneren aan ... (afspraak, opdracht)	**przypominać**	[pʃɨpɔ'minaʧ]
herkennen (identificeren)	**poznawać**	[pɔz'navaʧ]
herstellen (repareren)	**reperować**	[rɛpɛ'rɔvaʧ]
het haar kammen	**czesać się**	['ʧɛsaʧ ɕɛ̃]
hopen (ww)	**mieć nadzieję**	[meʧ na'ʤeɛ̃]
horen (waarnemen met het oor)	**słyszeć**	['swɨʃɛʧ]
houden van (muziek, enz.)	**lubić**	['lɨbiʧ]
huilen (wenen)	**płakać**	['pwakaʧ]
huiveren (ww)	**wzdrygać się**	['vzdrɨgaʧ ɕɛ̃]
huren (een boot ~)	**wynajmować**	[vɨnaj'mɔvaʧ]

huren (huis, kamer)	**wynajmować**	[vɨnaj'mɔvatʃ]
huren (personeel)	**najmować**	[naj'mɔvatʃ]
imiteren (ww)	**naśladować**	[naɕʎa'dɔvatʃ]
importeren (ww)	**importować**	[impɔr'tɔvatʃ]
inenten (vaccineren)	**szczepić**	['ʃtʃɛpitʃ]
informeren (informatie geven)	**informować**	[infɔr'mɔvatʃ]
informeren naar ... (navraag doen)	**dowiadywać się**	[dɔvʲa'dɨvatʃ ɕɛ̃]
inlassen (invoegen)	**wstawiać**	['fstavʲatʃ]
inpakken (in papier)	**zawijać**	[za'vijatʃ]
inspireren (ww)	**inspirować**	[inspi'rɔvatʃ]
instemmen (akkoord gaan)	**zgadzać się**	['zgadzatʃ ɕɛ̃]
interesseren (ww)	**interesować**	[intɛrɛ'sɔvatʃ]
irriteren (ww)	**denerwować**	[dɛnɛr'vɔvatʃ]
isoleren (ww)	**izolować**	[izɔ'lɜvatʃ]
jagen (ww)	**polować**	[pɔ'lɜvatʃ]
kalmeren (kalm maken)	**uspokajać**	[uspɔ'kajatʃ]
kennen (kennis hebben van iemand)	**znać**	[znatʃ]
kennismaken (met ...)	**poznawać się**	[pɔz'navatʃ ɕɛ̃]
kiezen (ww)	**wybierać**	[vɨ'beratʃ]
kijken (ww)	**patrzeć**	['patʃɛtʃ]
klaarmaken (een plan ~)	**przygotować**	[pʃɨgɔ'tɔvatʃ]
klaarmaken (het eten ~)	**gotować**	[gɔ'tɔvatʃ]
klagen (ww)	**skarżyć się**	['skarʒɨtʃ ɕɛ̃]
kloppen (aan een deur)	**pukać**	['pukatʃ]
kopen (ww)	**kupować**	[ku'pɔvatʃ]
kopieën maken	**skopiować**	[skɔ'pʲɔvatʃ]
kosten (ww)	**kosztować**	[kɔʃ'tɔvatʃ]
kunnen (ww)	**móc**	[muts]
kweken (planten ~)	**hodować**	[hɔ'dɔvatʃ]

254. Werkwoorden L-R

lachen (ww)	**śmiać się**	['ɕmʲatʃ ɕɛ̃]
laden (geweer, kanon)	**ładować**	[wa'dɔvatʃ]
laden (vrachtwagen)	**ładować**	[wa'dɔvatʃ]
laten vallen (ww)	**upuszczać**	[u'puʃtʃatʃ]
lenen (geld ~)	**pożyczać**	[pɔ'ʒɨtʃatʃ]
leren (lesgeven)	**szkolić**	['ʃkɔlitʃ]
leven (bijv. in Frankrijk ~)	**mieszkać**	['meʃkatʃ]
lezen (een boek ~)	**czytać**	['tʃɨtatʃ]
lid worden (ww)	**przyłączać się**	[pʃɨ'wɔ̃tʃatʃ ɕɛ̃]
liefhebben (ww)	**kochać**	['kɔhatʃ]
liegen (ww)	**kłamać**	['kwamatʃ]
liggen (op de tafel ~)	**leżeć**	['leʒɛtʃ]

liggen (persoon) **leżeć** ['leʒɛʧ]
lijden (pijn voelen) **cierpieć** ['ʧerpeʧ]
losbinden (ww) **odwiązywać** [ɔdvɔ̃'zɨvaʧ]
luisteren (ww) **słuchać** ['swuhaʧ]

lunchen (ww) **jeść obiad** [eɕʧ 'ɔbʲat]
markeren (op de kaart, enz.) **zaznaczyć** [zaz'naʧɨʧ]
melden (nieuws ~) **informować** [infɔr'mɔvaʧ]
memoriseren (ww) **zapamiętać** [zapa'mentaʧ]

mengen (ww) **mieszać** ['meʃaʧ]
mikken op (ww) **celować** [ʦɛ'lɜvaʧ]
minachten (ww) **pogardzać** [pɔ'gardzaʧ]
moeten (ww) **musieć** ['muzɛʧ]

morsen (koffie, enz.) **rozlewać** [rɔz'levaʧ]
naderen (dichterbij komen) **zbliżać się** ['zbliʒaʧ ɕɛ̃]
neerlaten (ww) **opuszczać** [ɔ'puʃʧʃaʧ]
nemen (ww) **brać** [braʧ]

nodig zijn (ww) **być potrzebnym** [bɨʧ pɔt'ʃɛbnɨm]
noemen (ww) **nazywać** [na'zɨvaʧ]
noteren (opschrijven) **zanotować** [zanɔ'tɔvaʧ]
omhelzen (ww) **ściskać** ['ɕʧiskaʧ]

omkeren (steen, voorwerp) **przewrócić** [pʃɛv'ruʧiʧ]
onderhandelen (ww) **prowadzić rozmowy** [prɔ'vaʤiʧ rɔz'mɔvɨ]
ondernemen (ww) **podejmować** [pɔdɛj'mɔvaʧ]
onderschatten (ww) **niedoceniać** [nedɔ'ʦɛɲaʧ]

onderscheiden (een ereteken geven) **odznaczyć** [ɔdz'naʧɨʧ]
onderstrepen (ww) **podkreślić** [pɔtk'rɛɕliʧ]
ondertekenen (ww) **podpisywać** [pɔtpi'sɨvaʧ]
onderwijzen (ww) **instruować** [instru'ɔvaʧ]

onderzoeken (alle feiten, enz.) **rozpatrzyć** [rɔs'paʧɨʧ]
ongerust maken (ww) **niepokoić** [nepɔ'kɔiʧ]
onmisbaar zijn (ww) **być potrzebnym** [bɨʧ pɔt'ʃɛbnɨm]
ontbijten (ww) **jeść śniadanie** [eɕʧ ɕɲa'dane]

ontdekken (bijv. nieuw land) **odkrywać** [ɔtk'rɨvaʧ]
ontkennen (ww) **zaprzeczać** [zap'ʃɛʧaʧ]
ontlopen (gevaar, taak) **unikać** [u'nikaʧ]
ontnemen (ww) **pozbawiać** [pɔz'bavʲaʧ]

ontwerpen (machine, enz.) **projektować** [prɔek'tɔvaʧ]
oorlog voeren (ww) **wojować** [vɔʒvaʧ]
op orde brengen **doprowadzać do porządku** [dɔprɔ'vadzaʧ dɔ pɔ'ʒɔ̃tku]
opbergen (in de kast, enz.) **chować** ['hɔvaʧ]
opduiken (ov. een duikboot) **wynurzać się** [vɨ'nuʒaʧ ɕɛ̃]

openen (ww) **otwierać** [ɔt'feraʧ]
ophangen (bijv. gordijnen ~) **wieszać** ['veʃaʧ]
ophouden (ww) **przestawać** [pʃɛs'tavaʧ]

oplossen (een probleem ~)	**rozwiązać**	[rɔzvɔ̃zatʃ]
opmerken (zien)	**zauważać**	[zau'vaʒatʃ]
opmerken (zien)	**zobaczyć**	[zɔ'batʃitʃ]
opscheppen (ww)	**chwalić się**	['hfalitʃ ɕɛ̃]
opschrijven (op een lijst)	**wpisywać**	[fpi'sɨvatʃ]
opschrijven (ww)	**zapisywać**	[zapi'sɨvatʃ]
opstaan (uit je bed)	**wstawać**	['fstavatʃ]
opstarten (project, enz.)	**uruchamiać**	[uru'hamʲatʃ]
opstijgen (vliegtuig)	**startować**	[star'tɔvatʃ]
optreden (resoluut ~)	**działać**	['dʒʲawatʃ]
organiseren (concert, feest)	**urządzać**	[u'ʒɔ̃dzatʃ]
overdoen (ww)	**przerabiać**	[pʃɛ'rabʲatʃ]
overheersen (dominant zijn)	**przeważać**	[pʃɛ'vaʒatʃ]
overschatten (ww)	**przeceniać**	[pʃɛ'tsɛɲatʃ]
overtuigd worden (ww)	**przekonywać się**	[pʃɛkɔ'nɨvatʃ ɕɛ̃]
overtuigen (ww)	**przekonywać**	[pʃɛkɔ'nɨvatʃ]
passen (jurk, broek)	**pasować**	[pa'sɔvatʃ]
passeren (~ mooie dorpjes, enz.)	**przejeżdżać**	[pʃɛ'eʒdʒatʃ]
peinzen (lang nadenken)	**zamyślić się**	[za'mɨɕlitʃ ɕɛ̃]
penetreren (ww)	**przenikać**	[pʃɛ'nikatʃ]
plaatsen (ww)	**kłaść**	[kwaɕtʃ]
plaatsen (zetten)	**umieszczać**	[u'meʃtʃatʃ]
plannen (ww)	**planować**	[pʎa'nɔvatʃ]
plezier hebben (ww)	**bawić się**	['bavitʃ ɕɛ̃]
plukken (bloemen ~)	**zrywać**	['zrɨvatʃ]
prefereren (verkiezen)	**woleć**	['vɔletʃ]
proberen (trachten)	**próbować**	[pru'bɔvatʃ]
proberen (trachten)	**spróbować**	[spru'bɔvatʃ]
protesteren (ww)	**protestować**	[prɔtɛs'tɔvatʃ]
provoceren (uitdagen)	**prowokować**	[prɔvɔ'kɔvatʃ]
raadplegen (dokter, enz.)	**konsultować się z ...**	[kɔnsuʎ'tɔvatʃ ɕɛ̃ z]
rapporteren (ww)	**referować**	[rɛfɛ'rɔvatʃ]
redden (ww)	**ratować**	[ra'tɔvatʃ]
regelen (conflict)	**załatwiać**	[za'watvʲatʃ]
reinigen (schoonmaken)	**oczyszczać**	[ɔt'ʃiʃtʃatʃ]
rekenen op ...	**liczyć na ...**	['litʃɨtʃ na]
rennen (ww)	**biec**	[bets]
reserveren (een hotelkamer ~)	**rezerwować**	[rɛzɛr'vɔvatʃ]
rijden (per auto, enz.)	**jechać**	['ehatʃ]
rillen (ov. de kou)	**drżeć**	[drʒɛtʃ]
riskeren (ww)	**ryzykować**	[rizɨ'kɔvatʃ]
roepen (met je stem)	**zawołać**	[za'vɔwatʃ]
roepen (om hulp)	**wołać**	['vɔwatʃ]
ruiken (bepaalde geur verspreiden)	**pachnieć**	['pahnetʃ]

ruiken (rozen)	**wąchać**	['võhaʧ]
rusten (verpozen)	**odpoczywać**	[ɔtpɔt'ʃɨvaʧ]

255. Verbs S-V

samenstellen, maken (een lijst ~)	**sporządzać**	[spɔ'ʒõdzaʧ]
schieten (ww)	**strzelać**	['stʃɛʎaʧ]
schoonmaken (bijv. schoenen ~)	**czyścić**	['tʃɨɕʧiʧ]
schoonmaken (ww)	**sprzątać**	['spʃõtaʧ]
schrammen (ww)	**drapać**	['drapaʧ]
schreeuwen (ww)	**krzyczeć**	['kʃɨtʃɛʧ]
schrijven (ww)	**pisać**	['pisaʧ]
schudden (ww)	**trząść**	[tʃõɕʧ]
selecteren (ww)	**wybrać**	['vɨbraʧ]
simplificeren (ww)	**ułatwiać**	[u'watfʲaʧ]
slaan (een hond ~)	**bić**	[biʧ]
sluiten (ww)	**zamykać**	[za'mɨkaʧ]
smeken (bijv. om hulp ~)	**błagać**	['bwagaʧ]
souperen (ww)	**jeść kolację**	[eɕʧ kɔ'ʎatsʰẽ]
spelen (bijv. filmacteur)	**grać**	[graʧ]
spelen (kinderen, enz.)	**bawić się**	['baviʧ ɕẽ]
spreken met ...	**rozmawiać**	[rɔz'mavʲaʧ]
spuwen (ww)	**pluć**	[plyʧ]
stelen (ww)	**kraść**	[kraɕʧ]
stemmen (verkiezing)	**głosować**	[gwɔ'sɔvaʧ]
steunen (een goed doel, enz.)	**poprzeć**	['pɔpʃɛʧ]
stoppen (pauzeren)	**zatrzymywać się**	[zatʃɨ'mɨvaʧ ɕẽ]
storen (lastigvallen)	**przeszkadzać**	[pʃɛʃ'kadzaʧ]
strijden (tegen een vijand)	**walczyć**	['vaʎtʃɨʧ]
strijden (ww)	**walczyć**	['vaʎtʃɨʧ]
strijken (met een strijkbout)	**prasować**	[pra'sɔvaʧ]
studeren (bijv. wiskunde ~)	**studiować**	[studʰɜvaʧ]
sturen (zenden)	**wysyłać**	[vɨ'sɨwaʧ]
tellen (bijv. geld ~)	**liczyć**	['litʃɨʧ]
terugkeren (ww)	**wracać**	['vratsaʧ]
terugsturen (ww)	**odesłać**	[ɔ'dɛswaʧ]
toebehoren aan ...	**należeć**	[na'leʒɛʧ]
toegeven (zwichten)	**ustępować**	[ustẽ'pɔvaʧ]
toenemen (on. ww)	**zwiększać się**	['zveŋkʃaʧ ɕẽ]
toespreken (zich tot iemand richten)	**zwracać się**	['zvratsaʧ ɕẽ]
toestaan (goedkeuren)	**pozwalać**	[pɔz'vaʎaʧ]
toestaan (ww)	**zezwalać**	[zɛz'vaʎaʧ]

toewijden (boek, enz.)	**poświęcać**	[pɔɕ'fɛntsatʃ]
tonen (uitstallen, laten zien)	**pokazywać**	[pɔka'zɨvatʃ]
trainen (ww)	**trenować**	[trɛ'nɔvatʃ]
transformeren (ww)	**przekształcać**	[pʃɛkʃ'tawtsatʃ]
trekken (touw)	**ciągnąć**	[tʃɔ̃gnɔɲtʃ]
trouwen (ww)	**żenić się**	['ʒɛnitʃ ɕɛ̃]
tussenbeide komen (ww)	**wtrącać się**	['ftrɔ̃tsatʃ ɕɛ̃]
twijfelen (onzeker zijn)	**wątpić**	['vɔ̃tpitʃ]
uitdelen (pamfletten ~)	**rozdać**	['rɔzdatʃ]
uitdoen (licht)	**gasić**	['gaɕitʃ]
uitdrukken (opinie, gevoel)	**wyrazić**	[vɨ'raʒitʃ]
uitgaan (om te dineren, enz.)	**wyjść**	[vijɕtʃ]
uitlachen (bespotten)	**naśmiewać się**	[naɕ'mevatʃ ɕɛ̃]
uitnodigen (ww)	**zapraszać**	[zap'raʃatʃ]
uitrusten (ww)	**wyposażyć**	[vɨpɔ'saʒɨtʃ]
uitsluiten (wegsturen)	**wykluczać**	[vɨk'lytʃatʃ]
uitspreken (ww)	**wymawiać**	[vɨ'mavʲatʃ]
uittorenen (boven …)	**wznosić się**	['vznɔɕitʃ ɕɛ̃]
uitvaren tegen (ww)	**besztać**	['bɛʃtatʃ]
uitvinden (machine, enz.)	**wynalazać**	[vɨna'ʎazatʃ]
uitwissen (ww)	**zetrzeć**	['zɛtʃɛtʃ]
vangen (ww)	**łowić**	['wɔvitʃ]
vastbinden aan …	**przywiązywać**	[pʃivɔ̃'zɨvatʃ]
vechten (ww)	**bić się**	[bitʃ ɕɛ̃]
veranderen (bijv. mening ~)	**zmienić**	['zmenitʃ]
verbaasd zijn (ww)	**dziwić się**	['dʒivitʃ ɕɛ̃]
verbazen (verwonderen)	**dziwić**	['dʒivitʃ]
verbergen (ww)	**chować**	['hɔvatʃ]
verbieden (ww)	**zabraniać**	[zab'raɲatʃ]
verblinden (andere chauffeurs)	**oślepiać**	[ɔɕ'lepʲatʃ]
verbouwereerd zijn (ww)	**dziwić się**	['dʒivitʃ ɕɛ̃]
verbranden (bijv. papieren ~)	**palić**	['palitʃ]
verdedigen (je land ~)	**bronić**	['brɔnitʃ]
verdenken (ww)	**podejrzewać**	[pɔdɛj'ʒɛvatʃ]
verdienen (een complimentje, enz.)	**zasługiwać**	[zaswu'givatʃ]
verdragen (tandpijn, enz.)	**znosić**	['znɔɕitʃ]
verdrinken (in het water omkomen)	**tonąć**	['tɔ̃ɔɲtʃ]
verdubbelen (ww)	**podwajać**	[pɔd'vajatʃ]
verdwijnen (ww)	**zniknąć**	['zniknɔ̃tʃ]
verenigen (ww)	**łączyć**	['wɔ̃tʃɨtʃ]
vergelijken (ww)	**porównywać**	[pɔruv'nɨvatʃ]
vergeten (achterlaten)	**zostawiać**	[zɔs'tavʲatʃ]
vergeten (ww)	**zapominać**	[zapɔ'minatʃ]
vergeven (ww)	**przebaczać**	[pʃɛ'batʃatʃ]

vergroten (groter maken)	**powiększać**	[pɔ'veŋkʃaʧ]
verklaren (uitleggen)	**objaśniać**	[ɔbʰ'jaɕɲaʧ]
verklaren (volhouden)	**twierdzić**	['tferʤiʧ]
verklikken (ww)	**denuncjować**	[dɛnun'sʲɔvaʧ]
verkopen (per stuk ~)	**sprzedawać**	[spʃɛ'davaʧ]
verlaten (echtgenoot, enz.)	**opuszczać**	[ɔ'puʃʧaʧ]
verlichten (gebouw, straat)	**oświetlać**	[ɔɕ'fetʎaʧ]
verlichten (gemakkelijker maken)	**ułatwić**	[u'watfiʧ]
verliefd worden (ww)	**zakochać się**	[za'kɔhaʧ ɕɛ̃]
verliezen (bagage, enz.)	**tracić**	['traʧiʧ]
vermelden (praten over)	**wspominać**	[fspɔ'minaʧ]
vermenigvuldigen (wisk.)	**mnożyć**	['mnɔʒɨʧ]
verminderen (ww)	**zmniejszać**	['zmnejʃaʧ]
vermoeid raken (ww)	**być zmęczonym**	[bɨʧ zmɛ̃'ʧɔnɨm]
vermoeien (ww)	**nużyć**	['nuʒɨʧ]

256. Verbs V-Z

vernietigen (documenten, enz.)	**niszczyć**	['niʃʧɨʧ]
veronderstellen (ww)	**przypuszczać**	[pʃɨ'puʃʧaʧ]
verontwaardigd zijn (ww)	**oburzać się**	[ɔ'buʒaʧ ɕɛ̃]
veroordelen (in een rechtszaak)	**skazywać**	[ska'zɨvaʧ]
veroorzaken ... (oorzaak zijn van ...)	**wywołać**	[vɨ'vɔwaʧ]
verplaatsen (ww)	**przesuwać**	[pʃɛ'suvaʧ]
verpletteren (een insect, enz.)	**rozgnieść**	['rɔzgneɕʧ]
verplichten (ww)	**zmuszać**	['zmuʃaʧ]
verschijnen (bijv. boek)	**ukazać się**	[u'kazaʧ ɕɛ̃]
verschijnen (in zicht komen)	**pojawiać się**	[pɔ'javʲaʧ ɕɛ̃]
verschillen (~ van iets anders)	**różnić się**	['ruʒniʧ ɕɛ̃]
versieren (decoreren)	**ozdabiać**	[ɔz'dabʲaʧ]
verspreiden (pamfletten, enz.)	**rozpowszechniać**	[rɔspɔf'ʃɛhɲaʧ]
verspreiden (reuk, enz.)	**roztaczać**	[rɔs'taʧaʧ]
versterken (positie ~)	**umacniać**	[u'maʦɲaʧ]
verstommen (ww)	**zamilknąć**	[za'miʎknɔ̃ʧ]
vertalen (ww)	**tłumaczyć**	[twu'maʧɨʧ]
vertellen (verhaal ~)	**opowiadać**	[ɔpɔ'vʲadaʧ]
vertrekken (bijv. naar Mexico ~)	**wyjeżdżać**	[vɨ'eʒʤaʧ]
vertrouwen (ww)	**ufać**	['ufaʧ]
vervolgen (ww)	**kontynuować**	[kɔntɨnu'ɔvaʧ]

verwachten (ww)	**oczekiwać**	[ɔtʃɛ'kivatʃ]
verwarmen (ww)	**ogrzewać**	[ɔg'ʒɛvatʃ]
verwarren (met elkaar ~)	**mylić**	['mɨlitʃ]
verwelkomen (ww)	**witać**	['vitatʃ]
verwezenlijken (ww)	**realizować**	[rɛali'zɔvatʃ]
verwijderen (een obstakel)	**usuwać**	[u'suvatʃ]
verwijderen (een vlek ~)	**usuwać**	[u'suvatʃ]
verwijten (ww)	**wyrzucać**	[vɨ'ʒutsatʃ]
verwisselen (ww)	**zmieniać**	[zmeɲatʃ]
verzoeken (ww)	**prosić**	['prɔɕitʃ]
verzuimen (school, enz.)	**opuszczać**	[ɔ'puʃtʃatʃ]
vies worden (ww)	**pobrudzić się**	[pɔb'rudʒitʃ ɕɛ̃]
vinden (denken)	**sądzić**	['sɔ̃ʲdʒitʃ]
vinden (ww)	**znajdować**	[znaj'dɔvatʃ]
vissen (ww)	**wędkować**	[vɛ̃t'kɔvatʃ]
vleien (ww)	**schlebiać**	['shlebʲatʃ]
vliegen (vogel, vliegtuig)	**latać**	['ʎatatʃ]
voederen (een dier voer geven)	**karmić**	['karmitʃ]
volgen (ww)	**podążać**	[pɔ'dɔ̃ʒatʃ]
voorstellen (introduceren)	**przedstawiać**	[pʃɛts'tavʲatʃ]
voorstellen (Mag ik jullie ~)	**przedstawiać**	[pʃɛts'tavʲatʃ]
voorstellen (ww)	**proponować**	[prɔpɔ'nɔvatʃ]
voorzien (verwachten)	**przewidzieć**	[pʃɛ'vidʒetʃ]
vorderen (vooruitgaan)	**postępować**	[pɔstɛ̃'pɔvatʃ]
vormen (samenstellen)	**tworzyć**	['tfɔʒɨtʃ]
vullen (glas, fles)	**napełniać**	[na'pɛwɲatʃ]
waarnemen (ww)	**obserwować**	[ɔbsɛr'vɔvatʃ]
waarschuwen (ww)	**ostrzegać**	[ɔst'ʃɛgatʃ]
wachten (ww)	**czekać**	['tʃɛkatʃ]
wassen (ww)	**myć**	[mɨtʃ]
weerspreken (ww)	**sprzeciwiać się**	[spʃɛ'tʃivʲatʃ ɕɛ̃]
wegdraaien (ww)	**odwracać się**	[ɔdv'ratsatʃ ɕɛ̃]
wegdragen (ww)	**zabierać**	[za'beratʃ]
wegen (gewicht hebben)	**ważyć**	['vaʒɨtʃ]
wegjagen (ww)	**przepędzić**	[pʃɛ'pɛndʒitʃ]
weglaten (woord, zin)	**pomijać**	[pɔ'mijatʃ]
wegvaren (uit de haven vertrekken)	**odbijać**	[ɔd'bijatʃ]
weigeren (iemand ~)	**odmawiać**	[ɔd'mavʲatʃ]
wekken (ww)	**budzić**	['budʒitʃ]
wensen (ww)	**pragnąć**	['pragnɔ̃tʃ]
werken (ww)	**pracować**	[pra'tsɔvatʃ]
weten (ww)	**wiedzieć**	['vedʒetʃ]
willen (verlangen)	**chcieć**	[htʃetʃ]
wisselen (omruilen, iets ~)	**wymieniać się**	[vɨ'meɲatʃ ɕɛ̃]
worden (bijv. oud ~)	**stawać się**	['stavatʃ ɕɛ̃]

worstelen (sport)	**walczyć**	['vaʎtʃɨtʃ]
wreken (ww)	**mścić się**	[mɕtʃitʃ ɕɛ̃]
zaaien (zaad strooien)	**siać**	[ɕatʃ]
zeggen (ww)	**powiedzieć**	[pɔ'vedʒetʃ]
zich baseerd op	**bazować się**	[ba'zɔvatʃ ɕɛ̃]
zich bevrijden van ... (afhelpen)	**pozbywać się**	[pɔz'bɨvatʃ ɕɛ̃]
zich concentreren (ww)	**koncentrować się**	[kɔntsɛnt'rɔvatʃ ɕɛ̃]
zich ergeren (ww)	**denerwować się**	[dɛnɛr'vɔvatʃ ɕɛ̃]
zich gedragen (ww)	**zachowywać się**	[zahɔ'vɨvatʃ ɕɛ̃]
zich haasten (ww)	**śpieszyć się**	['ɕpeʃɨtʃ ɕɛ̃]
zich herinneren (ww)	**wspominać**	[fspɔ'minatʃ]
zich herstellen (ww)	**wracać do zdrowia**	['vratsatʃ dɔ 'zdrɔvʲa]
zich indenken (ww)	**wyobrażać sobie**	[vɨɔb'raʒatʃ 'sɔbe]
zich interesseren voor ...	**interesować się**	[intɛrɛ'sɔvatʃ ɕɛ̃]
zich scheren (ww)	**golić się**	['gɔlitʃ ɕɛ̃]
zich trainen (ww)	**ćwiczyć**	['tʃfitʃɨtʃ]
zich verdedigen (ww)	**bronić się**	['brɔnitʃ ɕɛ̃]
zich vergissen (ww)	**mylić się**	['mɨlitʃ ɕɛ̃]
zich verontschuldigen	**przepraszać**	[pʃɛp'raʃatʃ]
zich vervelen (ww)	**nudzić się**	['nudzitʃ ɕɛ̃]
zijn (ww)	**być**	[bɨtʃ]
zinspelen (ww)	**czynić aluzje**	['tʃɨnitʃ a'lyzʰe]
zitten (ww)	**siedzieć**	['ɕedʒetʃ]
zoeken (ww)	**szukać**	['ʃukatʃ]
zondigen (ww)	**grzeszyć**	['gʒɛʃɨtʃ]
zuchten (ww)	**westchnąć**	['vɛsthnɔ̃tʃ]
zwaaien (met de hand)	**machać**	['mahatʃ]
zwemmen (ww)	**pływać**	['pwɨvatʃ]
zwijgen (ww)	**milczeć**	['miʎtʃɛtʃ]

www.ingramcontent.com/pod-product-compliance
Lightning Source LLC
Chambersburg PA
CBHW071324090426
42738CB00012B/2787
9781784922825